곽선희 목사 설교집
44

스스로 종이 된 자유인

곽선희 지음

계몽문화사

머리말

'복음은 들음에서'—이는 진리이며 우리의 경험입니다. 하나님께서 우리에게 주신 복 가운데 가장 큰 복은 말씀을 주신 것입니다. '말씀이 육신을 입어서 오신 것'입니다. 말씀을 주셨고 들을 수 있게 하셨고 마음문을 열고 받아 믿게 하신 것, 참 놀라운 은혜입니다.

말씀은 단순한 지식이 아닙니다. 추상적인 이론이 아닙니다. 말씀은 선포되는 하나님의 계시적 능력인 것입니다. 말씀의 권능, 그 능력을 알고 체험하면서 비로소 '말씀 안에서 태어나는 생명적 기적'이 나타나게 됩니다. 오늘도 그 말씀이 증거되고 새롭게 선포되고 있습니다. 설교가 곧 말씀입니다. 성령의 역사와 함께 끊임없이 이루어지는 생명의 역사입니다. 이 선포되는 말씀, 증거되는 진리를 통하여 구원의 능력은 항상 새로워집니다. 말씀 안에서 새 생명이 탄생하고 말씀 안에서 영혼이 소생하며, 그 큰 능력 안에서 우리는 강건해집니다. 우상을 이기는 능력의 사람으로 성장해가는 신비롭고 놀라운 사건을 강단에서 늘 경험하고 있습니다.

여기에 또다시 설교말씀을 모아 책자로 내어놓습니다. 예수소망교회 강단을 통하여 하나님께서 우리에게 주신 말씀입니다. 이제 그 말씀을 책자로 엮어 내어놓음으로써 우리가 시간과 공간을 초월하여 개별적으로 하나님을 만나게 되는 '말씀의 역사'에 귀중한 방편이 되고자 합니다. 책자라는 그릇에 담긴 이 말씀들은 읽는 자의 마음 안에서 또 다른 '말씀의 신비한 기적'을 낳게 되리라 확신합니다.

한 시간 한 시간의 설교를 위하여 간절히 기도해주신 모든 성도들과 이 책자를 출간하기까지 수고해주신 여러분께 진심으로 감사를 드립니다. 그리고 또다시 영광을 오직 하나님께 돌리면서……

곽선희

차 례

머리말 —————— 3
감사의 일상화(빌 1: 3-8) —————— 8
사람에게 보이려고(마 6: 1-8) —————— 17
이 여인을 사랑하라(호 3: 1-5) —————— 27
뉘게로 가오리이까(요 6: 66-71) —————— 35
내가 메시야를 만났다(요 1: 43-48) —————— 45
다른 길로 돌아간 사람들(마 2: 1-12) —————— 54
어찌 그리 아름다운지요(시 8: 1-9) —————— 63
스스로 종이 된 자유인(고전 9: 19-23) —————— 73
소원의 항구로(시 107: 23-32) —————— 82
너희가 먹을 것을 주라(막 6: 35-44) —————— 91
한 고독한 자의 기도(창 32: 22-32) —————— 102
경건한 자유인(고전 8: 7-13) —————— 111
모이기를 힘쓰라(히 10: 19-25) —————— 120
믿기만 하라(눅 8: 49-56) —————— 131
하나님됨을 알지어다(시 46: 4-11) —————— 139
경건의 실제적 능력(딤전 6: 3-10) —————— 148
내게 배우라(마 11: 25-30) —————— 158
나를 좇으라(막 2: 13-17) —————— 168
이 제자의 결심(마 26: 30-35) —————— 177
다 이루었다(요 19: 23-30) —————— 187

부활의 첫열매(고전 15: 20-24) ──────── 197
마음이 뜨겁지 아니하더냐(눅 24: 25-35) ──────── 206
여호와께 맡기라(시 37: 1-11) ──────── 215
그리스도의 형상이 이루기까지(갈 4: 17-20) ──────── 224
한 아버지의 소원(잠 4: 1-9) ──────── 234
그 은혜의 말씀(행 20: 31-35) ──────── 244
보냄받은 자의 정체(마 10: 16-20) ──────── 254
성령에 포로된 사람(행 20: 17-25) ──────── 263
내 의를 굳게 잡으리라(욥 27: 1-7) ──────── 273
그리스도 예수의 마음(빌 2: 1-11) ──────── 282
진리로 공의를 세우리라(사 42: 1-4) ──────── 292
주께서 아시나이다(요 21: 15-17) ──────── 301
내게 주신 은혜를 따라(고전 3: 10-15) ──────── 311
십 리를 동행하라(마 5: 38-42) ──────── 321
하나님이 요구하시는 것(신 10: 12-19) ──────── 331
마음을 시원케 하는 사람(고전 16: 13-18) ──────── 341
종의 멍에를 메지 말라(갈 5: 1-6) ──────── 351
과연 여기 계시는 하나님(창 28: 10-19) ──────── 361
금년에도 그대로 두소서(눅 13: 6-9) ──────── 372
자기사랑의 확증(롬 5: 6-11) ──────── 382
곽선희목사 설교집 · 강해집 · 기타 ──────── 392

곽선희 목사
장로회 신학대학 졸업
프린스턴 신학석사
풀러신학 선교신학박사
인천제일교회 목사
장로회 신학대학 교수 역임
숭의여자전문대학 학장 역임
서울장로회신학교 교장 역임
소망교회 원로목사

곽선희 목사 설교집 제44권
스스로 종이 된 자유인

인쇄 · 2008년 3월 15일
발행 · 2008년 3월 20일
지은이 · 곽선희
펴낸이 · 김종호
펴낸곳 · 계몽문화사
등록일 · 1993년 10월 11일
등록번호 · 제16—765호
전화 · (02)917-0656
정가 · 19,000원
총판 · 비전북 / (031)907-3927
ISBN 978-89-89628-23-1 03230

---

* 잘못 만들어진 책은 바꾸어 드립니다.

스스로 종이 된 자유인

감사의 일상화

내가 너희를 생각할 때마다 나의 하나님께 감사하며 간구할 때마다 너희 무리를 위하여 기쁨으로 항상 간구함은 첫날부터 이제까지 복음에서 너희가 교제함을 인함이라 너희 속에 착한 일을 시작하신 이가 그리스도 예수의 날까지 이루실 줄을 우리가 확신하노라 내가 너희 무리를 위하여 이와 같이 생각하는 것이 마땅하니 이는 너희가 내 마음에 있음이며 나의 매임과 복음을 변명함과 확정함에 너희가 다 나와 함께 은혜에 참예한 자가 됨이라 내가 예수 그리스도의 심장으로 너희 무리를 어떻게 사모하는지 하나님이 내 증인이시니라

(빌립보서 1 : 3 - 8)

감사의 일상화

　코리 텐 붐의 「The Hiding Place(은신처)」라고 하는 유명한 책이 있습니다. 나치 독일이 유대사람들을 야비하게 잡아죽일 때 코리라고 하는 본인이 그의 여동생인 베스티와 더불어 유대사람 몇을 불쌍하게 여겨서 조용히 탈출하게 만들었습니다. 유대사람을 숨겨주고 탈출시켰다고해서 그 죄로 이 두 사람이 체포되어 고생한 이야기를 생생하게 기록해놓은 그런 책입니다.
　라베스부르크에 있는 포로수용소에 갇혀 수백 명의 죄수와 한 방에서 같이 기거를 한 것입니다. 그러니 얼마나 불결했겠습니까. 불편한 건 말할 것도 없고 우선 악취 때문에 견딜 수가 없었습니다. 언니 코리는 이렇게 불평을 했습니다. "이런 데서 사람이 어떻게 살지? 이것은 죽는 것보다 못해." 그리고 울먹였습니다. 그때 동생 베스티는 말했습니다. "언니, 범사에 감사해야지. 하나님의 말씀이 범사에 감사하라고 하셨잖아. 그러니 오늘 이 시간에도 감사해야지." 언니는 말했습니다. "이런 형편에 무슨 감사가 있어?" 그러니까 동생이 말합니다. "언니, 잘 생각해보자고. 감사할 일은 여기도 많아요. 첫째 살아 있으니 감사하고 둘째는 언니하고 나하고 지금 같이 있지 않아? 감사하고, 우리손에 성경책이 있으니 감사하고 성경책을 볼 수 있는 눈이 있으니 감사하고, 이렇게 많은 사람이 가득 모여 있는 곳에서 성경을 가르칠 수 있고 성경말씀을 전할 수 있으니 이렇게 전도하기 좋은 때가 어디 있어? 그런고로 감사하고……" 이렇게 이야기를 했더니 그제야 언니는 "네 말이 맞다" 하고 둘이 함께 하나님께 감사의 기도를 드렸습니다. 그런데 또 벼룩이 얼마나 많은지,

좌우간 정신없게 스멀스멀 따끔따끔 몸들이 배겨내지를 못합니다. 또다시 동생은 말합니다. "이 벼룩에 대해서도 하나님께 감사해야 해." 그랬더니 언니가 "그거는 너무하다. 어떻게 벼룩을 두고 감사하냐" 합니다. "그러나 감사하자구." 자매는 이렇게 이야기하면서 감사의 기도를 드렸습니다. 시간이 지나 재심사를 거쳐서 두 사람은 자유의 몸이 되었습니다. 자유의 몸이 된 다음에 알았습니다. 수용소 감방마다 경비병들이 들어가서 조사를 하고 감시를 해서 서로 말도 하지 못하게 하고 한마디라도 말하면 매질을 하고 괴롭히는데 이상하게도 이 감방에만은 경비병들이 온 적이 없었던 것입니다. 벼룩이 들끓어 경비병들도 얼씬을 하지 않은 것입니다. 그래서 마음대로 말하고 마음대로 설교하고 마음대로 복음을 전할 수 있었습니다. 벼룩이 너무 많으므로 거기 한 번만 갔다오면 며칠동안 고생한다고해서 어느 경비병도 그 방에 안가려고 했습니다. 그래서 이 감방은 경비병의 감시를 받지 않고 마음대로 이야기하고 하나님말씀을 전할 수 있었다, 그러니 벼룩으로 인해서 하나님께 감사해야 하더라—그런 얘기입니다.

「아직도 가야 할 길」 곧 「The Road Less Traveled」라고 하는 책이 있습니다. 제가 몇번 인용했습니다만 이 책의 저자인 심리학자 M. 스캇 팩이 근자에 「And Beyond」라고 하는 또다른 책을 내어놓아서 지금 「뉴욕 타임즈」에서 베스트셀러로 소개된 것입니다. 이 책에서 그는 이런 유명한 말을 합니다. '인생은 선택의 연속이다.' 여러분, 선택이 있어서 인간이고 선택이 있어서 인간의 가치가 있는 것입니다. 그런데 선택의 연속이다 합니다. 우리를 감동시키는 말 한 마디가 이 책에 있습니다. '감사도 결국은 선택이다.' 여러분, 감사도 결국은 선택입니다. 왜요? 감사란 어떤 환경에서 그 환경의 결과로 거저 우러나는 것이 아닙니다. 어떤 환경에 있든지 감사하느냐 원망하느냐는 내가 선택하는 것입니다. 여기서 감사 쪽을 선택하면 운명이 바뀌는 것입니다. 그러나 여러분 아시는대로 환경이 좋아져서 감사가 저절로 나오는 것이 아닙니다. 어떤 환경에서도 원망할 사람은 원망합니다. 감사할 사람은 어떤 환경에서도 감사할 수가 있습니다. 그런고로 감사는 환경의 결과가 아니고 항상 주어지는 연속적인 선택입니다. 그것은 여러분의 몫입니다. 거기서 운명이 바뀌는 것입니다. 우리는 항상 주변환경과 투쟁하면서 살아갑니다. 그러나 투쟁하면서 감사합니다. 불행을 축복의 다른 모습으로 아는 사람은 언제나 감사할 수 있습니다. 흔히 '좀 불행하다' 하는 것은 또다른 축복의 계기가 되고 출발이 된다는 것을 알고 있기 때문에 초연하게 감사할 수 있습니다. 행운을 우연이라고 생각하는 사람은 감사하지 못합니다. 행운이 주어질 때마다 겸손하게 생각합니다. '이것은 하나님께서 내게 주신 은사다. 이것은 내 수고의 결과가 아니라 하나님께서 베푸신 은혜다.' 이것을 깊이 깨닫는 그 사람만이 감사할 수 있습니다. 또한 역경을 기회로 삼는 사람이 감사하는 사람입니다. 역경을 통하지 않고 깨달음도 없고 역경을 통하지 않고 성공도 없습니다. 많은 역경 그것이 주는 의미를 아는 사람은 그 역경을 긍정적으로 받아들입니다. 긍정심이 있는 사람은 감사할 수 있다—그런 것입니다.

  A. 맥기니스라는 분이 「낙관주의의 힘」이라는 책에서 이런 이야기를 자기 경륜삼아 하고 있습니다. 어느날 차를 타고 다니다가 산중에 들어갔는데 비가 억수같이 쏟아질 때 기름이 떨어져서 주유소

에 가 기름을 넣는데 주유소가 열악해서 지붕도 없습니다. 쏟아지는 비를 그대로 맞으면서 한 청년이 달려나와 기름을 넣어주는데 비를 철철 맞으면서도 이 청년은 웃으면서 찬송을 하고 휘파람을 불면서 기름을 넣어주는 것입니다. 하도 신통해서 기름을 다 넣자 맥기니스는 청년을 불러세우고 물었습니다. "이렇게 열악한 산중 주유소에서 당신이 이렇게 어려운 일을 하는데 하필이면 비오는 이때 내가 와서 기름을 넣어달라고 하는데도 당신은 불평하지 않고 그렇게 밝은 얼굴로 기름을 넣으니 나도 기분이 좋구만. 어찌 그럴 수가 있는가?" "저요? 저는 전쟁에 나가서 몇번 죽을 뻔했습니다. 그리고 제대하고 나올 때 맹세했습니다. '나는 오로지 감사하며 살 것이다.' 내가 어떤 형편에 있든지 상관없습니다. 군복을 벗는 날 항상 감사하고 살기로 결심을 했기 때문입니다." 그렇습니다. 바로 이러한 습관 이러한 성품 이러한 인간이 필요합니다.

오늘본문의 사도 바울, 로마감옥에 갇혀 있습니다. 그 상황으로 보아서는 전혀 감사할 수도 없고 기뻐할 수도 없습니다. 우선 감옥에 있다는 것 자체가 그렇고 언제 죽을는지 모른다는 막막한 현실이 그렇고, 더욱이 억울하게 감옥에 들어왔기 때문입니다. 죄없이 이렇게 억울한 고생을 하고 있습니다. 어떻게 감사할 수 있겠습니까. 어느 구석을 봐도 감사할 수 없습니다. 더더욱 신앙적으로 보더라도 그렇습니다. 나가서 마음껏 복음을 전해야 할 내가 감옥에 처박혀서 썩어도 되나—하면 하나님께도 원망이 있을 수 있습니다. 하나님께서 이러셔도 되나—그러나 그는 감사하고 있습니다. 빌립보서에는 감사, 기쁨이라는 말씀이 무려 열여섯 번 나옵니다. 그래서 빌립보서를 일러 '희락의 복음'이라고도 합니다. 헬라어에서는 기뻐한다는 말 '카라'와 은혜라는 말 '카리스'와 복(福)이라는 말 '유카리스' 세 단어가 어원이 같습니다. 당연합니다. 기뻐해야 감사하고 감사해야 은혜고 은혜가 있어야 복입니다. 본문에서는 우리에게 심각한 교훈을 줍니다. 보십시오. '생각할 때마다 감사하고 기도할 때마다 기쁨으로 간구한다.' 저는 이 본문을 늘 생각해봅니다. 보십시오. 생각할 때마다 감사하고 기도할 때마다 기쁨으로 간구하고—이것이 그리스도인의 모습입니다. 대표적인 그리스도인의 모습입니다. 반대로 보면 어떻습니까. 생각할 때마다 분하고 기도할 때마다 눈물이고—이건 망조입니다. 이렇게 생각해도 저렇게 생각해도 생각할 때마다 감사하고 기도할 때마다 기쁨으로 간구하고…… 그래서 사도 바울은 빌립보서 4장 6절에서 "아무것도 염려하지 말고…… 감사함으로 하나님께 아뢰라" 합니다. 감사와 더불어 기도하라, 그러면 응답이 있을 것이다 말씀합니다. 바울은 스스로 기뻐하고 있습니다. 그래서 1장 18절에 보면 "내가 기뻐하고 또한 기뻐하리라" 하였고 2장 17절, 18절에 보면 "나는 기뻐하고 너희 무리와 함께 기뻐하리니 이와같이 너희도 기뻐하고 나와 함께 기뻐하라" 하였습니다. 나 스스로 행복하지 않고는 남을 행복하게 할 수 없습니다. 내가 기뻐하지 않고 남을 기쁘게 할 수 없습니다. 사도 바울은 이 어려운 현실에 있으면서도 그만이 가지는 신비로운 벅찬 기쁨에 차 있습니다. 감사가 일상화한 사람입니다. 매맞을 때 기뻐하고 감옥에 있을 때 기뻐하고 고난당하면서 기뻐하고 순교당할 때도 감사하고…… 감사가 일상화한 인격에 있는 것입니다. 모름지기 나 먼저 감사하고 나 먼저 기뻐하고 그리할 때 감사를 유발할 수도 있는 것입니다.

저는 우리교인 가운데 그런 믿음이 있는 분을 보았습니다. 남편이 예수 안믿습니다. 그것 때문에 늘 좀 속상했습니다. 그러나 어느 날은 은혜를 받으면서 "나는 참 행복해요"라고 남편에게 말했습니다. 그랬더니 남편은 "뭐가 행복해? 쓸데없는 소리 하지 말어" 하고 나옵니다. 그러나 또한번 "나는 정말로 행복합니다" 했습니다. 그분이 영문과를 나온 터라 "I'm so happy because of you"라고 한 것입니다. 그러자 남편 하는 말이 "야, 너 미쳤냐?" 그러더랍니다. 사흘째 되는 날도 "나는 참 기뻐요. 또 감사해요" 하고는 "사실을 한번 보세요. 당신이 그렇게 매일 술을 먹는데도 건강한 것이 감사하고, 술먹었을 때는 정신이 하나도 없는 것같은데 제집 찾아오는 것 보면 감사하고, 당신이 술먹는 것 봐서는 사업 다 망가질 것같은데 여전히 제대로 사업을 하고 있으니 감사하고……" 이렇고 저렇고 하며 감사목록을 꼽았더니 남편이 그러더랍니다. "고만해라. 예수믿어줄께." "예수믿어준다." 이것이 얼마나 기쁜 얘기입니까. 아내가 짜증을 내고 "난 당신과 못살아" 그러면 믿으려다가도 안믿습니다. 스스로 행복해야 합니다. 사도 바울은 스스로 행복한 것입니다. '나는 기뻐하노라. 그대들도 함께 기뻐하자.' 왜? '복음에서 교제함으로 인함이라' 합니다. 복음에서 교제함—우리의 코이노니아가 복음으로 말미암아 이루어졌고 가장 중요한 것은 이를 시작한 이가 그리스도의 날까지 이룰 줄을 안다는 것입니다. 나와 너의 만남 나와 너의 교제, 이 관계가 그리스도께서 맺어주신 것입니다. 그리스도께서 맺어주신 일입니다. 그리스도의 날, 주님 오실 때까지 이 교제는, 이 아름다운 fellowship은 계속될 것이라고 말입니다. 이것을 시작하신 이가 그리스도요, 주님 앞에 갈 때까지 이 아름다운 교제는 이어질 것이다—특별히 중요한 것은 '너희가 나와 함께 은혜에 참예한 자가 됨이라'

는 것입니다. 사도 바울은 감옥에 있는 것을 은혜로 알고 있습니다. 이것은 특권입니다. 사실로 특권이지요. 순교는 그리스도인으로서는 최고의 영광입니다. 특권입니다. 사도 바울은 생각합니다. 내가 이 감옥에 있는 것은 하나님께서 내게 주신 특별한 은혜다—그렇습니다. '너희가 이 은혜에 참예한 자가 되었다.' 멀리서 나를 위해서 기도하니 은혜에 참예했고 같은 목적으로 사니 은혜에 참예했고 너희가 나를 생각하여 위문금을 모아서 에바브로디도 목사 편에 보내니 은혜에 참예한 자가 됨이라—사도 바울은 감사하고 있습니다. 사도 바울의 마음에 깊은 감동이 있습니다. 이 감동 속에서 간증합니다. '너희가 다 나와 함께 은혜에 참예한 자가 되도다.' 은혜에 참예했다는 말, 대단히 중요한 의미가 있습니다. 빌립보서 1장 12절에 보면 '나의 당한 일이 복음의 진보가 된 것을 너희가 알기를 바란다' 하였습니다. 나의 당한 이 고난이 복음에 플러스가 된다는 것을 알기 바란다는 것입니다.

미국에 '백화점 왕'이라고 불리는 존 워너메이커라고 하는 사업가가 있습니다. 그는 스무 살에 사업에 뛰어들어서 80세가 될 때까지 열심히 일한 전형적인 기독교인 사업가입니다. 누가 그에게 물었습니다. "어떻게 지내십니까?" "나는 하나님께 감사할 뿐입니다. 즐겁게 바쁘니까요." "어떻게 즐겁게 바쁠 수가 있습니까?" 그는 자기의 인생철학을 말합니다. "많은 사람들은 마지못해서 바쁘지만 나는 내가 하고 싶은 일을 하기 때문에 항상 즐겁게 바쁩니다." 여러분, 억지로 바쁜 것하고 즐겁게 바쁜 것하고 다릅니다. 제가 요새 교회를 은퇴하고나니까 많은 사람들이 묻습니다. "어떻게 지내십니까?" 저는 이렇게 대답합니다. "무책임하게 바쁩니다." 또하나 있습니다.

"무질서하게 바쁩니다." 제가 바쁘긴 무척 바쁜데 그러나 옛날처럼 책임지는 일은 없거든요. 그러니까 몸이 좋아지지 않습니까. 만나는 사람마다 나보고 몸이 좋아졌다고 그러는데, 그것은 좋은 얘기이기만 한 것이 아니지만, 사실로 이토록 자유할 수가 없습니다. 즐겁게 바쁘다—이게 얼마나 아름다운 얘기입니까. 아브라함 링컨은 말합니다. '감사할 줄 아는 사람마다 발전이 있다.' 그에게만 창의력이 있는 것입니다. 이스라엘사람들의 지혜를 모은 「탈무드」에서 말합니다. '최고의 부자, 최고의 복받은 사람은 모든 일에서 감사하는 사람이다.' 종은 울려서 소리가 나야 종입니다. 복은 감사가 나와야 복입니다. 감사하다는 마음, 감사하다는 생각, 생각할 때마다 감사하는 이것이 아니고는 그 어떤 좋은 여건에 있어도 그는 복받은 사람이 아닙니다. 감사는 믿음입니다. 환경의 문제가 아닙니다. 감사는 신앙적 선택입니다. 여러분, 감사가 어떤 환경의 변화로 저절로 주어진다고 생각하지 마십시오. 다 경험해본 바와 같이 원망하는 사람은 항상 원망합니다. 부잣집에서 싸움은 더 많습니다. 그저 감사하는 사람이 계속적으로 감사를 선택하는 것입니다. 현실 속에서 감사를 선택할 때, 보십시오. 감사하는 생각이 나지요, 감사하는 행위가 있지요, 감사하는 습관이 있지요, 감사하는 성품이 있지요, 감사하는 운명이 됩니다. 감사의 일상화—감사가 성품화하여나갈 때 그의 운명이 바뀝니다. 새로운 세계가 열립니다. △

사람에게 보이려고

사람에게 보이려고 그들 앞에서 너희 의를 행치 않도록 주의하라 그렇지 아니하면 하늘에 계신 너희 아버지께 상을 얻지 못하느니라 그러므로 구제할 때에 외식하는 자가 사람에게 영광을 얻으려고 회당과 거리에서 하는 것 같이 너희 앞에 나팔을 불지 말라 진실로 너희에게 이르노니 저희는 자기상을 이미 받았느니라 너는 구제할 때에 오른손이 하는 것을 왼손이 모르게 하여 네 구제함이 은밀하게 하라 은밀한 중에 보시는 너의 아버지가 갚으시리라 또 너희가 기도할 때에 외식하는 자와 같이 되지 말라 저희는 사람에게 보이려고 회당과 큰 거리 어귀에 서서 기도하기를 좋아하느니라 내가 진실로 너희에게 이르노니 저희는 자기상을 이미 받았느니라 너는 기도할 때에 네 골방에 들어가 문을 닫고 은밀한 중에 계신 네 아버지께 기도하라 은밀한 중에 보시는 네 아버지께서 갚으시리라 또 기도할 때에 이방인과 같이 중언 부언하지 말라 저희는 말을 많이 하여야 들으실 줄 생각하느니라 그러므로 저희를 본받지 말라 구하기 전에 너희에게 있어야 할 것을 하나님 너희 아버지께서 아시느니라

(마태복음 6 : 1 - 8)

사람에게 보이려고

철학자 스피노자는 그의 저서 「Ethics(윤리학)」에서 이렇게 간단하게 그리고 명료하게 말하고 있습니다. '탐욕과 명예욕과 정욕, 이것을 보통사람은 병이라고 생각지 않는다. 사실은 이것들에 대한 집착은 무서운 정신질환을 일으킨다. 인간을 파멸로 끌고가고 있는 깊은 원인이 되고 있다. 인격을 죽이는 바이러스라고 말할 수 있다.' 여기서부터 문제가 됩니다. 이것은 죄라고 생각하지 않기 때문에 바로 여기에 끌려가다가 엄청난 죄의 노예가 되기 때문입니다. 죄의 원인이 되는 죄가 무엇입니까? 죄는 행동만이 아닙니다. 죄의 원인이 되는 죄를 알아야 합니다. 그로부터 뿌리가 나고 싹이 나서 우리가 죄에 빠지는 것이므로 원인분석을 하고 원인을 제거할 때, 이 원인으로부터 벗어날 때 비로소 우리가 하나님의 사람으로 바로 설 수 있는데 우리는 이 형식적으로 나타난, 외형적으로 나타난 것만 가지고 자꾸만 이것이 죄다, 저것이 죄다, 라고 말하고 있습니다. 그게 아닙니다. 뿌리가 있습니다. 이 죄의 뿌리를 우리가 바로 이해해야 되겠다 하는 말입니다.

톰슨이라고 하는 영성신학자의 「Soul Feast」라고 하는 유명한 저서가 있습니다. 그 속에서 현대인을 이렇게 말하고 있습니다. '균형을 잃어버린 삶' 이라고. 그것을 네 가지로 설명합니다. 첫째는 이성중심적 가치관, 여기에 매몰되어서 이성을 최고의 권위로 생각하고 자기의 이성이라고 하는 우상 속에서 자기존재를 잃어가고 있는 것이다 했습니다. 깊이 생각하면 무슨 말인고하니 이렇습니다. 우리가 이성을 소중히 여깁니다. 이성 없이는 안되고 이성적 판단을 바르게 따라야 합니다. 그러나 이성자체가 병들었다는 것을 몰랐습니다. 병든 이성이라는 것을 알아야 됩니다. 저는 그래서 여러 해 동안 신학대학에서 강의하면서 아주 강조한 점이 '이성이 병들었다는 것을 잊지 마라' 하는 것입니다. 병든 이성에 매여 있으면 구제불능이라는 것입니다. 우리가 이것을 알아야 됩니다. 내 이성, 내 양심, 이것은 파멸된 양심이요 병든 이성인데 이것을 모르고 있다는 것입니다. 그리고는 자기생각이 옳은 줄만 알고 고집을 부리고 있는 것입니다. 누가 뭐라해도 양심적이다. 누가 뭐라해도 바른 이성이다―아닙니다. 이미 병든 이성입니다. 그래서 유명한 파스칼은 말합니다. '네 이성을 십자가에 못박으라.' 그러고나서야 구원의 길이 있을 것이라는 것입니다. 그가 십자가에 못박아야 한다는 이성은 병든 이성이라는 것입니다. 이성이 구원을 받아야 합니다. 구원받은 이성, 중생한 이성, 하나님께서 만들어주신 깨끗한 이성을 바로 지켜갈 때 인간은 바른 판단을 할 수 있는 것입니다. 두 번째는, 기술의 진보가 삶의 속도를 가속화하여, 너무 기술이 빨리 변하고 상황이 빨리 변하는 것 때문에 그만 판단기준을 잃어버렸습니다. 무엇이 옳고 그른지 알 수가 없게 되었고 그만 속도를 맞추지 못합니다. 세상 변화하는 것에 가속이 붙어서 내가 못따라가는 것입니다. 마침내는 의인지 불의인지 선인지 악인지도 모를 정도로까지 혼나게 되었다는 것입니다. 이게 바로 현대, 즉 균형을 잃은 사회를 말하는 것이다 했습니다. 그러면서 피상적인 것에 가치를 두는 문화가 생겼습니다. 그러면서 의미와 가치보다 다른 사람들의 평가와 안목에 가치를 둡니다. 자신의 존재나 깊은 세계관은 없고 그저 다른 사람들에게 어떻게 보이나, 소위 인기라는 것에 집착합니다. 그래서 요즘에와서 연예인들이 뜁니다. 왜요? 인기가 있으니까요. 많은 사람의 환호와 환성을 받는 순간 마냥 둥둥 떠올라가는데 결국은 여기서 어떤 결과가 오느냐하면 인기 중심으로, 다른 사람들에게 어떻게 보이는가 하는 데 신경을 쓰느라 나 자신은 함몰되어가는 것도 모르고 있다는 말입니다. 이제 마지막 네 번째가 중요합니다. 우리문화는 점점 소외에 대한 두려움으로 우리를 몰락시키고 있다는 것입니다. 사람에게 신경을 쓰다보니 결국은 사람으로부터 소외되는 것입니다. 타인과 같지 못한 것에 대해서, 타인 만큼 못되는 데 대해서 신경을 쓰면서 상대적 빈곤에 빠집니다. 물질적으로뿐만 아니라 정신적으로까지 상대적 빈곤, 존재상실이 오는 것입니다.

파스칼은 이런 말을 합니다. '사람은 혼자 있지 못한다. 그 속성 때문에 망해가고 있다.' 여러분, 사람은 본래가 혼자입니다. 날 때도 혼자이고 죽을 때도 혼자입니다. 고독한 존재입니다. 그런데 고독하지 않을 수 있다고 고독하지 않을 수 있는 길이 있다고 생각하는 것에서부터 병드는 것입니다. 그저 혼자서 열심히 한다고 며칠이라도 내면세계를 즐길 줄 아는 그런 사람이 되어야 합니다. 그 넉넉한 인격이 필요합니다. 그런데 잠시도 혼자 있지 못해요, 어린아이같이. 꼭 누가 옆에 있어야만 합니다. 정신적으로 아주 유치하고 허약한 것입니다. 그것을 잊지 말아야 합니다. 제가 부흥회를 다닐 때 보면, 이 교회 저 교회 가서 대개 새벽기도회 인도하고, 오전에 일이 있고 대체로 저녁때까지 비어 있거든요. 저녁을 먹고 부흥회를 인도하게 되는데, 가끔 그 교회 목사님께서 "목사님, 호텔에 우두커니 혼자서 계시게 되는데 얼마나 답답하시겠습니까. 저희가 동무해드릴까요? 차를 타고 어디 좀 갈까요?" 해서 "아닙니다. 저는 며칠 혼자 있어도 고독하지 않습니다." 이렇게 대답합니다. "내가 가지고 온 책이 4권인데 이것을 보고 지내면 됩니다. 제발, 아무도 안만나면 좋겠습니다" 하는데도 자꾸 만나겠다는 것입니다. 또 만나야 되는 걸로 알고요. 사람 잘못봤지요. 혼자 사는 것에 익숙해져야 됩니다. 여기에 도사가 되어야 된다는 것입니다. 누군가 없으면 못산다—죄송하지만 아내도 남편도 마찬가지입니다. 없을 수도 있고, 때로는 없어야 될 때도 있습니다. 이러한데 꼭 누군가가 있어야 한다고, 없다고 몸부림치는 것입니다. 본래가 '없는' 것입니다. 여기에 문제가 있습니다. 이것이 타인지향적 문화라는 것입니다. 여기서 병들어가는 것입니다.

　본문을 보면 예수님께서 말씀하십니다. "사람에게 보이려고……" 사람에게 보이려고—이 말씀이 1절, 5절, 16절, 이렇게 세 번이나 나타납니다. 구제할 때 보십시오. 구제는 누구를 위한 것입니까. 구제받는 사람을 위한 것 아닙니까. 구제받는 대상에게 좋도록 하면 끝난 것이 아닙니까. 구제라고 하는 행사를 통해서 도대체 무슨 생각을 하는 것입니까. 사람에게 보이려고 구제한다—얼마나 난센스입니까. 누구를 위하여 종을 울리는 것입니까. 제가 북한에 가서 고관들하고 얘기를 하다가 어떤 때 참 민망한 소리를 듣습니다. "우리 남조선 기독교인들이 예수를 믿는지 안믿는지 모르겠어요." 그래서 "왜요?" 했더니 이렇게 말합니다. "성경에 오른손이 하는 일을 왼손이 모르게 하라 했는데 남조선교인들은 왜 그렇게 자기 이름 내기를 좋아합니까. 몇푼 주지도 않으면서 이름만 내달라고 하는데, 이해가 되지 않아요." 사실입니다. 가슴아픈 이야기 할까요? 한참 생각해야 할 것입니다. 겨울날 차를 타고 주로 병원을 방문합니다. 일반병원입니다. 여러 번 갔습니다. 제가 이름을 대지 않겠습니다만 상당한 고관이 하는 얘기입니다. "참 답답합니다. 세계 여러 교인들, 자꾸 병원만 지어주겠답니다. 무슨 병원, 무슨 병원, 잘 지어주겠다고 자꾸 요청을 하는데요, 목사님 보시는대로 이미 있는 병원도 다 비어 있고 운영을 못하는데……" 영하 18도에 병원이 난방도 안되더라고요. 그런 형편에다 병원을 자꾸 짓겠다는 이게 무엇입니까. 사실 이것은 누구를 위한 것입니까? 내가 지었다, 내 이름으로 지었다 ― 이것을 말하려고, 사람에게 보이려고 하는 것입니다. 마지막에는 뼈아픈 말을 합니다. "우리네 세계에서는요, 의료는 사치입니다. 그리고……" 저는 이 말 들을 때 가슴이 무너져내리는 줄 알았습니다. '의료는 사치다.' 왜? 보십시오. 멀쩡한 젊은이가 굶어죽어 가는데 병든 사람 고치게 생겼습니까. 그것 고쳐서 뭘 하겠습니까. 장티푸스 2만 명 걸렸다고 해서 제가 약품을 어렵게 구해가지고 갔습니다. 약품을 놓고 그것을 받는 고관이 말합니다. "이것이 무슨 소용이 있습니까?" 굶어서 죽어가는 판에 이 장티푸스약이 무슨 소용이 있느냐고요. 잘 생각해보십시오.

구제라고 한다면, 구제받는 사람이 무엇을 요구하는가, 여기에다 초점을 맞추어야지, 자기명예를 위해서, 사람에게 보이려고 기념비를 세우고…… 이 난리를 치고 있다는 말입니다. 오늘도 북한을 돕는다 돕는다 하지만 바로 이것 때문에 안되는 것입니다. 기자회견부터 먼저 하고, 신문에 내고…… 자기자랑 하고 싶어서 안달입니다. 안될 일입니다. 사람에게 보이려고 구제하지 마라 ― 얼마나 심각한 말씀입니까. 얼마나 확실한 말씀입니까. 왜 구제 안하느냐고요? 자기이름으로 안하기 때문입니다. 심지어는 제가 이런 말도 들었습니다. 제가 평양과학기술대학 이사장 아닙니까. 짓느라고 애를 쓸 때 도와달라고 도와달라고 여러 사람에게 말했습니다. 그랬더니 뭐라 하는지 아십니까? "목사님, 이사장직 내어놓으세요. 나를 이사장 시켜주면 그것 다 지어드릴께요." 나 내놓겠다고 그랬습니다. 내가 그 이사장 해서 뭐하겠습니까. 얼마든지 내어놓겠다고 그랬습니다. 그런데 이것은 북한에서 안되겠다고 합니다. 북한사람들 하는 말이 "우리는 의리가 있습니다. 목사님이기에 시작한 일입니다. 딴 사람에게 못줍니다" 하는 것입니다. 이것을 어떻게 하면 좋아요? 나에게 이사장직 내어놓으라고 한 사람이 세 사람입니다. 이사장직만 내어놓으면 400억 당장 내어놓겠대요. 사람에게 보이려고—이게 바로 문제입니다. 제발 신경 끄고 살았으면 좋겠습니다. 구제는 물리적인 게 아니라 마음이거든요. 그래서「탈무드」에 말합니다. '구제할 때는 내가 누구에게 줬는지를 몰라야 하고 구제를 받은 사람은 내가 누구로부터 받았는지를 몰라야 한다.' 그것이 구제입니다. 인사만 받아도 그것은 구제가 아닙니다. 그것을 알아야 합니다. 오늘 예수님 얼마나 확실하게 말씀하십니까. "오른손의 한 일을 왼손이 모르게……" 얼마나 확실하게 말씀하십니까. 오른손의 한 일을 왼손이 모르게—아니거든 주지 말 것입니다. 하나님께 욕돌리는 것이니까요. 동기에 문제가 있습니다.

또하나는 기도입니다. 물론 기도는 하나님께 하는 것입니다. 그러나 이것 또한 사람에게 보이려고 합니다. 또 다른 원문에 보면 금식하면서 일부러 세수도 안하고 초췌하게 하고 다니는 것입니다. '나 금식하는 중이다.' '며칠을 금식했다.' 미안한 말입니다만 내가 두 사람 그런 사람 만났습니다. 나한테 찾아왔는데, 명함 보니 '40일 금식기도 2번'이라고 적혀 있습디다. "내가 이런 사람입니다." 그리고 명함을 내어놓더라고요. 참 힘듭니다. 누구를 위한 기도입니까. 누구에게 하는 기도입니까. 사람을 의식하게 되면 시선을 끌려고 하는 마음이 생깁니다. 우리가 옷을 깨끗이 입고 화장도 하고 해야 하지만 사람에게 보이려고 하는 이런 마음이 있거든요. 제가 교회에서 젊은사람들이 빨간 머리, 파란 머리로 물들이고 왔기에 "너 왜 이리 이상하게 빨간 머리를 했느냐" 했더니 "저요? 다른 사람들이 안하니까요. 모두가 다 빨간 머리 하면 저는 안하죠. 제가 왜 합니까." 사람에게 보이려고, 눈에 띄게 하려고, 좀 특별하게 해서 남들의 눈을 끌자는 것 아닙니까. 그 아이들은 그래서 하는 것입니다. 이것을 알아야 합니다. 아이들도 어떤 때 보면 자꾸 이상하게 우는 아이들이 있습니다. 신경이 많이 쓰이는 아이입니다. 시선을 끌기 위해서 우는 것입니다. 이것을 우리가 알아야 합니다. 그리고 오늘본문말씀대로 무엇을 얻자는 것입니까. 칭찬받자는 것이지요. 좋은 평판을 받겠다, 이것은 명예욕입니다. 일종의 명예욕이지요. 구제하면서 칭찬받고, 사람에게 칭찬받고…… 그러면 사람에게 무엇을 얻으려는 것입니까. 명예를 얻고 때로는 소득을 얻으려는 것이지요. 무언가 바라는 것이지요. 피터 드러커의 유명한 책에서 이렇게 말합니다. '미리 가본 미래'—너무도 인상적입니다. 사람의 명예라는 것이 멀리 미래에 한번 가보면 어떻겠습니까. 기념비를 세우면 뭘 하고 역사에 남으면 뭘 합니까. 걸핏하면 기록을 해야겠다 하는데 그래, 기록을 하면 뭘 하겠다는 것입니까. 가끔 교회마다 30년사, 50년사, 100년사 해서 교회역사를 남겨야 한다는데 교회에서 보내 온 그런 책 제 사무실에 많습니다. 아무리 뒤져봐도 볼 것 하나도 없습니다. 무엇을 기록하겠다는 건지, 도대체가 기록을 해서 무엇을 하겠다는 건지, 하나님께서 기뻐하실 일같지 않습니다. 사람으로부터 무엇을 얻기를 바랍니까? 이제 시험에 빠지기 쉽습니다. 왜? 남을 의식하는 사람은 자기를 잃어버립니다. 허영 했던 사람은 자기존재를 상실하는 것입니다. 사람에게 보이려고 하는 순간 하나님이 안보입니다. 하나님의 음성이 들리지 않습니다. 그리고 마지막에 보면 대개 이런 사람은 원망과 불평으로 끝납니다.

그리고 오늘 예수님말씀이 "자기 상을 이미 받았느니라" 하십니다. 자기 상을 이미 받았느니라― '아페쿠신'이라는 말을 여러 번 쓰고 계시는데 재미있는 말입니다. 원문대로 보면 '지불완료'라는 말, 영수증이라는 말입니다. 칭찬 한번 듣고나면 자기 상 다 받은 것입니다. 이제 하늘나라에서 받을 것은 없네요. 공친 것이네요. 그렇지 않습니까. 히브리서 11장 6절에 말씀합니다. "하나님께 나아가는 자는 반드시 그가 계신 것과 또한 그가 자기를 찾는 자들에게 상 주시는 이심을 믿어야 할지니라." 하나님만 믿으면 되는데 왜 조급하게 사람으로부터 무엇인가를 받기를 바라는가, 말씀합니다. 마태복음 4장에 보면 예수님께서 시험받으십니다. 되려고 하는 시험, 보이려고 하는 시험, 소유욕이 있습니다. 그런데 그 중 하나를 보십시오. 높은 곳에서 "뛰어내리라" 합니다. 그것이 무엇입니까. 사람들에게 보이라는 것이지요. 많은 사람들에게 보여라, 그래야 무언가 되지 않겠느냐―아닙니다. 하나님을 시험하는 것입니다. 예수님말씀에 '선한 사마리아인 비유'가 있지요. 그 해석을 이렇게 하는 사람들이 있습니다. 지금 불한당 맞은 사람이 여리고 골짜기에 누워 있습니다. 제사장이 그냥 지나가고 레위사람이 그냥 지나갔다 하는데 이 사람이 여리고 골짜기가 아닌 예루살렘 한복판에 누워 있다면 어떨까? 제사장은 절대로 그냥 지나가지 못했을 것입니다. 다른 사람 손 못대게 했을 것입니다. 내가 구제하는 것이다, 저리 가라, 그랬을 것이지요. 여리고 골짜기에 있으니까, 사람들 안보니까 슬쩍 지나가요. 바로 여기에 문제가 있는 것이지요. 사람에게 보이려고 할 때 이런 불경건에 빠진다는 말입니다. 요새 흔히 이런 말을 듣습니다. 저는 여러 번 되뇌어봅니다. 투명성이라는 말입니다. 투명성이라니 어감이 이상해요. 그래서 투명한 것 봤습니까? 투명하면 투명했지 투명한 것 하나도 없더라고요. 투명하면 투명했지 또 투명이라는 말 자체가 허영입니다. 그것이 교만이라고요. 투명 이전에 정직이 먼저요 신앙이 먼저입니다. 사람에게 투명하다고 투명입니까. 양심의 문제입니다. 정직함의 문제입니다. 하나님 앞에 정직합니다. 그럴 때 오늘본문에 하나님이 보신다, 우리의 정직함을 하나님이 보신다, 하나님이 아신다, 하십니다. 다 알고 계십니다. 깊은 세계까지 다 알고 계십니다. 우리의 의도를 아십니다. 그리고 은밀한 중에 하나님이 갚으신다 하십니다. 초조해하지 마십시오. 하나님께서 갚으십니다. 이냐시오 로욜라의 겸손 원리가 있습니다. 첫째는 무질서한 욕망으로부터의 자유함, 그것이 겸손입니다. 둘째는 초연함입니다. 하나님만 생각하고 세상으로 초연한 것이 겸손입니다. 더 중요한 것이 있습니다. 십자가를 지고, 자기십자가를 지고 예수님을 닮아가는 것입니다. 예수님을 닮아가면서 조용히 기다리는 것입니다. 아무것도 바라지 말고…… 그리하면 하나님께서 알게모르게 은밀한 중에 갚아주실 것입니다. △

이 여인을 사랑하라

여호와께서 내게 이르시되 이스라엘 자손이 다른 신을 섬기고 건포도 떡을 즐길지라도 여호와가 저희를 사랑하나니 너는 또 가서 타인에게 연애를 받아 음부 된 그 여인을 사랑하라 하시기로 내가 은 열 다섯개와 보리 한 호멜 반으로 나를 위하여 저를 사고 저에게 이르기를 너는 많은 날 동안 나와 함께 지내고 행음하지 말며 다른 남자를 좇지 말라 나도 네게 그리하리라 하였노라 이스라엘 자손들이 많은 닐 동안 왕도 없고 군도 없고 제사도 없고 주상도 없고 에봇도 없고 드라빔도 없이 지내다가 그 후에 저희가 돌아와서 그 하나님 여호와와 그 왕 다윗을 구하고 말일에는 경외함으로 여호와께로 와 그 은총으로 나아가리라

(호세아 3 : 1 - 5)

이 여인을 사랑하라

우리나라 연극배우에 윤석화라고 하는 유명한 분이 있습니다. 그는 결혼 후에 임신이 되지 않아서 많이 마음이 상했습니다. 상상임신을 하기도 할 만큼 그는 자녀에 대해서 집착하고 있었습니다. 인공수정도 여러 번 했지만 많은 시간 시달렸을 뿐이고 결과는 없었습니다. 많이 고통스러워했으나 마침내 굳게 결심하고 양자를 들입니다. 아들을 입양하여 키우면서 많은 사랑을 주고받는 사이에 소중한 사랑을 깨닫게 됩니다. 이러한 과정의 생생한 경험을 책으로 썼습니다. 「작은 평화」라고 하는, 많은 사람들에게 깊은 감동을 일으키는 책입니다. 그 책에서 그는 이렇게 썼습니다. '사람들은 엄마에게 묻는다. "당신은 아이를 어떻게 키우고 싶습니까?" 이렇게 물을 때 나는 아이에게 대답하곤 한다. "다른 욕심은 없어요. 감사할 줄 아는 사람, 사랑을 아는 사람, 그런 사람으로 키우고 싶습니다." 또다른 사람들은 묻는다. "욕심이 없다니요? 감사할 줄 아는 사람, 그런 사람 되길 바란다는 것이 얼마나 큰 욕심인데 욕심이 없다니요?" 그때 난 엄마로서 이렇게 대답한다. 또 당당하게 우긴다. 욕심이 아니라 사랑이라고. 또 두 번째 욕심은 선물이 될 수 있는 사람이 되라는 것이다.' 이렇게 아들에게 정성을 쏟으면서 그런 바람을 갖고 있다고 말했습니다. 여러분, 사랑의 욕심, 잘못된 것입니까? 주는 것이요 희생하는 것이요 인내하는 것입니다. 사랑은 많은 고통을 동반합니다. 그러나 참사랑에는 욕심이 있습니다.

하나님의 욕심이 있습니다. '나를 닮으라.' 이것이 욕심이겠습니까. 이것이 고집이겠습니까. 하나님의 사랑은 아가페적인 사랑입니다. 그런데 우리는 무한적인 사랑, 무조건적인 사랑, 십자가의 사랑이라고 말합니다. 감상에 젖지 마십시오. 이 사랑에는 하나님의 욕심이 있습니다. 강한 욕구가 있습니다. 존 오도나휴라고 하는 분이 「영혼의 동반자」라고 하는 책을 썼는데 여기에 감명깊은 이야기가 나옵니다. 상처입은 사람을 만날 때 그 상처가 깊은 사람을 사랑할 때 어떻게 해야 하는가—우리에게 중요한 지혜를 일러줍니다. 저는 이 책을 읽으면서 나 스스로 생각하고 깊은 감동을 받았습니다. 첫째, 가장 나쁜 일은 상처를 직접적으로 문제삼는 것입니다. 알아채는 것으로 충분합니다. 절대로 상처를 언급하지 말 것입니다. 내가 사랑하는 그 사람이 상처를 잊고 기억나지 않게 해야 진정한 사랑이라는 것입니다. 내 아픈 상처가 기억나면 이보다 더 괴로운 일은 없습니다. 왜? 나는 이런 사랑을 받을 자격이 없기 때문입니다. 이 뼈아픈 상처가 전혀 기억이 나지 않을 만큼 그렇게 사랑하지 않는 한 그것은 사랑일 수 없습니다. 때로는 아무 말 하지 않아도 스스로 기억이 괴롭습니다. 사랑을 받으면서 지난날의 상처가 불쑥불쑥 생각날 때 가슴치며 괴로운 것입니다. 이렇게 기억나게 한다면 그것은 잔인한 일입니다. 물론 비방하지도 말고 지적하지도 말아라 합니다. 비방하고 지적해서 상처를 고치려고 하는 생각은 망상이라는 것입니다. 잘못된 생각이라는 것입니다. 둘째, 상처로부터 물러나야 합니다. 상처로부터 완전히 물러나고 있는 그대로를 사랑해야 합니다. 병들었으면 병든대로 잘못되었으면 잘못된대로 있는 그대로 사랑하는 것, 그것이 사랑입니다. 셋째, 기회가 옵니다. 기회를 기다려서 좋은 기회가 올 때마다 사랑의 빛을 비추어서, 좋은 빛을 비추어서 스스로 치유하도록 하는 것이 사랑이다 합니다. 스스로 치유하도록 하는 것이 사랑이다 합니다. 내가 치유하도록 돕고 교훈하여 돕고 하는 것은 사랑이 아니다—얼마나 귀중한 고백입니까. 사랑의 목적이 있고 사랑의 욕심이 있습니다. 이것을 저버릴 수가 없습니다.

오늘본문은 제가 개인적으로 지극히 좋아하는 본문입니다. 간간이간간이 이 성경을 읽어보고 묵상해봅니다. 참사랑의 극치적인 사건이라고 생각합니다. 유심히 읽어야 합니다. 3장 1절을 보면 "여호와께서 내게 이르시되 이스라엘 자손이 다른 신을 섬기고 건포도 떡을 즐길지라도 여호와가 저희를 사랑하나니"라고 말씀합니다. 하나님을 떠나서 우상을 섬겼습니다. 우상을 섬기면서 우상의 제물을 먹으면서 춤을 추고 있습니다. 이렇게 멀리 갔습니다. 그러나 여호와께서는 이 백성을 사랑하나니…… 이것을 전제로 하나님께서 호세아에게 말씀하십니다. 호세아의 아내가 지금 바람이 나서 멀리 갔습니다. '너는 다시 가서 다른 남자와 놀아난 그 여인을 사랑해주어라.' 이 말씀입니다. 여호와께서 창녀같은 우리를 사랑하시니, 호세아 네가 창녀같은 존재이면서 엄청난 사랑을 받고 있으니, 하나님께서는 아직도 너를 사랑하시니 너는 네 아내 저 창녀를 사랑하라 말씀하시는 것입니다. 놀라운 말씀입니다. 사랑의 패인(敗因)을 우리가 알고 있습니다. 사랑한다고 하다가 왜 실패할까, 왜 낙심할까—그 이유는 세 가지입니다. 하나는, 우리가 대상을 찾아 헤매기 때문입니다. 내게 주어진 사랑을 사랑하는 것이 아니라 내가 사랑할 사람이 누구일까 하고 찾아다니는 것입니다. 사마리아사람 비유에 나온대로 '누가 내 이웃이 되겠는가, 누가 내 이웃인가, 내가 사랑을 받을만한 사람, 내 사랑을 받을 사람이 누구인가, 내가 사랑해야 할 사람이 누구인가' —이렇게 묻고 헤매는 것입니다. 이렇게 생각하기 시작하면 사랑의 대상을 찾을 수가 없습니다. 두 번째는, 보상을 원하기 때문입니다. reward. 보상을 기대합니다. 그러니까 패하는 것입니다. 보상을 바라는 마음이 깔려 있는 한, 속된 마음이 깔려 있는 한 사랑은 속되고 사랑은 거짓되고 사랑은 환멸로 끝나게 마련입니다. 세 번째는, 내가 사랑하는 사람의 장래성을 생각하기 때문입니다. 내가 이렇게 사랑해서 이렇게 도와주면 저가 사람이 될까 합니다. 가끔 북한에 대해서도 그런 얘기를 많이 듣습니다. 내가 이것 도와줘서 될까? 내가 이것 도와줘서 북한이 잘될까? 나라가 바뀔까? 세상이 바뀔까? 이 작은 것으로 효과가 있겠느냐고 많은 사람이 내게 묻습니다. "목사님, 이십 년 동안 북한을 위해 애쓰시는데 효과가 있습니까?" 결과가 무엇이냐고 effect를 묻는 것입니다. 여러분, 이것을 묻는 것은 사랑이 아닙니다. 그냥 사랑하십시오. 여러분이 자식 사랑하는데 자식 잘된다는 보장 있습니까. 사람될 것같습니까.

톨스토이의 유명한 단편소설이 있습니다. 아주 간단한 소설입니다. 내용은 간단하고 보통 있는 얘기입니다만 무궁무진하게 깊이있는 얘기입니다. 어떤 날 아버지와 아들이 강둑을 걷다가 실수해서 아들이 물에 빠졌습니다. 아들이 허우적거리고 있습니다. 아버지는 자기가 수영 못하는 것을 알고 있습니다. 수영 한 번도 해본 적이 없는 사람입니다. 이런 아버지가 옷을 입은 채 뛰어듭니다. 이제 묻습니다. 이런 무모한 일이 어디 있습니까. 그렇다고 아들이 빠져들어갔을 때 그냥 우두커니 서서 '가만히 있자. 누구 도와줄 사람 없나?' 이렇게 하고 있겠습니까. 그것은 사랑이 아닙니다. 나 수영 못합니다. 그래도 아들이 빠져죽어갈 때는 그대로 뛰어드는 것이 아버지의 당연한 사랑이 아니겠느냐고요. 같이 죽는 한이 있어도 그리하는 것이 사랑입니다. 참사랑의 의미가 어디 있습니까. 너무 결과에 대해서 계산적으로 나오지 마십시오. 여기서 계산을 하고 타산적으로 나오면 아무도 사랑할 사람 없습니다. 이 사람 사랑해서 무엇을 얻을 것입니까. 또 무엇이 되길 바란다는 것입니까. 그냥 사랑하십시오. 그냥입니다.

호세아와 고멜의 이야기는 가장 극적인 이야기입니다. 하나님께서 호세아에게 말씀하십니다. '너 이 여자에게 장가가거라.' 하나님께서 중매하셨습니다. 길거리에 나도는 창녀, 저 사람하고 결혼해라 하십니다. 그 창녀에게 프로포즈하고 데려다가 씻겨서 지극정성으로 위해줍니다. 정식으로 아내를 삼고 열렬히 사랑합니다. 아이들을 낳습니다. 아이 둘의 이름이 이상하게 지어졌습니다. 로암미라는 아이가 있습니다. '로' 라는 말은 '아니' 라는 말이고 '암미' 는 '내 백성' 이라는 말입니다. 로암미―내 백성이 아니다…… 아무래도 그 씨가 의심스러웠던 것같습니다. 이 마누라가 밖으로 나도는데 옛버릇을 없애지 못하고 어디서 종자를 얻어왔습니다. 아무래도 그런 것같아서 로암미라고 이름을 지었습니다. 아내가 출입하는 것을 보니 영 마음에 안듭니다. 아이들을 낳은 여자가 옛버릇을 버리지 못하고 마침내 집을 나가버립니다. 성경에는 없지만 아마도 호세아는 '아이고 잘됐다, 앓던 이 빠진 것같다, 그동안 저 여자 때문에 얼마나 고생을 했던가……' 이렇게 생각했을 법합니다. 이 참에 아주 깨끗이 털어버리자 했을 법합니다. 그런데 오늘 3장에 보니 그 순간에 하나님께서 말씀하십니다. 다른 남자하고 바람이 나서 밖으로 나갔다가 지금은 노예로 팔려갔습니다. 멀리멀리 간 것입니다. 그 여자를 사랑하라고 말씀하시는 것입니다. 정말 깜짝놀랄 일입니다. '저 여자를 사랑하라.' 왜 그러셨을 것같습니까? 그렇게 말씀하시는 하나님의 깊은 뜻은 이것입니다. '지난날 네가 저 여자와 살면서 아이들을 낳았지. 그러나 잘 생각해봐라. Something wrong with you다. 네가 잘못한 게 있다. 너는 저 사람을 변화시키지 못한 것이다.' 사랑은 기적을 낳습니다. 사랑은 능력입니다. '네가 사랑한다고 했지만 저 사람을 바꾸어놓지 못했다. 사랑의 사람으로 만들지 못했다. Try again. 다시 시작하라.' 이것이 하나님의 세계입니다. 하나님의 명령이니 어찌하겠습니까. '사랑에는 낙심도 없고 실패도 없다. 이것은 너 자신의 문제다. 다시 시작하라. 가서 다시 행동하라.' 기도하라, 기다려라, 이런 얘기가 아닙니다. 가서 행동으로 적극적으로 값을 치르고 사오라 하시는 것입니다. 은 열다섯 세겔과 보리 한 호멜 반—노예의 값입니다. 이것이 사람 하나의 값입니다. 팔려갔으니 그냥 데려올 수 없습니다. 돈을 주고, 대가를 지불하고—십자가가 무엇입니까. 우리 죄에 대하여 지불된 대가입니다. 지불된 값입니다. 값으로 사신 것입니다. 값을 지불하고 데려오라, 그리고 있는 그대로를 사랑하라……

오늘본문말씀 가운데 아주 처절한 말씀이 있습니다. 3절에 있습니다. "너는 많은 날 동안 나와 함께 지내고 행음하지 말며 다른 남자를 좇지 말라 나도 네게 그리하리라." 이것이 무슨 말씀입니까. 나도 너만 사랑할지니…… 순결한 여자에 대한 것입니다. 바람피우는 여자의 남편이라면 바람피워도 됩니까? 이것은 아닙니다. 순결한 여자를 대하는 남자는 순결해야 되지 않습니까. 내가 순결한 여자를 대하듯이 너만 사랑할 터이니 너도 내게 그리하라—이게 얼마나 놀라운 얘기입니까. 그 허물많은 죄인을 끌어다놓고 이제 하는 말이

'내가 너를 순결한 여자를 대하듯이 사랑할 것이다. 너도 내게 그리하라.' 송나라의 성리학자에 정명도와 정이천 형제가 있었습니다. 어느날 어느 잔치집에 초대받아서 대접받는데 형은 학자의 품격도 인격도 다 잊어버리고 먹고 마시고 취하고 기생과 어울리고, 이랬다는 것입니다. 동생은 그게 못마땅했습니다. 집에 돌아와서 동생은 형에게 조심스럽게 말했습니다. "형님 지나쳤던 것 아닙니까? 나는 형님에게 실망했습니다." 형이 말했습니다. "너는 아직도 잔치집에 있느냐? 나는 집에 돌아왔다." 아시겠습니까? 너는 아직도 생각이 잔치집에 있어? 나는 집에 돌아와 여기 있다. 깨끗이 잊었노라—사랑이라는 것은 이것입니다. 사랑의 욕심이 있습니다. 사랑을 감상으로만 알 것이 아닙니다. 기쁨도 있고 행복도 있습니까? 때로는 희생도 있고 인내도 있습니까? 아닙니다. 사랑의 결과는 창조입니다. 능력입니다. 사람을 만들고 사람을 변화시키고…… 오늘 성경은 말씀합니다. '너는 나만 사랑하여라. 나도 너만 사랑할 것이다. 다 잊어버리고 순결한 여자를 대하듯이 너를 대할 것이니 너도 내게 그리하라.' △

뉘게로 가오리이까

이러므로 제자 중에 많이 물러가고 다시 그와 함께 다니지 아니하더라 예수께서 열 두 제자에게 이르시되 너희도 가려느냐 시몬 베드로가 대답하되 주여 영생의 말씀이 계시매 우리가 뉘게로 가오리이까 우리가 주는 하나님의 거룩하신 자신 줄 믿고 알았삽나이다 예수께서 대답하시되 내가 너희 열 둘을 택하지 아니하였느냐 그러나 너희 중에 한 사람은 마귀니라 하시니 이 말씀은 가롯 시몬의 아들 유다를 가리키심이라 저는 열 둘 중의 하나로 예수를 팔 자러라
(요한복음 6 : 66 - 71)

뉘게로 가오리이까
(오직 말씀)

　일주일 동안 하는 일 없이 지내던 두 젊은이가 하도 심심하고 따분해서 오는 휴일은 좀 화끈하게 재미있게 신나게 놀아보자고 약속을 했더랍니다. 그리고 둘은 일껏 생각하다가 도박장에 가기로 했습니다. 도박장으로 가는 길에 교회가 있었습니다. 교회를 지나갈 때 교회문 앞에 있는 게시판을 봤습니다. 그 게시판에 '죄의 값은 사망'이라는 설교제목이 씌어 있었습니다. 한 청년은 죄의 값은 사망이라는 말을 보는 순간 그 자리에 발이 딱 붙어버렸습니다. 움직일 수가 없습니다. '내가 도박장으로 갈 수는 없다.' 큰 충격을 받았습니다. 죄의 값은 사망이다―그래서 그는 교회로 들어갑니다. 예배드리러 들어갑니다. 다른 한 청년은 내처 도박장으로 가버렸습니다. 두 사람은 여기서 달라졌습니다. 그로부터 30년이 지났습니다. 그때 교회로 들어갔던 그 청년 Stephen Grover Cleveland는 미국의 제22대 대통령이 됩니다. 대통령 취임식하는 날, 그 옛날 도박장으로 갔던 그 친구, 감옥에 있었습니다. 감옥에서 친구의 대통령 취임식 소식을 들으며 가슴을 치고 울었습니다. 인생은 언제나 선택입니다. 계속적으로 선택을 해야 합니다. 요새 뭐 냄비 하나 잘 사면 어떻게 되고, 냉장고 하나 잘 사면 어떻게 된다고 선전하는 문구에 '순간의 선택이 일생을 좌우한다'라는 말이 있습니다. 순간의 선택이 내 일생의 운명을 좌우하는 것입니다. 여러분, 생명은 선택입니다. 인격이란 선택의 자유를 가졌습니다. 선택의 자유를 가지지 못한 자를 우리는 비인격자라고 합니다. 또한 선택의 기회가 주어지고 있다는 뜻입니다. 오늘도, 아니, 이 시간에도 어떤 악조건에서도 내가 선택해야 할 기회가 내게 주어지고 있습니다. 선택함으로 인격자요, 선택함으로 인간입니다. 그런데 이상하게도 어리석고 우둔한 사람은 '선택의 자유가 없다'라고 말합니다. '이럴 수밖에 없었다' I had no choice — 정말 그렇습니까? 선택의 자유를 포기 할 때, 아니, 선택의 자유가 없다고 할 때 그는 벌써 인간이 아닙니다. 선택의 자유를 항상 확실하게 느끼고 선택하고 책임지는 사람 그가 인간입니다.

　여러분 스스로도 한번 생각해보십시오. 지난 1년도 생각해보십시오. '그럴 수밖에 없었다.' '그 길밖에 없었다.' 혹 그런 변명을 한 일이 있습니까? 다시 이제 생각해보십시오. 선택의 길이 없었습니까? 얼마든지 다른 길이 있었습니다. 그런데 내가 잘못, 선택권을 포기하고 마치 노예된 것처럼 불가피한 것처럼 끌려갔던 것이지요. 그것은 아닙니다. 선택받은 자, 선택받은 자의 길을 하나님께서 인도하십니다만 선택받은 바를 선택해야 할 책임이 우리에게 있습니다. 제자들, 오늘 성경말씀에 보면 마지막 선택의 기회를 맞게 됩니다. 조용한 시간입니다. 예수님께서 이제부터 앞에 고난이 있다고 예고하십니다. 십자가를 지실 것이라고 말씀하십니다. 메시야를 믿고 메시야가 영광을 누릴 때 그 영광에 나도 동참하고 싶은 화려한 꿈을 갖고 3년 동안 예수님을 따랐는데 이제서 예수님께서는 십자가로 가신다는 것입니다. 영 맘에 안듭니다. 불안하기 그지없습니다. 이제 어떻게 해야 하나? 그런가하면 많지도 않은 12제자 중에서 하나는 배신할 것이라고 이제 이름은 밝히지 않고 말씀하시니 누가 배신자가 되는지…… '너희 중에 배신자가 있다.' 참 답답합니다. 어쩌면 주저, 주저하는 마음에 강한 쇼크를 받았을 것입니다. 내가 예수를 배반하고 있는 것은 아닌가? 내가 배신하고 있는 것은 아닌가? 그런가 하면 저 앞의 60절에 보면 몇몇 제자들은 "이 말씀은 어렵도다 누가 들을 수 있느냐" 합니다. 예수님의 말씀을 3년 동안 들어왔습니다만 이 말씀이 어렵습니다. 이제서 더 어려워졌습니다. 요한복음 6장은 우리가 성찬식 할 때 늘 읽는 말씀입니다. '내 살을 먹어야 하고 내 피를 마셔야 한다. 내 살을 먹고 내 피를 마시는 자는 영생을 가졌고 마지막날에 다시 살리라.' 아무리 생각해도 이해가 안됩니다. 어렵습니다. 난해합니다. 당연합니다. 여러분, 이것을 알아야 합니다. 생명의 진리는 어렵습니다. 요새 뭐 생명공학에 대해서 많은 말들을 하고 있지만 무궁무진하게 생명의 세계는 신비로운 것입니다. 더구나 영적인 생명, 끝없이 신비로운 것입니다. 이제 예수님의 고귀한 말씀을 저들이 어떻게 다 이해하겠습니까. 이해하기를 바라겠습니까. 어떻게 다 이해하리라고 생각하겠습니까. 이성으로 이해할 수 없는 것이 당연합니다. 그래야 진리가 아니겠습니까. 푸리난의 유명한 말이 있습니다. '불합리한 것도 진리다. 사람이 합리적으로 이해했다면 벌써 그것은 진리가 아니다.' 왜? 사람이 제가 무엇인데 제가 알아서 완전한 진리다, 합리적이다 하는 것입니까. 그것은 웃기는 것 아닙니까. 그것은 생명의 세계입니다. 예수님의 귀한 말씀이 너무 어렵습니다. 당연히 어렵지요. 다 이해될 수가 없지요. 오직 믿어야 할 뿐입니다. 어린아이들이 부모님에게 많은 질문을 합니다. 정말 답답하게 질문합니다. 이게 무엇입니까, 왜 그렇습니까, 왜 그렇습니까─어떻게 다 대답합니까. 저는 아주 재미있는 구경을 했었습니다. 둘째아들이 초등학교 1학년 때 점심시간에 집에 돌아와서 제 어머니하고 점심을 먹으면서 진지한 질문을 던집니다. "엄마,

엄마, 확실히 엄마가 나를 낳았어? 우리선생님 보니까 배가 이따만 하던데 내 친구가 그러는데 그 속에 애가 들었대. 그러면 엄마도 배가 이만했던가?" 너는 크기 때문에 그보다 더 컸다 하니까 거기까지는 좋은데 이놈이 진지하게 질문을 합니다. "내가 어디로 나왔어?" 엄마가 이렇고저렇고 뭐라고뭐라고 진땀나게 설명을 해줍니다. 제대로 설명이 될 리가 없지요. 그러나 아이는 자꾸만 집요하게 묻고듭니다. 제가 2층에서 책을 읽으면서 들어봤더니 어머니는 아이를 한 대 딱 쥐어박는가봅니다. "이 자식아, 너도 크면 알아!" 그걸로 끝났습니다. 교육적으로 잘못한 것입니다. 하지만 나였더라도 도리가 없지요. 쥐어박아야지. 이놈아 크면 알아―그것밖에 도리가 더 있겠습니까. 어떻게 다 알겠습니까. 어떻게 지금 알기를 바랍니까. 어떻게 영생의 진리를 지금 다 알기 바라느냐고요. 정말 알고 싶습니까? 죽어야지요. 그런데 이것을, 이 영원한 진리를 놓고 예수님께서는 비유해서 상징적으로 '내 살을 먹어야 한다. 내 피를 마셔야 한다'하고 말씀을 하시니 제자들이 '알 수가 없다. 도대체 모를 소리다'하고 물러갔지요.

　63절에서도 "살리는 것은 영이니 육은 무익하니라" 하십니다. 아리송합니다. 이 사람들은 세속적인 욕망을 갖고 따랐는데 그것을 포기해야 할 것같거든요. 이래서 고민을 합니다. 66절에 보면 많이 물러가더라 합니다. 그동안 따라다니던 사람들, 예수님의 인기에 취해서 능력에 끌려서 매료되어서 그의 귀한 말씀의 교훈에 매료되어서 따라다니던 사람들 많이 떠나갑니다. 이 시점에서 예수님, 12제자에게 물으십니다. "너희도 가려느냐." 참 서글픈 얘기입니다 예수님께서 보시자니 이 열둘도 시원치 않아요. 그래서 물으십니다. "너희도 가려느냐." 고맙게도 수제자 베드로가 대답을 합니다. "영생의 말씀이 계시매 우리가 뉘게로 가오리이까." 갈 곳이 없다는 말입니다. 안간다고 말합니다. "주는 하나님의 거룩하신 자심을 믿고 알았삽나이다." 그리고 "페피스테우카멘" 그리고 "카이 에고카멘"이라고 말씀드립니다. 유명한, 신학적으로 충만한 용어입니다. 봤습니다, 믿었습니다, 벌써 믿었습니다, 그래서 현재 알았습니다—아주 중요합니다. '믿고 알았습니다.' 그렇습니다. 믿어야 할 부분이 있습니다. 이것은 믿어야 됩니다. 이것은 믿어야 할 부분이지 내가 다 알 수는 없는 것입니다. 비판할 수도 없습니다. 더구나 생명의 문제에 관해서는 믿고 그 결과로 알았습니다 하는 그 고백이 가장 확실한 신학논리입니다. '영생의 말씀, 영원한 생명의 말씀이 주님께 있음을 내가 알았습니다. 그러므로 나는 다른 곳은 갈 곳이 없습니다. 주만 따르겠습니다.' 그런 고백입니다.

　좀더 어려운 이야기입니다만 여러분은 성경을 읽을 때 어떻게 읽습니까? 마태, 마가, 누가, 요한…… 이렇게 읽습니까? 저는 어렸을 때 많이 궁금했어요. 어떤 사람은 성경을 읽더니 예수님이 3번 오셨다고 하더라고요. 오셨다가 죽으셨다가 또다시 오셨다가…… 그것은 순진한 마음이지요. 그래서 생각에 왜 네 권을 기록했나, 모아서 한 권으로 만들지, 했습니다. 정말입니다. 이것을 하나 만들려고 노력한 사람이 역사에 많습니다. 많은 사람들이 이 넷을 모아서 하나 만들려고 했었는데 실패했습니다. 안되는 것입니다. 그렇게 되면 원진리가 망가집니다. 왜 넷이냐—하나님의 오묘한 진리가 거기 있다고 생각됩니다. 이제 여러분도 한번 신학도가 된 마음으로 같이 생각해볼까요? 이제 성경을 읽어보면 먼저 마가복음적 신앙이 있습니다. 마가복음은 예수님의 행적을 주로 나타내고 있습니다. 예수님께서 이적을 나타내신 얘기가 많습니다. 예수님께서 봉사자로 많은 사람들의 병을 고치고 많은 사람들을 위로하시는 그런 모습이 나타납니다. 마가복음에는 말씀이 별로 없습니다. 행동자로 그저 봉사하는, 이적을 나타내는 그런 분으로 되어 있습니다. 무릇 이적을 좋아하는 사람들, 행동파들은 마가복음을 보면 좋습니다. 그런가하면 누가복음적 신앙이 있습니다. 누가복음을 자세히 보면 여기에는 예수 그리스도의 휴머니즘이 나타나 있습니다. 예수님의 인간모습, 참으로 훌륭합니다. 참으로 귀한 분입니다. 나는 예수님의 휴머니즘 중 제일 큰 것이 18년 귀신들린 여자, 더욱이 육체도 병신인 이 여자를 앞에 놓고 예수님께서 이렇게 말씀하신 거라고 생각합니다. "십팔 년 동안 사단에게 매인 바 된 이 아브라함의 딸……(눅 13 : 16)"— 저도 아브라함의 딸이라고 말씀하십니다. 예수님께서는 인간을 이렇게 보십니다. 외모로 보시지 않습니다. 귀신들려 소리지르기를 18년 된 이런 쓸모없는 인간을 놓고도 '저도 아브라함의 딸이라' 하십니다. 누가복음을 읽어나가보면 예수님의 휴머니즘이 절절히 흐릅니다. 그런가하면 마태복음적 신앙이 있습니다. 사도 베드로가 말합니다. '주는 그리스도시요 살아계신 하나님의 아들입니다.' 그리고 우리가 흔히 크리스마스 때에 얘기하지만 동방박사 얘기도 마태복음에 있는 것입니다. 예수는 왕이시다, 만왕의 왕이시다, 예수는 메시야시다—이쪽으로 계속 신앙을 고백해나갑니다. 이것이 마태복음입니다. 그런가하면 요한복음으로 가면 얘기가 다릅니다. 요한복음 1장부터 '태초에 말씀이 계시니라. 태초부터 계심이고 말씀이 육신이 되어 우리 가운데 거하신다' 합니다. 칼 바르트 신학의 핵심입니다.

그의 책에는 수천 번 인용합니다. 말씀이 육신이 되어, 말씀이 육신이 되어…… 하나님의 말씀이 사람의 몸으로 세상에 오셨다, 원체가 하나님이시다, 영원하신 분이다—이렇게 이해합니다. 이 이해가 기독교신앙의 극치입니다.

그런데 다시 더 나아가면 사도행전적 신앙이 있습니다. 이 땅에 오시고 십자가에 돌아가신 그 예수가 지금은 살아계신 그리스도로 나와 함께 계신다—나는 사도행전 3장을 읽어보면서 늘 나 혼자서 웃고 놀라곤 합니다. 베드로와 요한이 성전에 올라가다가 나면서부터 앉은뱅이된 사람을 발견합니다. 이 사람이 보통사람에게와 똑같이 베드로와 요한에게 손내밀고 구걸을 합니다. 돈달라는 사람을 앞에 놓고 '은과 금은 내게 없다' 말합니다. 무엇을 얻을까 하여 바라보는(행 3 : 5) 그를 보고 '내게 있는 것으로 네게 주노니 일어나라' 합니다. 앉은뱅이가 벌떡 일어납니다. 여기서 한번 이렇게 생각해봅니다. 앉은뱅이가 놀랐을까 베드로가 놀랐을까? 베드로가 놀랐을 것 같습니다. 얼마나 놀랐겠습니까. 아니, 그 앉은뱅이가 일으켜달란 것도 아니지 않습니까. 그러나 이 거리에서 손내밀고 있는 거지를 향해서 '일어나' 하고 거지는 벌떡 일어납니다. 예수의 이름으로 일어나라 할 때, 예수의 이름이라고 할 때 앉은뱅이가 일어나는 것입니다. 이 얼마나 위대한 일입니까. 귀신 내쫓는 일을 거의 전문으로 하는 어느 장로님이 계십니다. 귀신들렸다고 하면 가서 기도하고 내쫓는 분입니다. 그분이 중요한 얘기를 합디다. 참 재미있는 얘기입니다. 찬송가를 부르면 귀신이 나가는데 복음성가를 부르면 안나간다는 것입니다. 복음성가를 부르면 귀신이 같이 부르자고 나선답니다. 예수의 이름, 예수의 이름, 십자가 예수, 이것만 나오면 귀신이 꼼짝못한다고 합니다. 여러분, 그런 줄 아십시오.

'말씀이 육신이 되어 우리 가운데 임하니라.' 그리고 오늘 말씀으로 우리와 함께하십니다. 그 말씀은 능력이요 생명력입니다. 예수의 이름, 예수의 말씀, 그것은 생명력입니다. 그대로가 생명력입니다. 말씀이 주도하시는 것입니다. 그래서 제자들은 말씀으로 순종하라고 합니다. 말씀의 능력을 몸으로 체험했습니다. 말씀의 능력이 그대로 살아 역사하는 것을 보고 사도 바울은 말씀에 붙들려 일생을 삽니다. 말씀은 영생이고 말씀은 생명이고 말씀은 능력이기 때문입니다. 토마스 아퀴나스에게 언젠가 하나님께서 말씀하셨다고 합니다. 너는 내게 구하라, 네게 무엇을 줄까―그는 대답합니다. 'I want nothing but Christ.' 내게는 오직 그리스도뿐입니다, 오직 그리스도를 내게 주십시오―왜요? 말씀이요, 그 말씀은 능력이기 때문입니다. 한 독자가 영국 신문사에 이런 좋지 못한 글을 보냈답니다. '저는 교회에 30년 다녔습니다. 그러니까 한 3000번 설교를 들었습니다. 그러나 내 귀에 기억되는 것이 아무것도 없습니다. 아주 실망적입니다.' 편집자가 이 글을 보고 한참 생각하다가 회답을 했습니다. 그의 회답은 이렇습니다. '나는 결혼 후 30년 동안 내 아내로부터 음식을 얻어먹었습니다. 그런데 아무리 생각해도 내가 무엇을 먹은 것인지 모르겠습니다. 그러나 내가 지금 살아 있습니다.' 여러분, 설교를 듣고 너무 많이 기억하려고 하지 마십시오. 또 기록하려고 하지 마십시오. 왜요? 좀 잊어버려야 내가 그 다음 시간에 또 말하지요. 그러나 중요한 것은 심령이 자란다는 것입니다. 듣고 잊어버려도 좋습니다. 그러나 내 영혼은 자라는 것입니다. 성령이 역사해서 필요한 때에 필요한 말씀이 기억나게 할 것입니다. 내가 임종을 맞을 때 하나님의 말씀이 내 귀에 들려와야 합니다. 그 말씀 붙들고 우리가 하나님 앞에 가는 것 아니겠습니까. 여러분, 깊이 생각해야 합니다. 저는 며칠전에 필요한 일이 있어서 사진을 찍었습니다. 그 사진관에 있는 잘생긴 청년이 제게 와서 "목사님, 제가 고민이 있습니다. 제가 목사님 시무하실 때 2년 동안 교회에 나갔습니다. 참 좋았습니다. 행복했습니다. 그런데 제가 이사를 하고 직장도 바꾸고 하는 바람에 요새는 주일날 교회를 못나갑니다. 처음 6개월 동안은 교회를 못나가니까 마음이 괴롭더라고요. 6개월 지나가니까 심상하더라고요. 또 다시 6개월 지나가니까 벌써 내가 술집에 앉아 있더라고요. 이상합니다. 말씀을 듣지 못하니까 이제는 죽을 지경입니다." 여러분, 생각해보십시오. 이 말씀이 없이 내가 전혀 살 수 없다는 것을 알아야 합니다. 영생의 말씀이 있습니다. "내가 뉘게로 가오리이까." 삶의 힘이 있고 삶의 지혜도 있고 삶의 활력도 능력도 소망도 그 말씀 속에 있습니다. 베드로와 제자들은 그리스도를 통해서 많은 것을 얻으려고 합니다. 그러나 모든 소원 다 접어두고 다 사라지고 오직 말씀, 말씀중심적 신앙, 말씀중심적 생활양식입니다. 그래서 우리 믿는 사람들은 일주일 계획을 짜도 꼭 주일을 중심해서 짭니다. 왜요? 이것은 절대우선이니까요. 절대우선입니다. 이것 없이는 나는 못삽니다. 바로 거기에 내가 있어요. 베드로가 "영생의 말씀이 주께 계시매 내가 뉘게로 가오리이까" 합니다. 말씀이 교회에 있으매 내가 뉘게로 가오리이까, 말씀이 설교 속에 있으매 내가 뉘게로 가오리이까—그런 말씀중심적 신앙이 될 때, 말씀이 능력이 될 때 날마다 소망에 찬 승리의 생활을 할 수 있을 것입니다. △

내가 메시야를 만났다

이튿날 예수께서 갈릴리로 나가려 하시다가 빌립을 만나 이르시되 나를 좇으라 하시니 빌립은 안드레와 베드로와 한 동네 벳새다 사람이라 빌립이 나다나엘을 찾아 이르되 모세가 율법에 기록하였고 여러 선지자가 기록한 그이를 우리가 만났으니 요셉의 아들 나사렛 예수니라 나다나엘이 가로되 나사렛에서 무슨 선한 것이 날 수 있느냐 빌립이 가로되 와 보라 하니라 예수께서 나다나엘이 자기에게 오는 것을 보시고 그를 가리켜 가라사대 보라 이는 참 이스라엘 사람이라 그 속에 간사한 것이 없도다 나다나엘이 가로되 어떻게 나를 아시나이까 예수께서 대답하여 가라사대 빌립이 너를 부르기 전에 네가 무화과나무 아래 있을 때에 보았노라

(요한복음 1 : 43 - 48)

내가 메시야를 만났다

어제 오후에 저는 서울시내의 일류호텔에서 결혼식이 있어서 주례하기 위해서 호텔을 찾아갔었습니다. 입구에서부터 시작해서 내부까지 크리스마스장식으로 가득차 있었습니다. 실내에 높이 20미터가 넘는 아주 화려하고 큰 크리스마스 트리가 있었습니다. 그러나 그 어디를 돌아보아도 메리 크리스마스라는 글귀가 없습니다. 물론 크리스마스 트리 꼭대기에 십자가도 없습니다. 참 마음이 서글펐습니다. 또 조그만 오두막을 지어놨는데 우리생각에는 그 속에 아기 예수와 마리아가 있을 것이라고 생각했지만 들여다보니 눈사람 하나 들어앉았더라고요. 그리고 선물꾸러미를 가득 쌓아놓았습니다. 자, 이런 크리스마스 아닌 크리스마스 트리, 예수가 없는 성탄 이것은 참으로 서글픈 이야기가 아닐 수 없습니다. 요새는 어디든 보면 Season's Greetings라고 써 있지요. 메리 크리스마스라는 글귀는 보기 어렵습니다. 어째서 이렇게 되는 건지 참으로 마음이 아픕니다. 오스 기네스라고 하는 목사님의 「The Call(소명)」이라고 하는 책이 있습니다. 이 기네스 목사님은 1970년 미국연방준비제도 이사회(US Federal Reserve Board)라고 하는 아주 중요한 모임의 의장으로 있었던 아서 번스라고 하는 분에 대해서 이 책에서 언급하고 있습니다. 번스 의장은 전형적인 유대인입니다. 철저히 유대인으로 사는 사람입니다. 유대인의 생활을 그대로 지키고 사는 전형적인 유대인입니다. 그런데 그가 백악관에서 모이는 성경공부시간, Bible Study에 참석을 하는 것입니다. 물론 직책도 그러하지만 어떤 백악관 성경공부시간에도 참석을 하고 말없이 그냥 일주일에 한 번씩 꼬박 참석하고 성경공부를 했다는 것입니다. 끝내 아무 말도 없었습니다. 그런데 어느날 사람들은 그가 기도하는 소리를 똑똑히 들을 수가 있었습니다. 그 기도소리를 들으면서 다들 깜짝 놀랐습니다. "오, 하나님, 우리 모든 유대인들이 예수님을 만나고 예수님을 알게 되는 날이 오게 해주십시오." 너무나 놀랐습니다. 잠시후에 이분들은 더 놀랐습니다. 그는 이렇게 기도하고 있었습니다. "오, 하나님, 모든 그리스도인들이 예수를 만나는 날이 오게 해주십시오." 이게 무슨 기도입니까. 그는 유대인들이 예수 영접해야 한다는 것을 이제서 깊이 통감하고 기도할 뿐만 아니라 소위 기독교인이라는 사람들에게 예수가 없고 정작 예수를 만난 사람들이 적다는 것을 알고 이렇게 기도하고 있었다는 것입니다.

미국의 유명한 풀러신학교의 루이스 스메데스라는 교수님이 쓴 「Shame and Grace」라고 하는 책에서는 현대인의 문제를 이렇게 말하고 있습니다. '파괴적 수치감'이라고요. 현대인의 문제는 파괴적 수치감이다—이것이 무엇입니까? 어떤 죄와 직접 관여되는 것이 아닙니다. 스스로의 생각에 나는 가치없는 인간이다라고 느끼는 것입니다. 나는 버려진 인간이다, 나는 쓸모없다, 아니, 나는 사랑받을 수 없는 존재다—사랑이 없다, 가 아닙니다. 사랑받을만한 가치가 없다—그렇게 생각하는 그 느낌, 이것이 현대인의 결정적이고도 가장 심각한 문제요 심각한 병이라고 말하고 있습니다. 파괴적 수치감을 갖는 이유를 그는 세 가지를 들어서 말하고 있습니다. 첫째가 Kings of Hill입니다. 이것이 무엇이냐하면 '왕 가리기'입니다. 자, 우리가 어렸을 때부터 누구 키가 더 크냐, 누가 더 예쁘냐, 누가 더 노래를 잘하느냐, 누가 더 그림을 잘 그리느냐 합니다. 이 모든것이 통틀어서 심리학적으로 말하면 왕 가리기 의식입니다. 누가 왕이냐…… 여러분 아십니까? 결혼식을 하고나면 이제부터 한 1년은 참 행복할 때가 아닙니까. 일생동안 행복해야 되지 않습니까. 어제도 제가 주례하면서 그런 얘기를 했습니다. "지금 그대들 결혼식 하고나서 일 년 동안은 정말로 일생에 가장 행복한 시간일 것이라 생각하고 있지만 착각하지 마세요. 앞으로 일 년 동안은 전쟁이오. 왕 가리기요. 누가 주도권을 쥐느냐, 너나 나냐, 이것가지고 일 년 동안 피나는 싸움을 할 것이오. 알았습니까? 그러니까 이제부터 백기를 들고 출발하시오. 누가 위냐 아래냐 하지 말고 남자가 어떻고 여자가 어떻고 하지 말고 출발해야 행복한 가정이 될 것입니다." 왕 가리기, 참으로 문제입니다. 얼마나 잘났습니까. 잘나봐야지요. 그런 것을 잘났다, 좀더 잘나보고 싶다, 좀더 잘난 것으로 보이고 싶다, 이런 것 때문에 문제가 되는데 이 결과는 승자는 없고 패자만 있습니다. 모두가 다 패자입니다. 승자는 없습니다. 이것이 바로 현대인의 가장 깊은 병이라는 것입니다. 또하나는 은혜를 잃어버린 존경이라는 것입니다. 교회마저 그렇습니다. 존경까지도 은혜를 잃어버렸습니다. 율법주의입니다.

　이것이 죄다 저것이 죄다, 왜 사랑하지 않느냐, 봉사하지 않느냐…… 계속 무거운 짐을 지우고 있습니다. 무엇하고 있는 것이냐, 왜 전도하지 않느냐―가장 힘들어요. 너무너무 힘들어요. 그렇지 않아도 무거운 짐을 진 사람에게 더욱더 무거운 짐을 지우는 것이 잘못된 메시지요 잘못된 교회라는 것이지요. 이보다 조금 더 뿌리가 깊은 것은 무엇이냐하면 용납이 없는 부모입니다. 부모가 자식을 키울 때 용서가 없습니다. 공부 못한다고 쥐어박고 뭐가 안된다고 책망하고, 그렇게 해서 사람 되겠느냐, 너 때문에 내가 못살겠다……
계속해서 이럽니다. 이 얼마나 힘듭니까. 요새아이들은 똑똑해서 아
버지 어머니 고등학교 대학교 성적표를 인터넷 통해서 빼가지고 다
닌다고 합니다. 그래서 선생님이 "야 이놈아, 공부가 왜 그래?" 하면
"DNA가 그렇습니다" 합니다. 아이들을 너무 괴롭히지 맙시다. 아이
들이 못견디는 일입니다. 밖에서만도 힘든데 집에 들어오면 더 힘들
어요. 그래서 기어들어옵니다. 아버지 어머니의 얼굴을 똑바로 못봅
니다. 이 심리상태로 커서 무슨 인간이 되겠습니까. 부모가 인정하
지 않는 인간이 어떻게 인간이 되겠습니까. 부모가 사람이 아니라고
하는데 어떻게 사람이 되겠습니까. 부모가 "너는 가망 없다" 했는데
어떻게 가망 있는 인간이 되겠습니까. 그래서 자기소외에 빠지고 자
기파괴의 수치감에 골병이 들고 있는 것입니다.

오늘본문에서 빌립이라는 사람을 만납니다. 이 사람은 친구의
소개로 예수라는 사람을 만났습니다. 예수를 만나는 순간 그는 행복
하고 그는 소중해집니다. 그리고 자기친구 나다나엘을 찾아가서 '내
가 메시야를 만났다' 합니다. 이것은 참으로 깊은 의미가 있습니다.
내가 메시야를 만났다―복음입니다. 철학적 성서적 이론적 추상적
설명 아무것도 없이 내가 메시야를 만났다 합니다. 설명 없이 이렇
게 말할 때 나다나엘이 이것을 그대로 받아주지 않습니다. 의심합니
다. 이럴 때 빌립은 간단하게 말합니다. '와보라. 내가 메시야를 만
났다. 와보라.' 얼마나 간단하고 얼마나 선명합니까. 나도 보고 알았
다, 너도 와보라. 내가 메시야를 만났다, 너도 만나라―얼마나 아름
다운 얘기입니까. 얼마나 아름다운 관계입니까. 그리스도를 만났다
―여기서 시작합니다. 추상적 이론이 아닌, 구구한 설명이 아닌 역

사적 사건으로부터, 확실한 사건으로부터 시작하는 것이 그리스도인의 생활입니다. 예수를 만났다, 만나고나서 한평생 내가 만난 예수 확인하고 확정하는 것입니다. 예수를 만나기 위해서 헤매는 것이 아닙니다. 평생 예수를 찾아 헤매는 것이 아닙니다. 예수를 만나고, 만난 그 예수와 동행하고 함께하는 것입니다. 이것이 그리스도인의 모습입니다. 유대사람들은 오랫동안 예수님을 기다렸습니다. 소위 Expectation, 메시야대망사상으로 일관된 수천 년의 역사입니다. 반드시 메시야는 오실 것이라고, 우리 눈앞에 해가 보이지 않아도 해는 있듯이 메시야는 반드시 오실 것이다—그렇게 믿고 살았습니다. 그러나 중요한 것은 예언은 믿으면서 성취는 믿지 못했다는 것입니다. 오신다는 것은 믿으면서도 오셨다는 것은 믿지 못했습니다. 그리고 눈앞에 보면서도 이 분이 메시야라는 것을 바로 알 수가 없었습니다. 그래서 메시야 없는 생을 살고 있다는 것입니다.

구약성경에 보면 아브라함과 사라, 이 내외분은 참 자식을 얻기 위해서 어지간히도 애를 쓴 분들입니다. 이십오 년 전에 '네가 아들을 나으리라' 예언을 해주시고, 약속을 해주시고 그들은 믿었습니다. 감사했습니다. 그러나 웬일입니까. 25년이 지나갑니다. 25년 후에 천사가 왔습니다. 이제 중요한 시점에 왔습니다. '내년에 네가 아들을 낳으리라.' 이십오 년 전에부터 이제 내년에까지 왔습니다. 이제 '내년에' 할 때 사라가 뒤에서 픽하고 웃었습니다. 왜 웃었습니까. '저 천사가 사람 웃기는구만.' 좋아서 웃은 것이 아닙니다. 기가 막혀서 웃은 것입니다. 의심입니다. 전혀 믿을 수가 없습니다. 내 나이 90입니다. 그리고 저 이야기는 25년 전부터 듣던 얘기거든요. 너무 오래 지쳤습니다. 그뿐아니라 아브라함과 사라는 그 약속을 바로 지키지 못하고 바로 기다리지 못한 허물도 있습니다. 한 십 년 기다리다가 편법으로 이스마엘을 얻었습니다. 이것은 하나님 앞에 잘못된 것이라는 것을 저들도 잘 알고 있습니다. 나이도 많지, 오랫동안 실망도 했지, 실수도 했지, 모든 면에서 그 말씀을 '예' 하고 받아들일 수 없는, 수용할 수 없는 형편이 되었단말입니다. 그래서 웃고 있습니다. 천사가 말합니다. '너 왜 웃느냐?' 사라가 말합니다. '아니올시다. 웃지 않았습니다.' 그런데 천사의 말이 너무 재미있습니다. '웃었느니라.' 그리고 '내년 이때에 아들을 낳으리라' 합니다. 너무도 귀한 복음입니다. 그는 이런 축복을 받을 수 없는 사람입니다. 그럼에도 불구하고 은총은 절대적입니다. 그냥 밀고 들어옵니다. '내년에 네가 아들을 낳으리라.' 이때에 아브라함과 사라는 믿음을 재정비합니다. 그대로 받아들입니다. 그리함으로 죽은 것과 방불한 몸에서 사라가 아들을 낳았습니다. 이것이 우리 그리스도인의 신앙의 상징적이고 대표적인 중요한 사건이라는 것을 잊지 말아야 합니다. 로마서 4장에서 이것을 아주 강조하고 있습니다. 그렇습니다. 많은 사람이 소원도 있습니다. 예언도 있습니다. 바램도 있습니다. 그러나 성취를 믿지 못합니다. 내 생활 안에 이 약속이 성취되었음을 믿는 이 사건, 이것이 바로 만남이라는 것입니다. 만남은 종합적 인식입니다. 눈과 눈이 딱 마주치는 시간, 대단히 중요합니다. 지난번 월드컵행사 때 박준서 교수님이 나보고 그래요. "이번에 축구경기 하는 것 가보셨습니까?" "아 글쎄 뭐, 표는 몇번 와서 갈 수 있었지만 이래저래 못갔습니다." "아이고, 그것을 못보시다니요. 나는 10만원짜리 표를 사서 4번이나 갔는데요." "그것 갈 거 뭐 있소? 집에서 텔레비전 보면 되지. 슬로우 모션으로 골 들어가는 것까지 천천히 보여주더구만. 그것 좋잖아요?" 했더니 "목사님 참 답답하시네요." 그리고 중요한 얘기를 하더라고요. "이 실제만남의 관계가 얼마나 중요한지를 모르십니까? 가보십시오. 미친다고요. 볼을 못봐도 상관없습니다. 거기에 가서 앉으면 미치는 것입니다. 이것이 진짜지 그까짓 텔레비전 영상이나 보고 있어서야 되겠습니까." 그것 말 되더라고요. 여러분, 이것을 잊지 말아야 합니다. 어떤 사람은 이렇게 표현합니다. '연애하는 것과 연애소설 보는 것은 다르다.' 연애소설 아무리 열심히 보고 울다웃고 별짓 다 해도 소용없습니다. 연애를 해야지요. 만나야지요. 만난다는 이 체험이 얼마나 중요한지 모릅니다.

'나는 만났다. 너도 와보라. 너도 만나라.' 빌립은 말하고 있습니다. 데이빗 J. 리버만이라고 하는 교수님이 「나에게는 문제가 있다」라는 책을 썼습니다. 원제는 「Instant Analysis」입니다. 그런데 여기서 자신을 분석합니다. 가짓수도 많습니다. 77가지입니다. 여기서 다는 말할 수 없지만 첫째가 무엇이냐하면, 아주 재미있습니다. '다른 사람들의 실수를 은근히 즐거워한다.' 나에게 문제가 있지 않습니까. 마지막 77번째는 '틀렸다는 것을 알면서도 주장을 바꾸지 않는다' 입니다. 뻔히 잘못된 것을 알면서도 행동으로 바꿔야 하는데 발상전환을 안한다는 것입니다. 행동전환을 하지 않는다는 것입니다. 오늘성경에 보면 나다나엘은 훌륭한 면이 있습니다. 자기생각에는 '나사렛에서 무슨 선한 것이 나겠느냐' 합니다. 일단 부정합니다. 그러면서도 빌립이 '일단 와보라' 했더니 옵니다. 오는 행동이 중요한 것입니다. 의심하면서도 옵니다. 왔기 때문에 만난 것이 아닙니까. 의심한다고 저버리면 되겠습니까. 자기가 오랫동안 생각했던 이해에 의하면 아닙니다. 그러나 예수님께 왔습니다. 예수님께서 그를 딱 만나 하시는 말씀이 '네가 무화과나무 아래 있을 때 내가 너를 보았느니라. 네가 나에게 오기 전에 내가 먼저 너를 보았느라' 하십니다. 아, 이 말씀에 나다나엘이 그만 굴복했습니다. '당신은 하나님이십니다' 하지 않습니까. 여기서 예수님의 제자가 된 것입니다. 의심하면서도 나오는 것, 얼마나 중요합니까. 여러분, 우리가 교회나오는 것도 나올 때마다 은혜받는 것은 아닙니다. 때로는 공치는 날도 있습니다. 여기서 보면 졸고 있는 사람도 눈에 띄거든요. 졸아도 교회에 와서 졸아야 합니다. 아버지 품에서 졸아야 합니다. 그것이 중요한 것입니다. 나오는 행동, 거기에서 만남의 역사가 이루어지는 것입니다. 그리스도께서 우리를 만나주십니다. 기독교는 만남의 종교입니다. 그것이 사실이요 역사입니다. '호 로고스 사룩스 에게네토(말씀이 육신이 되어 우리 가운데 거하시다)' ― 그것이 기독교신앙의 본질입니다. 하나님께서 우리 가운데 계십니다. 그리고 만나주십니다. 찾아와서 만나주시고 불러주시고 아니, 우리 가운데 거해주십니다. 독일의 유명한 시인 릴케의 말을 생각해봅니다. '하나님, 내 눈을 감겨주십시오. 그래도 나는 당신을 볼 수 있습니다. 하나님이여, 내 귀를 막아주십시오. 그래도 나는 당신의 음성을 들을 수 있습니다. 하나님, 나를 거꾸로 들어주십시오. 발이 없을지라도 나는 당신 곁으로 갈 수 있습니다.' △

다른 길로 돌아간 사람들

헤롯왕 때에 예수께서 유대 베들레헴에서 나시매 동방으로부터 박사들이 예루살렘에 이르러 말하되 유대인의 왕으로 나신 이가 어디 계시뇨 우리가 동방에서 그의 별을 보고 그에게 경배하러 왔노라 하니 헤롯왕과 온 예루살렘이 듣고 소동한지라 왕이 모든 대제사장과 백성의 서기관들을 모아 그리스도가 어디서 나겠느뇨 물으니 가로되 유대 베들레헴이오니 이는 선지자로 이렇게 기록된 바 또 유대 땅 베들레헴아 너는 유대 고을 중에 가장 작지 아니하도다 네게서 한 다스리는 자가 나와서 내 백성 이스라엘의 목자가 되리라 하였음이니이다 이에 헤롯이 가만히 박사들을 불러 별이 나타난 때를 자세히 묻고 베들레헴으로 보내며 이르되 가서 아기에 대하여 자세히 알아 보고 찾거든 내게 고하여 나도 가서 그에게 경배하게 하라 박사들이 왕의 말을 듣고 갈새 동방에서 보던 그 별이 문득 앞서 인도하여 가다가 아기 있는 곳 위에 머물러 섰는지라 저희가 별을 보고 가장 크게 기뻐하고 기뻐하더라 집에 들어가 아기와 그 모친 마리아의 함께 있는 것을 보고 엎드려 아기께 경배하고 보배합을 열어 황금과 유향과 몰약을 예물로 드리니라 꿈에 헤롯에게로 돌아가지 말라 지시하심을 받아 다른 길로 고국에 돌아가니라

(마태복음 2 : 1 - 12)

다른 길로 돌아간 사람들

　성도 여러분, 성탄을 축하합니다.
　서울의 한 일류호텔에서 엄청나게 큰 크리스마스 트리 장식을 했습니다. 아주 눈이 부십니다. 그러나 어디를 보아도 아무리 보아도 '메리 크리스마스'라고 하는 글귀가 없습니다. 너무나도 섭섭했습니다. 매니저를 불러서 물어보았습니다. "이렇게 엄청난 돈을 들여서 성탄장식을 하고서도 왜 가장 중요한 크리스마스 메시지는 없는가요? 메리 크리스마스라는 글귀가 없으니 이 트리가 무슨 의미가 있소?" 그는 희한하게 여기면서도 아주 죄송하다는 얼굴로 대답을 합니다. "손님 중에 무슬림이 많고 불교인들이 많아서 그분들이 싫어하기 때문에 메리 크리스마스라는 말을 쓸 수가 없었습니다." 여러분, 성도는 '메리 크리스마스'라는 이 한마디말로 불이익이 있다 해도 그것을 감수해야 합니다. 그런데 고맙기도 하고 자랑스럽게 생각하는 일이 있습니다. 이번에 유달리 서울시청 앞에 크리스마스 트리를 잘 해놓았습니다. 장식을 굉장하게 잘 했습니다. 서울시장님이 아주 잘했습니다. 그런데 더욱 잘한 것은 크리스마스 트리 꼭대기에 십자가를 달아놓은 것입니다. 아마 저것 하는 데 핍박이 좀 있었을 것입니다. 그러나 '곧 그만둘 텐데 뭐, 올려라' 해서 십자가를 올려놓은 것같습니다. 십자가를 꼭대기에 올려놓는 그것도 큰 용기가 있어야 해냅니다. 아니, 불이익도 감수해야 합니다. 지금 생각하니 18년 전인 것같습니다. 처음으로 베이징을 갔을 때인데, 베이징에 '평양랭면'이라고 하는 냉면집이 있습니다. 그 냉면집을 가자고 했습니다. 그랬더니 어떤 분이 "거기에는 북한의 공산당간부들이 많이 오기 때문에 조심해야 합니다. 잘못하면 납치될 수 있습니다"라고 말합니다. 그래도 가자고 말해서 갔는데, 같이 간 분이 나에게 부탁합니다. "목사님, 가능하면 여기서는 기도 안하고 식사하는 것이 좋겠는데요. 기도하면 이 사람이 기독교인인가보다, 남쪽에서 왔는가보다 하고, 그렇게 되면 또 문제가 생길는지 모릅니다." 일단 알았다고 대답해놓고 저는 그날따라 기도를 더 오래 했습니다. 오래오래 기도했더니 그 동행이 말합니다. "목사님, 기도하지 말라고 했는데 더 길게 하시니……" 여러분, 기도 한번 하는 데도 순교정신이 있어야 합니다. 그렇습니다. 사소한 일에도 내가 그리스도인으로 산다면 불이익을 감수해야 할 때가 있습니다. 만약에 그리스도인으로 장사를 한다면 손해볼 각오도 있어야 합니다. 십자가까지 안가더라도 우리는 불이익이 있어도 감수하고, 과감하고도 용기있게, 때로는 모험적으로 신앙생활을 하여야 하는 것입니다.

성탄의 의미는 '아기 예수가 나셨다, 말씀이 육신이 되어 우리 가운데 오셨다' 하는, 오심의 역사적 사건에 기초합니다. 이것은 추상적인 이론이 아닙니다. 철학적인 논리도 아닙니다. 무엇을 깨달았다는 것도 아닙니다. '오셨다'는 사건입니다. 사건 속에 오심이 있고 말씀이 육신이 되었다고 하는 'Becoming'이라는 귀중한 의미가 있습니다. 이 귀중한 크리스마스 사건은 하나님께서 우리를 사랑하셨다는 그 사랑의 계시를 말씀하고 있는 것입니다. '하나님께서 우리를 이처럼 사랑하사 그 독생자를 주셨다'는 것입니다. 그것이 성탄의 사건 속에서 계시되고 있습니다. 그리고 그를 우리는 경배합니다. 경배한다는 것은 환영한다는 것이요 순종한다는 것입니다.

첫번째 크리스마스—이 첫번째 성탄에 참예한 자들이 있습니다. 천사가 먼저 하나님께 영광을 돌렸고 들에서 양을 치다가 천사를 본 목자들이 찾아와서 경배했고 또 하늘을 쳐다보던 동방박사들이 찾아와서 경배합니다. 그런 성탄이었습니다. 여러분, 이 세 가지 사건을 종합하면 다 하늘로서 있는 것입니다. 천사도 하늘에 있었고, 목자들도 밤에 하늘을 지키며 하늘을 보았고, 또 동방박사들은 하늘의 별, 그 신비에 감동했습니다. 항상 별을 쳐다보며 그 별의 세계와 우리가 사는 이 세계를 연결하고, 연계해서 생각해보는 천문학자들입니다. 이들이 이상한 별을 보면서 메시야의 오심을 알게 됩니다. 오늘본문에서 보면 저들이 찾아와서 예수님께 경배하고 예물을 드렸습니다. 황금은 왕으로 경배하는 것을 말하고 유향은 제사장으로 경배하는 것을 말하고 몰약은 예언자로 선지자로 경배하는 것을 말합니다. 그런 상징적 의미가 있다고 해석을 해봅니다. 예수는 왕이요 제사장이요 그리고 선지자입니다. 이 세 가지의 직분을 종합해서 우리는 메시야라고 부릅니다.

그런데, 이상한 것이 한 가지 있습니다. 오늘본문에서 보는대로 이 사람들이 예루살렘에 찾아와서 "유대인의 왕으로 나신 이가 어디 계시뇨 우리가 동방에서 그의 별을 보고 그에게 경배하러 왔노라" 하고 말합니다. 이 소식을 듣고 헤롯왕과 온 예루살렘이 소동했다고 말씀합니다(3절). 그리고 그뿐이 아닙니다. 또 학자들이 모여서, 베들레헴일 것이라고, 베들레헴에 가면 만날 것이라고 말을 합니다. 그런데 아무리 봐도 이 사람들이 베들레헴으로 갔다는 말씀은 없습니다. 참 맹랑한 사람들입니다. 다른 사람에게는 베들레헴으로 가라고 말해놓고선 자신들은 안갔습니다. 듣고 소동만 한 것입니다. 가보면 될 것인데, 왜 가지 않습니까. 왜 갔다는 말씀이 없을까…… 참으로 유감스러운 이야기입니다. 그리고 동방박사들만 별의 인도함을 받아 베들레헴으로 가서 경배했다고 말씀합니다. 경배했다는 말은 바로 그분에 대한 큰 기쁨이 있었다는 말입니다. 감격과 기쁨! 경배는 행동으로 나타납니다. 멀리서 기뻐하고 감격하는 것이 아니고 찾아가서 무릎을 꿇는 행동, 행동적 경배, 이것이 중요한 것입니다. 동시에 이렇게 행동하다보니까 여러분이 아시는대로 고난이 따른 것입니다. 고난이 따르고 있습니다. 성경말씀대로 내가 경배한다면 경배하는 그분의 뜻을 따라 순종하는 것입니다. 전설에 따르면 동방박사가 세 사람이 아니라 한 사람 더 있었다고 합니다. 발타반 박사라고, 그분은 그만 길이 빗나가서 일생 동안, 무려 일생 동안을 예수님의 뒤만 쫓아다녔다고 합니다. 그러다가 맨마지막에 예수님을 만나뵈었다는 그런 전설이 있습니다.

　오늘성경의 핵심이 되는 말씀은 "다른 길로 고국에 돌아가니라"입니다. 하나님의 지시를 받고 다른 길로 갔다는 것입니다. 이것은 헤롯에 대한 전면적인 거역입니다. 헤롯왕국에 왔습니다. 여기에 왔으면 헤롯왕의 명령을 따라야 합니다. 그런데 헤롯왕의 명령을 거역하고 다른 길로 갔으니 큰 모험이 아닐 수 없습니다. 어찌생각하면 목숨을 건 모험입니다. 큰 용기입니다. 엘리너 루즈벨트(Eleanor Roosevelt)라고 하는 교수님이 「세상을 끌어안아라」라는 책을 쓴 바 있습니다. 그 책에서 이렇게 말합니다. '행복은 삶의 목표가 아니다.' 여러분, 행복은 삶의 목표가 아닙니다. 목적이 아닙니다. 삶의 부산물일 뿐입니다. 행복을 따라간다고 행복을 얻는 것이 아닙니다. 이것은 삶의 부산물로 주어지는 것입니다. 그녀는 이렇게 단정적으로 말하면서 다음과 같은 과정에서 행복은 얻어지는 것이라고 말합니다. '첫째, 정직하게 살았다고 하는 느낌이 있을 때 행복한 것이다.' 여러분, 요새 우리는 사회를 어지럽게 하는 일을 봅니다. 여러 연구논문이 가짜다, 조작이다 어쩌고 하는데, 보십시오. 마치 민족의 영웅이나 된 것처럼 떠들었지만 부끄러워졌습니다. 온민족이 함께 창피하게 되었습니다. 왜입니까. 정직하지 못했습니다. 행복이 어디 있습니까. 정직한 자에게 주어지는 보상입니다. 정직을 떠나서 행복하려고, 정직을 떠나서 성공하려고 하는 사람들 때문에 저 자신도 불행하고 우리도 불행합니다. 여러분, 우리는 요사이 너무 생활이 쪼들리다보니 수단과 방법을 가리지 않는 잘못된 가치관에 휘말리는데, 유감스럽게 생각합니다. 잠언 30장 7절에 보면 잠언 저자인 솔로몬은 말씀합니다. '하나님이여, 죽기 전에 소원을 들어주십시오.' 두 가지 소원을 아뢰는데, 그 첫째가 "허탄과 거짓말을 내게서 멀리하옵시며……"입니다. 거짓말을 하지 않게 해주십시오─마지막 소원이 그것이었습니다. 더 잘살고 더 오래 사는 그런 것이 아니라 정직하게 살게 해주십사, 그리고 교만하지 않게 해주십사 하는 것이었습니다. 이것을 소원하고 있습니다. 그것이 마지막 소원이었습니다. 여러분의 지난 일 년 동안의 소원은 무엇이었습니까? 참된 행복은 정직한 자에게 주어지는 것입니다. 둘째, 최선을 다했다는 느낌이 있을 때 행복하다는 것입니다. 유감이 있으면 행복이 없습니다. 돌이켜보니 좀더 베풀었어야 하는데 베풀지 못했습니다. 좀더 참았어야 하는데 못참았습니다. 그런가하면 좀더 기뻐하고 행복할 수도 있었는데 원망과 불평을 했습니다. 이런 유감이 있을 때는 그는 행복할 수가 없습니다. 최선을 다할 때, 정말 최선을 다했노라 하는 이 느낌이 있을 때 행복은 오는 것입니다. 셋째, 사랑할 수 있는 능력이 있을 때 행복하다는 것입니다. 여러분은 사랑을 많이 받으려고 몸부림을 쳤습니까? 그렇다면 당신은 불행한 사람입니다. 사랑받기보다는 사랑하는 사람으로, 무엇을 얻기보다는 무엇을 주는 사람으로 사는 것이 행복한 것입니다. 저는 북한에 갈 때마다 행복합니다. 왜? 주러 갔으니까요. 가서라도 주는 마음으로 가는 것이니까, 오로지 주는 마음으로이니 그러므로 행복한 것입니다. 마지막으로, 자신이 쓸모있다고 느낄 때 행복하다는 것입니다. 이 회사를 위해서, 이 가정을 위해서, 저 사람을 위해서 내가 필요하다고 느낄 때 행복합니다. 아직도 나는 필요하다─그렇게 느끼면 행복한 것입니다. 쓸모있다는 것 행복한 것입니다. 요새 친구들이 저를 만나면 이런 얘기를 합니다. 교회를 떠나서 원로목사가 되면 그저 할일이 없는데 곽목사는 바쁘게 돌아다니니까 좋겠다고 말입니다. 그렇습니다. 사실로 그렇습니다. 은퇴했으면 끝나는 것인데 저는 요새 무질서하게 더 바쁩니다. 그러니까 쓸모가 있고, 아직도 쓸모가 있다는 것, 언제 그만두라고 할는지는 모르지만 예수소망교회에서 오라고 하니까 쓸모가 있다─그것이 행복한 것입니다. 나를 필요로 하는 사람이 있다는 것, 그만큼 행복한 것입니다. 행복은 소유가 아니고, 행복은 성취도 아닙니다. 깊이 생각하여야 합니다.

오늘 이 아기예수를 찾아오는 이 분들은 예수님께 와서 경배합니다. 먼 길을 수고하며 때로는 희생하며 모험을 하며 예수님께 나아옵니다. 그 순간이 그들에게 가장 행복한, 가장 보람찬 시간이었다는 말입니다. 심리학자 폴 투르니에(Paul Tournier)는 「모험으로 사는 인생」이라는 저서에서 '삶이란 예측 불허' 라고 말합니다. 그리고 예측 불허의 인생 속에서 선택하며 살아가야 한다고 말합니다.

예측할 수 없다고해서 선택하지 않을 수가 없지 않습니까. 여기에 바로 모험이 있는 것입니다. 모험은 자기자신을 드러냅니다. 자기표현은 모험에서 나타납니다. 또한 모험은 혁신과 새로운 변화를 일으킵니다. 모험이란 생각을 단순하게 하고 최종목표를 재점검하게 합니다. 모험을 통해서 우리의 마지막 목표는 사랑에 있다는 것을 알게 되고 우리는 이 사랑 때문에 위험을 감수할 수 있는 것입니다. 오늘 동방박사들은 예수님께 찾아와서 예수님께 경배하는 그 거룩한 사랑을 위한 큰 모험을 한 것입니다. 다른 길로 고국으로 돌아갈 때 저들은 생각할 것입니다. 여기에 생명을 걸었습니다. 다른 길로 가다가 체포되면 죽는 것입니다. 그러나 유감이 없습니다. 아기예수를 경배하고 돌아가는 기쁨, 이대로 생이 끝나도 유감이 없습니다. 바로 그것이 행복의 극치라는 것입니다.

데이비드 베너(David G. Benner) 교수가 쓴 「교회의 사랑에 항복하라」라는 유명한 베스트셀러가 있습니다. 우리는 사랑을 갈망하면서도 받아들이지 못하는 이유가 있습니다. 그것은 두려움 때문입니다. 여러분, 사랑하면 내가 변한다는 것을 아십니까? 내가 누군가를 사랑하는 순간 나도모르게 내가 변하고 있습니다. 그 변화를 두려워하면 사랑할 수 없습니다. 사랑하면 빠져들게마련입니다. 점점 스며들고 빠져드는 이 변화를 두려워한다면 사랑할 수 없지요. 예수를 사랑한다면 예수께 가까이 가고 예수를 닮고 예수의 길에 동참하게 됩니다. 이 변화를 두려워한다면 예수를 사랑할 수 없습니다. 사랑을 수용하는 순간에 내 자신이 없어집니다. 내가 사랑하는 분의 그 뜻만 남게 된다는 것입니다. 이 변화를 받아들이기에 가책을 느낀다면 사랑할 수 없습니다. 자기변명과 자기방어에 빠진 사람은 사랑할 수 없습니다. 여러분, 사랑은 받아들이는 것이고 사랑을 영접하는 것입니다. 이것은 큰 모험입니다. 사랑하는 순간, 예수께 경배하는 순간 나는 벌써 내가 아닙니다. 그러한 변화가 속에서부터 이루어지는 것입니다. 엄청난 변화가 가까워오고 있습니다. 우리는 그 그리스도께 오늘 경배하고 찬양하는 것입니다. 이것은 감상이 아닙니다. 사랑의 응답은 사랑입니다. 사랑은 희생하고 사랑은 모험하고 그리고 그 모험 속에서 순종하고 감사하는 것입니다. 여러분, 성탄의 기쁨은 '하늘에 영광이요 땅에 평화'입니다. 정말로 예수 그리스도께 온전한 경배를 드리는 순간 나의 생, 나의 가치, 나의 운명은 그리스도와 함께 새로운 세계로 행할 것입니다. 성탄을 축하합니다. △

어찌 그리 아름다운지요

여호와 우리 주여 주의 이름이 온 땅에 어찌 그리 아름다운지요 주의 영광을 하늘 위에 두셨나이다 주의 대적을 인하여 어린아이와 젖먹이의 입으로 말미암아 권능을 세우심이여 이는 원수와 보수자로 잠잠케 하려 하심이니이다 주의 손가락으로 만드신 주의 하늘과 주의 베풀어 두신 달과 별들을 내가 보오니 사람이 무엇이관대 주께서 저를 생각하시며 인자가 무엇이관대 주께서 저를 권고하시나이까 저를 천사보다 조금 못하게 하시고 영화와 존귀로 관을 씌우셨나이다 주의 손으로 만드신 것을 다스리게 하시고 만물을 그 발 아래 두셨으니 곧 모든 우양과 들짐승이며 공중의 새와 바다의 어족과 해로에 다니는 것이니이다 여호와 우리 주여 주의 이름이 온 땅에 어찌 그리 아름다운지요

(시편 8 : 1 - 9)

어찌 그리 아름다운지요

　학문 중에 '인상학'이라고 하는 특별한 학문이 있습니다. 그 인상학으로 우리나라 최초의 박사학위를 받은 분이 「얼굴경영」이라고 하는 아주 뜻있고 재밌는 책을 썼습니다. 그 책에서 이렇게 말하고 있습니다. '소리를 내서 행복을 불러들여라. 좋은 하루를 만들기 위해서는 나는 행복하다, 나는 참으로 좋다, 정말 살아볼만한 세상이다, 나는 행복하다 라고 눈뜨는 순간부터 크게 외치라.' 그러면 그 외침이 내 생각이 되고, 생각이 행동으로 바뀌고, 행동이 습관이 되고, 습관이 운명이 된다는 것입니다. 의학적으로도 우리가 자세히 새겨들을 말이 있습니다. 90%의 뇌세포는 내 말에 순종한다는 것입니다. 나의 뇌세포가 내 말에 순종하는 것입니다. '행복하다'고 하면 행복한 방향으로 뇌가 움직이고 '망했다'고 하면 망조가 드는 것입니다. '아유, 못살겠다'하면 뇌세포가 '그래? 너 죽어라'합니다. 아시겠습니까? 이 얼마나 중요한 얘기입니까.
　요새 우리 안방의 저녁TV문화를 장식하고 있는 한 프로그램이 있습니다. 거기 예쁘고 아주 발랄한 아가씨가 등장하는데 어떻게 해서 남의 부잣집 담장을 넘어들어갔습니다. 빈 집입니다. 그 마당에 귤나무가 있어 귤이 주렁주렁 달렸습니다. 따서 바구니에도 넣고 또 따서 먹기도 했습니다. 아주 맛있게 먹고는 그 집을 향해서 허리를 굽혀 인사를 하는데 그 인사하는 말이 아주 인상적입니다. "복 많이 받으실 거예요. 복 많이 받으실 거예요." 그렇게 인사를 합니다. 그런데 왜 인상적이냐하면 우리가 하는 축복은 대부분 "복받으세요" 하고 소원을 말하는 데 그치지만 "복 많이 받으실 거예요" 하고 미래완료형, 완료형으로 말하는 것입니다. "복 많이 받으실 거예요." 오늘 한번 그렇게 인사해볼까요? "복 많이 받으실 거예요." "복 많이 받으실 거예요." 한번 깊이 생각해볼 문제입니다.

정신분석학자 프리츠 펄즈(Fritz Pearls)라고 하는 분은 건강한 사람의 특성을 이렇게 말합니다. 정신적으로 건강한 사람은 첫째, 자신이 누구인지를 정직하게 아는 사람입니다. 그리고 자기자신에 대해서 거짓말을 안하는 사람입니다. 아는 것은 알고 모르는 것은 모르고, 할 수 있는 것은 하고 못하는 것은 못하고, 자기자신에 대해서 정직한 사람, 자기자신을 잘 알고 있는 사람입니다. 그런데 문제는 자기자신을 아는 것같다가도 또 어떤 사람 만나면 아닌 것같고, 그래서 나는 모른다고 생각했다가도 또다른 사람이 안다고 하면 또 아는 것같다고 생각하는 것 그것입니다. 그게 문제입니다. 스스로 생각할 때도 자기를 알고 다른 사람과의 관계 속에서도 자신의 정직을 지켜가는 사람, 그 사람이 건강한 사람입니다. 나의 나됨을 내가 아는 것같다가도 다른 사람의 평판에 휩쓸려서 그만 어느 사이에 자기가 자신을 알 수 없을 뿐만 아니라 자기가 어디까지 거짓말했는지도 모르는 사람, 그는 병든 사람입니다. 허약한 체질입니다.

두 번째는 자기삶에 대한 책임을 질 줄 아는 사람입니다. 자기말 자기행동에 책임을 질 줄 알아야 합니다. 다른 말로 바꾸면 다른 사람에게 책임을 전가하지 않는 것입니다. 자신의 책임은 자신이 지는 것입니다. 어떤 시원치 않은 남편에게 아내가 "당신은 왜 전에없이 요새와서 벌컥벌컥 화를 내고, 왜 그렇게 점점 못되어가는 거요?" 하고 충고했더니 남편이 그러더랍니다. "나는 본래 그런 사람이 아닌데, 너하고 살면서 그래졌다." 이런 인간은 하여튼 시원치 않은 인간입니다. 내 책임 내가 지고, 아니, 남의 책임도 내가 지고, 자식에 대한 책임 내가 지고, 내 아내 책임 내가 지고, 내 남편 책임 내 할 탓이라고 하는, 책임질 줄 아는 인간 그가 건강한 인간입니다. 신학적으로 회개가 무엇입니까? 내 행동을 책임지는 마음입니다. 이 모든 잘못된 것을 제 책임으로 고백하는 그 정직함이 회개란말입니다. 심지어는 책임을 남에게 돌리다가 그 다음에 하나님께까지 돌리는 사람도 있습니다. 여러분이 거울 보면서 '하나님, 내 얼굴은 왜 요렇게 만들었습니까?' 혹시라도 그렇게 말한다면 그것 위험한 것입니다. 어떤 어린아이가 할아버지에게 물었습니다. "할아버지, 할아버지를 누가 만들었어?" "하나님이 만드셨지." "나는 누가 만들었어?" "너도 하나님이 만드셨지." 어린아이는 가만히 생각하고 있습니다. 할아버지가 묻습니다. "너 무슨 생각을 하느냐?" 그러니까 하는 말이 "하나님께서 요새와서 솜씨가 많이 좋아지신 것같아요" 하더랍니다. 할아버지는 안예쁘고 저는 예쁘니까요. 제 얼굴을 보면서 '오 하나님, 감사합니다!' 그렇게 말 할 수 있겠습니까? 아니면 '아, 하필이면 이렇게 만들었습니까?' 라고 하겠습니까. 그게 얼마나 큰 죄가 되는지를 아십니까? 건강치 못한 것입니다.

　셋째, 건강한 사람은 현실에 대한 도전의지가 있습니다. 어떤 문제가 다가올 때 망했다고 생각을 하지 않습니다. 끝났다고 생각하지도 않습니다. 이제야 중요한 일이 시작이 된다고 생각하는 것입니다. 그래서 말입니다. 어려운 일을 당할 때마다 이것은 내가 미처 생각할 수 없던 것을 생각하게 하고, 할 수 없던 것을 하게 하고, 끊을 수 없었던 것을 끊게 하시는 하나님의 창조적 역사라고 믿는 것입니다. 그런고로 현실로부터 도피하지 않고, 현실의 도전을 받으면서 오히려 행복해하고 또 용기를 얻는 것입니다. 이제 하나님의 일이 시작된다는 그런 마음으로 도전하는 것이지요. 이가 건강한 사람이고, 건강한 신앙을 가진 사람입니다.

마지막으로, 자기감정을 다스릴 줄 아는 사람이 건강한 사람입니다. 사람에게는 솔직한 분노와 건강한 분노가 있습니다. 속에 분노가 있더라도 그릇된 감정을 다스릴 줄 알아야 합니다. 순간순간 일어나는 잘못된 생각을 다스리지 못해서 일생을 망치는 일이 얼마나 많습니까. 자기감정을 자기가 잘 다스릴 줄 아는 그런 사람이 건강한 사람입니다.

오늘 우리는 시편 8편을 본문으로 읽었습니다. 종교개혁자 칼뱅은 그가 일생에 제일 좋아한 성경이 66권 중에서 구약에서는 시편, 신약에서는 에베소서였습니다. 이렇게 두 책을 특별히 좋아하고 많이 읽고 연구했는데, 그 시편 중에서도 제일 중요하다고 생각한 시편이 제8편입니다. 종교개혁자 칼뱅이 제일 소중하게 여겼고 많이 읽고 묵상하던 성경을 오늘 아침에 우리가 읽었습니다. 다윗은 목동이었습니다. 들에서 양을 치는 목자였습니다. 그런고로 그는 밤하늘을 쳐다보고 그 별들을 바라보면서 하나님의 신비로운 역사를 매일 밤 경험했고, 그 신비 속에 몰입하던 그런 사람입니다. 다윗은 목동으로, 하늘을 쳐다보면서 양을 치던 사람이었습니다. 하늘을 쳐다보며 하나님을 강하게 느꼈고 하나님의 음성을 들을 수 있었고, 동시에 자기를 따르며 자기에게 운명을 걸고 따라오는 양들을 보면서 하나님의 능력을 배웠습니다.

그 양이라는 짐승이 참 특별합니다. 수백 마리가 되더라도, 목을 끄는 것도 아니고 채찍으로 때리는 것도 아닌데, 그 중 한 마리를 툭 툭 치고는 "가자" 하고 목자가 앞서가면 그 뒤를 줄줄이 따라갑니다. 수백 마리의 양이 죽 따라갑니다. 저는 양떼를 몰고가는 그 목자를 보고 또 목자를 따르는 양들을 볼 때마다 늘 꼭 같은 생각을 합니다. '우리교인들이 다 이러면 얼마나 좋을까.' 억지로 이래라저래라 하는 거 없습니다. 목자가 가는대로 따라가는 것입니다. 그저 사망의 골짜기라도 군소리 하지 않고 믿고 따라가는 것입니다. 그 양을 봅니다. 이러한 관계에서 다윗은 생각합니다. '하나님께서 저 양들을 내게 붙이시고 내게 책임을 주셨구나. 다스리게 하셨구나……' 그런 신비한 느낌을 얻었을 것입니다. 여러분, 현실을 보고 나를 보면 나를 바로 볼 수 없습니다. 잊지 마십시오. 동물의 세계를 들여다보다가 역사적으로 큰 실수를 한 사람이 다윈입니다. 다윈이란 사람은 동물의 세계를 들여다보고, 칼 마르크스란 사람도 동물의 세계를 들여다보고는 생존경쟁, 약육강식, 적자생존…… 이런 변증법을 생각해서 자신도 망쳤고 역사를 망쳐놨지 않습니까. 이걸 알아야 합니다. 동물의 세계를 보다가, 동물의 세계에 있는 그 무서운 생존법칙, 먹이사슬, 그런 것을 보면서, 거기에 이끌려서, 사람의 사람됨을 잊어버린 것입니다. 제가 어렸을 때 북한에서 공부하면서 보니까 공산주의자들이 맨먼저 가르치는 게 진화론입니다. 그 중학생들이 뭘 알겠습니까. 그래도 처음부터 진화론을 가르칩니다. 두 번째는 사회발전사를 가르칩니다. 세 번째는 볼셰비키 당사를 가르칩니다. 이 세 가지를 배우고나면 공산주의자가 되는 것입니다. 왜요? 맨 기초가 뭡니까. 바로 진화론입니다. 동물입니다. 그러니까 토마스 학스레이(Thomas Haxrey)같은 유명한 진화론자도 동물의 세계를 가만히 보니까 사랑이 뭐냐? 생식본능이라는 것입니다. 사랑이 별거냐. 암컷

수컷 좋아하는 것 그 정도밖에 안된다고 진화론자는 말하게 되는 것입니다. 결국에는 상황을 보고, 동물의 세계를 보고, 나를 보다보니 인간의 존엄성, 인간의 가치가 다 증발되고 말았습니다. 그러면 어찌해야 되겠습니까. 오늘성경말씀은 하나님을 보고 나를 봐야 된다고 말씀합니다. 하나님을 보고 나를 보는 것입니다. "여호와 우리 주여 주의 이름이 온 땅에 어찌 그리 아름다운지요." 여호와 우리 주여, 주의 이름이 어찌 그리 아름다운지요—하나님을 먼저 보아야 합니다. 하나님께 대한 지식이 없이는 나에 대한 지식이 없습니다. 하나님께 대한 지식을 바로 가지기 전까지는 나 자신의 인생관도 바로 세울 수가 없는 것입니다. 주의 충만한 영광을 통해서 나를 봅니다. 그리고 성경말씀대로 '주께서 저를 생각하시나이까? 사람이 무엇이관대 주께서 저를 생각하시나이까?' 하게 됩니다. '내가 도대체 뭔데 하나님께서 나를 권고하시는 것입니까?' 아우구스티누스의 말을 빌리면 '어찌하여 나만이 당신의 사랑하는 자인 것처럼 우리 모두를 사랑하시는 것입니까?' 하게 됩니다. 여러분은 어떻게 생각하십니까? 지금 이 세상은 어떻게 돌아가고 있습니까? 전부 나를 중심으로해서 나를 위하여 내게 말씀하시고 나를 인도하고 나를 깨우치는 것 아닙니까. 주께서 나를 권고하십니다. 주께서 나를 생각하십니다.

종교개혁자 칼뱅이 이 말씀에 깊이 뿌리를 두고 간증합니다. '사람이 무엇이관대, 인자가 무엇이관대, 이 아무것도 아닌, 이 흙덩이라고 할 수밖에 없는 인간을, 주께서 사랑하십니까? 당신은 누구며 나는 누구입니까?' 옛날에 성 안토니는 3년 동안 이같은 기도를 했다고 합니다. '하나님, 당신은 누구십니까? 아! 나는 무엇입니까?

당신은 누구십니까? 나는 무엇입니까?' 온우주에 충만한 하나님의 영광을 바라보면서 '도대체 내가 무엇이관대 주께서 나를 사랑하십니까? 나를 권고하십니까?' 하는 이것이 바른 신앙의 고백입니다. 십자가를 바라보면서 '도대체 내가 무엇인데 나를 사랑하시는 겁니까?' 하는 이 문제에 깊이 빠져들어가야 합니다. 그리고 다시 오늘 성경에서처럼 대자연을 봅니다. 하늘과 땅과 해와 별을 봅니다. 우주를 봅니다. 그리고 나를 봅니다. 내가 얼마나 초라한 것입니까. 과학자 아인슈타인은 말합니다. 과학을 연구하는 자세를 세 가지로 요약합니다. 첫째는 겸손과 정직함입니다. 과학하는 사람은 겸손해야 합니다. 그리고 정직해야 합니다. 두 번째는 행복해야 합니다. 하나님께서 우리에게 주신 세계, 하나님의 놀라운 우주질서 그 창조의 섭리를 보면서 찬양하는 중에 연구해야 한다고 말합니다. 과학자들은 현미경을 보면서도 '오, 하나님' 하고 하나님의 영광을 찬양하면서 연구할 때 비로소 창조적인 발명의 세계가 온다는 것입니다. 또 하나는, 여유를 가져야 한다는 것입니다. 왜요? 어차피 다 배울 거 아니니까 다 알 것도 아니니까 말입니다. 어떤 어린아이가 도서관에 들어갔습니다. 거기 수십만 권의 책이 있는 걸 보고 '이 많은 책들, 이게 뭣 하러 이렇게 많을까?' 그 아이는 열심히 찾았습니다. 만화책 찾느라고요. 그 아이에게는 만화책밖에 흥미가 없습니다. 그밖의 많은 책은 다 소용이 없습니다. 오직 만화책 한 권을 찾느라고 돌아다니더랍니다. 이 우주에 펼쳐진 놀라운 하나님의 섭리 앞에 도대체 지금 나는 무얼 찾고 다니는 것입니까.

  금년에도 해돋이를 보러온 사람들에게 마이크를 대고 소원이 무엇인가 물어보니 "건강해야죠" "장가가야죠"…… 기껏 거기까지입니다. 금년의 소원이 뭐냐고 물을 때 '금년엔 정직하게 살고 싶습니다' 라고 말하는 사람 아무도 없더군요. 우리가 온통 거짓말 때문에 지금 시달리고 있는데 이 거짓말 좀 안하고 살고, 거짓말 좀 듣지 않고 살게 해달라고는 한 사람도 말하는 사람 없습니다.

여러분, 깊이 생각해야 합니다. 여유를 두어야 됩니다. 어차피 다 알 것도 아니고 다 알아야 할 필요도 없으니까요. 겸손하게 말입니다. 여러분, 내가 믿고 싶은대로 믿어서는 안됩니다. 사실대로 믿어야 되고, 믿는 바대로 생각할 수 있는 세계가 되어야 하겠지요. 또 하나는, 오늘성경말씀을 보니 사명을 알아야 한다는 것입니다. '만물을 다스리게 하시고……' 사명을 보고 나를 봐야 됩니다. 하나님께서 만물을 다스리는 권세를 주셨습니다. 그래서 동물도 사람에게 순종합니다. 그 큰 짐승도 순종을 합니다. 저는 어렸을 때 그 큰 소를 몰고 다녀보았습니다. 고삐를 들고 다니면서 풀을 뜯게 했던 일이 있습니다. 소는 나에게 상대가 안될 정도로 크지만 그 큰 소가 어린아이인 내게 순종을 합니다. '만물을 다스리게 하시고……' 엄청난 사명을 주셨습니다. 자, 보십시오. 생태계를 파괴하는 것, 모두 다 우리의 책임입니다. 질병도 우리의 책임입니다. 건강도 우리자신의 책임입니다. 몸도 마음도 다 내 책임입니다. 병의 85%는 내가 만드는 것입니다. 자기몸을 다스리고 자기마음을 다스릴 줄 알아야 되겠습니다. 바로 그러한 책임이 있습니다. '만물을 다스리라……' 거기에 나의 권세도 있고 내 행복도 있는 것입니다.

존 맥스웰(John C. Maxwell)의 「성공한 사람들의 태도 101」라는 책에서 성공의 정의를 이렇게 말하고 있습니다. 첫째는 자신의 존재목표를 아는 것입니다. 내가 왜 세상에 존재합니까? 이제라도 내가 왜 세상에 존재해야 하는지를 알면 벌써 성공입니다. 몰랐다면 실패이고요. 두 번째는 잠재력까지 성장하는 것입니다. 잠재력까지. 하나님께서 내게 주신 능력을 다 개발해서 잠재력을 다 사용할 수 있어야 하겠습니다. 할 수 있는 일을 다 해야 하겠어요. 마지막으로, 씨앗을 심어야 한다는 것입니다. 남에게 혜택을 주는 씨앗을 뿌려서, 내가 저에게 씨앗을 뿌리고 그 씨가 먼 훗날에 결실하게 되도록 선한 씨를 뿌리며 살아가는, 미래가 있는 생을 사는 것이 성공한 복된 생이라고 말하고 있습니다. 윌리 데이비스(Willy Davis)는 미식축구에 있어 유명한, 세계적인 축구선수였다고 합니다. 그는 뉴욕에서 축구를 해야 하는데, 경기를 앞두고 아주 바쁜 시간에 잠깐 없어졌다가 돌아왔어요. 어디 갔다왔겠습니까? 자신을 이렇게 선수로 만들어준 코치 롬바르디라고 하는 분이 지금 임종이 가까웠다고해서 비행기를 타고 가서 2분 동안 만나고 돌아왔다는 것입니다. 이 바쁜 시간에 거긴 왜 갔다왔느냐는 물음에 그는 유명한 말을 했습니다. "나는 그 코치에 대해서 고맙게 생각할 뿐만 아니라 언제라도 내가 그의 곁에 있으면 그는 언제나 나를 소중한 사람으로 느끼게 해줍니다. 그의 곁에 있으면 언제나 나를 소중한 사람으로 느끼게 하는 분이기에 한 번 더 만나고 싶었습니다." 여러분, 우리는 하나님의 영광을 보면서 내가 소중함을 압니다. 동시에 나는 어떻게 살아야 하겠습니까? 나를 만나는 사람들이 나를 만나면서 자신이 소중한 존재라는 것을 깨닫도록 느끼도록 감격하도록 그러한 새해를 살아가야 하겠습니다. "여호와 우리 주여 주의 이름이 온땅에 어찌 그리 아름다운지요." △

스스로 종이 된 자유인

내가 모든 사람에게 자유하였으나 스스로 모든 사람에게 종이 된 것은 더 많은 사람을 얻고자 함이라 유대인들에게는 내가 유대인과 같이 된 것은 유대인들을 얻고자 함이요 율법 아래 있는 자들에게는 내가 율법 아래 있지 아니하나 율법 아래 있는 자같이 된 것은 율법 아래 있는 자들을 얻고자 함이요 율법 없는 자에게는 내가 하나님께는 율법 없는 자가 아니요 도리어 그리스도의 율법 아래 있는 자나 율법 없는 자와 같이 된 것은 율법 없는 자들을 얻고자 함이라 약한 자들에게는 내가 약한 자와 같이 된 것은 약한 자들을 얻고자 함이요 여러 사람에게 내가 여러 모양이 된 것은 아무쪼록 몇몇 사람들을 구원코자 함이니 내가 복음을 위하여 모든 것을 행함은 복음에 참예하고자 함이라

(고린도전서 9 : 19 - 23)

스스로 종이 된 자유인

　대부분의 사람이 행복을 원합니다마는 원하는 행복을 찾지 못하고 불행에 시달리고 있습니다. 그것의 원인은 세 가지로 볼 수 있습니다. 첫째는 은혜를 모르기 때문입니다. 받은바 은혜에 대한 감사가 없기 때문입니다. 은혜 가운데 살고 있건만 내가 얼마나 많은 은혜 중에 복되게 살고 있는지 그 사실을 스스로 모르기 때문이고 때로는 그 은혜를 배반하기 때문입니다. 은혜에 대한 배반, 바로 그 마음, 그 행위 속에 불행이 있는 것입니다. 그래서 사도 바울은 본문 앞의 9장 16절에서 스스로 자랑할 것이 없다고 말씀합니다. 나는 많이 수고했어도 자랑할 것이 없다, 한평생 수고해도 자랑할 것이 없다, 왜? 너무 많은 은혜를 받았기 때문이다, 너무 많은 은혜 속에 살고 있기 때문에 나는 자랑할 것이 없는 사람이다—바로 이 마음이 행복의 뿌리가 되는 것입니다. 또하나는 일거리가 없다는 것입니다. 실은 일거리가 없는 게 아니라 일을 찾지 못한 것입니다. 하나님께서 우리에게 일거리를 주셨건만 주신 일거리를 내가 찾지 못해서 스스로 쓸모없는 자가 되는 것입니다. 엄격히 말하면 하나님께서는 할 일 없는 사람을 세상에 두시지 않습니다. 분명히 일은 있습니다. 다만 내가 그 일을 바로 찾지 못하고, 할 수 있는 일은 안하고 할 수 없는 일만 하겠다고 함으로써 쓸모없는 자로 비하되는 것입니다. 여기에 불행이 있습니다. 세 번째는 헛된 일을 한다는 것입니다. 다시말하면, 하고 싶은 일을 하는 게 아니라 하고 싶지 않은 일을 한다는 것입니다. 불확실하고 무의미한 일을 해야만 합니다. 억지로 산다는 것입니다. 여러분, 사랑 없는 결혼생활을 한번 생각해보십시오. 얼마나 힘든 일입니까. 그것도 단 한 번도 사랑해본 일이 없이 그렇게 한평생을 살아야만 한다면 말입니다. 억지로 하는 일, 억지로 할 수 밖에 없는 일…… 그렇게 한평생을 살아야 하는 것 바로 여기에 인간불행의 원인이 있는 것입니다.

 철학자 아리스토텔레스는 인생의 행복을 두 가지로 말했습니다. 첫째는, 어떤 일을 하느냐가 문제가 아니라 억지로 하지 않고 자원해서 하는 그 일에 행복이 있다는 것입니다. 무엇을 하느냐가 중요하지 않습니다. 얼마나 자발적으로 하느냐, 그것이 문제입니다. 행복한 마음으로 하면 그것이 행복이라는 것입니다. 무슨 일을 하느냐는 문제가 아니라는 것이지요. 또하나는, 결과가 아니라 과정에서 얻는 행복이어야 한다는 것입니다. 결과라는 것은 누구도 보장할 수 없는 것입니다. 오늘이 내 마지막날이 될 수도 있는데, 결과에 의해서 평가받고 평가하는 것처럼 인간을 피곤하게 하는 일은 없습니다. 여러분, 스스로 생각을 바꾸십시오. 과정에서 행복을 찾아야 합니다. 바른 목적에 바른 과정으로 오늘을 살았다면 그만큼 오늘은 행복할 것입니다. 다음에 어떻게 되느냐는 묻지 마십시오. 결과가 아닌 과정에서 행복을 얻는 지혜를 가져야 행복할 수 있다고 이 철학자는 말하고 있습니다.

 오늘본문에서 사도 바울은 행복의 비결을 누누이 낱낱이 그리고 자기경험에 준해서 확실하게 증거하고 있습니다. 첫째, '행복은 자유다' 하는 것입니다. 얼마나 자유한가? 과거로부터 자유하고, 무능함으로부터 자유하고, 무지함으로부터 자유한 것입니다. 나약함으로부터 자유하고, 특별히 비굴함과 증오로부터, 시기질투로부터 자유한 온전한 자유, 자유인의 자유, 자유인의 깨끗한 영혼…… 바로 그 속에 행복이 있다는 것입니다. 사도 바울은 자유를 크게 강조하고 있습니다. 두 번째는 그 소중한 자유를 스스로 버리는 자유로 누린다는 것입니다. 빼앗기는 것이 아닙니다. 버리는 것입니다. 자유를 버릴 줄 아는 자유, 거기에 행복의 신비가 있다는 것입니다. 요한복음 10장 18절을 보면 예수님께서 말씀하십니다. '누가 내게서 빼앗는 것이 아니라 스스로 버리노라.' 스스로 버리노라! 자유입니다. 빼앗기는 것하고 주는 것은 다른 것입니다.

여러분이 자녀들을 키우면서 혹 그들한테 시달리십니까? 용돈 달라고, 뭐 좀 더 달라고, 뭐 좀 해달라고…… 그럴 때 조심하십시오. 만 원 달라고 하거든 이만 원 주십시오. 한 가지 달라고 하면 두 가지 주십시오. 못준다면 "못줘서 미안하다. 더 주고 싶은데……" 이렇게 말하면서 주십시오. 이와는 반대로 줄 때마다 강도만나는 마음으로 "이 녀석아, 어쩌다가 태어나가지고 날 고생시키느냐?" 그렇게 말하면 아이들은 또 말합니다. "왜 낳아가지고 말썽이에요? 제 자식 키우면서 왜 말이 많아?" 이렇습니다. 여러분, 자유한 가운데서 줘야지 빼앗기는 마음으로 준다면 자녀에게 주어도 강도만나는 기분이 되는 것입니다. 그러니 불행할 수밖에요. 빼앗기는 마음이 아니라 베푸는 마음이 되어야 합니다. 주는 마음 말입니다. 꼭 주어야 되어서 주는 것이 아니라 주고 싶어서 주는 것입니다. 이러한 자유함, 거기에 행복이 있습니다. 그래서 말입니다마는 저는 물건을 살 때 절대로 물건값을 깎지 않습니다. 사람 추해지고 싶지 않아서입니다. 고 몇푼 깎아봐야 별것도 아닌데요. 제 아버지가 제게 가르쳐주었습니다. 공짜 좋아하면 오래 못산다고요. 그것 좀 깎는 것도 공짜라고 조금 깎아보려고 바락바락하면 사람 추해지는 법입니다.

추해집니다. 그건 아주 불행입니다. 그저 넉넉한 마음으로 '추위에 떨고 있으니 몇푼 더 버세요' 하는 마음으로 주면 이게 사람을 행복하게 하는 것입니다. 잊지 마십시오. 그리고, 스스로 종이 되는 것, 매이는 것, 바로 거기에 행복이 있습니다. 스스로 종이 된다는 말은 미친다는 말입니다. 고린도후서 5장 13절에 보면 사도 바울은 말씀합니다. '나는 그리스도에게 미쳤다.' 정신팔렸다는 말씀입니다. 정신팔린 그것, 그게 행복입니다. 미친 사람, 남 보기엔 딱하지만 저는 행복합니다. 미쳐야 행복한 것입니다. 공부에도 미치고, 사업에도 미치고, 더욱이 사랑에 미친다면 그것은 더할나위가 없는 것이지요. 매이는 것입니다. 정신적으로 완전히 매이는 것입니다. 자유를 완전히 잃어버렸습니다. 그러나 사실은 이것이 온전한 자유입니다. 좀더 나아가서는 선택적인 매임입니다. 확실한 대상이 있고 확실한 의미가 있고 확실한 목적이 있어서 희생하는 것입니다. 결코 막연한 희생이 아닙니다. 확실함에 자기를 투자하는 것입니다. 이럴 때 행복한 것입니다.

오늘의 성경본문을 잘 읽어보면 이런 묘한 말씀이 있습니다. '얻고자 하여 무엇과 같이 된다' 하는 말씀입니다. '얻고자 하여 같이 되었다' 고 여러 번 반복해 말씀합니다. 이 얻고자 한다는 말씀이 무슨 말씀입니까. 이건 돈번다는 얘기가 아닙니다. 사람을 얻는다는 것입니다. 그렇습니다. 사람을 얻어야 합니다. 여러분, 한평생을 살면서도 마음을 얻지 못하고, 존경을 얻지 못했다면 그것은 얻은 것이 아닙니다. 돈을 버는 것도 아니고, 성공한 것도 아닙니다. 사람의 마음을 얻어야 하는 것입니다. 이게 얼마나 중요합니까. 그러면 사람의 마음을 얻고, 인격을 얻고, 성품을 얻고, 인간을 얻으려면 어떻게 해야 하는 것인가? 내가 먼저 잃어야 한다는 것입니다. 얻기 위하여 내가 나를 먼저 주는 것입니다. 이것이 신학적으로 Incarnation의, 성육신의 원리입니다. 하나님의 아들 예수 그리스도께서 우리를 하나님의 자녀 되게 하기 위하여 사람이 되셨습니다. 죄인이 되셨습니다. 십자가에 죽으셨습니다. 이 사실을 잊지 말아야 합니다. 이것은 우주적 원리입니다. 마음을 얻고, 인격을 얻고, 사랑을 얻고, 사람을 얻는 것은 곧 구원을 이룬 것이라는 말입니다. 그 유일한 계시적 방법은 '무엇과 같이 되는 것' 입니다.

언젠가 한번 차를 운전하면서 라디오를 틀었더니 재미있는 얘기가 하나 나옵디다. 아들이 대학을 다니다가 군대에 갔어요. 군대에 갔다가 나오니까 첫사랑 애인이 딴 남자하고 결혼해버렸습니다. 아, 이 녀석이 속이 상해가지고 밥도 안먹고, 공부도 안하고, 그냥 고민을 하는 것입니다. 몰골이 초췌해지도록까지 고민을 합니다. 어머니가 위로를 해봤습니다. 위로가 안됩니다. 첫사랑을 잃어버린 그 아픔에 아들이 너무 고생을 하는 것입니다. 어머니는 견딜 수가 없어 남편한테 부탁을 했습니다. "여보, 당신이 남자니까 남자끼리 좀 얘기해서 위로하세요." 아버지가 찾아가서 밥도 안먹고 초췌해진, 첫사랑을 잃어버린 그 비참한 아들을 놓고 위로를 합니다. "뭐 쌔고쌘 게 여잔데 뭘 그러냐, 괜찮다." 그러나 소용없습니다. 무슨 말을 하고 뭐라고 해도 안됩니다. 아무리해도 위로가 안돼서 마지막으로 아버지가 이렇게 한마디 했습니다. "애야, 나도 옛날에 다 그래봤다. 나도 옛날에 첫사랑이 있었는데, 아 그게 그만 고무신을 거꾸로 신어가지고 고민을 해봤다. 그런데 지내고보니까 별거 아니더라." 그러니까 아들녀석이 "아버지도 그랬어요?" 하고 눈을 번쩍 뜹니다.

"아, 그럼……" 아들이 여기서 위로를 받고 힘을 얻었습니다. 아들 보고 신통하다 여긴 어머니가 "얘야, 너 어떻게 그렇게 정신을 차리고 괜찮아졌냐?" 물었고 "아버지가 그러는데 아버지도 첫사랑을……" 하고 아들이 대답했는데, 아, 그날밤 부부싸움이 났습니다. "당신은 내가 첫사랑이라고 하더니 뭐 어쩌고 어째?" 하고 대드는 통에 한바탕 싸움이 붙은 것입니다. 정말 같이 되기가 어렵네요. 사람 하나 얻기가 힘듭니다. 우리는 이것을 알아야 합니다. 사람을 얻기 위해서 내가 그와 같이 된다…… 보십시오. 그래서 비로소 '저를 나와 같게 할 수 있는 것'이라는 것, 그것이 성서적이고 기독론적 진리입니다.

2005년 올해의 CEO로 선정된 '대교'의 강영중 회장, 그는 이렇게 말하고 있습니다. "나는 늘 모자란다는 생각으로 삽니다. 그때문에 훌륭한 직원이 소중합니다. 나는 늘 모자라기 때문에 내 앞에 훌륭한 직원들이 꼭 있어야 합니다. 이 분들이 아니면 난 아무 일도 할 수 없습니다." 그리고 말합니다. '경영자의 최고의 덕은 겸손이다.' 저 잘났다 하는 회장을 밀어줄 직원은 없습니다. 자기교만에 빠져 있는 사람을 위해서 충성을 다할 그 누구도 없다는 것을 잊지 말아야 합니다. 겸손, 오직 겸손으로 사람을 얻고, 사람을 얻고야 돈도 얻을 수 있더라는 것이 그의 경험입니다. 영국의 정치가에 로이 시션(Roy Sission)이라고 하는 유명한 분이 있습니다. 성공의 비결은 'Three H's Leadership'이라고 그는 말합니다. Humanity, Humility, Humor입니다. 휴머니티, 인간성이 중요합니다. 휴밀러티, 겸손이 중요합니다. 그리고 마음의 여유, 유머가 있는 이 세 가지가 성공의 비결이라고 말합니다.

사도 바울은 오늘본문에서 말씀합니다. '나는 유대사람을 얻기 위해서 유대사람같이 되었노라. 이방사람을 얻기 위해서 나는 이방사람이 아니지만 이방사람같이 되었노라. 나는 약한 자가 아니지만 약한 자를 얻기 위하여 약한 자같이 되었노라. 나는 미련한 사람이 아니다. 그러나 미련한 사람을 얻기 위하여 미련한 사람같이 되었노라. 나는 아는 사람이다. 그러나 모르는 자같이 되었노라.' 능력이 있으나 능력 없는 자같이, 의인이지만 죄인같이, 그렇게 십자가에 돌아가신 분이 예수님 아닙니까. 이것은 미스터리입니다. 신비로운 것입니다. 18절을 보면, '권을 다 쓰지 않았다' 했습니다. 내게 주어진 권, 권력, 능력, 할 수 있는 것 다 하지 않았다는 것입니다. 없는 자처럼 무능한 자처럼 죄인처럼 그렇게 되었다는 것입니다. '라코스' 창업자인 밥 데이비스(Bob Davis)는 서비스(Service)라는 말의 어원을 들어서 설명을 합니다. 서비스라는 말의 어원은 서번트(Servant)라는 것입니다. 봉사라는 말의 어원은 종이라는 것입니다. 종이 되어야 사람을 얻을 수 있습니다. 사람을 얻고, 마음을 얻고, 그러고야 큰 영광 큰 역사를 이룰 수가 있는 것입니다.

우리가 잘 아는 테레사 수녀는 확실하게 간증하고 있습니다. "진정한 사랑은 이것저것 재지 않습니다. 그저 줄 뿐입니다. 아플 때까지 주십시오. 기도하면 믿게 될 것입니다. 믿으면 사랑하게 될 것입니다. 사랑하면 섬기게 될 것입니다. 나는 모든 인간에게서 하나님을 봅니다. 내가 나환자의 상처를 씻을 때 그리스도의 몸을 씻는 것같은 체험을 얻습니다." 이 어찌 아름다운 일이 아니겠습니까? 깊이 생각해야 하겠습니다. 어떤 마음으로 새해를 열고 있습니까? 톨스토이(Lev Nikolayevich, Graf Tolstoy)의 「비밀일기」라는 책을 보면 마지막 기도문에서 이렇게 말합니다. 82세 세상떠나기 전에 써놓은 마지막 일기의 마지막 페이지입니다. '하나님이여 나를 도와주시옵소서. 내 인생의 마지막 며칠, 아니 몇시간이라도 당신에게 봉사하며 당신을 바라보며 살 수 있도록 나를 도와주시옵소서.' 여러분, 섬김을 받으려 하는 마음을 이젠 접어둡시다. 자존심 살리고 명예 살리겠다는 것도 잊어버립시다. 이제는 깨끗한 마음으로 오로지 섬기는 마음으로 그렇게 살기로 다시 시작합시다.

행복은 자유에 있습니다. 스스로 버리는 자유에서 행복을 얻습니다. 얻고자 하신다면 먼저 버려야 합니다. 같이 되는, 버려서 같이 되는 그 행복 말입니다. 새해는 이런 모습으로 다시 출발할 수 있고, 또 그런 모습으로 마칠 수 있는 그런 위대한 행복의 해가 되시기를 바랍니다. △

소원의 항구로

선척을 바다에 띄우며 노래하여 그 행사를 선포할지로다 여호와의 행사와 그 기사를 바다에서 보나니 여호와께서 명하신즉 광풍이 일어나서 바다 물결을 일으키는도다 저희가 하늘에 올랐다가 깊은 곳에 내리니 그 위험을 인하여 그 영혼이 녹는도다 저희가 이리저리 구르며 취한 자 같이 비틀거리니 지각이 혼돈하도다 이에 저희가 그 근심 중에서 여호와께 부르짖으매 그 고통에서 인도하여 내시고 광풍을 평정히 하사 물결로 잔잔케 하시는도다 저희가 평온함을 인하여 기뻐하는 중에 여호와께서 저희를 소원의 항구로 인도하시는도다 여호와의 인자하심과 인생에게 행하신 기이한 일을 인하여 그를 찬송할지로다 백성의 회에서 저를 높이며 장로들의 자리에서 저를 찬송할지로다
　　　　　(시편 107 : 23 - 32)

소원의 항구로

　여러분, 배를 타고 멀리 여행을 해보신 적이 있습니까? 배는 언제나 기착했던 항구를 떠나서 새로운 목적지 혹은 행선지를 향해서 가게 마련입니다. 새로운 목적지를 향해 언제나 새 마음으로 출발합니다.

　성경 사도행전 27장에 보면 사도 바울을 비롯한 276명이 함께 탄 배 한 척이 미항이라는 항구를 떠나서 로마로 출발했습니다. 출발하기 전에 여러 가지 토론이 있었습니다. 그때쯤해서는 떠날 수 없을만한 여러 위험한 이유가 있었기에 사도 바울은 가지 말자고 했습니다. 그러나 선장과 선주는 가자고 했습니다. 의견이 대립되고 분분하였습니다만 결국 힘없는 사도 바울의 말은 묵살되고 선장의 의견이 채택되어 배는 미항을 떠나게 됩니다. 처음에는 순조로운 바람으로 득의한 것으로 알고 참 잘됐다 싶었는데 그게 그런 게 아니었습니다. 보십시오. 바람이 적을 때, 아니 조금 덜 강할 정도라면, 이 바람은 배를 더 빨리 가게 하는 추진력이 되기도 합니다. 그러나 그것은 정도의 문제입니다. 엄청난 바람, 엄청난 풍랑이 밀려와서 인간의 노력이란 아무것도 아니게 되었고, 선장의 지식, 경험, 경륜, 능력…… 다 소용없게 되었습니다. 마지막에는 손을 놓습니다. 바람 부는 그대로 그냥 휩쓸려갑니다. 혹시라도 배가 부딪히면 깨질까봐 배를 가볍게 만들기 위해서 배에 실었던 그 소중한 짐들을 다 바다에 버립니다. 다 버렸습니다. 그저 생명 하나만 살리기 위해서입니다. 배는 끌려다닙니다. 엄청난, 엄청난 풍랑 앞에 인간은 초라하기 그지없습니다.

자, 이제 이 배는 깨졌습니다. 그리고 다 죽었다고 생각했는데 저들의 생명만은 건질 수 있었습니다. 그래서 어디인지도 모르고 정신을 차리고 보았더니 성경말씀대로 하면 '소원의 항구'에 도달해 있었습니다. 가야 할 목적지에 벌써 와 있더라는 것입니다. 이것이 하나님의 방법입니다. 사람의 지식이나 경험에 의해서가 아니고 하나님의 전권적 방법에 의해서 목적지까지 갑니다. 자, 이제 생명은 건졌지만 소중했던 재산은 다 잃어버렸습니다. 이제 한 가지 중요한 것은 선장에 대한 신뢰는 다 없어지고 아무것도 아닌 죄수, 초라한 사람 사도 바울의 인기와 그에 대한 믿음은 높아졌다는 사실입니다. 전혀 하나님을 모르던 300명에 가까운 이 많은 사람들이 하나님을 믿게 되고, 하나님의 사람 사도 바울은 영적 지도력을 가지고 인도하는 그런 분위기로 로마에까지 가게 됩니다. 여러분, 이 사건은 우리에게 무엇을 말해주고 있습니까? 성공의 비결이라 하면 흔히 말하기를 자본, 지식, 경험, 노력이라는 4대 조건이 제대로 갖춰져야 합니다. 하지만 여기에는 큰 변화가 있는 것입니다. 그게 중요합니다. 위기라는 것입니다. 뜻하지 아니한 위기는 언제나 오게 마련입니다. 그런고로 요새와서 흔히 말하기를 위기관리능력, 위기대처능력, 좀 더 나아가서는 위기응용능력 운운합니다. 이 파도, 이 거대한 위기의 파도를 어떻게 이용하느냐? 이것이 성공의 비결이라는 것입니다.

얼마전에 세상을 떠난 현대경영학계의 대가 피터 드러커(Peter Ferdinand Drucker)의 저서 가운데 「Innovation and Entrepreneurship」이라 하는 특별한 걸작이 있습니다. 혁신과 기업가정신, 기업하시는 분들은 교과서로 한번 읽어봐야 합니다. 이 분은 이렇게 말합니다. '현재의 시점에서 장래를 성취하는 정신, 그것이 기업가의 정신이요, 또는 환경의 변화 속에서 위협을 느낄 때 그 큰 엄청난 변화 속에서 기회를 새로운 기회로 식별하는 정신, 식별하는 능력, 이것이 기업가정신이다.' 그렇습니다. 큰 변화가 올 때 '아이고 망했다' 하면 그는 사업할 자격이 없습니다. 큰 변화를 사람들은 위기로 생각하지만 기업가는 이것을 기회로 만드는 것입니다. 그렇게 읽고 그렇게 응용할 줄 아는 사람, 바로 그런 식별능력이 있는 사람이 기업가이며, 그의 정신이 기업가정신이라고 말합니다. 그는 이렇게 말합니다. '기업가는 안정 속에서 위기를 느낀다. 고요할 때 불안을 느낀다. 어려운 일이 닥칠 때 오히려 창의적 능력을 느낀다. 창조적 파괴를 보면서 새로운 세계를 창조하는 창조능력을 지향하는 것이 기업가정신이다.'

오늘본문에서 인간의 기회와 하나님께서 만들어가시는 작품, 하나님의 기회에 대해서 읽을 수 있습니다. 26절로 27절을 봅시다. "저희가 하늘에 올랐다가 깊은 곳에 내리니 그 위험을 인하여 그 영혼이 녹는도다 저희가 이리저리 구르며 취한 자같이 비틀거리니 지각(知覺)이 혼돈하도다." 여러분은 이런 경험 해보았습니까? 이것도 아마 은사일 것입니다. 이런 경험을 한 번씩은 꼭 해보아야 합니다. 저는 그런 경험이 있습니다. 6·25전쟁때 군인으로 배를 탔는데 그 배는 범선, 돛단배였습니다. 이걸 타고 가다가 풍랑을 만났는데 정말 정신이 없더군요. 배가 그냥 물속에 푹 들어갔다가 다시 솟아서 공중으로 올랐다가 털렁 떨어지는데 거 참, 야 이거, 도대체가 일엽편주라는 말이 실감납디다. 그 배 한 척 아무것도 아닙니다. 공중에 올랐다가 털렁 떨어집니다. 내 그걸 경험했습니다. 그때는 죽는 줄 알았습니다마는 그걸 경험했기 때문에 오늘 이 본문을 이해하게 됩니다. "공중에 올랐다가 깊은 곳에 내리니…… 지각이 혼돈하도다." 정신없는 것입니다. 왜 이런 일이 있어야 하겠습니까. 오늘의 성경 말씀을 보니 이 일로 인해서 모처럼 저들이 하나님 앞에 부르짖게 됐다는 것입니다. 기도하게 됐습니다. 왜 이 사건이 있는 것입니까. 기도하게 하기 위해서입니다. 이 큰 풍랑 속에서 하나님만 의존하게 하고, 하나님만 믿게 하고, 하나님의 뜻을 향하게 하기 위해서입니다. 하나님께서 말씀하십니다. 그 하나님의 말씀에 귀를 기울이게 하십니다. 하나님의 지혜, 하나님의 능력, 하나님의 사랑을 계시해 주십니다. 여러분, 하나님께서는 말씀하실 뿐 아니라 말씀을 듣도록 역사하는 분이십니다.

어느 목사님의 딸이 아버지의 반대를 무릅쓰고 깊은 연애에 빠져서 신앙없는 남자와 결혼을 합니다. 막무가내입니다. 그래도 결혼식은 해주었습니다. 그 다음에 제 신랑과 함께 먼 곳으로 갔는데 거기 가서 완전히 안믿는 사람으로 살아가게 됩니다. 그런데 공교롭게 그가 가서 정착한 곳의 교회에 마침 이 친정아버지 목사님과 신학동기동창 친구이신 목사님이 목회를 하고 계셨습니다. 그래서 이 아버지는 그 친구에게 연락을 해서 내 딸 좀 돌보아주라고, 내 딸을 믿음의 생활로 인도해달라고 계속 부탁을 했습니다. 그러니까 자연히 그 친구목사님이 또 자기딸같은 사람이니까 종종 방문해서 권면합니다. "이렇게 살아서 되겠는가? 교회 나가야지. 네 아버지가 지금 얼마나 속상해하고 기도하고 있는지 아나? 네가 어떻게 자랐는데 이래서 되느냐?" 그러나 듣지 않습니다. 제멋대로 살았습니다. 그렇게 10년, 그 가정에 아들이 하나 있었는데 7세밖에 안된 이 아들이 밖에 나가놀다가 차사고로 죽었습니다. 그때에야 이 여자가 교회에 나와 통곡을 하며 하나님을 원망하며 기도를 했습니다. 사무실에 있던 그 목사님이 웬 울음소리인가 하고 나가 보았더니 아, 그 친구목사님의 딸이 와서 울고 있는 게 아닙니까. 그래 웬일이냐고 물었더니 "하나님이 이럴 수 있습니까? 내가 얼마나 사랑하는 아들인데 이 아들이 이렇게 죽을 수 있습니까" 하고 하나님을 원망하는 것입니다. 그때 이 목사님이 조용히 이렇게 얘기했다고 합니다. "너를 교회에 나오게 하고, 너로하여금 다시 하나님 앞에 기도하게 하는 데는 이 방법밖에 없었구나. 네가 워낙 완악해서 이 방법밖에는…… 네가 다시 교회에 나오고 하나님의 딸이 되게 하기 위해서 하나님께서는 이 방법을 쓰셨다." 그제야 그 딸이 하나님 앞에 기도하고 바른 사람이 되었다고 합니다. 여러분, 이 큰 풍랑, 이 엄청난 위기가 왜 있어야 하는 것입니까? 이 속에서 하나님께서는 말씀하시고 또 우리로하여금 말씀을 듣게 하십니다. 그 속에서 우리로하여금 기도하게 하십니다. 그리고 그 기도에 응답하십니다. 이것이 하나님의 방법입니다. 하나님께서 우리로 부르짖도록 만드시고, 또 응답하십니다.

프랑스의 경건주의자인 잔느 귀용(Jeanne Guyon)은 유명한 분입니다. 「예수 그리스도를 깊이 체험하기」라고 하는 그녀의 책 속에서 이렇게 간증을 합니다. 여러분은 스스로 불행을 느껴봤습니까? 저는 이 책을 읽으면서 세상에 이런 여자는 없을 거라고 생각했습니다. 이렇게 불행한 사람도 있을까 싶었습니다. 그녀는 16세에 22세 연상인 남자와 강제로 중매결혼을 하게 됩니다. 남자는 장애인이었습니다. 더욱이 자주 화를 냅니다. 시어머니는 그녀를 학대합니다. 심지어는 하녀들까지도 이 여자를 멸시했습니다. 교회나가는 것도 못하게 했습니다. 몰래몰래 밤중에 교회에 나가서 기도하게 됩니다.

암흑과도 같은 상황을 계속 이어갑니다. 그리고 그녀는 이렇게 간증합니다. '하나님의 안전한 손 안에만 있으면 정말 아무렇지도 않았습니다. 철저한 자기포기가 영적 삶의 열쇠입니다.' 그녀가 쓰는 키워드는 이것입니다. "Abandonment to God is the key of the spiritual life." 유명한 말입니다. 완전한 자기포기 그것이 영적 생활의 마스터 키라고 말하는 것입니다. 저는 우리교인들의 생활 속에서 종종 봅니다. 뭐라고 말은 안하지만 저는 알게 됩니다. 여러분의 사업이 잘되길 저는 바랍니다. 그러나 사업 잘되면 그 신앙이 좀 요상해지기도 합니다. 교회생활이 왜 그렇게 희미해지느냐고 물어보면 "워낙 바빠서……" 그러더라고요. 그래 저는 속으로 '조금 덜 바빠져야 되겠구만' 합니다. 왜 그렇겠습니까. 인정할 수밖에 없습니다. 완전한 자기포기, 그것이 신령한 생활로 가는 마스터 키가 된다는 것을 마음아프지만 인정해야 되겠습니다. 이 어려운 환경 속에서, 큰 풍랑 속에서 정신이 혼란하여 모든 세상의 소망과 여망을 다 버리게 되는 그 후에야 하나님 앞에 부르짖게 되는 것입니다. 이제, 바른 기도를 하게 됩니다. 모처럼 진실한 기도를 합니다. 모처럼 겸손한 사람도 됩니다. 손바닥이 땅에 닿을 때까지 겸손해진 바로 그때에 다시 시작할 수 있는 것입니다. 오늘본문을 보니 그제서 평안을 찾게 됩니다. 진정한 영혼의 평안, 마음의 평안을 찾게 됩니다. 이 시간은 오직 하나, 생명을 보존한 것에 대한 감격이 있을 뿐입니다. 영생을 맛보는데 대한 행복 그것뿐입니다. 새 믿음을 찾고 기뻐하게 됩니다. 이건 소유에 의한 것이 아닌, 하나님의 사람이 된 기쁨입니다.

　이스라엘 백성이 애굽에서 나옵니다. 출애굽해서 광야를 거쳐 가나안땅으로 갑니다. 빨리 가고 싶습니다. 아, 열나흘이면 갈 수 있는 거리입니다. 아무리 소걸음으로 가더라도 그렇습니다. 그러나 여러분이 아시는대로 40년 걸렸습니다. 왜요? 물리적으로는 갈 수 있지만 정신적으로 아직 가지 못할 곳이기 때문입니다. 정치적으로 가능하지만 하나님의 백성이 되지 못했기 때문입니다. 가나안땅이 결코 저들의 가나안땅이 될 수가 없었습니다. 젖과 꿀이 흐르는 땅은 저들과 상관이 없었습니다. 40년이 지난 다음에야 요단강을 열어주시고 가나안에 들어가도록 허락하십니다. 자, 이제 가만히 생각해봅시다. 그렇게 정신이 없다가 정신을 차렸습니다. 하나님 앞에 부르짖다가 영혼이 소생함을 받을 때에야 정신을 차리고 보니(오늘의 성경말씀 제가 아주 좋아하는 말씀입니다) 소원의 항구에 도달했더라—아! 벌써 소원의 항구에 와 있는 것입니다. 이게 웬 신비한 체험입니까. 소원의 항구에 와 있으므로 저들이 기뻐하고 목적지에 도달한, 뜻밖에 주시는 하나님의 축복에 감사하게 되었다는 것이지요. 철저한 자기포기를 요구하십니다. 마태복음 16장 24절은 여러분이 잘 아시는 말씀입니다. "아무든지 나를 따라오려거든 자기를 부인하고 자기 십자가를 지고 나를 좇을 것이니라." 자기를 부인하고 자기의 십자가를 지고, 자신은 완전히 죽어버리고 그리고 주를 좇아야 된다는 것입니다. 그래야 제자가 될 수 있다고 말씀하십니다.

 성도 여러분, 소원의 항구가 눈에 보입니까? 그러나 소원의 항구까지 내 능력 내 지혜로 가는 것이 아닙니다. 하나님께서 그의 강한 팔로 그의 크신 능력으로 나로하여금 거기에 가도록 인도해주십니다. 하나님께 목적이 있습니다. 하나님께 지혜가 있고, 하나님께 능력이 있고, 하나님께 사랑이 있습니다. 우리는 이 풍랑 속에서, 엄청난 소용돌이 속에서 하나님께서 우리 모두를 소원의 항구로 인도하고 계시고, 우리는 소원의 항구에 도달하고 있음을 알게 될 것입니다. 하나님께서 정하신 교과과정 안에서, 하나님께서 정하신 울타리 안에서 우리는 소원의 항구를 지향하고 있습니다. 눈앞에 있는 소원의 항구를 바라보며 기뻐하는 그같은 신앙생활이 되어야 할 것입니다. △

너희가 먹을 것을 주라

때가 저물어 가매 제자들이 예수께 나아와 여짜오되 이곳은 빈 들이요 때도 저물어 가니 무리를 보내어 두루 촌과 마을로 가서 무엇을 사 먹게 하옵소서 대답하여 가라사대 너희가 먹을 것을 주라 하시니 여짜오되 우리가 가서 이백 데나리온의 떡을 사다 먹이리이까 이르시되 너희에게 떡 몇 개나 있느냐 가서 보라 하시니 알아보고 가로되 떡 다섯 개와 물고기 두 마리가 있더이다 하거늘 제자들을 명하사 그 모든 사람으로 떼를 지어 푸른 잔디 위에 앉게 하시니 떼로 혹 백씩, 혹 오십씩 앉은지라 예수께서 떡 다섯 개와 물고기 두 마리를 가지사 하늘을 우러러 축사하시고 떡을 떼어 제자들에게 주어 사람들 앞에 놓게 하시고 또 물고기 두 마리도 모든 사람에게 나누어 주시매 다 배불리 먹고 남은 떡 조각과 물고기를 열두 바구니에 차게 거두었으며 떡을 먹은 남자가 오천 명이었더라

(마가복음 6 : 35 - 44)

너희가 먹을 것을 주라

　　교인이 열 명뿐인 어느 시골의 작은 교회에 신학공부를 갓 마친 초년생 목사님이 부임하였습니다. 그래 첫 주일설교를 하려고 강대상에 올라갔는데, 모든 교인들이 눈을 똑바로 뜨고 자기를 쳐다보고 있는 것입니다. 특별히 바로 앞에 앉은 나이많은 장로님들을 보고 목사님은 당황하였습니다. 그래서 떡 다섯 개로 오천 명을 먹였다고 해야 될 것을 그만 떡 오천 개로 다섯 명을 먹였다고 잘못 말하고 말았습니다. 교인들은 킥킥킥 웃어대기 시작합니다. 목사님은 이제 정신이 없습니다. 게다가 당황한 목사님을 향해 장로님 한 분이 가만히 있지 않고 한마디 합니다. "그런 기적이라면 나도 하겠다." 하기야 떡 오천 개로 다섯 명 먹이는 일, 누가 못하겠습니까. 초년생 목사님은 첫설교를 그렇게 경황없는 중에 간신히 마쳤습니다. 그리고 집에 돌아와 생각해보니 참 걱정입니다. 아무래도 안되겠거든요. 목사님은 깊이 회개합니다. 그래 결심하고 그 다음 주일날 강단에 올라 말합니다. "지난 주일에 제가 너무 당황하여 큰 실수를 했습니다. 떡 오천 개로 다섯 명을 먹였다고 말씀을 잘못 전했습니다. 그런 것이 아니라 사실은 떡 다섯 개로 오천 명을 먹인 것입니다. 이 얼마나 놀라운 이적입니까." 교인들은 그제야 마음이 놓였습니다. 목사님이 돌이켜 회개함으로써 자신의 실수를 인정하고 진실로 사과하며 바로 잡는 모습에 큰 은혜를 받은 것입니다. 그때 지난 주일에 한마디 했던 장로님이 자기를 빤히 쳐다보고 있는 모습이 보입니다. 목사님이 말합니다. "장로님, 그래도 할 수 있겠습니까?" 장로님이 대답합니다. "하고말고요." "어떻게 할 수 있겠습니까?" "지난 주일에 먹고 남은 거 갖고 하지요."
 오늘본문은 참 놀랍습니다. 예수님께서 평생토록 많은 이적들을 행하셨습니다마는, 오병이어로 오천 명을 먹이신 이 사건은 죽은 나사로를 살리신 이적과 쌍벽을 이루는, 이적들 중에서도 최고의 이적입니다. 예수님께서 행하신 모든 이적들 중에서도 가장 큰 이적입니다. 복음서를 살펴보면, 마태복음에는 있는 내용이 마가복음에는 없기도 하고, 마가복음에는 있는 내용이 요한복음에는 없기도 합니다. 그러나 예수님께서 오천 명을 먹이신 이 사건만은 모든 복음서가 한결같이 누락시키지 않고 기록하고 있습니다. 그만큼 이것은 중요한 사건이고 또 확실한 사건이며 모든 사람들에게 큰 감동을 준 이적이었습니다. 요한복음 6장에는 오병이어로 오천 명을 먹이신 이 엄청난 이적이 있은 후에 백성들이 억지로 예수님을 왕으로 삼으려 하는 이야기가 나옵니다. 이런 놀라운 능력을 가지신 분이 왕이 되어야 하겠다는 것입니다. 정치적 시각에서 뿐만 아니라, 경제적 시각으로도 굉장한 일 아니겠습니까. 예수님께서 왕이 되시면 모든 경제적 문제를 해결해주실 것만 같은 것입니다. 그래 이 이적에 대한 반응으로 이스라엘백성이 억지로 예수님을 왕으로 삼으려 했다는 이야기가 성경에 기록돼 있는 것입니다. 정말 그랬을 것 같습니다. 그런데 여기에는 이적보다 더 중요한 것이 있습니다. 바로 예수님의 휴머니즘이 나타나 있다는 것입니다. 예수님의 마음씨, 그 결과로 오천 명을 먹이는 이적이 나타났습니다. 그것을 아주 웅변적으로 말해주고 있는 것입니다.
 작년 11월, 95세를 일기로 세상을 떠난 현대 경영학의 아버지 피터 드러커(Peter F. Drucker)는 경영학을 이렇게 정의합니다. 인간을 잘살게 만드는 학문—그는 연구의 주안점을 효율성보다는 그 주체인 사람에게 두었습니다. 어떻게 해야 경제를 살리느냐? 그 경제의 성장속도가 어떠냐? 경제 가속의 비결은 뭐냐?…… 이런 이야기가 아닙니다. 사람을 생각하는 것입니다. 거기에 문제가 있다고 생각합니다. '혁신'이니 '자기관리'니 '기업가정신'이니 하는 것들이 다 드러커가 창안해낸 유명한 말들입니다. 이전까지 유효했던 카리스마의 허구를 지적하면서 그는 참된 지도자에 대하여 이렇게 말합니다. 첫째, 카리스마가 아닌 근면과 헌신으로 이루어진다는 것입니다. 경제적인 카리스마, 정치적 카리스마, 지식적인 카리스마가 아니라, 근면과 헌신만이 참 지도자의 모습이며, 또 지도자를 지도자 되게 하는 것이라고 말합니다. 둘째, 영리함이 아니고 순수함과 성실함으로 이루어진다는 것입니다. 요새 똑똑한 사람 많습니다. 머리를 쓰거나, 거짓말을 하는 데 아주 선수가 되었습니다. 어찌 저렇게 머리가 잘 돌아갈까, 감탄스럽습니다. 그러나 그것은 지도자의 모습이 아닙니다. 중요한 것은 순수함과 성실성입니다. 순수함과 성실성이 있을 때 비로소 모든 사람의 마음이 감동을 받아 지도자의 뜻을 따르게 되고 지도자를 신뢰하게 되는 것입니다. 셋째, 참다운 지도자란 다른 사람들을 기쁘게 하고 행복하게 하는 것이 아니라 다른 사람들을 기뻐하고, 사람과 사귀는 것을 기뻐하고, 사람과 함께하는 것을 즐거워하는 사람이라는 것입니다. 즉 즐거움을 공유하는 사람입니다. 남을 죽여서 내가 사는 것이 아닙니다. 남보다 내가 더 잘산다는 것도 아닙니다. 오직 함께 사는 것, 그리고 함께 하는 것을 즐거움으로 삼고 사는 사람입니다. 그래서 경영은 인간의 문제이며, 그 근본이 인간성과 휴머니즘에 있다고 결론을 내립니다.

4복음서를 자세히 읽어보면 예수님께서 오병이어로 오천 명을 먹이신 똑같은 장면이 반복해서 나오는데, 문제의 중심에는 예수님의 마음가짐이 있습니다. 표적을 보고 모여든 사람들, 목자 없는 양같이 유리방황하며 이 광야까지 나온 사람들입니다. 그들 오천 명을 앞에 두시고 예수님께서 말씀하셨다는 것입니다. 그 광야의 현장을 떠올려보면 좀처럼 이해가 가지 않습니다. 그때가 지금처럼 마이크와 스피커를 통하여 설교를 할 수 있는 시대가 아니지 않습니까. 저도 어쩌다가 들이나 산에서 또 노천에서 설교를 하게 될 때가 있는데, 그냥은 소리가 다 퍼져나가기 때문에 청중들한테까지 잘 전달이 되지 않습니다. 아무리 소리를 크게 질러도 몇 사람은 결국 못듣습니다. 그 당시 오천 명의 사람들이 예수님 앞에 있었다고는 하지만, 또 예수님께서 설교하실 때 얼마나 목소리를 크게 하셨는지는 모르겠지만, 과연 몇 사람이나 예수님의 설교말씀을 제대로 들을 수 있었겠습니까. 노천에서 사람의 육성을 들을 수 있는 인원수는 고작해야 삼백 명에 지나지 않는다고 합니다. 연구결과가 그렇습니다. 그렇다면 오천 명 가운데 도대체 몇 사람이나 예수님의 말씀을 들었을까요? 더 중요한 것은 잘 들리지도 않는데 사람들이 수군거리거나 하지 않고 조용히 있었을까, 하는 것입니다. 여기에는 엄청난 영적 분위기가 있었다고 생각합니다. 곧 예배적 분위기였다고 생각합니다. 오천 명이 조용합니다. 더 중요한 것은 이 사람들이 배고픈 줄도 모르고 말씀을 들었습니다. 집에 가야 할 시간이 가까워오는데도 말씀에 심취하여 집에 돌아갈 생각도 못하고 있었습니다. 시간은 계속 흐릅니다. 날이 저물어갑니다. 어쩌면 좋겠습니까? 이 영적으로 배고픈 사람들, 정치적으로 억압당하는 사람들이 예수님의 말씀에 완전히 도취되어 시간가는 줄도 모르고 배고픈 줄도 모른 채 완전히 말씀에 취해 있는 그 영적인 분위기 속에서 날이 저물어가는 것입니다. 그런데 예수님께서는 걱정을 하십니다. '저들이 집까지 가려면 시장할 텐데, 저들이 배고플 텐데……' 영적으로 빈곤한 것만이 문제가 아닙니다. 육체적으로도 배고프고, 피곤하며, 지친 것입니다. 그같은 사람들의 처지를 예수님께서는 헤아리셨습니다. 그래서 그들을 불쌍히 여기시게 됩니다. 당신편에서 생각하시는 것이 아니고 사람들 편에서 생각하십니다. '얼마나 배고플까? 여기까지 나와서 이렇게 말씀을 사모하는 저들, 얼마나 영적으로 피곤하고 지쳤으면 이렇게 됐을까?' 예수님께서는 목자 없는 양과 같이 유리방황하는 그들의 모습을 보시면서 깊은 감동 가운데 그들을 불쌍히 여기십니다. 여러분, 마음 깊은 곳에서 나오는 불쌍히 여기는 마음, 그것은 내 마음이 아닙니다. 그들의 처지를 깊이 이해하면서 그쪽으로 끌려들어가는 마음입니다. 얼마나 배고플까? 얼마나 아플까? 얼마나 괴로울까? 얼마나 고독할까?…… 그 아픔을 함께 나누는 것입니다. 예수님께서는 많은 사람들의 병을 고치셨습니다. 그 고친 사건을 기록한 내용을 보면 말씀마다 꼭 이 한 마디가 따라붙습니다. '불쌍히 여기시고……' 여러분의 마음속에 참으로 불쌍히 여기는 마음이 있습니까? 정말로 불쌍히 여기는 마음이 솟아오를 때 기적을 낳는 것입니다. 왜? 그 불쌍히 여기는 마음이 하나님의 마음을 움직이는 것입니다. 그것이 기도라는 것입니다. 참으로 불쌍히 여길 때 하나님의 마음이 움직이고 하나님의 능력이 나타나는 것입니다. 그래서 예수님께서는 모든 불쌍한 사람들을 참으로 불쌍히 여기십니다. 원문에서 불쌍히 여긴다는 말의 뜻은 마음이 움직인다는 것입니다. 심장이 움직이는 것입니다. 딱 보는 순간 마음이 강하게 움직이는 것입니다. 그럴 때 거기에 기적이 있었다는 것입니다.

또한 예수님께서는 말씀하십니다. "너희가 먹을 것을 주라……(37절)" 저는 이 본문을 읽을 때마다 생각합니다. '이 허허벌판에 먹을 것이 어디 있다고 제자들더러 사람들한테 먹을 것을 주라고 시키시나, 예수님께서 이렇게 생각이 없는 분이신가?' 제자들한테 무슨 힘이 있습니까. 그냥 단순하게 계산을 해보더라도 이백 데나리온, 아니, 천 데나리온이 있다하더라도 지금 동리에 가서 그 많은 사람들을 먹일 음식을 어떻게 구한다는 것입니까. 아마 그 많은 양의 음식을 준비해놓은 상점도 없을 것입니다. 또 지금 당장 만들기 시작한다고 해도 언제 다 만들어가지고 와 사람들을 먹입니까. 아무리 따져봐도 말이 안되는 것입니다. 하지만 예수님께서는 말씀하십니다. "너희가 먹을 것을 주라." 이 무슨 말씀입니까. 저 배고픈 사람들 너희가 책임지라는 것입니다. 저 굶고 있는 사람들 너희가 다 책임져라—자기와 상관없다고 생각하지 말라는 것입니다. 여러분, 배고픈 사람의 사정, 외면하지 말아야 합니다. 잊지 말 것입니다.

저는 종종 이런 생각을 합니다. 북한에 있는 우리 동포들이 지금 굶어 죽어가고 있습니다. 너무너무 어렵습니다. 저는 북한에서 고위직에 있는 사람의 한마디를 늘 뼈아프게 되새겨봅니다. 언젠가 북한에 장티푸스가 돌아서 이만 명이 누워 있다는 소식에 제가 장티푸스 약을 구해들고 간 적이 있습니다. 그 약을 그들한테 인계해주는 순간 그것을 받아가는 고위직 인사 세 사람이 아무 말도 없이 울기 시작합니다. 눈물을 줄줄 흘립니다. 왜 그러냐고 물었더니 이렇게 답합니다. "우리네 세계에서, 우리의 현실에서 의료는 사치입니다. 멀쩡한 사람이 굶어 죽는 판에 병든 사람 고치는 것이 무슨 소용입니까. 멀쩡한 젊은 사람들도 굶어 죽고 어린아이들도 굶어 죽어가는 판에 장티푸스에 걸려 누워 있는 사람 약 갖다 먹여 뭘 하겠습니까." 그러면서 우는 것입니다. 의료는 사치입니다—정말 뼈아픈 이야기입니다. 복잡하게 생각하지 마십시오. 이것저것 따지지 마십시오. 배고픈 자는 먹여야 합니다. 그것뿐입니다. 왜냐고 묻지 마십시오. 그 결과가 어떻게 되느냐고 묻지도 마십시오. 너희가 먹을 것을 주라—이 예수님의 말씀, 따져보면 말이 안됩니다. 왜 내가 책임져야 합니까. 또 책임질 수나 있습니까. 예수님의 이 말씀은 책임을 지려는 마음을 가지라는 뜻입니다. 가끔 제게 이렇게 물어오는 분들이 있습니다. "목사님. 남북통일, 어떻게 하면 될까요?" 뭘 어떻게 합니까? 간단합니다. 벌써 우리 앞에 모범이 있습니다. 독일을 보십시오. 동독과 서독으로 갈려져 있을 때 서독교회가 동독을 향하여 교회 예산의 40%를 14년 동안 주었습니다. 식량공급으로 주었습니다. 14년 동안을 주고나니까 무너진 것입니다. 긴 얘기 필요없습니다. 우리 온 교회가 북한의 어린이들, 그 배고픈 사람들의 먹는 문제를 해결해준다면 통일은 멀지 않습니다. 사실 그 식량, 얼마 되지도 않습니다. 돈으로 환산하면 얼마 안됩니다. 온 교회가 발벗고 일어나 이 식량문제 우리가 해결하겠다고 나선다면, 몇년 안가서 통일됩니다. 정치문제니 경제문제니 인권문제니 뭐니 하면서 복잡하게 논하지 마십시오. 먹을 것을 주라, 너희가 주라, 딴사람이 주기를 바라지 말고 네가 주어라, 네가 먹을 것을 주어라, 그 책임 네가 져라…… 남 배고픈 책임 네가 지라고 주님 말씀하십니다. 영적으로 육체적으로 물질적으로 인권적으로 저 배고픈 사람들 네가 책임져라—그리스도의 마음은 책임지는 마음입니다. 예수님께서 다 아시면서도 그 마음이 있느냐고 물으십니다.

다음으로 예수님께서 물으십니다. "너희에게 떡 몇 개나 있느냐……(38절)" 예수님께서는 현실을 무시하지 않으셨습니다. 제자들이 아룁니다. "떡 다섯 개와 물고기 두 마리가 있더이다……(38절)" "됐다, 그것 가져오너라." 무슨 말씀입니까? 있는 것 가지고 하라는 것입니다. 없는 것 기다리지 말고 있는 것 가지고 하라는 것입니다. 가끔 어떤 분들은 돈 벌어 주의 일 하겠다고 하다가 시작도 못하고 죽더라고요. 앞으로 가지게 될 것으로 어떻게 한다고 말하지 마십시오. 지금 가진 것, 그 하찮은 것으로 시작하는 것입니다. 오천 명 앞에 떡 다섯 개가 무슨 소용이 있겠습니까마는, 바로 그것이 씨앗입니다. 종자가 되는 것입니다. 이것이면 됩니다. 떡 다섯 개 가지고, 있는 것 가지고, 아는 것 가지고, 할 수 있는 것 가지고, 가능한 것 가지고 가능케 하는 것입니다. 여기에 기적이 있는 것입니다. 이것저것 계산할 필요 없습니다. 있는 것을 가져오게 될 때, 예수님께서 그것을 놓고 하나님께 감사의 기도를 드립니다. "축사하시고……(41절)" 유카리스테사스―이것은 이스라엘사람들이 식탁에서 일상적으로 하는 예식입니다. 음식을 들고 하나님을 향해서 '오, 하나님. 감사합니다.' 이렇게 기도를 드리고 먹는 것입니다. 바로 그것입니다. 떡 다섯 개를 드시고 하나님 앞에 감사의 기도를 하셨습니다. 여기에 기적이 나타나게 됩니다. 오천 명이 먹고도 남았습니다. 놀라운 말씀이 아닐 수 없습니다.

여러분, 베푸는 일과 나눔의 일이 건강과 어떤 상관관계가 있는가를 연구해놓은 논문이 있습니다. 김태규 교수팀이 연구한 것입니다. 많이도 아니고 고작 일주일에 한 번 자원봉사를 한 사람과 자원봉사라는 것을 전혀 모르고 할 줄도 모르는 사람의 건강을 서로 비교한 것입니다. 현대의학의 가장 큰 문제 중 하나는 면역입니다. 면역성이 떨어지면 죽는 것입니다. 병균은 언제나 있게 마련입니다. 문제는 그 면역의 힘이 얼마나 있느냐에 달려 있습니다. 면역체계에 대한 연구에서 사람의 면역 제1단계가 침이라고 합니다. 우리가 음식을 먹으면 음식이 다 깨끗한 것이 아닙니다. 아무리 깨끗이 하려 해도 완전히 깨끗하지는 않습니다. 그래 음식이 들어가면 침 속에 있는 아주 좋은 면역요소가 소화를 돕는 것입니다. 옛날 시골에서 어른들은 벌레에 물리면 침을 발랐습니까. 아침에 잠에서 깨어났을 때 입 속에 고인 진한 침은 더 효력이 좋습니다. 그 침 가져다 바르면 웬만한 병은 다 나았습니다. 바로 이 침 속에 있는 면역요소가 자원봉사를 하는 사람의 것이 그렇지 않은 사람의 것보다 무려 40%에서 50% 이상이나 더 강하다는 것입니다. 그것을 과학적으로 증명하고 있습니다. 하버드대학의 데이비드 맥클라렌 교수는 '테레사 효과(Teresa Effect)'라는 유명한 말을 만들었습니다. 이것은 봉사하는 사람에게 있는 효과입니다. 또 오보린 룩스라는 교수는 베푸는 마음에서 암세포를 죽이는 요소가 나온다고 말합니다. 내가 베푸는 마음을 가질 때 암세포를 이기는 항생제가 몸에서 나온다는 것입니다.

여러분, 오래 살려고 뛰고 있습니까? 보약을 먹습니까? 웰빙에 빠져 있습니까? 그러나 진정한 웰빙의 비결은 여기에 있습니다. 결론은 이미 나와 있습니다. 약을 먹는다고 되는 것이 아니며, 몸부림 친다고 되는 것이 아닙니다. 마음가짐을 똑바로 하십시오. 한평생 아프리카에 가서 고생을 한 슈바이처 박사는 90세까지 살았습니다.

홀트 아동복지회의 홀트 여사는 96세까지 살았습니다. 백의의 천사 나이팅게일은 90세까지, 테레사 수녀는 한평생 죽어가는 사람만 돌보았는데도 89세까지 살았습니다. 여기에 증거가 있습니다. 이것이 웰빙입니다. 마음을 열고, 가진 것으로 베풀며, 배고픈 사람을 책임지십시오. 베푸는 마음으로 돌아가면 기적은 먼저 나 자신에게서부터 이루어집니다. 건강할 수 있는 기적입니다. 먼저 내가 건강하고 내가 능력의 사람이 됩니다. 영광의 사람이 됩니다. 그리고 많은 사람을 구원할 수 있는 권능의 사람이 됩니다. 주여, 이 웰빙을 우리에게 주시옵소서. △

한 고독한 자의 기도

밤에 일어나 두 아내와 두 여종과 열 한 아들을 인도하여 얍복 나루를 건널새 그들을 인도하여 시내를 건네며 그 소유도 건네고 야곱은 홀로 남았더니 어떤 사람이 날이 새도록 야곱과 씨름하다가 그 사람이 자기가 야곱을 이기지 못함을 보고 야곱의 환도뼈를 치매 야곱의 환도뼈가 그 사람과 씨름할 때에 위골되었더라 그 사람이 가로되 날이 새려하니 나로 가게 하라 야곱이 가로되 당신이 내게 축복하지 아니하면 가게 하지 아니하겠나이다 그 사람이 그에게 이르되 네 이름이 무엇이냐 그가 가로되 야곱이니이다 그 사람이 가로되 네 이름을 다시는 야곱이라 부를 것이 아니요 이스라엘이라 부를 것이니 이는 네가 하나님과 사람으로 더불어 겨루어 이기었음이니라 야곱이 청하여 가로되 당신의 이름을 고하소서 그 사람이 가로되 어찌 내 이름을 묻느냐 하고 거기서 야곱에게 축복한지라 그러므로 야곱이 그곳 이름을 브니엘이라 하였으니 그가 이르기를 내가 하나님과 대면하여 보았으나 내 생명이 보전되었다 함이더라 그가 브니엘을 지날 때에 해가 돋았고 그 환도뼈로 인하여 절었더라 그 사람이 야곱의 환도뼈 큰 힘줄을 친고로 이스라엘 사람들이 지금까지 환도뼈 큰 힘줄을 먹지 아니하더라

(창세기 32 : 22 - 32)

한 고독한 자의 기도

캐서린 마샬(Catherine Marshall)이라고 하는 교수님은 자신의 「Beyond Ourselves」라고 하는 유명한 저서에서 두 종류의 기도가 있다고 설명합니다. 우리가 늘 기도를 하지만 그 성격을 잘 분석해보면 두 종류의 기도가 있다는 것입니다.

그 첫째는 Panic Prayer라고 이름을 지었는데, 공포의 기도입니다. 슐라이에르마허(F. Schleiermacher)의 철학에서도 말합니다마는 종교적 심성은 근본적으로 두려움에서 시작합니다. 두려움. 하나님께서 멀리 계시다고 느끼고 또 하나님의 심판과 저주로 인해 그 능력이 너무 무섭게만 느껴지는 것입니다. 그래서 공포에 쫓기는 마음으로 두려운 마음으로 하나님 앞에 기도하게 되고 동시에 하나님 앞에 복을 달라고 빌더라도 자신은 복받을만한 존재가 되지 못한다고 의식하는 것이지요. 자기행위 그대로는 복을 달라고 할 처지가 못되는 것입니다. 자신의 모든 실수와 허물을 생각할 때 하나님 앞에 두려움으로 나아갈 수밖에 없습니다. 그래서 두려움 가운데서 벌벌떨면서 드리는 공포의 기도입니다.

두 번째는 Relinquishment Prayer라고 하는데 이것은 포기하는 기도입니다. 보다 심리학적인 설명입니다마는, 이것은 자신의 요구, 자신의 의지, 심지어는 자신의 소원까지도 다 포기합니다. 그동안에 너무 자기자신에 집착해서 고집도 많았고 때로는 하나님을 원망하기도 했습니다. 내 생각은 이런데 하나님께서는 왜 내 생각을 몰라주실까? 내가 이렇게 어려움을 당하는데 나를 사랑한다고 하시면서 왜 내가 원하는 길로 나를 돕지 않으실까 하고 많이 생각해봅니다. 가만히 생각해보면, 어떤 면에서는 기도가 다 하나님께 원망하는 그것입니다. '하나님 그러시면 안됩니다. 왜 그렇게 하고 계십니까? 아십니까? 모르십니까?' 그래서 '뭘 모르시는' 하나님께 알려드리려고 정보를 제공합니다. 이래야 되는데, 저래야 되는데…… 심리적으로 잘 분석하면 다 원망조입니다. 그러나, 지금까지 그렇게 해왔으나 이제는 이것을 포기하는 것입니다. '내가 잘못됐습니다. 내가 잘못 생각했습니다. 내 욕심, 내 의지 깨끗하게 포기합니다.' 그렇게 기도하는 것입니다. '내 주여 뜻대로, 당신 마음대로 하십시오. 그편이 낫겠습니다. 당신이 옳았습니다. 이후로는 난 아무 말도 안할 것입니다. 주님 뜻대로 하시옵소서.' 이렇게 포기하는 그런 기도입니다.

여러분이 미국을 여행하시게 되면 혹 텔레비전에서 이 분의 얼굴을 보시게 될 것입니다. 오프라 윈프리(Oprah Winfrey Speals)라고 하는 흑인여성 말입니다. 그녀는 참으로 불행한 과거를 가진 여자입니다. 그녀는 사생아였고, 가난했으며, 몸도 뚱뚱했고 미혼모였습니다. 어쩌다가 결혼하지도 않고 아이까지 낳았습니다. 자, 이 정도 되면 참 불행한 여자지요. 무엇을 더 기대할 수 있겠습니까. 우리 식으로 말하면 끝난 것입니다. 그러나 그녀는 어려운 일을 당할 때마다 이 말을 했다고 합니다. 지금도 그가 사용하는 자신의 전용용어입니다. "And So What?(그러니 어쩌란 말이야?) 내가 이런 처지다. 이런 일이 있다. So What? 그러니 내가 어쩌란 말인가? 그게 나랑 무슨 상관이냐?" 이러한 특별한 자기철학을 가지고 있습니다.

해리스 인터랙티브(Harris Interactive)가 발표한 바에 의하면, 미국인이 제일 좋아하는 방송인으로 그녀는 3년 연속 1위를 했습니다.

또 수입도 방송인 가운데 최고입니다. 그런 유명한 분입니다. 오프라 윈프리. 타임지는 그녀가 20세기의 위대한 인물이라고까지 말했습니다. 자, 그러면 그녀의 생활철학을 봅시다. 삶의 원칙은 이렇습니다. 첫째, '상처를 지혜로 바꾸라.' 상처를 입었다면 좌절하지 말고, 그것을 지혜로 바꾸라는 것, 이것이 중요한 이야기입니다. 우리는 상처받으면 남을 원망하다 맙니다. 이제 다 끝났다고 생각합니다. 그런데 그게 아닙니다. 상처는 유익한 것입니다. 왜? 지혜를 생산하기 때문입니다. 그녀 개인으로도 엄청난 상처를 입은 생애입니다마는 모든것을 지혜로 바꾸는 그런 용기가 있었습니다. 실수한 것을 실패했다고 생각하는 사람은 영영 구제불능인 것입니다. '상처를 지혜로 바꾸라.'

그녀는 또 말합니다. '매일의 경험 하나하나를 소중히 여기라.' 경험을 중요하게 여겨, 그것에서 교훈을 얻고, 철학을 얻으라는 것입니다. 매일매일의 사소한 일들에서 듣고, 보고, 경험하는 것들을 소중히 여기라는 것입니다. 마치 여행하는 사람이 여행하면서 자기가 보고듣는 것을 소중히 여기는 것처럼 내가 가야 할 길은 따로 있습니다. 내 눈앞에 이런 일도 있고 저런 일도 있겠지요. 그러나 이 모든것이 중요한 의미를 말하고 있는 것들입니다. 그런고로 사소한 일까지도 소중하게 여기며, 버릴 것은 없고 버려서도 안된다고 하는 것입니다.

또 한 가지는 '항상 모든 일에 감사하는 습관을 키워라' 하는 것입니다. 절망하거나 원망하지 말고 구체적으로 감사하는 습관을 키우라는 것입니다. 그래서 저녁마다 구체적으로 오늘은 이런, 이런 일이 감사하다고 기록하면서 구체적으로 감사하라는 것입니다. 이것은 아주 중요한 것입니다. 여러분, 누구에게 칭찬을 하시더라도 구체적으로 해야 합니다. 칭찬이란 구체적으로 하면 칭찬이고 추상적으로 하면 아첨이 됩니다. 하나님 앞에 감사하는 것도 구체적이어야지 추상적으로 아무런 생각도 없이 하나님께 감사드린다고 하면 그것은 거짓말입니다. 구체적으로 감사해야지요. 이것을 감사합니다, 저것을 감사합니다 하고 말입니다. 술 많이 마시는 남편하고 살면서 아내가 기도할 때마다 "하나님 감사합니다" 그러니까 남편이 "그래 뭐가 감사한데?" 그래서 대답하기를 "매일같이 술 먹으면서도 건강하니 감사, 맑은 정신으로 집에 돌아오는 일이 없는데 제집 찾아오니 감사, 저 정신 가지고 어떻게 살겠나 했는데도 제대로 돈버니 감사한다"고 줄줄이 감사하다고 하니까 남편이 "고만해라. 예수믿어줄께" 그러더랍니다. 감사를 구체적으로 해야지 막연하게 해서는 안되는 것입니다. 감사에 대해 구체화해나가는 습관을 키우라는 것입니다. 그것이 미래를 향한 창조적 생의 원동력이 되기 때문입니다.

마지막으로 '자신이 꿀 수 있는 꿈 중 가장 큰 꿈을 꾸라' 하였습니다. 자신이 꿈꾸는 만큼 미래의 자신이 결정될 터이니 큰 꿈을 꾸라는 것입니다. 그리고 그 꿈을 지향해서 살라고 말하고 있습니다. 그녀의 방송 프로그램을 보면 정말 그렇습니다. 어떤 사람과 인터뷰를 하고 프로그램을 진행하는데 모두 이 네 가지 철학을 따라합니다. 어떤 사람이 어떤 아픔을 가지고 얘기하더라도 "Don't Give up! 절대로 그건 버릴 일이 아니다. 당신의 경험은 소중한 것이다" 그렇게 나옵니다. 오프라의 철학을 우리 한번 생각해볼 필요가 있지 않습니까?

여러분, 오늘의 성경말씀에 보면 야곱이란 사람이 나옵니다. 야곱은 이삭의 쌍둥이아들 중 둘째아들입니다. 엄청난 꿈을 가진 사람이요, 욕망이 있고 또 지혜로운 사람이기도 합니다. 동생으로 태어나서 형의 축복을 받겠다고 몸부림친 사람이고 그것을 받아낸 사람입니다. 수단과 방법을 가리지 않았습니다. 어쩌면 모든 인간을 대표하는 사람이 아닌가 생각합니다. 축복을 받으려고 근면했고, 성실하기도 했습니다. 온생애를 통해서 몸부림을 쳤습니다. 그런데 창세기 47장 9절에 보면 130세가 되었을 때 바로 왕 앞에 서서 그는 일생을 회고하며 이렇게 말하고 있습니다. "험악한 세월을 보내었나이다." 험악한 세월을 보냈고, 후회되는 것이 많고, 너무나 상처가 많은 그런 생을 살아왔다는 것을 130세가 되어서 고백하고 있습니다.

본문의 야곱을 보면 그에게 특별한 계기가 왔습니다. 하나님께 기도합니다. 오늘의 성경말씀을 보면 홀로 남아서 기도합니다. '홀로'라는 말이 참으로 인상깊게 들려옵니다. 고독했습니다. 실존적으로 고독했습니다. 이 고독을 알기까지 많은 상처를 입었고 피투성이가 되었습니다. 실존적 고독을 아는 그 시간까지 말입니다.

UCLA의 라저 굴드(Roger Gould)라고 하는 교수님이 소위 성인 심리발달과정에 대해서 아주 권위적인 책을 많이 썼는데, 성인 즉 16세로부터 60세를 넘어서까지 나이에 따른 심리발달단계에 대해 설명합니다. 이것을 이 시간에 다 설명하고 싶지 않습니다. 그러나 16세부터 60세가 넘어서까지 성인이 세상을 살아가면서 어떤 과정을 거치는지 잠깐 말씀드리겠습니다. 이 분의 말대로 성인은 7단계를 거치는데 첫째가 도망시기입니다. 부모님으로부터도 도망가고, 학교에서도 도망가고, 도망하려고 몸부림치는 시기입니다. 누구든지 도망하려는 마음이 다 있습니다. 도망갔다가 불량아이가 되고 못도

망가면 사람이 되고 그런 거지. 다음이 탐색시기, 그리고 투쟁시기, 회의시기, 불안시기, 회고시기, 마지막에 성숙기입니다. Period of Mellowing! 성숙이 무엇이겠습니까. 그 시간에는 모든것을 포기합니다. 그리고 중요한 것을 하나 깨닫습니다. 나는 혼자다! 나는 혼자다! 여러분, 나는 혼자라는 말을 '아 망가졌다' 라고 생각하십니까? 아니면 '이제 자유로워졌다' 고 생각하십니까? 자신은 혼자 남았다고 생각하며 죽어가는 사람은 인생을 아직 못배운 사람입니다. 이제야 자유의 몸이 되었다고 생각하는 것, 그것이 성숙한 사람입니다. 모든것을 소화합니다. 모든것을 아름답고 의미있게 수용합니다.

  야곱은 집념의 사나이입니다. 고향을 떠나서 삼촌댁에서, 하란에서 20년 동안을 살면서 모든 사람이 보고 감동할 만큼 그는 부지런하고 성실한 사람이었습니다. 그래서 큰 가정을 이루었고 열한 아들의 아버지도 되고 대가족을 이루고 부자가 됩니다. 자, 그리고 (하긴 아내 하나도 감당하기 어려운 사람들에겐 얘기가 안됩니다만) 이 사람 아내가 넷입니다. 아주 넉넉하게 됐단말입니다. 그러나 오늘의 성경말씀대로 그는 홀로 남았습니다. No Use! 아무 소용 없었습니다. 그 재산도 그 많은 자녀들도 그 많은 아내도 아무 소용 없었습니다. 위로가 없는 시간입니다. 홀로 남아서 기도하게 됩니다. 형님이 자기를 만나러 온다는데 장정 400명을 거느리고 온답니다. 대항하기에는 역부족입니다. 살리려고 오는지 죽이려고 오는지 불확실합니다. 분명한 것은 20년 전에 자기를 죽이겠다고 한 것입니다. 그러니 불안합니다. 불화로 인해 고민합니다. 화목하지 못했기에 고민합니다. 화목이 이렇게 중요한 줄을 몰랐습니다. 화목 없이도 돈만 있으면 된다고 생각했고 권세만 있으면 된다고 생각했는데 아니었습니다. 불화하고서는 행복할 수 없었습니다. 불화한 것에 대한 고민이 마음에 깊이 압박감을 줍니다. 또 한 가지는 죄의식입니다. 자신에게는 잘못이 없다고 스스로 항변해왔습니다. 아버지는 속였지만 형님은 속인 일이 없다고. 왜? 죽 한 그릇 주고 거래했지 않습니까. Deal Out. 내가 정당하게 거래해서 죽을 주고 장자명분을 산 건데 말입니다. 스스로 항변해봅니다마는 마음 깊은 곳에서 그게 아닙니다. 양심은 말합니다. '이놈아, 거짓말하지 마라. 그게 될 수 있는 얘기냐?' 내면의 고민이 있습니다. 내면의 세계에 해결하지 못하는, 풀지 못하는 문제가 있었습니다.

일반적으로 사람이란 가난할 때 가장 고독하게 됩니다. 배고파서 배가 아픈 게 아닙니다. 배고프면 슬퍼집니다. 굶어보았습니까? 정말로 고독함 중에서 제일 큰 원인입니다. 또하나는 병입니다. 병들 때 고독합니다. 자식이 무슨 의미가 있습니까. 돈이 무슨 의미가 있습니까. 내가 병들어 죽어가고 있는데요. 아무 소용 없습니다. 가난과 질병과 그리고 사회적인 소외로 고독의 어려움을 겪게 됩니다.

야곱은 불화를 해소하기 위해서 방법을 다했습니다. 성경에 자세히 보면, 형님에게 먼저 예물을 보냈습니다. 혹이라도 무슨 일이 있을까해서 가족을 분산시키기도 했습니다. 형 앞에 무릎을 꿇고 자신을 가리켜 '주의 종'이라고 합니다. 당신은 주인이요 나는 종이라는 것입니다. 이렇게 굴복하기도 했고 일곱 번 땅에 엎드려 절했다고도 했습니다. 이렇게 애를 다 써봤습니다. 그러나 고독합니다. 이제 홀로 남아서 기도할 수밖에 없습니다. 하나님과의 관계가 먼저였습니다. 간절히 목숨을 걸고 기도한 결과로 이름이 바뀝니다. 천사가 말합니다. "네 이름이 무엇이냐?" "야곱이니이다." '야곱'은 간

사하다는 뜻입니다. 하나님께서 말씀하십니다. "네 이름을 다시는 야곱이라 부를 것이 아니요 이스라엘이라 부를 것이니……" '이쉬'는 이겼다는 뜻이고, '엘'은 하나님을 지칭하므로 '하나님을 이겼다.' 네가 하나님을 이겼다―엄청난 이름입니다. 이스라엘! '다시는 야곱이라 부르지 마라. 이스라엘이라고 부르라.' 그러나 여러분, 성경을 계속해서 읽어나가면 하나님께서 이스라엘백성에게 말씀하실 때 혹은 야곱에게 말씀하실 때도 '야곱의 하나님'이라고 야곱이란 이름은 계속 따라다닙니다. 그만큼 벗어나기 어려웠던 것입니다.

하나님께서 말씀하십니다. '내가 너를 다른 이름으로 부른다. 너는 옛사람이 아니다. 이스라엘이다. 오늘까지 살아온 생은 야곱이지만, 오늘 이후의 생은 내가 너를 이스라엘로 부른다. 너는 이스라엘로 살아라. 이스라엘로 살아라. 새 이름으로! 새 사람으로! 새 소망으로!'

야곱의 기도는 실존적인 기도입니다. 모든것, 모든 수단 다 포기하고 하나님께 맡깁니다. 마치 예수님께서 겟세마네동산에서 "내 뜻대로 마옵시고 아버지의 뜻대로 하옵소서" 하시던 순간과도 같은 그런 맥락의 기도입니다. 이제 하나님께서 그를 이스라엘이라 부르십니다. 그리고 이스라엘로 살라 하십니다. 새해가 새해되는 것은 야곱이 아닌 이스라엘로 사는 그런 생에서부터 시작될 것입니다. △

경건한 자유인

　그러나 이 지식은 사람마다 가지지 못하여 어떤이들은 지금까지 우상에 대한 습관이 있어 우상의 제물로 알고 먹는 고로 그들의 양심이 약하여지고 더러워지느니라 식물은 우리를 하나님 앞에 세우지 못하나니 우리가 먹지 아니하여도 부족함이 없고 먹어도 풍성함이 없으리라 그런즉 너희 자유함이 약한 자들에게 거치는 것이 되지 않도록 조심하라 지식 있는 네가 우상의 집에 앉아 먹는 것을 누구든지 보면 그 약한 자들의 양심이 담력을 얻어 어찌 우상의 제물을 먹게 되지 않겠느냐 그러면 네 지식으로 그 약한 자가 멸망하나니 그는 그리스도께서 위하여 죽으신 형제라 이같이 너희가 형제에게 죄를 지어 그 약한 양심을 상하게 하는 것이 곧 그리스도에게 죄를 짓는 것이니라 그러므로 만일 식물이 내 형제로 실족케 하면 나는 영원히 고기를 먹지 아니하여 내 형제를 실족치 않게 하리라

(고린도전서 8 : 7 - 13)

경건한 자유인

 지난 주간에 저는 부산에 있는 '새길교회'의 초청을 받아서 신년 부흥사경회를 인도했습니다. KTX를 타고 가는데 2시간 40분이면 부산까지 갈 수 있습니다. 시속 300Km로 달리는 기차를 타고 신나게 부산으로 갔습니다마는 문제가 있었습니다. 서울에서 대구까지 가는 동안에 마음이 아주 불편했습니다. 왜냐하면 기차가 출발하기 전부터 바로 내 뒷자리에 앉은 사람이 코를 골며 자는데 그것은 콧소리가 아니라 대포소리였던 것입니다. 가끔 호흡이 멈춥니다. 호흡이 멎어 죽었나 싶어서 제가 한 번씩 돌아봅니다. 또다시 코를 골며 잡니다. 참 힘들었습니다. 그래서 저 분을 깨워드릴까 하다가도 '아니지. 그럴 것 없다. 지금 코를 고는 자유함을 누리고 있는데 그거 뭐 그렇게까지 할 필요 없겠다'고 생각했습니다. 자리를 옮길까 하다가도 그냥 견디기로 하고 나 스스로의 인내력을 시험하기로 했습니다. 그리고 생각한 것은 '저 분의 아내는 얼마나 힘들까? 그 분은 한평생 저 남편을 데리고 사는데 내가 이 잠깐을 못견딜 것 없지' 하는 마음으로 버텼습니다. 어쨌든 버텼습니다. 대구에 가서 내리더군요.
 그가 내리고나니 기차 전체가 조용해집니다. 참 대단했습니다. 그런데 중요한 것은 그 분은 자기가 그렇게 많은 사람에게 실례를 하고 있다는 걸 모르고 있다는 것입니다. 차에서 내릴 때 인사도 안 하고 내리더라고요. 최소한 미안하다고 한마디 해야 될 것같은데 모르는 것입니다. 자기가 코를 골고 있었다는 사실을 모르고 있는 것입니다. 그는 그 나름대로 자유하고 있었습니다. 저는 많은 생각을 해보았습니다.

　최근의 베스트셀러 중의 하나인「Anyway」라는 책이 있습니다. 우리말로 옮길 때는 좀 길게 풀어서「그래도—우리에겐 아직 희망이 있다」로 되어 있습니다. 켄트 케이스(Kent M. Keith)라고 하는 교수님이 쓰셨는데 그가 1960년대 하버드대학을 다니고 있을 때 대학생으로서 사회와, 세상과, 학문에 대해 민감하게 연구하면서 이렇게 생각했다고 합니다. '세상이 온통 미쳐간다!' 정치 경제 문화 사회 할것없이 온통 미쳤다. 들리는 소리가 다 미친 소리요, 보이는 것이 다 미친 짓이다. 세상이 온통 미쳐가고 있다고 절박하게 느꼈더랍니다. 그러면 자신도 미친 것 아닌가 싶었지만 아직 자신은 이것을 생각하고 있으니까 덜 미쳤는가보다고 생각했습니다. 미친 사람은 생각이 없으니까요. 미친 사람은 자신이 미쳤다는 걸 모르니까요. 그러나 자신은 아직도 사회인으로 세상에 나가지 않고 대학에서 공부하고 있는 중이니까 그래도 이만큼이라도 미친 세상에 대하여 의식을 하고 있다고 생각하다가 마지막으로 결론을 얻었다고 합니다. '미미하지만 아직도 개인이 변화되기만 하면, 아니, 나 하나만이라도 변화되면 조금씩 세상은 달라질 것이다.' 그리고 그는 뒤늦게 책을 씁니다. 그것이 바로「Anyway」입니다.

　그는 역설적 진리를 말합니다. 역설이라고 해서 무슨 대단한 것이 아니라 아주 간단한 이야기입니다. 모든 사람이 돈과 권력과 명예에 미쳐돌아가는데, 그밖에는 생각이 없는데, 자신은 부와 권력과 명예와 상관없이 삶의 의미를 추구하겠다고 하는 그것이 역설입니다. 모든 사람이 자기만 사랑하는데, 과거에는 그래도 자식이라도 사랑한다고 했는데 이젠 자식도 없고, 아내도 없고, 남편도 조상도 나라도 없이 전부가 극단적 이기주의자가 되었다는 것입니다. 그러나 나 자신만이라도 다른 사람을 사랑하고 살자, 미미하지만 그래도 나만이라도 남을 위해 살고 약한 자를 위해 살아보자, 역설적으로, 모두가 정신을 못차리고 그릇된 길로 가고 미쳐돌아가지만 나는 목표가 있는 생을 살자, 뚜렷한 목표를 세우고 조용하게 고독하게라도 이렇게 살아가자, 거기에 길이 있다—이것이 이 분의 일침입니다.

오늘본문 성경구절을 보면 "너희 자유함이 약한 자들에게 거치는 것이 되지 않도록 조심하라"라는 말씀이 있습니다. 이 얼마나 간단하고도 명료합니까. 내 자유가 다른 사람에게 거치는 것이 되지 않도록…… 여러분, 그리스도인이 누구입니까? 그리스도인은 자유인입니다. 저는 늘 생각합니다. 그리고 언제나 묻게 됩니다. 얼마나 자신이 자유하냐고 말입니다. 그리스도께서 우리를 자유하게 하셨습니다. 갈라디아서 5장 1절에 보면 "그리스도께서 우리로 자유케 하려고 자유를 주셨으니 그러므로 굳세게 서서 다시는 종의 멍에를 메지 말라." 이 자유, 아주 소중한 것입니다. 여러분은 얼마나 자유하십니까? 양심의 자유, 죄로부터의 자유, 사망으로부터의 자유, 죽음이 바닥바닥 다가오고 있지만 그래도 우리는 이 죽음이라고 하는 공포로부터 온전히 자유로운, 바로 그리스도인입니다. 사단의 권세로부터, 특별히 율법으로부터 자유한 그리스도인입니다. 그 많은 가책과 심판과 저주와 후회와 낙담으로부터 온전히 자유로운, 특별히 궁극적으로는 하나님의 진노하심으로부터 자유로운, 자유한 그리스도인입니다. 왜냐하면 우리는 하나님의 자녀이기 때문입니다. 사랑받은 자녀요, 그 사랑 안에 내가 있으니까, 그 사랑에 감격하고 있기에 우리에게는 하나님의 진노가 없습니다. 온전한 자유, 그래서 경제

정치 문화…… 모든 속박이 있으나 그것이 중요한 것이 아니라, 우리는 도덕적 자유 양심적 자유 신앙적 자유를 누리는 것입니다. 우리는 과거로부터 자유하고 욕망으로부터 자유하고 초조와 불안으로부터 그리고 시기와 질투로부터 자유합니다. 다시 묻습니다. 여러분은 그리스도 안에서 얼마나 자유하십니까? 자유! 온전한 자유! 이것이 그리스도인의 자유입니다. 그러나 이 모든것보다 더 중요한 것은 자유를 지키는 자유만이 아니라 자유를 버리는 자유입니다. 자유함을 버릴 줄 아는 자유입니다. 이것이 또한 그리스도인의 자유입니다.

저에게는 잊을 수 없는 경험이 있습니다. 아주 오래전에 '서교동교회'에 부흥회를 인도하러 갔을 때 새벽기도에 나온 아주머니 한 분이 얼마나 시끄럽게 소리를 지르고 몸을 비비꼬고 발을 구르면서 기도를 하는지 정신이 없었습니다. 너무 소란하고 시끄러워서 내가 눈을 뜨고 봤더니 교인들이 다 가버리고 없습니다. 그 한 사람 때문입니다. 그래서 제가 그 교회 문 목사님께 물어보았습니다. "저 아주머니 왜 저렇게 요란스럽습니까?" 그랬더니 "못말립니다. 그러니 그냥 지내세요." "그래요? 왜요?" "저 아주머니가 3년 전까지 이 서교동 일대의 유명한 무당이었습니다. 예수를 믿기 시작하면서부터 좌우간 오늘아침 이 추운 새벽에도 찬 물로 목욕하고 나온 사람입니다. 저렇게 난리를 치면서 새벽기도, 철야기도, 금식기도 하고 열심을 내는데 이 어떡하면 좋겠습니까?" 문 목사님의 마지막말이 너무 너무 재미있어서 제가 그걸 잊지 않고 늘 기억을 합니다. "그러나 무당기가 덜 빠져서 시끄러우면 정신이 들고 조용하면 잡니다." 여러분, 예수를 믿었는데 아직도 무당기가 덜 빠진 사람이 있습니다. 그

끼가 있거든요. 자, 이걸 어떡하면 좋겠습니까? 분명히 하나님의 자녀입니다. 그러나 자기도모르게 아직도 과거의 관습에 매여 있는 것입니다. 이제 어찌해야 하며 어느 누가 이것을 해결할 수 있겠습니까.

관습에 매여 있는 자에게 자유를 버리는 자유, 스스로 제한하는 자유로 대할 수 있어야 합니다. 그것이 고상한 자유입니다. 먹을 수 있는 음식이나 먹지 않는 것, 갈 수 있는 길이나 가지 않는 것, 얼마든지 할 수 있는 말이나 하지 않는 것…… 스스로 자유를 버리는 것입니다. 할 수 있는 일을 할 수 없는 것처럼, 알 수 있으면서도 모르는 것처럼, 강하면서도 약한 자인 것처럼, 부하면서도 가난한 것처럼 자유를 제한하는 것입니다. 내 돈 내가 쓰는데 누가 뭐라고 할 것입니까. 그러나 그럴 수 없지요. 스스로 자유를 제한합니다. 이것이 진정한 의미의 자유입니다.

미국 스탠퍼드 대학의 월터 미셸(Walter Mischell)박사님이 행한 유명한 마시맬로 실험이라고 하는 실험이 있습니다. 네 살배기 아이들을 앞에 놓고 마시맬로라고 하는 맛있는 과자를 주고 지금 당장 먹을 수도 있고 30분 후에 먹을 수 있다고 알려준 뒤에 30분 후에 먹으면 과자 한 봉지를 더 줄 수 있다고 말한 것입니다. 그래놓고 나가버렸습니다. 30분 동안 기다려봅니다. 그 가운데 절반은 좀 있다가 두 개 먹기보다는 지금 하나 먹는 게 낫다고 먹어버립니다. 그 절반은 '좀 참으면 둘 다 먹을 수 있다며?' 그래서 참는 아이라고 합니다. 이것을 '만족지연능력'이라고 합니다. 대단한 이론입니다. 만족지연능력. 지금 먹어버리겠습니까, 아니면 꾹 참고 견디다가 그 다음에 큰 것을 얻겠습니까? 요새 만족지연능력 이게 부족해서 흔히 열 달 전에 아이를 낳지 않습니까. 조금만 더 기다리면 되는데 그걸 못기다리는 것입니다. 자유를 제한해야 합니다. 스스로 자유를 제한하는, 자유로우나 그것을 스스로 제한하는 그 자유가 고상한 자유입니다.

그런데 이보다 더 높은 것이 있습니다. 그것은 타인의 자유를 위하여 내 자유를 제한하는 것입니다. 다른 사람의 자유를 위하여 나 자신의 자유를 스스로 버리는 것입니다. 과거의 습관에 매여 있는 사람들을 비판하지 말고 이해하고 자신의 자유를 제한해서 그와 보조를 맞추는 것. 약한 자의 양심을 위하여 (오늘의 성경말씀대로는 우상의 제물에 매여 있는 사람들) 또 과거의 그런 경험 있는 사람들의 약함을 충분히 이해하고 그를 비판하는 것이 아니라 이제는 내가 스스로의 자유를 제한해서 저들로하여금 자기양심을 지켜갈 수 있도록 하는 바로 그런 자유. 그것이 오늘본문이 가르쳐주는 귀중한 자유입니다.

저는 아주 재미있는 경험을 했습니다. 어렸을 때 시골 우리동네를 다니다보면 여기저기 가끔 굿하는 걸 보거든요. 굿을 하느라고 쿵찡쿵씽 하는데 저는 그 앞을 지나갈 때마다 꼭 그랬습니다. 굿하는 집 앞을 지나갈 때는 숨을 안쉬고 지나갔습니다. 왜요? 숨쉬는 동안에 귀신이 들어올까봐요. 그런 기억이 있습니다. 그래서 집에 와서 어머니께 말했더니 어머니가 대답하기를 잘했다고 하더라고요. 좌우간 여러 가지로 우리가 매여 살지 않습니까? 이 약한 자들의 약함을 어떻게 이해해야 되겠습니까. 그러기 위해서 나 자신을 제한해야 되는 것입니다.

사도 바울의 귀중한 고백을 봅니다. '나는 지식을 버렸노라.' 자신으로서는 얼마든지 알 수 있는 일이지만 약한 자를 위해서 모르는 자인 것처럼 스스로가 약한 자인 것처럼 지식을 버렸고 또 자신의 소중한 자유를 버린 것입니다. 그래서 저들의 약함을 돕기 위해서라면 영원히 고기를 먹지 않겠다는 것입니다. 얼마든지 먹을 수 있지만 먹지 않기로 했다는 것입니다. 여러분, 여러분은 다른 사람을 위하여 얼마나 자유를 제한했습니까? 내가 할 수 있는 일이라고 다 할 수 있는 것입니까? 아닙니다. 사랑이란 바로 내 자유를 제한하는 데 있습니다. 내 자유를 버리는 데 있습니다. 그것이 바로 경건한 자유입니다.

오늘 가장 중요한 말씀은 이것입니다. "그는 그리스도께서 위하여 죽으신 형제라." 그리스도께서 위하여 죽으신 형제, 주님께서는 저 사람을 구원하기 위하여 십자가를 지셨는데 내가 그까짓거 하나 버릴 수 없다는 것입니까. 내가 나의 자유를 요만큼 제한할 수 없다는 것입니까. 요만큼 희생할 수 없다는 것입니까. 그리스도께서 위하여 죽으신 거룩한 하나님의 자녀를 위하여 내게 주어진 당당한 자유지만 깨끗이 포기하는 것입니다. 그것이 온당한 일 아니겠습니까. 내가 할 수 있다고 다하는 것 아닙니다. 다른 분들의 아픈 마음을 생각합시다.

여러분, 요새 날이 너무 추워서 영하 13도까지 내려갔다고 하는데, 여기서 영하 13도면 북한은 영하 17도입니다. 엄청난 칼바람이 붑니다. 배고픈 사람들이 움막에서 오들오들 떨면서 밤을 지내고 모름지기 또 몇백만 명이 굶어죽을 것입니다. 이같은 것을 생각하며 우리는 어떻게 살아야 하겠습니까? 우리가 가진 자유 좀 제한할 줄 알아야 하겠습니다. 경건한 자유를 누리는 경건한 자유인으로서 하나님을 생각하는 그 거룩한 마음으로 스스로의 자유를 포기합니다. 그리스도께서 위하여 죽으신 형제를 위해서 내가 이만큼도 버릴 수 없겠습니까? 내 자유를 버려서, 아니, 버릴 때 여러분의 심령은 온전히 자유할 수 있을 것입니다. 하나님과 나만이 아는 진정한 자유를 누릴 수 있습니다. 자유를 버릴 줄 아는 그같은 자유, 그 자유를 누리는 경건한 자유인으로 살아가는 거룩한 생이 되기를 바랍니다. △

모이기를 힘쓰라

그러므로 형제들아 우리가 예수의 피를 힘입어 성소에 들어갈 담력을 얻었나니 그 길은 우리를 위하여 휘장 가운데로 열어 놓으신 새롭고 산 길이요 휘장은 곧 저의 육체니라 또 하나님의 집 다스리는 큰 제사장이 계시매 우리가 마음에 뿌림을 받아 양심의 악을 깨닫고 몸을 맑은 물로 씻었으니 참 마음과 온전한 믿음으로 하나님께 나아가자 또 약속하신 이는 미쁘시니 우리가 믿는 도리의 소망을 움직이지 말고 굳게 잡아 서로 돌아보아 사랑과 선행을 격려하며 모이기를 폐하는 어떤 사람들의 습관과 같이 하지 말고 오직 권하여 그 날이 가까움을 볼수록 더욱 그리하자

(히브리서 10 : 19 - 25)

모이기를 힘쓰라

사람들이 서로 만나 인사하는 것은 참 귀한 일입니다마는 그 인사라고 하는 것이 서로에게 좋은 감정을 줄 수도 있지만 때로는 그렇지 못할 때가 있습니다. 제가 목사로서 하는 고백인데, 저는 세 가지의 다음과 같은 인사는 좋아하지 않습니다. 첫째, "팍삭 늙으셨네요" 하는 인사입니다. 오랜만에 만나서 하는 말이 "목사님은 안늙을 줄 알았는데……"입니다. 사실은 사실이지만 받아들이기가 영 쉽지 않습니다. 둘째, "어디 아프십니까?" 하는 인사입니다. 어쩌다가 기침이라도 한번 하면 "감기걸렸습니까?" 합니다. 아, 기침 한번 했다고 그냥 어디 아프냐고, 감기 걸렸느냐고 묻는대서야…… 기분이 편치 않습니다. 셋째, 정상적인 교인이라면 한 주일에 한 번씩 교회에 와서 예배를 드리고 예배당을 나가면서 저와 인사를 하는데, 저를 딱 보면서 하는 소리가 "목사님 오랜만입니다" 하는 것입니다. 그 진실한 것은 좋은데 제가 뭐라고 대답해야 합니까?

요즘 통 교회에 나오지 않는 교인을 우연히 길에서 만난 목사님이 있었습니다. 그동안 교회에서 못봤는데 무슨 일이 있었느냐고 교인에게 인사를 드렸더니 그 교인이 아주 겸연쩍은 모습으로 머리를 긁적이며 대답합니다. "아이고 목사님, 면목이 없습니다. 실은 제 양복이 하도 해져서 부끄러워 교회를 못나갔습니다." 그러면서 해진 양복을 보여줍니다. 목사님이 "하나님은 속을 보시는데요" 하니까 해진 양복 안쪽을 보여주면서 "속도 낡았거든요" 합니다. 좌우간 만남이라는 건 참으로 중요합니다.

교회성장학에서는 사회학적 통계적인 연구를 토대로 이렇게 말합니다. 한 주일 교회에 안나오면 불안해집니다. 두 주일 교회에 안나오면 안나올 이유가 생겨납니다. 세 주일 안나오면 걱정거리가 생기고 마음이 불안하고 두려움이 옵니다. 네 주일 안나오면 심상해집니다. 4개월을 안나오면 벌써 그는 술집에 앉아 있습니다. 전혀 딴사람이 되어 있다는 것입니다. 그래서 말합니다. 4개월 안나오면 교인에서 벗어난다고. 여러분, 성도가 주일예배에 나올 때마다 은혜를 받는 것은 아닙니다. 죄송한 얘기지만 목사의 설교가 시원찮아서 공치는 날도 있겠지요. 그래도 나와야 됩니다. 나온다는 것이 참으로 중요한 것입니다. 나오면서 우리의 신앙이 유지되고 거기서 우리의 영이 힘을 얻는 것이기 때문입니다. 나와서 삶의 힘을 얻어야 하는데 어찌하다보면 발길이 뜸해져서 그만 딴사람이 되고 마는 것입니다.

인간관계분야의 권위자인 위컴박사의 유명한 말이 있습니다. '모든 인간관계에 있어서 가장 중요한 것은 물건을 교환하는 것이 아니라 자기자신을 교환하는 것임을 알아야 한다.' 인간관계가 물질적 관계나 비즈니스를 위한 관계로 바뀌면 비인간화하는 것입니다. 만남은 어디까지나 인격과 인격의 만남이요 자신을 교환하고 있다는 것을 잊어서는 안될 것입니다.

시골출신 청년으로서 다보스 포럼에서 선정한 미래의 글로벌 리더가 된 '마케팅 세일즈 컨설팅' 회사의 CEO 키이스 페라지(Keith Ferrazzi)라는 분이 있습니다. 그는 인간관계와 관련해서「혼자 밥먹지 마라」라는 재미있는 제목의 책을 썼습니다. 혼자서 밥먹지 말라고 하는데, 혼자서 밥먹는 것 여기에 문제가 있다는 것입니다. 이 책은 삶의 목적과 방향과 내용을 잘 지적하고 제시해줍니다. 인생의 모든 만남은 중요하며 인생은 그 자체가 만남이며 아무도 혼자서 성장하지 않습니다. 혼자서 성장했다고 생각하는 사람에게 문제가 있는 것입니다. 세상에서 혼자서 크는 사람은 없습니다. 또한 도움을 받을 수 있는 사람을 만나야 하겠지만 나 자신이 도와야 할 사람과 만나라고 합니다. 그래야 만남의 영역이 건강해집니다. 또한 사람을 만날 때는 사람은 모두가 다 인정받고 싶어하는 요구가 있다는 것을 이해하면서 만나라고 합니다. 내게도 요구가 있듯이 저에게도 요구가 있다는 것입니다. 나자신의 삶을 인정받고 받고 싶듯이 남의 삶과 그 의미를 인정해주는 그런 여유를 가지고 만나라는 것입니다. 더 소중한 것은 함께하는 지혜를 배우라는 것입니다. 모든 만남을 통해서 계속 배우는 것입니다. 끝없이 배워가는 것입니다.

 오늘 우리가 읽은 성경말씀에 모이기를 힘쓰라고 말씀합니다. 모이기를 힘쓰라—특별히 '그날이 가까울수록 모이기를 힘쓰라' 합니다. 교회는 모임의 공동체입니다. 예수님께서 말씀하십니다. '두세 사람이 내 이름으로 모인 곳에는 나도 그들 중에 있느니라(마 18 : 20).' 예수의 이름으로 모인다는 것은 아주 중요한 의미입니다. 물리적으로 모였다고 모인 것이 아닙니다. 진정으로 모이고 마음이 열려서 공동체의 일원이 되고 하나가 되는 그런 체험을 하고 있는가 하는 문제입니다. 저는 소망교회에서 여성으로서 65세를 넘은 분들이 모인 샬롬부를 조직했는데 그분들은 아주 재미있게 잘 모이십니다. 그래서 남자분들을 위해 갈렙부를 조직했습니다. 그런데 잘 안 모입니다. 왜 그런지 자세히 분석해보니 참 재미있는 이유들이 있습니다. 교수에서 은퇴하고 의사에서 은퇴하고 사장님이 은퇴해서 그 은퇴한 분들이 모이는 모임인데, 남자분들이 처음에 한 5년 동안은 절대로 안나옵니다. '내가 누군데 내가?' 그런 생각을 가지고 있거든요. 어떤 사람은 이런 말까지 합니다. "아, 그거 너절한 사람들하고 내가 왜 만납니까?" 너절한지 아닌지는 두고보자 하는 마음으로 몇년을 끌고가니까 한 오 년 지나면서 코가 쑥 빠져서 참여합니다. 재미있는 것은 나이가 한 칠십이 넘어서부터 제대로 모입니다. 그때가 되어야 사람이 되는 거죠. 그래, 칠십을 넘고보니까 장관도 국회의원도 그것 아무것도 아니게 됩니다. 아! 이게 한 칠십되어야 사람이 되는구나 생각을 했습니다. 뚜껑 다 벗어버리고 어린아이 마음으로 만나게 되는 것, 사람 하나 바뀌는 것이 참 힘이 드는 일이라고 생각해보았습니다.

오늘성경말씀은 뭐라고 합니까. 첫째, '그날이 가까움을 볼수록' 입니다. 그날이 가까울수록 모이기를 힘쓰라는 것입니다. 여러분, 왜 모여야 하겠습니까? 큰 제사장이 있는 곳이기 때문에, 여기에 새롭고 산 길이 있고, 생명의 길이 있고, 생명의 말씀이 있기 때문에, 생명의 말씀을 찾아서, 이 샘을 찾아서 우리는 모여야 합니다. 여기에서 구원을 받고, 여기에서 말씀을 받고, 여기에서 진액을 받고, 여기서 소생함을 얻기 때문에 모여야 하는 것입니다. 둘째는 '양심의 악을 깨닫고' 입니다. 우리가 교회에 나와서 말씀을 듣고, 교회에 나와서 성도간에 사귀면서 양심이 새로워집니다. 세상에서 더러워진 양심, 변질된 양심이 교회에 와서 깨끗한 양심으로 바꾸어지더란말씀입니다. 마치 아무리 고급차라도 차는 주유소에 들러야 하듯이, 그래서 기름을 주입해야만 차가 제구실 할 수가 있는 것처럼 우리는 말씀의 주유소에 들러서 생명력을 공급받아야 비로소 계속적으로 뛸 수가 있는 것입니다. 셋째는 '믿는 도리의 소망을 확실하게 하기 위해서'라 하였습니다. 우리는 가만히 두면 자꾸 세상으로 기울어 절망하게 되지만, 하늘나라를 지향하면서 소망을 새롭게 하여야 하겠습니다. 믿음을 새롭게 하여, 믿을 것이 무엇인지, 믿지 말아야 할 것이 무엇인지 교회에서 배우는 것입니다. 참으로 믿어야 할 것이 무엇인지 그리고 소망을 두어야 하는 것이 무엇인지 알게 되는 것입니다. 교회에 부지런히 나와 모이면서 소망이 새로워지며, 확증되는 것입니다.

넷째는 '서로 선행을 격려하며'라고 하였습니다. 사람은 서로 만나면서 선한 마음이 합칠 때 더 선해집니다. 선한 마음이 합쳐지면 강한 힘을 얻게 됩니다. 이것과 관련한 재미있는 실험결과가 있습니다. 닭을 치는 사람이 닭장에 있는 닭에게 모이를 한껏 줍니다. 닭들이 실컷 먹고 이젠 더 먹을 수가 없어서 숨을 몰아쉽니다. 푸우 소리 내면서 누워 헉헉 숨을 몰아쉽니다. 이러고 있을 때 굶겨놓은 닭을 그 닭장 안으로 들여보냅니다. 그러면 굶겨놓은 닭이 들어가서 허겁지겁 모이를 먹으면 배가 불러 누워 있던 닭이 벌떡 일어나서 또 먹습니다. 죽는 줄도 모르고 먹습니다. 이게 뭘 말하는 것입니까. 공동체에서 서로에게 영향을 받는다는 것입니다. 선한 사람 속에 들어가면 어느새 선한 일에 점점 격려가 되고 힘을 얻게 되지 않습니까. 착한 사람들 속에 들어가면 나도 착한 사람으로 함께 일할 수 있는 것입니다. 선행을 격려하며—이 얼마나 중요한 얘기입니까. 간혹 이런 경우가 있습니다. 의료선교회 같은 모임을 따라가서 큰 은혜를 받는 분들이 있습니다. 의료선교회 모임에는 의사선생님들은 몇분 없습니다. 나머지는 다 심부름꾼이지요. 그걸 따라갔다가 큰 은혜 받는 분들 있습니다. 왜요? 아, 그 불쌍한 사람, 냄새나는 사람들을 치료하고 있는 의사를 보니까 천사같아보이는 것입니다. 참 대단한 분들인데 나는 무엇을 했는가? 선행을 격려하며—고독한 가운데서도 선행을 할 수 있겠지만 교회라고 하는 큰 공동체 속에서 선행을 격려하고 격려받아서 나 또한 큰 선을 이루어갈 수 있는 것입니다.

초대교회를 한번 생각해봅시다. 초대교회는 특별한 의미를 가집니다. 이천 년 전 그 당시는 계급사회입니다. 철저한 계급사회입니다. 노예는 사람이 아니었습니다. 철학자 아리스토텔레스의 글 가운데도 나옵니다. 그는 말합니다. '노예는 사람이 아니다. 노예와 당나귀의 차이라면 당나귀는 말을 못알아듣고 노예는 말을 알아듣는다는 것뿐이다.' 노예들이 서로 말하지 못하게 했습니다. 그래서 노예들은 말을 못합니다. 꼭 동물처럼 웅얼거릴 뿐입니다. 그렇게 해놓고 듣기만 하도록 한 것입니다. 이것이 수십 년 지나니까 '노예는 사람이 아니다'라고 한 것입니다. 자, 그런데 교회에서는 만남이 이루어집니다. 교회에서는 함께 만나서 형제와 자매가 됩니다. 빌레몬서에도 보면 노예를 형제라고 부릅니다. 교회에서만 노예와 주인이 함께 만나는 것입니다. 남자와 여자가 함께 만납니다. 초대교회의 의미에서 볼 때, 건물이 어떠했느냐가 중요하지 않았습니다. 오늘날과 같은 장엄한 예배를 드리는 것도 아닙니다. 함께 모였다는 그것 하나만 가지고도 가슴이 뜨거운 일이었습니다. 그래서 바로 그 노예들로 인해서 대로마제국이 기독교국가가 되는 것입니다. 노예를 사람으로 대하고, 형제와 자매로 대하는 그런 모임에 귀족이 함께할 수 있었겠습니까? 웬만한 믿음으론 어림도 없습니다. 요새도 그렇습니다. 예수믿어서 부자된 사람은 있어도 재벌그룹 사람이 교회나오는 걸

제 사십 년 목회에 못봤습니다. 나왔다면 죽을병 들어서지 그렇지 않으면 안나옵니다. 왜입니까? 그 몇푼 안되는 돈이 자기를 교만하게 만들어서, 스스로 귀족이 되어서 '내가 저런 사람들하고 같이? 안되지……' 하는 것입니다. 이래서 문제가 있다는 겁니다. 교회는 있는 사람, 없는 사람, 높은 사람, 낮은 사람이 다 모이는 곳입니다. 가끔 제가 지방에 가면 제게 이런 얘기를 합니다. "목사님, 참 위대하십니다. 압구정동 서울 제 일 번지 그 코가 높은 사람들을 다 모아 놓고 설교하는 걸 보면 위대하십니다." "그래요. 참으로 위대하죠. 누구들인데 여기 와 앉아 있습니까? 웬만해가지고는 나올 사람들이 아녜요. 얼마나 도도하고 교만한데요." 가끔 그 본색이 새어나올 때가 있습니다. 자기집에 돈이 좀 많습니다. 그런데 자기딸하고 연애하는 총각이 하나 있는데 그 총각은 지금 고학하는 어려운 사람입니다. 그래, 연애가 되면 아 글쎄 나한테 와서 그걸 말려달라 합니다. 말려달라면서 하는 얘기가 "지가 감히 우리집을 넘보다니요" 합니다. '아, 나도 옛날에 고학했는데 이 사람들이 이거 형편없구먼. 돈 몇푼 있다고 말이야.' 내 마음속에 옛날에 가졌던 생각이 쑥 나옵니다. 여러분, 이것은 안되는 것입니다. 이것이 다 무너져야 합니다. 그것이 무너지고야 진정으로 모이는 것 아닙니까. 여기서 다 하나가 되는 것입니다. 그게 쉬운 일이 아닙니다. 그래서 모이라는 것입니다.

　발견된 로마황실의 고문서 내용에 이런 말이 다 있습니다. '기독교인들은 부도덕하다.' 왜 부도덕한가하면, 노예와 주인이 함께 먹더라는 것입니다. 부도덕한 무리들이라는 것입니다. 보십시오. 이게 바로 초대교회입니다. 지금 21세기에 어려운 병 세 가지가 있습니다. 우울증, 자폐증, 치매증입니다. 그중 치매에 걸리면 정말 큰일입니다. 어떡하면 좋습니까? 이것이 기도제목이 되었습니다. 치매 안걸리게 해달라고 기도하는 분이 많습니다. 그런데 얼마후 그 기도가 바뀌었답니다. '치매걸리기 전에 죽게 해주세요.' 그렇게 기도합디다. 정말로 치매에 걸리면 큰일입니다. 주변의 얼마나 많은 사람들에게 피해를 줍니까. 마지막에 인격이고 재산이고 아무것도 아니게 됩니다. 다 망가지고 마는 것입니다. 이제 한번 생각합시다. 저는 의사는 아닙니다만 치매를 예방하는 길은 있습니다. 그것이 무엇이겠습니까. 치매의 첫단계는 혼자 있으려고 한다는 것입니다. 뭐라고 하든지 누구누구를 만나기 싫어하면 그때가 치매로 가는 첫길입니다. 만나기 싫어하는 사람이 생기면 안됩니다. 사람만나는 게 반갑고 즐거워야 합니다. 다른 하나는 무슨 소리 듣기 싫어지면 치매로 가게 됩니다. 아무 말이라도 다 들어줄 수 있는데, 들으면 약이라도 될 수 있는데, 그저 듣고 또 듣고 싶어하는 마음이어야 하는데 듣기 싫어진단말입니다. "입다물어. 조용히 해." 이게 치매로 통하는 것입니다. 마음문을 열어야 되겠습니다. 마음문을 열어서 듣고 싶어하고 만나고 싶어야 하는데…… 좀 얘기하긴 그렇습니다마는 수다쟁이가 치매 안걸린답니다. 그러니 열심히 떠들고 열심히 듣고 그래야 됩니다. 부부싸움이 괜찮다고 합니다. 열심히 싸우고 정신쓰니까요. 어쨌든 중요한 건 멍청하면 안된다는 것입니다. 홀로 있으면 안됩니다. 그것이 바로 치매로 통하는 것입니다.

여러분, 안식이란 말이 무엇입니까? 진정한 정신적 휴식은 시간과 공간과 인간관계에서 이루어집니다. 시간적으로는 기도하는 시간이 되어야 합니다. 일상적인 시간이 아니라 비일상적인 경건한 시간입니다. 장소로는 기업하는 장소도 아니고 가정도 아닙니다. 장소를 옮겨서 교회라는 곳으로 모입니다. 바로 장소가 또 비일상적이어야 합니다. 다음엔 인간관계가 비일상적이라야 합니다. 일반적인 만남은 사업상 이루어집니다. 비즈니스적으로 만납니다. 그런데 그것과 관계없는 만남 바로 그것이 안식이 됩니다. 교회라는 곳에서 만나는 것은 비즈니스가 아닙니다. 유명한 재벌장로님 몇분을 알아서 가끔 만날 때면 점심을 같이하자고 해서 가끔 점심을 같이할 때가 있습니다. 이분들이 만나면서 하는 얘기가 있습니다. 다른 때 만나는 것은 전부가 비즈니스랍니다. 누가 만나려고 하든지 그들은 다 비즈니스적입니다. 그런데 목사님만 예외랍니다. 그래서 휴식이 된다고 합니다. 돈은 얼마든지 낼 터이니 모이고 만나자는 것입니다. 교회는 돈 벌러 오는 곳이 아닙니다. 이곳은 명예를 얻기 위한 곳도 아닙니다. 이곳은 자기를 위하는 곳이 아닙니다. 온전하고도 깨끗한 만남이 교회라는 공동체 속에서 이루어집니다.

아인슈타인이 노후에 기독교신앙으로 돌아오면서 한 유명한 고백서가 있습니다. '나는 젊었을 때 교회를 경멸하고 무시했다. 내 조국이 어두워졌을 때 교회는 우리 유대민족의 유일한 희망이었다. 소망이요 유일한 안식처였다. 내 나이먹어 석양이 되었을 때 나는 교회 외에 내 영혼의 위로를 경험할 수 있는 장소를 찾지 못했다. 나는 이제 교회로 다시 돌아온다.' 아인슈타인 박사의 말이지만, 유감스러운 것은 있습니다. 좀더 일찍 돌아왔더라면 좋았을 텐데 하는 것입니다. 여러분, 안식은 바로 교회에 있습니다. 열심히 모여야 합니다. 그날이 가까울수록 더 열심히 모이기를 힘써야 하겠습니다. 마음을 열고, 깨끗한 마음으로 모이고, 예배하러 모이고, 찬송하러 모이고, 선행을 격려하고, 그래서 믿음과 소망을 확증하는 것입니다.

모임 속에서 나라고 하는 존재의 바른 정체를 다시 회복하게 되는 것입니다. 여기서 참소망의 사람이 되어가는 것입니다. 모이기를 힘 쓰라! △

믿기만 하라

아직 말씀하실 때에 회당장의 집에서 사람이 와서 말하되 당신의 딸이 죽었나이다 선생을 더 괴롭게 마소서 하거늘 예수께서 들으시고 가라사대 두려워 말고 믿기만 하라 그리하면 딸이 구원을 얻으리라 하시고 집에 이르러 베드로와 요한과 야고보와 및 아이의 부모 외에는 함께 들어가기를 허하지 아니하시니라 모든 사람이 아이를 위하여 울며 통곡하매 예수께서 이르시되 울지 말라 죽은 것이 아니라 잔다 하시니 저희가 그 죽은 것을 아는 고로 비웃더라 예수께서 아이의 손을 잡고 불러 가라사대 아이야 일어나라 하시니 그 영이 돌아와 아이가 곧 일어나거늘 예수께서 먹을 것을 주라 명하신대 그 부모가 놀라는지라 예수께서 경계하사 이 일을 아무에게도 말하지 말라 하시니라

(누가복음 8 : 49 - 56)

믿기만 하라

 결혼생활을 하는 중에 권태기가 있습니다. 권태기를 보내고 있는 어느 부부가 삶이 너무 덤덤하고 무의미한 것같아서 조금 충격적인 사건을 만들 수 없을까 궁리를 하던 중에 '발렌타인 데이'가 되었더랍니다. 부인은 생각끝에 초콜렛을 준비하고 장미꽃도 준비하고 집안에 촛불도 켜놓고 제법 근사하게 남편을 맞이했습니다. 문을 열고 들어서는 남편에게 장미꽃을 주고 초콜렛을 주면서 "I love you"라고 말했습니다. 그랬더니 남편 하는 말이 "이런 것은 애인끼리나 하는 거지 왜 쓸데없는 짓 하는 거야" 하더랍니다. 부인은 이런 남자하고 더 살아야 되나 싶어 살맛을 더 잃고 말았다 합니다.
 존 카바트진(John Kabat-Zinn)이라고 하는 분이 「Full Catastrophe Living and Wherever You Go, There You Are」라고 하는 유명한 책을 썼습니다. 질병으로 변화를 경험한 사람들의 삶을 우리에게 생생히 거론하고 또 증명해줍니다. 질병을 극복하고 질병을 이기고 특별히 죽음의 의미를 알게 된 그런 사람들의 자기간증과 그 심리적이고 영적인 의미를 우리에게 말해주고 있습니다. 이렇게 질병을 극복한 경험을 가진 사람들에게는 다음과 같은 공통점이 있다고 합니다. 첫째는, 원망에서 벗어나 사랑을 하게 됐다는 것입니다. 질병이라고 하는 큰 사건을 통해서 그동안에 사랑받으려고만 했던 것에서 벗어나 이제는 사랑하는 마음으로 바뀌게 된 것입니다. 원망이 사랑으로 바뀌는 거기에서 병을 이기게 됩니다. 두 번째는, 수용하는 자세를 갖게 됐다는 것입니다. 항상 환경에 대해서 반항하고 곱게 보지 못하는 비틀린 마음으로 살던 사람이 이제는 모든것을 받아들이게 됩니다. 현실을 수용하면서 주어진 현실 속에 있는 중요한 의미를 생각하기 시작했다는 것입니다. 셋째는, 용서하는 마음을 가지게 된 것입니다. 아무도 비판하지 않고, 아무도 원망하지 않고 어떤 사람이라도 아니, 성경대로 원수까지도 다 용서하는 마음입니다. 깨끗하게 용서하고 영혼이 자유로워질 때 비로소 병을 이길 수 있었다고 합니다.

너무나 잘 알려진 정신의학자 빅터 프랭클(Viktor E. Frankl)은 1905년 오스트리아 빈에서 출생하고 1997년 92세까지 살면서 정신의학계에 큰 공적을 쌓은 인물입니다. 그는 나치에 체포되어서 3년 동안 강제노동수용소의 지옥과 같은 고생을 겪은 사람입니다. 그러던 중에 아내도 부모도 형제도 다 잃었고 그 자신도 장티푸스에 걸려서 사경을 헤매게 되는 경험을 했습니다. 그는 우리에게 삶의 의미에 대해 두 가지를 말해줍니다. 첫째, 삶의 의미에 대한 질문에 책임있는 대답을 하라는 것입니다. 아직도 살아야 할 이유가 있는가? 삶의 의미에 대하여 책임있는 대답을 해야 살 수 있다는 것입니다. 둘째, 궁극적인 의미는 반드시 이해를 넘어선다는 것입니다. 그것이 무슨 말입니까? 우리 인간의 생각이나 인간의 지식이나 인간의 판단 그 이해를 넘어서 있는 믿음을 가지고 삶의 의미를 추구해야 한다는 의미심장한 말입니다.

오늘본문말씀에는 아주 간단하게 말하여 질병이 있고 죽음이 있습니다. 야이로의 딸이 병들었습니다. 죽어가고 있습니다. 조금 있다가 소식이 전해지는데 그 딸이 죽었다 합니다. 질병과 죽음이라는 두 사건을 중심으로 이야기가 전개됩니다. 그리고 이것에 대한 예수님의 해답 또한 이 두 사건으로부터 오는 삶의 의미를 깨닫게 하고 있습니다. 회당장인 야이로에게는 외동딸이 하나 있었습니다. 다른 복음서에서 보면 12세입니다. 그 귀염둥이딸이 지금 병들었습니다. 여러분, 병든다는 사건은 괴로운 것입니다. 그 누가 병을 원하겠습니까. 그것은 이해 이상의 사건입니다. 자, 그런데 이 사건이 아버지 되는 야이로를 예수님 앞으로 이끌어 무릎을 꿇게 만듭니다. 이렇게 한번 추리해볼까요? 이 회당장 야이로는 아주 교만한 사람이요, 지방유지요, 정신적으로나 정치적으로 세칭 최고의 실력자입니다. 그는 나이 서른 살밖에 안되는 나사렛사람 목수의 아들에게 가서 무릎을 꿇을 사람이 아닙니다. 그러나 성경은 분명히 말씀합니다. 41절입니다. "와서 예수의 발 아래 엎드려……" 무릎을 꿇었다고 합니다. 얼마나 답답했으면 그랬겠습니까. 넙죽 무릎을 꿇고 내 딸을 구원해달라고 간청을 합니다. 다시 생각을 해봅시다. 이렇게 딸이 병들었다는 사건이 아니고는 이 사람이 예수님께 나올 사람이 아닙니다. 물론 무릎을 꿇을 사람도 아닙니다. 이것이 무엇을 의미하는 것입니까. 여기서 병이 갖는 의미는 무엇입니까. 이 불행이 갖는 의미가 무엇인가 말입니다. 이 원치 않는 사건이 무엇을 말해주고 있는 것입니까. 딸의 병은 그를 겸손하게 만들고 진실하게 만들고 그리고 예수님께 나아가 무릎꿇도록 만들었습니다. 바로 여기에 우리 보통 인간이 생각할 수 없는 높은 차원의 의미가 있는 것입니다. 병들지 않고는 깨닫지 못할 진리가 있습니다. 병들지 않고는 부르지 못할 찬송이 있습니다. 병들지 않고는 드리지 못할 기도가 있습니다. 야이로네 집의 이 사랑하는 딸이 병듦으로해서 그 아버지 야이로가 예수님 앞에 나아와 무릎을 꿇게 됩니다. 그간의 지식이나 명예나 지위를 다 버리고 이 사건 앞에서 아니, 이 사건이 인도해주는대로 그는 새로운 의미의 길을 가게 되었던 것입니다.

그런데 예수님을 모시고 자기집으로 가는 도중에 자기집에서 사람이 왔습니다. 노상에서 만나게 되는데 그 사람이 말합니다. '딸이 죽었습니다. 아까는 병들었지만 지금은 죽었습니다. 그런고로 예수 선생님을 더 괴롭히지 마세요. 끝났습니다.' 바로 이 순간, 야이로는 대단히 중요한 기로에 서게 됩니다. 어떡하면 좋겠습니까? 요새는 병이 나면 주로 병원에 가서 치료를 많이 받습니다만 옛날에는 그런 큰 병원이 없어서 흔히 의사가 집으로 방문합니다. 집에 와서 백방으로 문진도 하고 만져도 보고 주사도 놓고 뭣도 하고 뭣도 하고 약도 먹이고 그렇게 하다가 마지막에 숨 딱 넘어가면 그 가방을 주섬주섬 싸가지고 나가는데, 그 모습을 저는 많이 보았었습니다. 우리가 할 수 있는 것이 여기까지입니다. 이제 숨넘어가고, 끝나고나면 모든 의료기구를 거둬가지고 조금은 부끄러운 마음이겠지만 어찌할 수없이 그대로 나가는 것입니다. 그렇게 의사가 가방 싸가지고 나갈 때 대체로 그 집에서는 인사도 안하더군요. 그 순간은 옆에서 보기에도 딱하고 거북한 시간입니다.

병들었다고 하던 딸이 죽었다고 합니다. 이제 어떡하면 좋겠습니까? 예수님을 모시고 계속 가야겠습니까? 아니면 '이제 다 끝났습니다. 늦었습니다. 조금 일찍 오셨더라면 좋았을 걸요' 하고 끝내고 말아야 하겠습니까? 바로 이 순간입니다. 의사로서의 예수, 기적의 사람으로서의 예수, 바로 그 믿음에서 한 차원 높여서 이제부터는 메시야로서의 예수, 생명의 주로서의 예수, 생명을 주관하시는 생명의 예수로 신앙의 차원을 높여야 하는 바로 그런 순간입니다. 믿음을 격상시켜야 합니다. 믿음을 승화시켜야 합니다.

예수님 말씀하십니다. "두려워 말고 믿기만 하라." 실로 엄청난 말씀입니다. 두려워 말고 믿기만 하라—야이로가 이 시간 예수를 어떻게 받아들일 수 있겠습니까? 정말 믿을 수 있는 것입니까? '아멘' 할 수 있는 시간입니까? "두려워 말고 믿기만 하라."

　철학자 이마누엘 칸트(Immanuel Kant)의 명언이 있습니다. 젊었을 때 읽고 다 잊어버렸지만 이 한마디는 늘 기억이 납니다. '하나님의 능력을 믿기 위하여 네 이성을 제한하라.' 네 이성을 제한하라는 말, 자신의 이성이 대단한 것같아도 그것을 제한하라는 것입니다. 칸트는 '순수이성비판'을 말한 사람입니다. 그러나 그는 말합니다. 그게 다가 아니라고…… '이성을 제한하라!' 여러분, 이성적 판단, 자기판단, 그 무슨 지식, 무슨 과학적 능력…… 다 버려야 됩니다. 데일 카네기(Dale Carnegie)의 유명한 말이 있습니다. 성공한 사람들이 절대로 쓰지 않는 말 세 마디가 있는데, '없다' '잃었다' '끝났다'라는 말입니다. 성공한 사람은 적어도 없다, 잃었다, 끝났다는 말을 안합니다. 왜입니까? 끝나지 않았으니까요. 끝날 수도 없으니까요. 내 생각에 안된다고 안되는 것입니까. 내가 끝났다 해서 끝나는 것입니까. 야이로는 바로 그것을 넘어서야 했던 것입니다. 야이로는 바로 이 기로에 서 있습니다. 이럴 수도 없고 저럴 수도 없는 순간 예수님께서 그를 확 밀어버리십니다. 두려워 말고 믿기만 하라 시는 예수님의 말씀에 야이로가 "선생님, 죄송합니다마는 끝났답니다. 여기서 멈춥시다" 하고 말했다면 어떻게 되겠습니까. 야이로는 예수님을 모시고 딸이 죽었다는 자기집으로 갑니다. 바로 그것이, 그 행동 자체가 믿음이었단말입니다. 절박한 순간을 주님께서는 새 믿음 새 의미의 순간으로 바꾸십니다. 야이로로서는 끝났습니다. 그러나 그리스도로서는 시작입니다. 사람으로서는 끝났습니다. 하나님으로서는 시작입니다. 바로 이제부터, 여기에서부터 하나님의 역사는 시작되는 것입니다. 두려워 말라, 그리고 믿기만 하라……

2002년 영국 BBC방송에서 영국인 백만 명을 상대로 이런 설문조사를 했습니다. 영국역사상 가장 위대한 사람이 누구인가, 당신이 존경하는 사람의 이름을 쓰라는 것입니다. 그런데 이상한 것은 셰익스피어를 제치고 윈스턴 처칠(Winston Leonard Spencer Churchill)이 가장 존경하는 인물로 떠오른 것입니다. 그런데 처칠의 학생시절 기록부에는 이렇게 기록되어 있다고 합니다. 내가 이걸 읽고 하도 재미가 있어서 몇번이나 더 읽어보았습니다. '품행이 나쁘고 믿을 수 없는 아이, 희망이 전혀 없으며 다른 아이들과 싸움질만 하는 문제아이'—그랬다고 합니다. 이게 학적부에 기록되어 있는 것입니다. 그리고 삼수 끝에 육사에 입학을 합니다. 바로 이것이 처칠입니다. 그러나 그는 믿음의 사람이었습니다. 그는 기도의 사람이었습니다. 전쟁터에서도 기도하고, 국회에 들어갈 때도 기도하고, 사건을 처리할 때도 기도하는, 기도의 용기가 있는 사람이었습니다. 그는 믿음의 사람이었습니다. 여러분, 우리는 너무 일찍 실망을 하는 것같습니다. 어떤 아이가 하도 장난이 심하고 문제가 있어 그 아이의 엄마가 제게 와서 그럽니다. "쟤가 지 아버지 닮아서 벌써부터 여자를 밝힙니다. 공부는 뒷전이고 여학생 꽁무니만 따라다니고 그래요." 그래서 물었지요. "몇살이오?" "초등학교 4학년이에요." "그래요? 벌써부터 절망을 해야겠습니까?" 벌써부터 싹이 노랗다고 해야겠습니까? 어째서 쉽게 절망하는 것입니까? 깊이 생각해야 합니다.

질병이라고 하는 사건은 불행이요 실패요 원치 않는 사건이지만 그 속에는 하나님만 아시는 특별한 의미가 있습니다. 하나님의 말씀이 있고, 하나님의 인도하심이 있고, 삶의 의미가 있습니다. 그렇습니다. 병과 죽음은 대단히 중요한 의미의 사건입니다. 우리는 두려워 말고 믿기만 할 것입니다. 어디까지 믿고 계십니까? 하나님께서 이 사건들을 통하여 우리의 믿음을 승화시키시고 우리의 믿음을 격상시키시고 우리의 믿음을 온전케 하십니다.

미국시인 사무엘 울만(Samuel Ullmann)이라고 하는 분의 'Springtime'이라고 하는 유명한 시가 있는데 긴 시입니다마는 너무도 좋아서 몇절만 소개합니다.

나이를 더해가는 것으로만 사람은 늙지 않는다.
이상을 잃어버릴 때 비로소 늙는다.
세월은 피부의 주름살을 늘려가지만 영력을 잃으면 영혼이 시든다.
그대가 가지고 있는 믿음 만큼 젊고 의심 만큼 늙는다.
자신감 만큼 젊고 두려운 만큼 늙는다.
희망 만큼 젊고 실망 만큼 늙는다.

두려워 말고 믿기만 하라. 그러면 하나님의 영광을 보리라! △

하나님됨을 알지어다

　한 시내가 있어 나뉘어 흘러 하나님의 성 곧 지극히 높으신 자의 장막의 성소를 기쁘게 하도다 하나님이 그 성중에 거하시매 성이 요동치 아니할 것이라 새벽에 하나님이 도우시리로다 입이 훤화하며 왕국이 동하였더니 저가 소리를 발하시매 땅이 녹았도다 만군의 여호와께서 우리와 함께 하시니 야곱의 하나님은 우리의 피난처시로다(셀라) 와서 여호와의 행적을 볼지어다 땅을 황무케 하셨도다 저가 땅 끝까지 전쟁을 쉬게 하심이여 활을 꺾고 창을 끊으며 수레를 불사르시는도다 이르시기를 너희는 가만히 있어 내가 하나님 됨을 알지어다 내가 열방과 세계 중에서 높임을 받으리라 하시도다 만군의 여호와께서 우리와 함께 하시니 야곱의 하나님은 우리의 피난처시로다(셀라)

(시편 46 : 4 - 11)

하나님됨을 알지어다

　알렉스 파타코스라고 하는 교수님이 쓰신 「의미있게 산다는 것」이라는 유명한 베스트셀러 책에 나오는 실화가 있습니다. 우리의 마음을 깊게 감동시키고 많은 것을 생각게 하는 귀중한 하나의 사건이 있어서 말씀을 드립니다. 여러분이 잘 아시는 넬슨 만델라(Nelson Mandela)가 27년 동안 로벤 섬의 감옥에서 억울하게 감옥생활 하다가 석방되는 날이었습니다. 세계가 이 일을 주목하였고 그날은 과연 역사적인 날이었습니다. 당시의 아칸소 주지사인 빌 클린턴(Bill Clinton)은 텔레비전을 통해 이 사건을 보고 있었습니다. 황급하게 아내와 딸을 불렀습니다. 빨리 이리 좀 오라고, 여기에 역사적인 사건이 지금 보도되고 있으니 이 시간을 놓치지 말고 이 장면을 보아야 한다고 불러 함께 지켜보았습니다. 클린턴은 감옥에서 걸어나오는 만델라가 군중 속에 확 둘러싸이고 군중들이 소리를 내어 만세를 부르며 그를 영접하는 그 순간의 만델라의 얼굴을 자세히 보았습니다. 만델라의 얼굴에 순간적으로 분노의 표정이 지나갑니다. 깜짝놀랐습니다. 분노의 표정이 스쳐지나가는 것을 그는 분명히 보았습니다. 나중에 클린턴이 미국의 대통령이 되고 만델라는 남아프리카공화국의 대통령이 됩니다. 대통령과 대통령이 마주 앉았을 때 클린턴은 바로 그것을 물어보았습니다. "당신은 원망과 보복과 분노로부터 멀리하는 화해의 사람으로 알고 있는데 어떻게 그 시간에 그렇게 분노의 얼굴이 되었는지 그것을 알고 싶습니다." 만델라는 겸손하게 대답했습니다. "잘 보셨습니다. 그렇습니다. 제가 감옥에 있을 때입니다. 한 감옥간수의 아들이 일주일에 한 번씩 들어와서 성경을 가르치는데 그 공부에 참여해서 많은 은혜를 받고 깨달음을 받았습니다. 저는 27년 간의 감옥생활 중에도 깨끗하고 평화로운 마음을 가질 수 있었습니다. 그런데 감옥에서 나오는 순간, 군중들의 함성을 듣는 순간, 27년의 세월을 강탈당했다는 느낌과 더불어 울화가 치밀어오르더군요. 그런 순간을 느꼈습니다. 그게 사실입니다. 바로 그 뒤에 예수님께서 영으로 내 귀에 말씀하셨습니다. '넬슨아, 감옥에 있을 동안에는 자유로웠는데 자유의 몸이 되는 순간 군중 속에서 다시 감옥으로 들어갈 것이냐?' 감옥에서 자유로웠던 내가 군중 속에서 부자유해지는 것을 느꼈습니다. 나 아닌 내가 나를 지배하고, 나 아닌 어떤 나에게 끌려가는 것을 느꼈습니다. 이후의 삶에는 이것을 고치고 버리고 화해와 평화의 사람으로 다시 돌아가는 그런 시간이 필요했습니다."

생각해봅시다. 이 얼마나 극적 장면이요 얼마나 실존적 의미를 내포한 생생한 간증입니까. 때로 우리는 조용함과 평화로움 가운데 자기자신을 찾습니다. 하나님 앞에서 자유로워지기도 하고 평화로워지기도 합니다. 그러나 군중 속에서 자신을 잃어버립니다. 군중의 환호 속에서, 군중이 외치는 증오나 그 폭력적인 발언 속에서 자기자신을 잃어버리고 맙니다. 그 후로는 하나님의 음성이 들려오지 않습니다.

오늘성경말씀에서 "너희는 가만히 있어 내가 하나님됨을 알지어다" 하였습니다. 조용하여 내가 하나님됨을 알지어다—제가 이 성경구절을 읽을 때마다 떠오르는 사건 하나가 있습니다. 1964년도 여름이었습니다. 미국에서 공부할 때 쉬기도 하고 학비도 조금 벌기 위해서 YMCA에서 경영하는 젊은 사람들을 위한 캠프 프로그램에 회목(會牧)으로 석 주간을 연속해서 갔던 일이 있습니다. 초등학생들 한 주간, 중학생들 한 주간, 고등학생들 한 주간, 이렇게 바꾸어 가면서 회목으로 사역해봤는데, 그 초등학생 중학생들 얼마나 장난이 심합니까. 얼마나 떠듭니까. 저녁시간에는 은혜의 예배시간이 있는데 그 예배드리는 곳이 Pine Chapel입니다. 얼마나 아름다웠는지 모릅니다. 부러움과 큰 감격을 느꼈습니다. 그렇게 넓은 숲 속에 호수도 있고 많은 소나무가 있습니다. 소나무숲 속에 둥그렇게 잔디를 깔아놓고 의자를 놓고 강대상을 만들고 피아노도 갖다놓고 노천예배당을 만든 것입니다. 소나무숲 속으로 한 5분 정도 길을 걸어들어가 그 채플에 이르게 됩니다. 들어가는 입구에 아치형으로 만든 큰 글씨판이 있는데, 이렇게 써놓았습니다. 'Be still, and know that I am God.' 가만히 있어 내가 하나님됨을 알라—아이들이 그렇게 시끄럽게 굴다가도 거기 그곳에 들어설 때는 be still, 조용해집니다. 내가 그것을 보면서, 참 특별하고도 참된 종교교육이다, 이것 참 아름다운 일이다, 하고 생각했었습니다.

"너희는 가만히 있어 내가 하나님됨을 알지어다(10절)."—조용히, 가만히 있어 내가 하나님됨을 알라 하시는 이 말씀은 아주 심오한 의미를 가진 말씀입니다. 역사적 배경이 있습니다. 이스라엘백성이 하나님의 인도로 애굽을 탈출합니다. 출애굽을 한 이스라엘이 오로지 하나님의 인도만을 바라보며 모세를 따라서 가나안땅으로 가는데, 하나님께서는 그들을 홍해와 광야길로 인도하십니다. 가나안땅으로 가려면 지정학적으로 북쪽으로 가야 하는데 하나님께서는 동쪽으로 인도하십니다. 그러면 앞에 홍해가 있습니다. 사나운 물결 넘실거리는 그 바다가 있습니다. 이 바다로 인도하시다니 어떻게 되는 것입니까. 그러나 하나님께서는 그렇게 인도하셨습니다. 구름기둥과 불기둥으로 말입니다. 앞에 홍해가 있습니다. 절박해집니다. 뒤에서는 애굽군대가 쫓아옵니다. 상상해보십시오. 앞에는 홍해가 있고 뒤에는 분노한 애굽의 군대가 있습니다. 그런 순간 이스라엘백성은 벌써 신앙을 잃어버리고 하나님을 원망하게 됩니다. 모세를 원망하게 됩니다. 애굽에 장지(葬地)가 모자라서 이리로 끌어다가 죽이려 하느냐고 원망합니다. 사실 원망할만도 합니다. 이건 이성의 반란입니다. 생각하니 그렇지 않습니까? 어떻게 이곳으로 인도할 수 있느냐는 것입니다. 이렇게 원망하고 있을 때 하나님의 음성이 들려옵니다. 모세를 통해 주신 하나님의 말씀은 바로 이것입니다. '조용하여 내가 하나님됨을 알지니라. 조용하라.' 조용하라—이것은 '라파'라고 하는 히브리말입니다. 마음을 가라앉히라, 조용히 하라, 마음을 비우라, 모든 생각을 버리라, 이성적 비판을 정지하라는 것입니다. 된다 안된다는 소리 하지 말라는 것입니다. 침묵을 요구합니다. 조용히 하면 해결될 것을 어쩌다가 괜히 입을 열기 시작하면서부터 문제가 생기는 일이 얼마나 많이 있습니까. 부부싸움도 그렇습니다. 그 입 다물었으면 될 걸 괜히 한마디 하기 시작하니까 말이 커지는 것입니다. 조용해야 됩니다. 그것이 중요합니다. 조용히 하나님의 뜻을 기다려야 합니다. 이제 모세는 말합니다. "너희는 두려워 말고 가만히 서서 여호와께서 오늘날 너희를 위하여 행하시는 구원을 보라(출 14 : 13)." 하나님의 사람 모세를 통해 주신 메시지입니다.

구약성경에 보면 엘리야는 지진 중에 하나님의 음성을 듣지 못합니다. 강풍 속에서도 하나님의 음성을 듣지 못합니다. 조용한 가운데 주시는 세미한 하나님의 음성을 듣는 그런 장면을 볼 수가 있습니다. 조용할 때 하나님을 알 것입니다. 이 모든 사건이 하나님께서 하시는 일이라는 것을 알 수 있습니다. 하나님의 경륜과 하나님의 목적과 하나님의 시나리오를 알게 되는 것입니다. 그리고 이 모든것이 하나님의 사랑의 계시라는 것도 알게 될 것입니다. 이 역사를 하나님께서 하십니다. "와서 여호와의 행적을 볼지어다 땅을 황무케 하셨도다 저가 땅 끝까지 전쟁을 쉬게 하심이여(8, 9절)……" 이 모든 사건이 무엇을 말해주는 것입니까? 5절에 보니 하나님께서 그 성중에 계시다고 합니다. 하나님께서 이 성중에 계시고 특별히 "새벽에 하나님이 도우시리로다(5)" 말씀합니다. 새벽에 도우신다는 것, 어두운 밤이 지나가면 새벽이 오는데 새벽에 도우시고, 새벽을 여시는 하나님을 알 것이다―그래서 하나님의 이름이 높임을 받게 될 것입니다. 반드시 하나님의 이름이 높임을 받게 될 것이라고 성경은 말씀하고 있습니다.

교회의 역사에서 교부들 중 최대의 설교가로 꼽히는 그리스 교부 크리소스토무스(Johannes Chrysostomus)는 유독시아(Eudoxia)라고 하는 황후로 인해서 유배를 가게 됩니다. 억울하게 유배당하면서 설교했던 내용의 한 부분을 인용하여 읽겠습니다. '우리가 무엇을 두려워하리. 쫓아내면 엘리야처럼 될 것이고 구덩이에 빠지면 예레미야처럼 될 것이고 바다에 던져지면 요나같이 될 것이고 목베임을 당하면 세례 요한같이 될 것이고 매를 맞으면 사도 바울같이 되리라.' 그는 그리스도께서 함께 계시니 그가 가는 길은 결코 잘못된 길이 아니라는 믿음을 가지고 유배의 길을 떠난 것입니다.

여러분, 세상을 바라보면 고통스럽습니다. 만약 여러분이 자기 자신을 본다면 낙담하게 됩니다. 오직 주만 바라게 될 때 주의 음성을 듣게 되고 평안함을 얻게 되고 주 안에 내가 있음을 알게 될 것입니다.

　오늘은 삼일절 기념예배로 드립니다. 삼일절은 대단히 중요한 의미를 가지고 있습니다. 이건 정치적 사건입니다. 그러나 삼일절은 엄연히 선교적 사건입니다. 지난 주간에 저는 일본 오사카에서 목사님들을 상대로 세미나를 가졌습니다. 여러 시간 강의도 하고 토론도 했습니다. 그분들이 제게 질문하는 것 가운데 가장 중요한 질문이 두 가지 있었습니다. 하나는, 왜 일본교회는 부흥되지 않을까 하는 것입니다. 중국도 크리스천이 10%가 넘고 한국은 25%에 이른다고 하는데 일본은 1%밖에 되지 않습니다. 일본의 선교역사는 200년이 넘습니다. 그런데 왜 일본은 교회가 부흥이 안될까요? 그들도 연구하지만 저에게 물어봅니다. 두 번째 질문은, 한국교회는 왜 부흥이 될까 하는 것입니다. 어떤 목사님은 그 이유를 알기 위해서 서른세 번 한국에 와 보았다고 합니다. 그렇습니다. 그의 모든 해답이 삼일절에 있다고 생각합니다. 선교학적으로 연구해보면 선교의 가장 크고 어려운 벽이 nationalism입니다. 민족주의라고 하는 것입니다. 지금도 중동지구에서는 계속 이 문제로 싸우고 있지 않습니까. 종교문제라고 하지만 그 배후에는 내셔널리즘이 있는 것입니다. 앞으로의 전쟁은 바로 민족전쟁이 될 것입니다. 자, 이런 민족문제가 제일 중요한데 각각 자기민족이 가지는 자기종교가 있단말입니다. 일본사람들에게 선교가 안되는 것은 일본은 일본종교, 자기종교에 빠져 있기 때문입니다. 그래서 제가 일본 목사님에게 말했습니다. 아무래도 일본에는 하나님 개념이 잘못돼서 하나님 이름을 개명해드려야겠다고 했습니다. 왜요? 가미사마(神樣)거든요. 가미사마라는 것이 참 묘합니다. 귀신도 가미사마요, 도깨비도 가미사마요, 혼백도 가미사마고 하나님도 가미사마이니 기껏 한다는 소리가 덴노 가미사마, 하늘에 계신 가미사마라고 한번 붙여보는데 이것가지고는 안되는 것입니다. 반면 우리나라는 참 복을 받았습니다. 하나님이라는 말은 우리나라 밖에 없는 말입니다. 얼마나 좋습니까. 이름이 문제가 됩니다. 일제시대 신사참배 문제로 인해서 많은 사람이 순교했습니다. 수백 명이 죽었는데 그때의 심사기준이 간단했습니다. "하나님이 높으냐? 천황이 높으냐?"라는 물음에 하나님이 높다고 말하면 죽는 것입니다. 그런데 일본사람들에게 가미사마가 높은가 천황이 높은가 할 때 자기네가 볼 때는 당연히 천황이 높은 것입니다. 가미사마는 그 밑에 있기 때문입니다. 우리로 볼 때는 이거 말도 안되는 얘기 아닙니까. 여기서 문제가 되는 것입니다. 그래서 "하나님이 높으냐? 천황이 높으냐?" 묻고는 죽였습니다. 일본사람들의 개념으로는 천황이 높고 가미사마는 그 밑에 있는 시종과 같은 것이기에 그렇습니다. 일본교회는 지금 이 문제에서 어려움을 겪고 있는 것입니다.

이렇듯이 내셔널리즘이라고 하는 민족주의는 매우 중요한데, 이것을 극복하는 일은 누군가가 신학적으로 가르쳐서 되는 것도 아니고 전도해서 되는 것이 아닙니다. 그것은 하나님의 특별한 조치에 의해서만 가능합니다. 그것이 바로 삼일절이었습니다. 우리에게 삼일절은 결론적으로는 신앙운동이 애국운동이요, 애국운동이 신앙운동이요, 만세부르는 것이 신앙이요, 또 예배드리는 것이 애국으로 된 사건입니다. 이것으로 자연스럽게 민족주의적 편견을 넘어서게 됩니다. 이렇게 해서 선교의 문이 확 열린 것입니다. 예전에는 찬송가를 찬미가라고 했습니다. 찬미가의 14장이 애국가입니다. 그래서 우리는 당연히 교회에서 찬송을 부르고 애국가를 찬송가로 부르는 것입니다. 이것이 우리민족의 조상들이 가졌던 신앙개념입니다. 저는 그래서 찬송가공회에 언제나 말합니다. 찬송가에 애국가를 넣으라고요. 왜 애국가가 빠졌느냐고, 본래 있던 건데…… 이렇게 주장을 합니다만 아직 실천되지는 못하고 있습니다. 깊이 생각해야 됩니다. 삼일운동은 민족의 사건이었지만 마지막 희생자는 대부분 기독교인이었습니다. 그것이 무엇을 말해주고 있습니까. 민족운동을 복음운동으로 승화시킨 사람만이 끝까지 이 일을 감행했고 그래서 희생자가 된 것이고 순교자가 된 것입니다. 순교와 순국을 하나로 보는 것이 삼일운동의 가장 중요한 특성입니다. 이것이 한국교회 부흥의 기초가 되었습니다. 그래서 기독교는 우리의 종교가 된 것입니다. 그것은 실로 엄청난 일입니다. 이런 역사가 이루어질 것이라고 우리는 미처 몰랐습니다. 이 하나의 작품을 위하여 얼마나 많은 일들이 있었습니까. 그리하여 오늘의 기독교가 여기에 있는 것입니다. 이것을 깊이 생각해야 합니다. 은총의 계기가 아닐 수 없습니다. '조용하여 내가 하나님됨을 알지어다.' 하나님께서 이 성중에 계십니다. 이 민족과 함께 계십니다. 우리의 장래도 그의 손에 있습니다. 오늘의 현실도 그 안에 있습니다. '조용하여 내가 하나님됨을 알지어다.' △

경건의 실제적 능력

 누구든지 다른 교훈을 하며 바른 말 곧 우리 주 예수 그리스도의 말씀과 경건에 관한 교훈에 착념치 아니하면 저는 교만하여 아무것도 알지 못하고 변론과 언쟁을 좋아하는 자니 이로써 투기와 분쟁과 훼방과 악한 생각이 나며 마음이 부패하여지고 진리를 잃어버려 경건을 이익의 재료로 생각하는 자들의 다툼이 일어나느니라 그러나 자족하는 마음이 있으면 경건이 큰 이익이 되느니라 우리가 세상에 아무것도 가지고 온 것이 없으매 또한 아무것도 가지고 가지 못하리니 우리가 먹을 것과 입을 것이 있은즉 족한 줄로 알 것이니라 부하려 하는 자들은 시험과 올무와 여러 가지 어리석고 해로운 정욕에 떨어지나니 곧 사람으로 침륜과 멸망에 빠지게 하는 것이라 돈을 사랑함이 일만 악의 뿌리가 되나니 이것을 사모하는 자들이 미혹을 받아 믿음에서 떠나 많은 근심으로써 자기를 찔렀도다
(디모데전서 6 : 3 - 10)

경건의 실제적 능력

인간경영의 세계적인 권위자로 알려져 있는 카네기(Dale Carnegie)에게는 사랑하는 두 조카가 있었습니다. 카네기의 형수는 이 두 아들 때문에 늘 걱정이 끊일 날이 없었습니다. 이 두 아들은 예일대학에 재학 중이었고, 집을 떠나서 기숙사에 들어 있었습니다. 공부에 바쁘다는 핑계로 어머니에게 편지 쓰는 것을 게을리했습니다. 어머니가 몸이 달아서 열심히 편지를 썼지만 두 아들은 답장이 없습니다. 편지마다 제발 답장 좀 하라고 잔소리를 했지만 여전히 답장이 없었습니다. 바로 이것 때문에 그 형수는 잠을 못자고 괴로워합니다. 저놈들이 어떻게 지내고 있는지? 왜 답장이 없을까? 늘 그렇게 몸이 달아서 큰 걱정을 하고 있을 때 카네기가 형수에게 백 불을 걸고 내기를 합니다. 카네기가 편지 딱 한 장을 쓰고 답장하라는 말을 전혀 안써도 꼭 답장이 올 것이라고, 답장이 올 것인지 그렇지 않을 것인지 백 불을 걸고 내기를 한 것입니다. 카네기는 편지에다가 별로 중요하지도 않은 잡담같은 내용을 좀 쓰고나서 맨밑에 추신이라고 쓰고는 얼마의 돈을 함께 보낸다고 썼습니다. 그리고 돈은 보내지 않았습니다. 당장 답장이 왔습니다. '친애하는 숙부님께. 보내주신 편지는 감사합니다.' 어쩌고어쩌고…… 역시 카네기는 한수 위입니다. 여러분, 자식을 어떻게 다스려야 하겠습니까. 이것도 경영학입니다. 인간경영학입니다.

종교개혁자 마르틴 루터는 우리들 그리스도인에게 일어나는 중생 즉 회심의 체험에 대해서 아주 그 옛날이지만 간결하게 말해주고 있습니다. 첫째, 머리의 회심입니다. 중생하면서 생각이 바뀌는 것입니다. 이성적이고 자기중심적인 가치관이 그리스도중심적이고 하나님중심적인 가치관으로 기초가 근본적으로 바뀌는 것입니다. 그것이 중생입니다. 두 번째는 가슴의 회심입니다. 세상을 살면서 분노와 좌절과 죄책과 그리고 많은 후회와 회한으로 늘 마음이 상하고 상처를 입고 헤어나질 못하다가 중생하는 순간에 하나님의 영이 가까이 오고 그리스도의 생명력을 체험하게 될 때 확 가슴이 바뀌는 것입니다. 원망하던 사람이 이제는 감사하게 되고, 용서하지 못하던 사람이 용서하게 되고, 가슴을 쥐어뜯던 분노의 사람이 평안의 사람이 되고, 한숨쉬고 절망하고 다 끝났다고 하던 사람이 이제는 소망을 가진 사람이 되고, 만사에 항상 부정적인 사람이 이제는 긍정적으로 세상을 보는 그런 사람으로 전환하는 것입니다. 이것이 가슴의 회심입니다. 세 번째는 아주 재미있는 얘기인데, 돈주머니의 회심입니다. 돈주머니가 바뀌어야 합니다. 실제로 행동의 변화의 핵심에 돈이 있습니다. 어떻게 벌며 어떻게 쓰느냐? 정당한 방법으로 벌어야 합니다. 정당치 않은 방법으로 버는 돈을 결코 벌었다고 생각해서는 안됩니다. 그건 실패라고 생각을 해야 합니다. 이렇게 부당한 이익을 바라지 않는 사람으로 바뀌고, 또한 지출에 있어서도 신앙적 회심의 결과가 나타나는 것입니다. 돈주머니를 가지고 그의 경제성향을 통해 회심을 평가할 수 있다는 대단히 중요한 얘기입니다. 예수는 오래 믿으면서도 이 세 번째 중생이 없는 사람이 많습니다. 참으로, 참으로 유감스러운 일입니다.

어제는 이런 이야기를 들었습니다. 어떤 분이 미국에 사는 분인데 남편이 죽고 오백만 불이나 되는 많은 재산을 물려받았습니다. 이걸 어떡할까하고 전전긍긍하다가 목사님께 물었는데 목사님이 일부는 자선사업에 주고 일부는 선교사업에 주고 나머지 얼마만 남겼다가 세상을 떠날 때까지 쓰는 것이 좋겠다고 권하면서 목사님이 잘 아는 장로님 변호사를 불러 의논하도록 했답니다. 그래서 변호사가 가서 문서를 다 만들었습니다. 이렇게저렇게 쓸 수 있도록 문서를 다 만들고 이제 싸인만 하면 됩니다. 그런데 이 분이 손을 벌벌떨면서 싸인을 못하더랍니다. 끝내 싸인을 못하더랍니다. 아, 아까워서 못하겠다고…… 그래서 며칠 연기했습니다. 그런데 며칠 후에 그 부인이 죽어버렸습니다. 참 기가막힌 얘기입니다. 제 돈도 아닌 것, 공짜로 물려받은 오백만 불을 거저 받았으니 거저 줘야 될 텐데, 자기도 지금 얼마 남지 않은 생이면서 그렇게 목사님한테 물어서 좋은 조언을 받고도 싸인을 못하고 죽더라고. 바로 그 목사님과 어제 얘기를 한 것입니다. 어제 저녁이었습니다. 기가막힌 일입니다. 저는 말은 안했습니다마는 속으로 생각하기를 '당신이 설득력이 약했소' 했습니다.

오늘성경말씀에 보니 경건의 비밀과 경건의 능력에 대해서 말씀하고 있습니다. 그리스도인은 말씀과 경건에 착념해야 합니다(3절). 말씀과 경건에 착념하는 것, 말씀을 사랑하며 말씀을 묵상하며 말씀에 순종하며 그리고 말씀주도적으로 말씀이 인도하는대로 말씀이 감화하는대로 살아가는 것입니다. 그래서 계속적으로 말씀을 들어야 하고 말씀에 감동을 받아야 하고 말씀의 생명력을 공급받아야 합니다. 마치 포도나무가지가 뿌리로부터 줄기로부터 진액을 받아야 하는 것처럼 말입니다. 그러나 만일에 이 말씀의 능력에서 이탈하면 어떻게 되겠습니까. 오늘의 성경이 말씀합니다. 첫째, 교만하여진다 합니다. 자기마음을 자기마음대로 할 수 있는 사람이 없습니다. 말씀이 나를 지배할 때만 내가 바른 자리에 설 수 있고, 말씀의 능력이 떠나면 어느 결에 교만해집니다. 여러분 스스로 진단해보십시오. 몇 번이고 물어보십시오. 내가 교만하지 않나?

제가 이제 나이가 들고보니 젊은 후배목사님들이 많은 질문을 합니다. "목회하면서 많은 어려움도 있었을 텐데 목사님은 어떻게 그 모든 문제를 해결했습니까?" "그 많은 그 어려운 문제 속에서 어떻게 건강을 유지했습니까?" "어떻게 평온을 지켜서 오늘까지 이렇게 역사하실 수 있었습니까?" "그 많은 시험과 어려움과 억울함을 이겨내고 참을 수 있었던 그 비결이 무엇입니까?" 그렇게 묻곤 합니다. "비결이라니요? 아니, 당신들 성경 66권을 항상 읽으면서 아직 그것도 몰랐소? 간단하지 않습니까. 겸손하면 됩니다. 누가 뭐래도 겸손하면 시험하는 자가 있어도 시험받지 않습니다." 그렇게 대답을 했습니다. 겸손해야 한다—그것을 잊지 말아야 합니다. 사도 바울의 논법대로 말하면 하나님께서 주신 복 중의 가장 큰 복이 겸손의 복입니다. 나를 겸손하게 하기 위해서 육체의 가시를 주셨다고, 그것을 감사한다고 말씀하지 않습니까. 조금만 삐끗하면 또 교만해집니다. 그 아무것도 아닌데 또 교만해집니다. 그저 낮추고, 낮추고, 낮추고 겸손해야 할 것입니다.

말씀을 떠나면 교만해집니다. 오늘말씀대로입니다. 교만해지면 그 결과로 아무것도 알지 못하게 됩니다(4절). 무식하게 됩니다. 아무것도 모르면서 잘난 체하지만 교만한 사람이 똑똑한 법은 없습니다. 똑똑한 척하면서 가장 어리석은 사람이 바로 교만한 사람입니다. 아무것도 모릅니다. 이미도 모르고 앞으로도 모를 수밖에 없습니다. 왜입니까. 교만한 자에게 들려질 지식은 없기 때문입니다. 그래서 점점더 아무것도 모르는 사람이 돼버리고 또 그 다음에는 변론과 언쟁이 생기고 마는 것입니다(4절). 말이 많아집니다. 교만한 사람이 말이 많습니다. 또 투기와 분쟁하는 사람이 되고 맙니다(4절). 질투하는 마음이 생기고 분쟁하는 마음이 생기는 것입니다. 이것이 다 교만의 결과입니다. 말씀이 떠난 자에게 생겨나는 자연스런 현상입니다. 그래서 심지어는 나아가 경건까지도 수단화합니다. 5절에 보는대로 경건을 수단으로 생각하는 것입니다. 경건한 모양을 하고 속으로는 딴생각을 하는 것입니다. 경건을 수단화하는 것처럼 비참한 일이 없습니다. 경건이 깨지고 그 영혼은 깊은 수렁에 빠지게 됩니다. 그래서 경건의 지혜로운 삶에 대해서 오늘성경은 구체적으로 무엇이라고 말씀합니까.

첫째는, 지족하는 마음이 있으면 좋겠다는 것입니다(6절). 즉 풍요의식이 있어야 됩니다. '감사할 뿐더러 넉넉하다' '이만하면 충분하다' '아, 이 얼마나 큰 복이냐?' 지족하는 마음입니다. 미하엘 짐 페를이라고 하는 분이 쓴 「1%만 가져도 99% 행복하다」라는 재미있는 제목의 책이 있습니다. 여러분, 100%를 가지려고 하지 마십시오. 1%만 가져도 행복할 수 있습니다. 이것이 진리입니다. 아무것도 없어도 건강하면 행복합니다. 1%만 가져도 행복할 수 있다는 것입니다. 이 분은 이 책에서 과잉으로 인해 문제가 있다고 지적합니다. 과잉을 생각해보십시오. 속도과잉―그렇게 빨리 갈 필요 없는데 빨리 가려다 죽습니다. 과잉소비―그렇게 소비해서는 안되는데 과잉소비가 스스로를 해하고 있습니다. 과잉노동―그렇게까지 새벽부터 밤까지 뛸 필요가 없는데 말입니다. 그런고로 소박한 것을 즐길 줄 아는 지혜를 가지라고 말합니다. 작은 것 하나라도 감사하고 소박한 생활에서 즐거움을 찾아야 한다는 것입니다. 또 한 가지, 합리적 소비에 대해서 말합니다. 내가 정말 합리적으로 소비하고 있느냐고 한 번 물어야 되겠습니다. 그 다음으로 일이 목적이 되어버리지는 않았는가 묻고 있습니다. 사람은 일하기 위해서 사는 것이 아닌데, 일이 목적이 되는 순간 나 자신은 증발해버리는 것입니다. 그래서 스스로가 만족할 줄 알아야 합니다. 지족하는 마음이 있어야 합니다. 그래야 경건에 도움이 될 것입니다.

그 다음엔 임시관리의식을 가져야 합니다(7절). 모든것은 지나가는 것입니다. 이런 유명한 이야기가 있습니다. 다윗이 왕으로 있을 때 한참 번성한 전성기에 보석을 만드는 한 기술자를 불러놓고 "좋은 반지를 하나 만들어보라. 보석반지를 만들어서 그 반지에 글귀를 새기라. 내가 전쟁에 승리했을 때 교만하지 않고 내가 어려운 일 당할 때 낙심하지 않도록 언제나 읽을 만한 좌우명을 그 반지에 새기라" 했습니다. 그런데 그 기술자가 반지는 만들 수 있어도 좌우명을 만들 수는 없어서 어린 솔로몬에게 물었다고 합니다. 그랬더니 교만하지 않을 수 있고 절망하지 않을 수 있는 딱 한마디의 좌우명을 말하더랍니다. '이것 역시 곧 지나가리라.' 잠시후면 죽는다, 모든것은 지나간다, 그 말입니다. 그렇습니다. 모든것은 지나갑니다. 부자도 지나가고, 명예도 지나가고, 아름다움도 지나갑니다. 아직도 그것을 모르고 산다면 그런 바보가 어디 있겠습니까. 돈이 내 손에 그냥 있는 것이 아닙니다. 재미있는 얘기가 있습니다. 어느 돈많은 부자가 이 돈을 그냥 두고 죽는 게 너무 아까워 관 속에라도 넣어 가지고 가고 싶은 것입니다. 죽은 다음에 돈을 관에 넣어 달라—누구를 믿고 부탁할 수 있겠습니까. 생각끝에 늘 친하게 지내던 변호사,

의사, 목사, 그렇게 세 사람을 불렀습니다. 그들에게 각각 백만 불씩 주고 자기가 죽은 다음에 장례식에 와서 시체 앞에 인사할 때 그걸 관속에 넣어달라고 했습니다. 그 약속을 받았습니다. 세 사람이 다 장례식이 끝난 다음에 같은 차를 타고 돌아오면서 그 돈을 넣었느냐고 서로 묻습니다. 다들 넣었다고 말합니다. 목사님은 얘기했습니다. "그래도 십일조는 떼어야 하지 않나? 십일조는 뗐지." 의사는 말하기를 "그분이 병원에 오래 입원하고 있었는데 그래서 내가 병원수리도 해야 하기 때문에 50%를 떼었지." 그렇게 말합니다. 그랬더니 변호사가 깜짝놀라면서 "무슨 소리야? 어떤 약속인데 그걸 어겼나? 나는 다 넣었지." "정말인가?" "수표로 넣었지." 역시 변호사가 한수 위입니다. 여러분도 생각해보십시오. 못가지고 갑니다. 그 뭐 복잡하게 생각할 것 없습니다. 못가지고 간다는 것을 알고 살아야 합니다. 임시관리 하고 있을 뿐입니다. 다 지나갑니다. 부하려 하는 그 마음 거기에 문제가 있습니다. 부가 무엇인지를 모른다는 데 문제가 있습니다.

케네스 블랜차드(Kenneth H. Blanchard)와 쉘든 보울즈(Sheldon Bowls)의 공저로 나온 책이 있습니다. 사업을 하시는 분들은 꼭 한번 볼만한 책입니다. 「부자의 황금률」이라는 책입니다. 그 책 속에는 정말로 부자인가? 사람이 정말로 부자인지를 진단할 수 있는 진단 바로미터(barometer)가 있다고 합니다. 첫째, 정말 부자인지를 알려면 해피 테스트(Happy Test)—즐거움 테스트를 해야 합니다. 부를 가지고 있더라도 근심이 있다면 부자가 아닙니다. 잠을 못잔다면 그것은 더욱더 부자가 아닙니다. 고민이 없어야 합니다. 동시에 자신과 함께 일하는 사람들도 행복해야 합니다. 자신도 행복하고 함께하는 사람들이 다같이 행복해야 합니다. 물건을 산다고 해봅시다. 파는 사람과 사는 사람이 다같이 행복해야 합니다. 그 누구도 약탈감을 느껴서는 안되고 사기당했다고 생각해서도 안되며 빼앗았다고 생각해서도 안됩니다. Win-Win, 다같이 이기고 다같이 얻었다고 해야 합니다. 산 사람도 행복하고 판 사람도 행복한지를 평가하는 이 해피 테스트를 해보는 것입니다. 그것이 바로 부의 척도입니다. 둘째는 목적 테스트입니다. 도대체 부의 목적이 무엇인가? 부 자체가 목적이 됐으면 안됩니다. 세 번째는 창의력 테스트입니다. 남의 뒤나 따라가면서 살았는가? 남을 모방하느라고 살았는가? 그렇다면 그것은 성공이 아닙니다. 부가 아니라는 것입니다. 남과 달리 하나님께서 내게 주신 은사를 다 한 것, 나만의 창의력으로 내게 주신 특권을 다 발휘했을 때, 내게만 주신 기회요 내게만 주신 지혜요 그것을 다했을 때, 그것을 다 발휘했을 때 거기에 부가 있는 것입니다. 마지막으로 가장 중요한 것은 영원성 테스트입니다. 도대체 부가 영원한 의미를 갖는가하는 문제입니다. 내가 가지고 살다 그냥 죽어버리면 그것은 아무 의미도 없는 것입니다. 문제는 영원성, 영원한 것인가 하는 것입니다. 예수님 말씀하십니다.

'네 보화를 하늘에 쌓아두라.' 부를 하늘에 쌓아두는 부자라야 합니다. '네 재물을 하늘에 쌓아두라. 영원한 기업이 될 것이다.' 여러분, 영원성 테스트에 합격한 그 부만이 부가 되는 것입니다. 10절에 말씀합니다. "돈을 사랑함이 일만 악의 뿌리가 되나니······" 헬라어로 '필라르귀리아'로 쓰는데, 한 단어입니다. 우리가 이 말을 번역하면 '돈사랑' '돈을 사랑함'입니다. 돈을 사랑하는 그것, 돈이 목적이 되는 것이 모든 악의 뿌리가 되는 것입니다.

여러분의 경건은 어디까지 와 있습니까? 머리입니까? 가슴입니까? 아니면 돈주머니입니까? 말씀에 순종하면서 말씀의 그 큰 능력에 이끌리어서 행복한 이성, 행복한 가슴, 행복한 경제생활이 되어야 하겠습니다. 말씀의 능력이 나를 온전히 지배할 때 거기에 참된 부의 의미가 있는 것입니다. △

내게 배우라

그 때에 예수께서 대답하여 가라사대 천지의 주재이신 아버지여 이것을 지혜롭고 슬기있는 자들에게는 숨기시고 어린 아이들에게는 나타내심을 감사하나이다 옳소이다 이렇게 된 것이 아버지의 뜻이니이다 내 아버지께서 모든 것을 내게 주셨으니 아버지 외에는 아들을 아는 자가 없고 아들과 또 아들의 소원대로 계시를 받는 자 외에는 아버지를 아는 자가 없느니라 수고하고 무거운 짐진 자들아 다 내게로 오라 내가 너희를 쉬게 하리라 나는 마음이 온유하고 겸손하니 나의 멍에를 메고 내게 배우라 그러면 너희 마음이 쉼을 얻으리니 이는 내 멍에는 쉽고 내 짐은 가벼움이라 하시니라
(마태복음 11 : 25 - 30)

내게 배우라

　복음서가 증거하고 있는 예수 그리스도의 생애는 예수님의 십자가에 초점을 맞추고 있습니다. 예수님께서 행하신 그 큰 능력과 이적들 그 모든것이 다 십자가의 그 큰 계시에 의해서 해석되고 풀이되고 이해되어야 하는 이유가 거기에 있습니다. 복음은 십자가가 중심이 되며, 십자가에 목표를 두고 초점을 맞추고 있습니다. 그래서 기독교의 상징이 십자가입니다. 여러분도 지금 십자가를 보면서 예배를 드리고 있습니다. 그 속에 무궁무진한 메시지가 있습니다. 나를 향한 계시가 있고 내게 주는 영감이 있습니다.

　예수님께서 십자가에 돌아가실 때 하셨던 일곱 마디 말씀 중에 맨먼저 하신 말씀은 참으로 위대한 말씀입니다. "아버지여 저희를 사하여주옵소서 자기의 하는 것을 알지 못함이니이다(눅 23 : 34)." 저는 이 말씀을 묵상할 때마다 한 사람이 생각납니다. 그는 벤허입니다. 영화「벤허」의 마지막 장면에 나오는 그 한마디를 놓치면「벤허」를 제대로 못본 것입니다. 몇 번을 보아서라도 이 한마디를 꼭 들어야만 합니다. 왜 그 많은 고난을 당하면서도 저항하지 않았나? 왜 칼을 쓰는 자 앞에 칼로 대항하지 않는가? 왜 폭력을 쓰는 자 앞에서 폭력을 쓰지 않는가? 왜 저주하지도 않고 미워하지도 않는가? 그렇게 많은 억울한 고난을 당하면서도 한평생을 무저항주의로 오직 사랑으로 그런 고난을 이겨가야 하는 이유가 뭐냐고 묻는 말에 벤허는 대답합니다. "내가 예수님께서 십자가에 돌아가시는 바로 그 자리에 있었노라. 예수님께서 저들의 죄를 사하여주옵소서 하시는 말씀이 내 귀에 들려올 때 가슴이 무너지는 것같았고 폭탄이 떨어지는 것같았다. 그리고 내 손에서 검이 떠나가는 것을 느꼈노라."

여러분, 이 말씀은 대단히 중요한 것입니다. "저들의 죄를 사하여주옵소서." 좀 외람되고 죄송한 말씀입니다마는 반대로 한번 추리해볼까요? 예수님께서 십자가에 돌아가시면서 만일에 이렇게 말씀하셨다면 어떻게 되겠습니까. '이놈들 두고보자. 심판날에 두고보자.' 만약 그렇게 말씀하셨다면 어찌됩니까. 이 한마디말씀이 얼마나 중요합니까. '하나님이여, 아버지여, 저들의 죄를 사하여주옵소서.' 그런데 사하여주십사 하는 근거가 어디 있습니까. 저들이 하는 것을 모르기 때문입니다. 이것이 얼마나 무서운 죄인지를 모르기 때문입니다. 해석은 어디까지나 해석입니다마는 때로 전통적이고 보수주의적인 해석에 따르면 바로 이 순간 이 십자가에 예수님을 못박은 죄로 인해서 유대백성은 2천 년 동안 나라 없이 헤매야 했고 그리고 수백만이 무참히 희생되는 끔찍한 사건도 있어져야 했다고 말합니다. 그런데 보십시오. '하나님이여 저들의 죄를 사해주옵소서. 저들이 모르기 때문입니다.' 긍휼의 근거는 여기 있습니다. 행동이 있고, 포악한 행위가 있고, 저주가 있고, 갖가지 폭력이 있습니다만 그것은 그들이 모르기 때문입니다. 참으로 모르기 때문입니다.

오늘도 우리의 마음을 어지럽히는 사건들이 많습니다. 너무나도 말도 안되는 일들이 우리 주위에 넘쳐납니다. 그러나 여러분, 한마디로 한번 정의해볼까요? 다 무식해서 그렇습니다. 그게 있을 수 없는 일이지요. 무식해서입니다. 똑똑한 척하지만 몰라서입니다. 이렇게 될 줄 몰라서, 이게 얼마나 잘못된 일인지를 몰라서입니다. 그냥 그저 뭐니뭐니해도 무식이 죄입니다. 그러면 왜 모르게 됐느냐? 알기를 거절했기 때문에 모르게 된 것입니다. 아는 바를 거부했기 때문에 결국은 모른다는 심판을 받게 된 것입니다. 자, 모르지요? 모르면 무능해지지요? 그 다음에 특별한 일이 있습니다. 무능 다음에는 교만해집니다. 참 이상해집니다. 무식한 사람은 하나같이 교만합니다. 어쩌면 교만이 무식입니다. 그걸 잊지 말아야 합니다. 그리고 파멸에 이르는 것입니다.

작가 에릭 아론슨(Eric Aronson)이 재미있고 유명한 책을 썼습니다. 책 제목이 재미있습니다. 「대시-DASH」입니다. D · A · S · H —그렇게 대시입니다. 인생을 뒤집는 성공법칙을 대시라고 말하고 있습니다. '밀어붙이기' — 그런 얘기는 아닙니다. 대시를 이렇게 설명합니다. D - Determination, 결심입니다. 결단입니다. '성공의 기본은 결단이다.' 결단이 뭡니까. 과거를 버리는 것입니다. 그리고 미래로 향하는 것입니다. 단호한 거부가 필요합니다. 이것이 없기 때문에 망하는 것입니다. 거절할 것을 딱 거절하고 취할 것을 취하는 의지적 결단과 그 용기가 있어야 한다는 것입니다. 결단이 없는 생활, 그 운명이 어디로 가겠습니까? 두 번째는 A - Attitude, 마음가짐입니다. 흔히 모든것이 마음가짐에 달렸다는 말을 하지 않습니까. 그렇습니다. 어떤 환경이나 처지가 문제가 아닙니다. 마음의 자세가 문제입니다. 그래서 본문에도 "어린아이들에게는 나타내심을 감사하나이다(25절)"라고 말씀하십니다. 어린아이와 같은 마음, 어린아이같은 자에게 나타내시는 것입니다. 정말 그렇습니다. 저는 이 나이가 되도록 많은 분들을 만나보았습니다. 정치가, 경제인, 학자, 혹은 재벌들도 많이 만나보았습니다. 그런데 이상한 것은 그래도 상대적으로 성공했다는 사람들, 성공했다는 사람들은 하나같이 어린아이 같다는 것입니다. 심지어는 별을 많이 단 장성들, 아, 그런 분들 만나보고도 깜짝놀라게 되는데, 이런 사람이 어떻게 장군이 되었나 싶습니다. 꼭 어린아이같아요. 정말입니다. 또 이렇게 순진한 사람이 어떻게 돈을 벌었나 싶은데, 어린아이같은 그가 돈을 벌거든요. 어린아이같은 마음이어야 계시를 받고, 어린아이같은 마음이어야 지혜로워지고, 어린아이같은 사람이 오히려 능력의 사람, 카리스마적인 사람이 되더라고요. 세 번째는 S - Success, 성공입니다. 곧 성공지향적 습관입니다. 사람들 중에는 성공이라는 것을 생각도 안하고 사는 사람 많습니다. 되는대로 사는 것입니다. 뭐 인생이 별거냐 하고 포장마차에 앉아 있는 사람의 마음속에는 성공이 없습니다. 댄스홀에서 발광하는 사람들은 다 포기한 사람들입니다. 여러분, 성공에 대한 꿈을 버리면 안됩니다. 성공지향적 습관을 가져야 됩니다. 그래서 늘 말씀드립니다마는 성공하는 사람들은 하나같이 보통사람보다 세 시간 일찍 일어납니다. 늦잠자면 끝입니다. 보십시오. 남보다 세 시간을 더 사는 것입니다. 이런 성공지향적 자기습관을 만들어가야 합니다. 자기자신의 라이프 스타일을 만들고 살아야 됩니다. 네 번째는 H - Happiness, 행복입니다. 행복이 무엇인지를 알아야 합니다. 그리고 현재도 행복을 느껴야 합니다. 행복감이 없는 세계에는 창작이 없습니다. 창작과 창의적 역사가 없고는 현대에서의 성공은 없습니다. 그러니까 행복이 넘쳐야 합니다. 적어도 일하며 행복하고, 생각하며 행복하고, 나는 행복하다고 신앙적으로 말하면서, 지금 내게 주어진 이 현실이 하나님께서 내게 주신 최상의 축복이며 최상의 은사임을 고백하고 그렇게 행복감을 만끽하면서 살아갈 때 그가 '대시'의 사람이 될 수 있다고 말합니다.

오늘본문에 예수님께서 친히 말씀하십니다. 세 가지를 약속하십니다. 이 약속을 잘 새겨서 들을 필요가 있습니다. 예수님 말씀하십니다. "나를 따르라" "내게 배우라" "내 제자가 되라" 그러면 첫째로 "쉼을 얻으리라." 쉼이라는 것은 헬라말로 '아나파우신'이고 영어로는 rest, 곧 쉼, 안식입니다. 우리는 지금 쉼이 없는 세상을 살아갑니다. 너무 바빠요. 그러나 그리스도의 사람은 늘 쉬면서 살아갑니다. 아니 하루하루가 다 쉬는 것입니다. 간혹 이런 질문을 받습니다. "목사님은 하루에 세 번 네 번 다섯 번 설교하시는데, 아니, 지금 은퇴한 다음에도 (오늘은 제가 지금 네 번 설교하는 날입니다) 설교를 많이 하고 다니시는데 아 좀 쉬시지요. 그렇게 넉넉히 쉴 수 있는 여유가 있는데 왜 안쉬고 그러십니까?" 그래, 내가 대답합니다. "이러는 게 쉬는 거요." 저는 설교를 노동이라고 생각해본 역사가 없습니다. 이게 안식입니다. 여러분이 이 자리에 못서봐서 모르지요? 기가막힌 것입니다. 얼마나 재미있는데요. 이건 휴식입니다. rest - 예수님을 따라가는 일은 그대로가, 그 자체가 휴식입니다. 또 예수님 약속하십니다. '쉽게 된다. 내 짐은 쉽다.' 헬라말로 크레스토스, 영어로는 gentle입니다. 쉬워진다는 것입니다. 어려운 일도 예수믿는 사람에게는 쉽습니다. 꽉 막히는 것같은데 그렇지 않습니다. 여유가 있습니다. 쉽게 풀립니다. 그리고 짐이 '가볍다' 하십니다. 헬라말로 '엘라프론'입니다. 가벼워진다는 것입니다. 여러분, 무거운 짐도 가벼워지고 어려운 일도 쉬 풀리게 됩니다. 예수님께서 약속해주셨습니다. '내 제자가 되면 이러하다.' 모든 일이 휴식이요 모든 일이 쉽게 풀리고 짐은 가볍다고요. 가볍게 될 것이라고 약속하십니다.

그리고 "내게 배우라" 하십니다. 배운다는 것에는 몇가지의 의미가 있습니다. 먼저는 교과과정입니다. 뭘 배우느냐입니다. 그리고 교육과정입니다. 어떻게 배워나갈 것이냐입니다. 그 다음에는 교육 표본입니다. 모델이 뭐냐입니다. 표본이 좋으면 학습효과가 생깁니다. 여러분이 아시는대로 선생님이 좋고 교과과정이 좋으면 어떻습니까? 재미가 있지요. 아무리 공부해도 피곤하지 않습니다. 재미가 납니다. 공부에 재미가 없어지면 끝난 것입니다. 그것은 억지로 못할 짓입니다. 공부는 재미있어야 할 수 있습니다. 그런데 선생님이 좋으면 재미있어지지요. 총각선생님이 좋으면 여학생들이 그 쪽으로 쏠립니다. 그 선생님이 음악 하면 음악, 그림그리면 그림으로 빠져버리지요. 좋은 선생님을 만나는 것, 정말로 큰 축복입니다. 이것은 쉬워지고 재미있고 효과도 있어서 학습효과가 생기고, 또 촉진효과도 생깁니다. 따라하는 것은 쉽습니다. 내가 개척하기는 어렵습니다. 저도 아이들을 키워보니 알게 되는데, 큰 아이는 어려서 말을 처음 배울 때 하나에서 열까지 세는 것을 일주일 가르쳤습니다. 하나, 둘, 셋, 다섯…… 이러더라고요. 그런데 둘째아이는 가르쳐 본 일이 없어요. 형하고 딱지치기 하면서 다 배웠습니다. 모방하는 것처럼 쉬운 게 없거든요. 그냥 따라하면 되니까요. 빨리 배울 수가 있지요. 여기에 행동촉진효과가 있습니다.

저는 선생을 잘 만나야 한다는 것, 교과과정이 얼마나 중요한가를 뼈저리게 느낀 일이 한번 있습니다. 제가 유학을 가야 해서 토플 시험도 봐야 하기에 영어공부를 하느라고 정말 고생했습니다. 밤에 잠도 못자고, 옛날엔 녹음기도 없어서 레코드판을 틀어놓고 그것을 들어가면서 아무튼 꽤 애를 많이 썼습니다. 그래도 안되더라고요. 이래도 잘 안되고 저래도 잘 안되고 해서 참 답답한데, 그래서 너무 안될 것같아서 제가 프린스턴대학에 가기 전에 영어공부를 좀 해야겠다 하고 미시간대학에 들어갔습니다. 아, 그곳에서 깜짝놀랐습니다. 좌우간 ABCD도 모르는 사람이 거기 와서 두 달만 머물고나면 영어를 합니다. 잘 가르치더군요. 내, 거기서 그걸 보고 우리 공부하는 것은 말짱 헛것이구나 깨달았습니다. 두 달만 딱 그곳에서 그 선생님들하고 공부하고나면 토플 600점을 맞아서 학교에 진학합니다. 교과과정이 좋고 선생이 좋으니까 지름길로 달리는 것입니다.

선생 중에서 제일 큰 선생이 누구인가? 책임지는 선생입니다. 자신이 책임진다고 하는 그런 선생입니다. "나 하라는대로 따라와. 내가 책임진다." 얼마나 좋습니까. "나하고 두 달만 같이하자. 그러면 문제없다." 생각해보십시오. 얼마나, 얼마나 통쾌한 얘기입니까. 책임지는 것입니다. 책임있는 교과과정 또 책임있는 교육자입니다. 선생이 책임져야지요. 그 책임지는 것을 믿고 내가 나를 맡기는 것 아니겠습니까. 그게 되는지 말는지 모르겠다고 하는 선생에게 어떻게 시간을 바칩니까. 될 건지 말 건지…… 이거 아니잖습니까. 그런고로 예수님께서는 최고의 선생님이십니다. 내게 배우라, 내게 오라, 내가 책임진다—얼마나 확실한 약속입니까. 나를 배우라. 내게로 오라. 나와 함께 배우라. 내게 배우라. 이 '내게 배우라'는 말씀을 헬라원문으로 보면 좀더 특별한 의미가 있습니다. 그냥 '배우라'가 아닙니다. '마데테 아프 에무'인데, '마데테'라는 말은 마데테스 곧 제자라는 말과 관련됩니다. 곧 제자가 되라는 말씀입니다. '내 제자가 되어라.' 제가 40년 동안 신학대학에서 강의를 했기 때문에 여기저기 다니면 후배목사님들이 저를 소개할 때 "제가 목사님께로부터 배운 사람입니다" 하고 소개하는 사람은 마음에 안듭니다. "제 선생님이십니다." 이것도 맘에 안듭니다. "제가 제자입니다." 어떤 사람은 "제가 수제자입니다" 그렇게 말합니다. 좀 건방지기도 하지만 그것 맘에 듭니다. 제자는 다릅니다. 제자는 운명을 같이하는 것입니다. 전적으로 믿고 따라가고 함께 살고 함께 죽어야 제자입니다. '내 제자가 되라.' 그 조건을 보십시오. 네 있는 처지에서 떠나서 내게로 오라—행동의지를, 결단을 말합니다. 그 다음에는 보십시오. 어린아이같은 마음입니다. attitude, 자세가 좋아야 됩니다. 순진한 마음, 아주 순진한 마음.

    노자의 「도덕경」에 이런 말이 있습니다. '바다가 온갖 시냇물의 왕이 될 수 있는 것은 자기를 낮추기 때문이다.' 바다는 넓고 바다는 모든 물을 다 수용합니다. 위대합니다. 왜? 바다는 가장 낮습니다. 가장 낮기 때문에 바다입니다. 가장 낮은 사람이 가장 위대합니다. 그걸 잊지 말아야 됩니다. 그래서 오늘 예수님 말씀하십니다. "나의 멍에를 메고 내게 배우라." 여기서 멍에란 말에는 특별한 의미가 있답니다. 한국사람과 같은 풍속이 있습니다. 밭을 갈 때 소 두 필이 있습니다. 소 두 필이 한 쟁기를 끄는 것입니다(소 두 필이 끄는 쟁기를 겨리라고 합니다). 여기 두 필이 갑니다. 예수님 '내가 하나 멜테니 네가 하나 메어라. 내 멍에를 메어라. 내 멍에, 내가 먼 멍에의 이쪽 멍에를 같이 메어라. 그리고 박자를 맞추어서 밭을 같이 갈자.' 내 멍에를 메고—이건 세상 죄짐을 말하는 게 아닙니다. 예수님 하시는대로 예수님의 가슴에 있었던 뜻대로 예수님의 목적대로 발을 맞추어서 '내가 이쪽을 멜 테니 네가 저쪽을 메라. 내 멍에를 메고 내게 배우라' 하시는 것입니다. 여러분, 몸으로 배운다는 걸 잊지 마십시오. 머리를 굴리지 마십시오. 성경적 지식도 신앙도 몸으로, 몸으로만 배울 수 있는 것입니다. 그리고 "배우라"하는 말씀은 제자훈련을 받으라는 뜻입니다. 시간이 걸립니다. 그래도 초조하거나 불안에 떨지 말아야 합니다. 시간이 걸리는 것입니다. 예수를 배우면, 예수의 제자가 되면 Total Acceptance, Total Discipline, Total Commitment, 전적으로 의지하게 될 때 주님께서 책임을 지십니다.

아브라함 링컨은 세상떠난 다음에 국민들로부터 더 많은 존경을 받는 그런 분입니다. 그의 업적도 중요하지만 그의 인품에 대해서 더더욱 많은 존경을 받습니다. 근자에 와서 그가 썼던 편지가 개봉되어 많은 사람의 마음을 감동시킵니다. 남북전쟁 중 가장 치열했던 게티스버그 전투 때 미드 장군에게 보낸 편지 한 통이 공개됐습니다. 내용은 이렇습니다. '존경하는 미드 장군님. 이 작전이 성공하면 그것은 모두 당신의 공입니다. 만약에 실패한다면 그것은 내 잘못입니다. 실패하고 돌아올 때 대통령이 명령해서 실패했다고 말하고 이 편지를 공개하십시오.' 얼마나 멋있는 지도자입니까. 성공했다면 그 공은 당신 것이요 실패했다면 명령자인 내 잘못이오—이것이 지도자입니다. 그러한 분입니다.

예수님 말씀하십니다. '내게 배우라. 내가 책임진다. 나를 따르라. 나의 책임이다. 내가 함께할 것이다.' 여기에 능력이 있고 지혜가 있고 그리스도인의 자유함이 있습니다. △

나를 좇으라

예수께서 다시 바닷가에 나가시매 무리가 다 나아 왔거늘 예수께서 저희를 가르치시니라 또 지나가시다가 알패오의 아들 레위가 세관에 앉아 있는 것을 보시고 저에게 이르시되 나를 좇으라 하시니 일어나 좇으니라 그의 집에 앉아 잡수실 때에 많은 세리와 죄인들이 예수와 그 제자들과 함께 앉았으니 이는 저희가 많이 있어서 예수를 좇음이러라 바리새인의 서기관들이 예수께서 죄인과 세리들과 함께 잡수시는 것을 보고 그 제자들에게 이르되 어찌하여 세리와 죄인들과 함께 먹는가 예수께서 들으시고 저희에게 이르시되 건강한 자에게는 의원이 쓸데 없고 병든 자에게라야 쓸데 있느니라 내가 의인을 부르러 온 것이 아니요 죄인을 부르러 왔노라 하시니라
(마가복음 2 : 13 - 17)

나를 좇으라

　제2차세계대전 당시 히로시마에 원자탄이 투하되면서 그 무서운 전쟁은 끝나게 되었습니다. 원자탄을 투하하는 데 사용되었던 비행기는 B29, B17, B24였습니다. 지금은 우리가 비행기를 타고 여기서 뉴욕까지 논스톱으로 갑니다마는 당시는 그것은 상상도 못하는 일이었습니다. 많은 폭탄을 실은 그 무거운 비행기가 어떻게 뜰 수 있을까? 비행기가 뜰 수 있다는 것까지도 그 당시에는 의심을 했던 것입니다. 이 무거운 비행기가 뜨고 태평양을 건너오게 됩니다. 그 당시에는 논스톱으로 올 수는 없고 태평양 한가운데 있는 사이판 섬에 일단 기착하게 됩니다. 여기까지 논스톱으로 비행해온 것 그 자체만으로도 굉장한 사건이었습니다. 자, 그런데 이 육중한 비행기 B29가 공항 활주로에 내리자마자 그 앞에 조그마한 지프차 하나가 나타나서 이 비행기를 인도합니다. 이 지프차에는 'Follow Me(나를 따르라)' 하는 조그마한 표지판이 붙어 있습니다. 이 지프차가 앞으로 나아가면 그 큰 비행기가 뒤를 졸졸 따라갑니다. 이 별난 표지판을 따를 때 예수님을 잘믿는 어느 비행사는 이렇게 생각했답니다. '내가 꼭 예수님을 따르는 것같다. 그의 인도하심을 따라가는 것이고 그의 인도하심이 없다면 우리의 삶 전체는 다 무효가 되어버리는 것이다.' 이렇게 지난날을 회고해서 회고록에 쓰고 있습니다. 육중한 비행기가 제멋대로 창공을 날고 있었지만 지금은 아닙니다. 이제 와서는 요앞에 가는 시원치 않은 조그마한 지프차가 '나를 따르라' 하고는 앞으로 갈 때 이 비행기는 그 지프차를 따라가게 되었고 따라가서 그 비행기를 세워야 할 장소에 비행기를 세우게 되었다는 애기입니다.

　오늘본문에는 너무나, 너무나 단순하게 기록되어 있습니다. 내용은 너무도 간단한 말씀입니다. 너무나 큰 사건을 너무나 간단한 말씀으로 단순화하고 있습니다. 엄청난 의미를 가진 사건입니다. 운명이 결정되는 순간입니다. 그러나 말씀은 너무나 단순합니다. 사건인즉 예수님께서 공생애 즉 전도사역을 시작하실 때 된 일입니다. 예수님께서 많은 병자를 고치시고, 5천 명을 먹이시고, 죽은 자를 살리시고…… 이런 많은 사건들이 있은 다음에 생긴 사건이 아닙니다. 예수님께서 전도사역을 시작하시는 벽두에 된 일입니다. 세관에 앉아 있는 세리 알패오의 아들 레위라고 하는 사람(헬라말로는 마태입니다)이 있었습니다. 이 마태를 향하고 예수님께서 말씀하십니다. "나를 좇으라." 그것뿐입니다. 그 뒷말씀이 없으십니다. 아무런 설명이 없다는 것, 너무나도 큰 특징입니다. 보십시오. 베드로에게 말씀하실 때는 "나를 따라오너라 내가 너희로 사람을 낚는 어부가 되게 하리라(마 4 : 19)." 뒤에 약속이란 것이 붙어 있습니다. 뜻을 알긴 어렵지만 그래도 약속이 있습니다. 또 요한복음에 보면 나다나엘에게 말씀하실 때는 "(네가 나를 따르라. 그러면) 하늘이 열리고 하나님의 사자들이 인자 위에 오르락내리락하는 것을 보리라(요 1 : 51)." 그런 어떤 약속이 있습니다. 설명이 좀 있는 것입니다. 그런데 유독 오늘 마태에게 말씀하실 때는 아무런 설명이 없습니다. "나를 좇으라." 그것뿐입니다.

　그런데 자, 오늘본문을 보십시오. "나를 좇으라 하시니 일어나 좇으니라." 이렇게 간단할 수 있습니까? 이게 어떻게 이렇게 할 수 있는 얘기입니까? "나를 좇으라 하시니 일어나 좇으니라." 아무리 읽어보아도 엄청난 사건일 수밖에 없고 마태도 마태입니다. 그래서 귀중한 마태복음을 기록한 저자가 된 것입니다. 훌륭한 제자입니다. "나를 좇으라 하시니 일어나 좇으니라." 단순합니다. 여러분, 현대에 있어서 가장 중요한 문제가 단순성입니다. 요새 그런 일이 많이 있다고 합니다. 건강하기 위해서 어떤 사람은 굶기도 하고, 어떤 사람은 뛰기도 하고, 별의별 방법을 다 동원해서 웰빙이라고 몸부림을 칩니다마는 누가 이렇게 말했다고 합니다. 여섯 가지의 건강비법을 말하는데 첫째가 '단순함' 입니다. 신경을 딱 끄고 단순히 하라는 것입니다. 복잡하게 생각하지 말아야 됩니다. 뭐 과거 생각하고 미래 생각하고…… 그것 아닙니다. 단순하게 받아들일 수 있어야 됩니다. Simplify, 그것이 첫째입니다. 우리가 너무 복잡합니다. 너무 예민합니다. 너무 많은 것을 생각합니다. 이제는 단순해져야 합니다.

"나를 좇으라 하시니 일어나 좇으니라." 이제 한번 생각해봅시다. 마태가 누구입니까. 이 사람은 예수님의 제자가 될 수 없는 사람입니다. 되라고 해도 사양해야 할 사람입니다. 어쩌면 이렇게 말할 수도 있겠습니다. '예수님, 따르고 싶은 생각은 많습니다만 제 직업이 세리입니다. 많은 사람이 돌을 던지는 사람입니다. 그뿐아니라 내가 예수님의 제자가 되면 예수님 가시는 길에 누가 될는지도 모릅니다……' 오늘본문에 당장 나오고 있지 않습니까. "어찌하여 (예수님은) 세리와 죄인들과 함께 먹는가." 당장 질문이 나오지 않습니까. 어째서 저런 사람과 만나는가? 이게 문제가 되고 있습니다. 마태가 이것을 모르겠습니까. 그런고로 완곡하게 사양할 수도 있었습니다. "예수님, 내가 예수님의 제자 되는 것, 아, 그거 그저 예수님을 위해서 안하는 게 좋겠습니다……" 이름을 대면 여러분도 아실만한 재벌이 있습니다. 그분을 제가 종종 만날 일이 있었습니다. 그 가정에 추도예배가 있어서 가끔 만나는데 만날 때마다 예수믿으라고 권했습니다. "이제쯤은 믿어야 되지 않겠습니까? 아들들도 믿고, 며느리들도 믿고, 손자들도 믿는데 지금 사면초가입니다. 회장님 하나만 교회를 못나오는데 이래가지고 되겠습니까? 나오셔야죠. 이젠 나오셔야겠습니다. 이젠 연세도 많고, 나오셔야겠습니다." 그런데 그 회장님이 이렇게 말씀합니다. "제가 안가는 것이 소망교회를 위해서 좋을 겁니다. '저 영감탱이, 저 하고 싶은대로 다 하고 살다가 이제와서 천당은 가고 싶은가보지' 그럴 겁니다. 소망교회 곽목사님께 누가 될까봐 제가 못나갑니다." 그렇게 말합니다. "무슨 소립니까? 아닙니다. 나오셔야죠" 했더니 한마디 더 하대요. "제가 자식농사를 잘못지었거든요. 자식은 여럿인데 전부 배가 달라요. 내가 이렇게 살았거든요. 그러니 내가 이제 교회에 나가면 그저…… 누가 될 것입니다." 아주 점잖게 사양하시더라고요. 여러분, 생각해보십시오. 그는 찬송가를 좋아했습니다. 함께 찬송가도 불렀습니다. 설교하는 것도 잘 들었습니다. 그러나 교회나오는 걸 꺼렸습니다. 아직 뭔가 단순하질 못해서입니다.

자, 이 세리라는 직분은 특별한 것입니다. 당시가 로마사람이 이스라엘을 지배할 때거든요. 그 로마사람 앞에서 이스라엘사람들에게 세금 짜내는 사람들입니다. 그런고로 강포합니다. 이것은 반민족주의요 반도덕적 반윤리적입니다. 이게 세리입니다. 그래서 오늘성경에도 세리와 죄인이 함께 나옵니다. 이것은 공인된 죄인이라는 말입니다. 세리와 죄인을 동의어로 사용하고 있습니다. 아주 낙인찍힌 죄인이요 공공연한 죄인입니다. 그런데 오늘본문을 보면 아주 놀랍습니다. 그가 세관에 떡 앉아 있습니다. 세관에 앉아 있는 세리를 향해서 예수님 말씀하십니다. "나를 좇으라." 이 얼마나 놀라운 일입니까. 저는 이 말씀을 읽을 때마다 무슨 생각이 나는고하니 '관심법(觀心法)'이 생각납니다. 예수님께서 저 세관에 앉아 세금받고 있는 저 세리의 마음을 읽으신 것같다는 것입니다. 비록 세관 그 자리에 앉아 있긴 하지마는 그는 그곳에 있는 것을 마음괴로워합니다. 예수님께서 그 중심을 보신 것입니다. 그 중심에는 메시야를 기다리는 간절한 마음이 있습니다. '이래선 안되는데……' 하는 마음도 있습니다. 예수님께서는 현직에 앉아 있는 그 모습을 보면서도 그 마음속에는 큰 뉘우침이 있다는 걸 알고 계시거든요. 어쩌면 예수님께서 이 자리를 몇번 지나다니면서 그와 눈과 눈이 마주친 일이 있었는지도 모릅니다. 눈이 마주칠 때, 세리는 조용하게 예수님께 '나를 구원해주세요' 이렇게 말씀드렸고, 예수님께서는 그 마음을 읽어내신 것 같습니다. 그래서 오늘 말씀하십니다. 현장에서 부르십니다. 그의 신분? 묻지 않으십니다. 그의 직업도 묻지 않으십니다. 그가 사람들에게 얼마나 손가락질받느냐, 그것도 보지 않으십니다. 얼마나 죄가 많으냐, 묻지 않으십니다. 그것에는 전혀 무관하시며, 다만 그의 마음을 보십니다. 그 마음속에 옥토가 있습니다. 깨끗한 옥토가 있는 중심을 보시고 "나를 좇으라" 하셨고, 마태는 주저함없이 좇았다 하는 것이 본문의 내용입니다. 이 세리는 고민이 있었습니다. 뉘우침도 있었습니다. 회심을 향한 간절함이 있었습니다. 그러나 이 자리에서 떠나지 못하고 있었습니다.

「안산 동산고 이야기」라고 하는 작은 책이 있습니다. 이 고등학교 이사장 김인중씨가 쓴 책입니다. 이 분은 학생들을 몹시 사랑했습니다. 교육사업에 한평생을 바칩니다. 그는 학생들의 다양함을 알고 있습니다. 그 다양한 모습을 보면서 학생을 사랑하는 마음에서 그는 이렇게 쓰고 있습니다. '내성적인 학생은 생각이 진지해서 좋다. 사교적인 성격을 가진 학생은 정직하고 과장이 없어서 좋다. 소심한 학생은 실수가 없고 정확해서 좋다. 질투심이 많은 학생은 의욕이 넘쳐서 좋다. 말이 많은 학생은 지루하지 않아서 좋다. 자신감이 없는 학생은 겸손해서 좋다. 직선적인 학생은 속정이 깊어서 좋다.' 그의 생각에는 모든 학생이 다 좋은 것입니다. 왜요? 그 중심을 보고 있으니까. 우리는 외모로 사람을 볼 게 아닙니다. 깊은 면에서 사람을 보는 그런 관심법이 필요합니다. 예수님께서는 아무 말도 없는 이 사람, 아무 변명도 없는 이 사람, 현직에 앉아 있는 이 사람을 부르십니다. 나를 좇으라—그대로 좇아갑니다. 더욱 중요한 것은 나를 좇으라고 하실 때 아무런 설명이 없듯이 마태 역시 질문이 없다는 것입니다.

제가 인천에서 목회할 때 장로님 한 분, 그 장로님의 옛날 결혼할 때의 이야기는 두고두고 화제가 되었습니다. 그가 노총각이었을 때입니다. 40세 노총각. 또 그 부인되는 분은 은행원이었는데 당시 35세 노처녀. 어찌어찌해서 결혼을 못했다가 서로가 맞선을 보는 장소에 나갔습니다. 소개했던 사람들은 다 물러가고 참 어색하게 두 사람이 마주 앉았는데 한 시간 동안 서로가 아무런 말도 못했대요. 이 장로님이 또 말주변이 없습니다. 그냥 한 시간을 서로 가만히 앉아 있다가 한 시간이 지난 후에 장로님이 말문을 열었다고 합니다. "결혼할래요?" 그러니까 그 부인되신 분이 "네." 그랬대요. 그리고 오늘까지 산다고 하니, 얼마나 친구들이 놀렸겠습니까. 저런 미련한 사람들…… 여러분, 제가 중매도 많이 해봅니다마는 중매할 때 제일 어려운 점이 무엇인가하면, 서로가 뭘 그렇게 많이 물어보는 것입니다. 그 사람이 어떻습니까, 저 사람이 뭐 어떻습니까—아, 내가 그걸 어떻게 압니까. 그런데, 그렇게 말 많이 하는 사람은 쉽게 일 안되더라고요. '나를 따르라.' '좇으리라.' 그래야 되는 것입니다. 물어볼 게 뭐가 있습니까. 없습니다. 뭘 물어봅니까, 물어보기는. 한평생 같이 살고도 모르는 게 남자고 여잔데요. 생각해보십시오. 이게 얼마나 미련한 짓인지. 죄송합니다만 옛날사람들은 만나도 안보고 결혼하냐고 하더니, 그래 만나보았지요. 요새는 연애 안해보고 하냐고 하니, 해봤지요. 지금은, 여러분 놀라지 마십시오. 요새젊은이들은 이렇게 말합니다. '살아도 안보고 결혼하냐?' 그러면 그 살아보니 알았더냐? 더 문제가 많습니다. 다, 소용없는 짓입니다. 이 얼마나 어리석은 짓입니까.

　"나를 좇으라." 묻지 않고 따라갑니다. '어디로 갑니까? 가면 어떻게 됩니까? 자, 어떤 모양으로 따라야 합니까? 나는 죄인인데요. 자격이 없는데요.' 그 말도 없습니다. 동시에 '보상이 뭡니까? 내가 좇아가면 내게 무엇을 주시렵니까?' 그 질문도 없습니다. 별로 좋은 예는 아닙니다만, 「수퍼스타」라는 영화가 있었습니다. 특별히 겟세마네동산에서 예수님 기도하시는 장면이 작가의 상상력에 의해서 좀 추가되어 있습니다. 거기에 작가가 상상을 달았습니다. 예수님께서 기도하실 때 이렇게 기도했다고 상상해봅니다. '내일아침 십자가를 지겠습니다. 그러면 보상은 뭡니까?—What is going to reward for me?' 예수님, 이렇게 물으십니다. '보상이 뭡니까? 내가 십자가에 죽은 다음에는 어떻게 된다는 얘깁니까?' 하나님, 대답이 없으십니다. 그러나 예수님께서 응답하십니다. '네. 내 뜻대로 마옵시고 아버지의 뜻대로 하옵소서.' 보상을 묻지 않으십니다. 어떻게 되느냐를 묻지 않기로 결단한 것입니다. 그것이 믿음입니다.

폴 틸리히(Paul Tillich)의 유명한 말이 있습니다. '사랑의 으뜸가는 사랑, 최고의 사랑은 상대방의 이야기를 귀를 기울여 듣는 것이다. 가장 큰 으뜸의 믿음은 묻지 않고 따르는 것이다.' 여러분, 무엇을 더 알고 싶습니까? 이제 온전히 주님을 깨끗한 마음, 아주 단순한 마음으로 따라가야 합니다. 아우구스티누스의 유명한 말이 있습니다. "세상에는 두 가지 사람이 있을 뿐이다. 죄인이란 이름의 죄인과, 스스로 의인이라고 생각하는 죄인이다." 둘 다 죄인입니다. 어차피 죄인입니다.

오늘 예수님 말씀하십니다. "건강한 자에게는 의원이 쓸데없고 병든 자에게라야 쓸데있느니라." 자신이 병들었다고 생각하는 사람, 자신이 죄인이라고 생각하는 사람만이 주님의 제자가 될 수 있는 것입니다. 여러분, 요새 나쁜 말로 쓰이는 '묻지마 관광'이 있다면서요? 누구냐고 묻지 않고, 어디로 가느냐고 묻지 않고, 그저 가서 그냥 며칠동안 돌아다니는 관광이랍니다. 여러분, 우리가 주님 앞에 갖추어야 할 태도가 그런 것이 아닌가 합니다. 아무것도 묻지 맙시다. 아니, 물어볼 필요가 없습니다. 이것이 사랑이요, 이것이 믿음입니다. 내 신분, 내 의, 내 자격, 이것도 묻지 마십시오. 그리고 내게 오는 보상도 묻지 말고 그저 따르는 것입니다. "나를 좇으라 하시니 일어나 좇으니라." 주께서 길과 진리와 생명이 되시기 때문입니다. △

이 제자의 결심

 이에 저희가 찬미하고 감람산으로 나아가니라 때에 예수께서 제자들에게 이르시되 오늘 밤에 너희가 다 나를 버리리라 기록된 바 내가 목자를 치리니 양의 떼가 흩어지리라 하였느니라 그러나 내가 살아난 후에 너희보다 먼저 갈릴리로 가리라 베드로가 대답하여 가로되 다 주를 버릴지라도 나는 언제든지 버리지 않겠나이다 예수께서 가라사대 내가 진실로 네게 이르노니 오늘밤 닭울기 전에 네가 세번 나를 부인하리라 베드로가 가로되 내가 주와 함께 죽을지언정 주를 부인하지 않겠나이다 하고 모든 제자도 이와 같이 말하니라
(마태복음 26 : 30 - 35)

이 제자의 결심

　독일을 비롯해서 유럽의 여러 나라를 여행해보면 어느 도시에 가든지 도시의 중심부에는 큰 성당과 큰 교회들이 즐비하게 서 있는 것을 봅니다. 그 교회당을 볼 때마다 참 마음이 흐뭇하기도 합니다. 어떤 교회당은 지붕 전체를 금으로 누렇게 씌워놓았습니다. 그만큼 정성을 다해서 교회 예배당들을 지어놓은 것이라고 볼 수 있는데, 이상한 것이 하나 있습니다. 교회당 하면 종탑을 만들고 종탑꼭대기에 십자가가 있지 않습니까. 그런데, 유럽의 교회는 종탑꼭대기에 십자가가 세워져 있는 교회는 많지 않고 대신 커다란 수탉 한 마리가 올라 앉아 있습니다. 동으로 만들었는지 쇠로 만들었는지 모르겠습니다마는 수탉 한 마리가 종탑꼭대기에 올라가 있는 걸 볼 수 있습니다. 저는 그걸 처음 봤을 때 충격을 받았습니다. 저게 뭘까? 그래서 몇분에게 물어보았습니다. 정확한 대답은 없었지만 몇분의 얘기를 종합하면 두 가지로 요약됩니다. 하나는, 옛날에는 시계가 없었으므로, 저 닭은 새벽을 깨우는 상징이라는 것입니다. 그래서 '깨어 기도하라'는 의미의 상징일 것이라고 설명하는 것이요, 또다른 하나는 오늘의 본문 26장 34절에 있는 말씀 "예수께서 가라사대 네게 이르노니 오늘밤 닭 울기 전에 네가 세 번 나를 부인하리라." 예수께서 닭 울기 전에 세 번 자신을 부인할 것이라고 베드로에게 말씀하셨고, 74-75절을 볼 것같으면 "저가 저주하며 맹세하여 가로되 내가 그 사람을 알지 못하노라 하니 닭이 곧 울더라 이에 베드로가 예수의 말씀에 닭 울기 전에 네가 나를 세 번 부인하리라 하심이 생각나서 밖에 나가서 심히 통곡하니라" 하고 말씀합니다. 베드로가 바로 이때문에 새벽에 닭이 울 때마다 무릎을 꿇고 기도했다는데, 닭이 울 때마다 그때 생각을 다시 하면서 회개의 기도를 했다는 맥락에서 종탑 위에 저 닭을 올려놓은 것이라고 설명을 하는데 그 설명이 가장 마음에 듭니다.

예수께서 십자가지시기 전야에 성만찬 예식을 행하십니다. 그리고 경고의 말씀을 하십니다. "너희가 다 나를 버리리라(31)." 참 슬픈 얘기입니다. "너희가 다 나를 버리리라." 그리고 '나는 홀로 십자가를 지게 될 것이다.' 경고성 예언이기도 합니다. 그때 베드로가 말합니다. '다 주를 버릴지라도 나는 아닙니다. 맹세를 합니다.' 어떤 분은 이 맹세가 좀 진실치 못했다고 말합니다마는 아무리 생각해도 그렇게 보고 싶지 않습니다. 적어도 이 맹세하는 순간만은 순수했을 것입니다. 정말로 죽을 마음이 있었을 것입니다. 정말로 주님과 함께 죽을 결심을 가지고 진실한 맹세를 하고 있다고 생각합니다. 그때만은 적어도 진실합니다. 그때마음만은 확실합니다. 그러나 여러분, 아시는대로 진실했는데 이제 앞으로도 진실한 그대로 이어가기는 어렵지 않습니까?

KDI 대학원 교수인 이승주 박사가 「전략적 리더십」이란 책을 썼는데 그 책 속에서 이렇게 말합니다. '실행이 없는 비전은 꿈에 불과하다. 또 비전이 없는 실행은 시간만 낭비한다. 비전이 있고 행동으로 옮길 때 세상을 바꿀 수 있는 것이다.' 참으로 귀한 말이라고 생각합니다. 오늘 특별히 베드로에 대해서 생각하고 싶습니다. 예수를 따르겠다고 맹세합니다. 그러나 잘 분석해보면 이건 무식한, 무지의 소치였습니다. 장담하기에 용기도 있는 것같은데 이 용기는 만용이었습니다. 왜냐하면 자기를 잘 모르고 하는 소리니까요. 여러분, 무식한 맹세가 무슨 의미가 있습니까. 생각이 없는 결심, 그 무슨 뜻이 있습니까. 미래를 전혀 생각하지 못하고 허튼소리 하는 그 수작이 어떤 의미가 있습니까. 여러분, 맹세라는 게 무엇입니까? 자기를 먼저 알아야 합니다. 자기를 알아야 합니다. 자기의 무지, 자기의 나약함, 자기의 비겁함, 자기의 다혈질, 자기가 형편없는 존재라는 것을 일단 알고나서 무슨 말을 하든지 무슨 결심을 하든지 해야 될 것이 아니겠습니까. 게다가 이 사람은 지금 큰 실수를 하고 있습니다. 다른 사람과 비교를 합니다. 다른 사람은 다 버릴지라도 수제자인 나는 아니라는 것입니다. 다른 사람은 다 그렇다치더라도 나는 아니라는 것, 이게 무엇이겠습니까. 자기를 별개시한 것입니다. 자기를 특별하게 생각한 것입니다. 거기에서부터 벌써 빗나갔습니다.

어느 철학과 교수가 학생들을 앞에 놓고 강의하는 중에 첫시간에 "여러분, 어찌 생각하십니까? 커피자판기에 가서 돈을 넣고 딱 버튼을 눌렀더니 커피가 쪽 나오고 그 기계가 고장나서 돈도 그대로 나와버렸습니다. 자, 이럴 경우에 학생들은 어떻게 하겠소?" 하고 물으니까 한 학생이 말하기를 "저는요, 나온 돈 그대로 놓고 가겠습니다. 내 커피는 받았으니까 그렇게 하겠습니다." 또 한 학생은 "아니, 무슨 소립니까? 나는 어떻게든 주인을 찾아서 이 고장난 기계에서 나온 돈을 도로 주겠습니다" 합니다. 교수는 껄껄 웃으면서 "나는 또 나오나 보게 한 번 더 해보겠네." 그랬다고 합니다. 이게 보통사람입니다. 잘난 체 하지 마세요. 나만 정직한 것처럼 굴지 마세요. 한 번 더 빼먹으면 되지 뭐. 사람들이요, 자기를 특별하게 보는 데서 문제가 됩니다. 여기 이 베드로가 잘난 체하고 '다른 사람은 다 그럴지라도 나는 아닙니다, 나는 아닙니다' 하더니 여러분, 결과를 아시지요? 베드로만 예수를 부인했습니다. 다른 사람들은 도망갔지요. 정말로 예수를 세 번이나 부인하는 이 멍청한 짓은 베드로만 저지른 것입니다. 그러니까 베드로는 자기를 몰랐습니다. 다 같은 사람입니다. 보통사람입니다. 그걸 알아야 됩니다. 특별하게 그럴 것 없습니다. 뭐 다른 사람이 죄를 지으면 나도 짓고, 다른 사람 넘어지면 나도 넘어지는 것이니 그런 줄 아십시오. 이것 하나 아는 것이 매우 중요한 것입니다. 가만히 보십시오. 잘났다는 사람들이 전부 넘어지지 않습니까. 거룩한 체하다가 다 망가지는 것입니다. 그저 자신을 실수 많은 사람으로 생각하십시오.

　우스운 얘깁니다만 어느 서울 안에 있는 교회인데 그 교회의 목사님이 상당히 엄격한 분입니다. 주일날 커피를 사먹지 말라 하고, 또 주일날 식당에 가서 음식도 사먹지 말라 합니다. 거룩한 주일을 그렇게 하면 되느냐고 주일에는 매식을 못하게 하는 것입니다. 자꾸 이렇게 말씀을 하니까 장로님들이 어쩌다보면 자꾸 나가서 식사를 하게 되는데 어찌할 수도 없고 이거 큰일났거든요. 그래서 그 교회 장로님 몇사람이 나한테 물어보더라고요. 그 문제를 가지고 왜 나한테 묻는지 모르겠어요. 어쨌든 "목사님, 이런 경우는 어떡하면 좋겠습니까?" 그래, 제가 말했지요. "그저 사먹고 회개하세요." 어차피 죄 많이 짓고 사는데 한 가지 더 짓고 아예 회개하지 뭘 그러냐고 했더니 그 장로님 대답이 좋고, 산뜻해요. "거, 간단하구만요." 간단하잖아요? 뭘 깨끗한 척합니까. 그거 하나 안한다고해서 무슨 의인이라도 됩니까. 그저, 다른 사람들 넘어지면 나도 넘어져요. 다른 사람 시험에 빠지면 나도 빠질 사람입니다. 내가 별사람 아닙니다. 그렇게 생각하는 것이 기본이요 그랬더라면 베드로가 넘어지지 않았을 것입니다. 그 사람은 자기를 몰랐습니다. 자기는 별사람 아닌데 별사람인 줄 알았습니다. 특별한 사람 아닌데 특별한 줄 알았습니다. 그것이 무너지는 시작이라는 것을 알아야 합니다.

사도 바울은 고린도전서 15장에서 말씀합니다. "나의 나된 것은 하나님의 은혜로 된 것이니(10절)……" 오직 하나님의 은혜라고 합니다. 오직 그 은혜로 여기까지 살아온 것입니다. 그것을 잊지 말아야 합니다. 사도 바울은 이렇게 모든 것을 은혜로, 오직 은혜로 해석하고 또 그 은혜 안에 자신이 있음을 고백합니다. 그래서 아우구스티누스는 말합니다. 참 깊은 의미의 말입니다. 사람이 죄를 지어도 그것도 은혜로 짓는 거라고 했습니다. 왜요? 벼락을 쳤으면 못할 것 아니겠습니까. 하나님께서 너그럽게 봐주셨기에 죄도 지은 것입니다. 또 회개할 수도 있는 것이고요. 이 얼마나 정직한 말입니까.

또 베드로는 당시상황을 몰랐습니다. 잘 몰랐던 것같습니다. 십자가, 십자가…… 말씀하시지만 정말 십자가를 지실까? 분명히 가야바가 예수님께 음모를 꾸미고 있었고 로마 군병이 그렇고 빌라도가 그렇고 그렇다 하지만 그래도, 그래도 설마 그 위대한 능력을 가지신 예수님께서 조용히 십자가를 지실 수는 없겠지, 만약 십자가를 지게 하려고 따라오는 군인들이 있다면 엘리사 때처럼 장님이 되게 하든가 벼락을 내리든가 뭐, 그런 기적이라도 있지 않겠나 하고 생각했을 것입니다. 어쨌든 상황을 잘못 이해해서 설마설마 했던 것입니다. 예수님께서 그렇게 말씀하시지만 정치적 상황이 설마 거기까지야…… 또하나는, 예수님의 말씀에 대해서 깊은 이해가 없었습니다. 예수님께서는 십자가만 말씀하시지 않았습니다. 부활까지 말씀하셨습니다. 십자가와 부활까지를 말씀하고 계시는데 세속에 눈이 어두운 베드로는 그 깊은 뜻을 이해할 수가 없었습니다. 듣는 귀가 없었습니다. 그래서 마침내 이런 실수를 한 것입니다. 이보다 더 중요한 문제가 있습니다. 베드로는 기도가 없었습니다. 여러분, 이게 문제입니다. 기도 없이 맹세했습니다. 기도 없이 결정하면 안되는 것입니다.

언젠가 부부문제로 상담을 한 적이 있었습니다. 남편과 아내 사이가 너무 나빠서입니다. 그 남편 참 못됐어요. 같이 살기 힘들겠더라고요. 상담의 마지막에 "그래도 참고 살면 변화될 때가 오지 않겠습니까? 남자는 일곱 번 변한다는데 그저 좀 기다려봅시다" 그렇게 말했더니, 이 분이 딱 한마디를 하는데 가슴이 찡해지더군요. "목사님, 이래도 좋고 저래도 좋습니다. 까짓거 다 좋습니다. 다 용서하겠습니다. 단 거짓말만 안하면 살겠습니다." 여러분, 이 얼마나 중요한 얘기입니까. 거짓말만 안하고 진실하기만 하면 살겠다고 합니다. 여러분, 베드로가 지금 거짓말을 하고 있습니다. 기도하고 결정해야 됩니다. 진실해야 합니다.

어느 소설을 봤더니, 다 잊어버렸습니다만, 소설 속에 하나의 대사가 나오는데 그 대사가 중요합니다. 딸이 연애를 해요. 그런데 어머니가 딱 한마디 말하는데 "사람은 사랑하는 사람하고 결혼하면 안된다. 좋은 사람하고 해라" 합니다. 두고두고 생각해봤습니다. 이 좋다는 말의 뜻이 뭔가? 또 사랑이란 뭔가? 여러분, 결혼에 실패했다고요? 시원치 않아요? 사랑하는 사람하고 했거든요. 그건 감성이었고, 순간이었습니다. 사람이 좋은 사람하고 해야 합니다. 약속을 지킬 줄 아는 사람하고 해야지요. 약속에 진실이 있는 사람하고 해야 합니다. 정직하지 못한 사람, 아무리 화끈해도 아닙니다. 오늘 베드로는 깊이 생각하지 못했기에 지금 이렇게 되는 것입니다.
　여러분, 아시는 분은 다 아십니다마는 제가 14년 동안 데리고 있던 이필은이라는 비서가 있습니다. 14년 동안 저를 위해서 많이 봉사해주었습니다. 연애를 하더니, 결혼한다고 그러더라고요. 그래서 나더러 물어봅니다. 이렇고 이런 사람인데 이러이러하고 이러이러한데 목사님, 어떻게 생각하십니까? 그래 저는 "그래? 난 대답하지 않겠다. 내가 휴가를 줄 터이니 수양관에 가서 사흘 동안만 기도해라. 기도하고 와서 결정하자" 했습니다. 그렇게 하겠다고 말합니다. 그래서 그러면 그렇게 하라고 했습니다. 지금 생각해도 참 잘한 일이었습니다. 뭐 이렇게 평가하고 저렇게 평가하고 사람의 장래가 어떻고 하는 것 다 쓸데없는 소리입니다. 사람이 어떻게 미래를 압니까. 장래를 어떻게 장담할 수 있습니까. 아, 내 마음도 모르는데 남의 마음을 어떻게 알아요? 그런고로 생각해야 합니다. 기도하고 결정합시다. 많은 분들에게 제가 물어봅니다. "기도하고 결정했습니까?" "아, 기도할 사이가 어디 있어요? 화끈해서 풍덩 빠졌지." 그러더라고요. 그게 바로 풍덩소리가 났으니까 문제지요. 기도하고 결정해야 합니다. 여러분, 기도하고야 이 어려운 시련을 이길 수 있습니다. 베드로의 결정적인 실수는 부인했다는 데 있는 것이 아닙니다. 겟세마네동산에 올라갔을 때 기도 안 한 것입니다. 예수님께서 피땀 흘려 기도하시는데 "깨어 기도하라 시험에 들지 않게 기도하라"고 말씀하시건만 그냥 잤습니다. 그러고야 어떻게 그 시련을 이기겠습니까. 기도 없는 장담, 소용없습니다. 기도 없는 큰소리, 소용없습니다. 기도 없는 맹세, 헛소리입니다. 결국은 헛소리로 돌아갈 수밖에 없습니다. 기도해서 힘을 얻었어야지요. 능력을 얻어야 비로소 이길 수 있는 것 아니겠습니까.

「포춘(Fortune)」이라고 하는 세계적인 잡지가 있습니다. 거기에 리더십에 대한 조사가 나와 있습니다. 실패하는 사람들의 70%가 약점을 가졌다 합니다. 그것은 실행력이 없다는 것입니다. 용기가 없고 실행하는 능력이 없습니다. 그래서 유명한 말로 결론을 맺었습니다. "95%가 옳은 말을 하고 오직 5%만이 옳은 일을 한다." 95%가 옳은 소리는 다 합니다. 그러나 옳은 일을 하는 사람은 5%밖에 없더라는 것입니다. 나머지는 다 부도수표입니다. 큰소리만 친 것입니다. 말만 한 것입니다. 이걸 잊지 말아야 합니다.

베드로는 아직 세속에 물들어 있기 때문에 지금 이 어려운 시련을 이길만한 존재가 못됩니다. 기도했어야 합니다. 베드로의 실수의 근본은 기도 없이 큰소리만 쳤다는 데 있는 것입니다. 그리고 실패한 다음에 닭이 웁니다. 꼬끼오 소리를 듣고 통곡을 합니다. "밖에 나가서 심히 통곡하니라(75)." 얼마나 기가 막혔겠습니까. 예수를 세 번 부인하고 이 꼴이 이게 뭡니까. 정말 죽고 싶었을 것입니다. 그래 통곡을 합니다. 거기서 그는 성숙한 그리스도인이 됩니다. 예수님 부활하신 다음에 갈릴리바닷가에서 만났을 때 예수님 말씀하십니다. "아가파스 메?"—네가 아가페의 사랑을 하느냐? 베드로 대답합니다. "퀴리에 수 오이다스 오티 필로 세"—주여 저는 친구의 사랑을 하고 있습니다, 그것을 주께서 아십니다, 내가 사랑하는 줄을 주께서 아십니다—여기 괄호하고 한마디 써놓고 싶습니다. '내가 주를 모른다고 하긴 했으나 그래도 제가 사랑하고 있지 않습니까, 주여.' 내가 사랑하고 있는 것을 주께서 아십니다—여기서부터 성숙한 그리스도인입니다. 어찌 내 힘으로 신앙을 고백할 수 있으며,

내 힘으로 어떻게 믿음을 지킬 수 있으며, 내 힘으로 어떻게 순교할 수 있단말입니까. 아닙니다. 예수님의 말씀을 뒤에 생생하게 기억했을 것입니다. "밀알 하나가 땅에 떨어져 죽으면 많은 열매를 맺고 죽지 아니하면 한 알 그대로 있느니라. 자기 십자가를 지고 나를 좇으라. 죽으면 살리라." 뒤늦게 깨달은 줄 압니다.

최근 베스트셀러인 「Ping」이라고 하는 조그마한 책이 있습니다. 새롭고도 재미있는 이야기가 있습니다. 새로운 연못을 찾아가는 한 마리의 개구리가 여정을 떠나서 새로운 연못을 찾아가는 과정을 전부 기록한 재미있는 아주 뜻깊은 책입니다. 그런데 가는 동안에 한 부엉이가 멘토가 되어서 힘들어하는 개구리에게 말을 합니다. "실패는 이 우주가 우리에게 주는 멋진 선물 중의 하나라는 것을 네가 받아들이렴." 실패는 하나님께서 우리에게 주신 선물이라는 것을 받아들이라, 그러면 길을 찾을 것이다……

줄리어스 시저라고 하는 유명한 로마의 왕이 있었습니다. 그는 군을 이끌고 보르도해협까지 옵니다. 거기에 상륙한 다음에 자기들이 타고 온 배를 몽땅 불질렀습니다. 다들 깜짝놀랐습니다. 왜요? 이 배를 타고야 돌아갈 수 있으니까요. 그러나 시저는 그것을 용납하지 않았습니다. 다 불태우고 말합니다. "이제 후퇴는 없다. 실패하면 함께 죽는 것이다." 결국은 그 전쟁에서 이겼습니다. 여러분, 후퇴는 없습니다. 함께 죽는 것입니다. 그것이 그리스도인의 모습입니다.

베드로라고 하는 제자가 맹세했다가 이렇게 부끄러움을 당했습니다마는 이 실패로 인해서 그는 새벽마다 기도하고 새벽마다 눈물을 흘렸기에 마침내 그는 로마에서 거꾸로 십자가에 못박혀 순교하는 위대한 하나님의 사람이 될 수 있었습니다. △

다 이루었다

군병들이 예수를 십자가에 못박고 그의 옷을 취하여 네 깃에 나눠 각각 한 깃씩 얻고 속옷도 취하니 이 속옷은 호지 아니하고 위에서부터 통으로 짠 것이라 군병들이 서로 말하되 이것을 찢지 말고 누가 얻나 제비 뽑자 하니 이는 성경에 저희가 내 옷을 나누고 내 옷을 제비 뽑나이다 한 것을 응하게 하려 함이러라 군병들은 이런 일을 하고 예수의 십자가 곁에는 그 모친과 이모와 글로바의 아내 마리아와 막달라 마리아가 섰는지라 예수께서 그 모친과 사랑하시는 제자가 곁에 섰는 것을 보시고 그 모친께 말씀하시되 여자여 보소서 아들이니이다 하시고 또 그 제자에게 이르시되 보라 네 어머니라 하신대 그때부터 그 제자가 자기 집에 모시니라 이후에 예수께서 모든 일이 이미 이룬 줄 아시고 성경으로 응하게 하려 하사 가라사대 내가 목마르다 하시니 거기 신 포도주가 가득히 담긴 그릇이 있는지라 사람들이 신 포도주를 머금은 해융을 우슬초에 매어 예수의 입에 대니 예수께서 신 포도주를 받으신 후 가라사대 다 이루었다 하시고 머리를 숙이시고 영혼이 돌아가시니라

(요한복음 19 : 23 - 30)

다 이루었다

중국 한나라의 황제가 한번은 볼일이 있어서 궁궐 밖으로 외출을 했더랍니다. 이렇게 궁궐 밖으로 나가다가 나이 많이 들어보이는 한 노인을 만납니다. 왕은 노인에 대한 경의를 표하기 위해서 노인 앞에 서서 한마디 했더랍니다. "안녕하십니까? 노인께서는 올해에 몇살이나 되었습니까?" 노인이 빙그레 웃으면서 하는 말이 "폐하, 저는 지금 네 살밖에 안됐습니다" 하므로 왕은 깜짝놀라면서 '이 영감이 나를 놀리는구먼, 거짓말도 곧잘 하네' 생각하면서 한마디 했습니다. "보아하니 여든은 넘었을 것같은데 어떻게 네 살이라고 말하는고?" 노인은 정중하게 대답합니다. "폐하, 딱 알아맞혔습니다. 하지만 80년 중에 76년 동안 나는 왜 살아야 하는지를 몰랐습니다. 그저 생각없이 그럭저럭 살았습니다. 시간만 허비하며 무엇엔가 끌려가는 것처럼 정신없이 살아왔습니다. 4년 전에야 제정신이 들었습니다. 이제부터 사람답게 살자고 생각을 하고 이제는 남을 좀 돕기도 하고 남을 깊이 이해하기도 하고 삶이 무엇인가를 생각하며 살아가고 있습니다. 그러니 나이 네 살인 게 분명합니다." 여러분, 이제 묻습니다. 여러분의 나이는 몇살입니까? 생리학적 연령이라는 건 그리 중요하지 않습니다. 정신적으로, 나아가서는 영적으로, 아니, 하나님 앞에서의 나의 나이는 얼마입니까? 깊이 생각해야 될 것입니다. 좀더 나아가 앞은 이제 얼마 남았다고 생각하십니까?

마크 알렌이라고 하는 교수가 「The Power of Now」라고 하는 유명한 책이 있습니다. 그 책에서 현대인은 첫째로, 쉽게 삶의 권태를 느낀다고 말합니다. 현대인은 항상 자기중심적이므로 스스로가 자신의 삶의 기준이 되어 어찌생각하면 당당하고 정당한 것같아보이지만 이것이 주는 피해가 얼마나 큰지, 그래서 쉽게 삶의 권태를 느낀다고 말합니다. 여러분, 이기적인 삶은 자기양심을 배반하는 것입니다. 양심의 성원을 받지 못합니다. 양심이 나를 칭찬해야 됩니다. 너는 참 잘하고 있다고 말입니다. 양심의 칭찬을 받지 못한 생은 권태롭습니다. 아무 의미가 없습니다. 왠지 짜증이 납니다. 그 이유가 어디 있느냐? 극단적인 이기주의로 살았기 때문입니다.

두 번째, 현대인은 두려움에 쫓기고 있다고 말합니다. 잃어버릴까, 인정을 받지 못할까, 올라갔는데 이제 내려가야 되지 않나 하는 두려움에 시달립니다. 소유지향적으로 사는 생이란 참으로 두려운 것입니다. 요새도 우리 정치인 경제인들 하는 것을 가만히 보면 안됐다 싶습니다. 왜요? 두려움에 쫓기는 모습이 보이거든요. 벌벌떨면서 두려워하는 그 모습들을 보면서 당신 어쩌다 이 신세가 되었나 그런 생각을 합니다.

또하나는 분주하다는 것입니다. 이기적인 삶은 이유없이 분주하다는 겁니다. 바빠요. 바쁜 것이 없어도 그저 바쁩니다. 끝도없이 바쁩니다. 그리고 쉼과 안식이 없습니다. 좀 쉬기도 하고, 좀 생각도 하고, 좀 멈추어서 과거도 생각해보고, 저 앞에 있는 밝은 미래도 전망해 볼 수 있어야 하는데…… 그냥 내달리기만 해서 그 분주함에 쫓기는 모습입니다. 언제까지 그래야 됩니까?

여러분이 잘 아는 유명한 마더 테레사는 「이보다 더 큰 사랑은 없다」라고 하는 작은 책자에서 이렇게 말합니다. '현대인은 언어의 홍수 속에 산다. 뜻없는 말을 듣고, 뜻없는 말을 하고, 마음에도 없는 말을 하고 듣는다. 외쳐도 가슴을 열고 듣는 사람은 아무도 없다.

언어의 홍수 속에 밀려 살아가고 있다. 그런고로 우리는 기도를 통해서 하나님 앞에 나아가 진지한 하나님과의 언어를 회복해야 된다. 그래야 내 영혼이 이제부터 바른 생을 살 수 있다.' 그녀는 하나님께 기도할 때, 첫째로 하나님의 뜻을 알 수 있는 빛을 구해야 한다고 말합니다. 너무 어두워서 하나님의 뜻이 보이지 않아요. 다 망가진 것 같아요. 다 끝난 것같아요. 아닙니다. 하나님의 뜻이 조용하게 이루어지고 있습니다. 신비롭게 이루어지고 있습니다. 하나님의 뜻이 하늘에서 이루어진 것처럼 땅에서도, 오늘의 현실 속에서 나와 함께 하나님이 이루시고 있다는 사실을 볼 수 있는 영적 혜안, 영적 지각을 가지도록 하나님이여, 마음의 문을 열어주시옵소서, 그리하여 하나님의 뜻을 알게 해주십시오—그렇게 기도해야 할 것이라 말합니다.

    두 번째기도는 하나님의 뜻을 받아들일 수 있는 사랑을 주시기를 기도합니다. 여러분, 사랑이 뭡니까? 사랑은 뜻을 받아들이는 것입니다. 내 뜻을 고집하면 그것은 사랑이 아닙니다. 내 뜻을 버리고 오히려 하나님의 뜻을 받아들입니다. 그의 뜻을 받아들이는 마음, 내 뜻보다 그의 뜻을 즐기는 마음, 그것이 바로 사랑이라는 것입니다. 그런데 우리가 여기에 도달하지 못하기 때문에 늘 불만이 있습니다. 하나님이여, 하나님을 사랑하는 마음을 주셔서 하나님의 뜻을 즐기고 하나님의 뜻을 행복으로 받아들이게 해주십시오—그런 기도가 있어야겠다는 것입니다. 세 번째는 하나님의 뜻을 행할 수 있는 방법, 행할 수 있는 용기를 주시기를 기도합니다. 하나님의 뜻인 줄 알면서 행하지 못합니다. 행하는 용기가 없습니다. 어떤 때는 빤히 알면서도 그만 하나님의 뜻을 접어놓고 내 뜻을 주장할 때가 많거든요. 그리하는 동안은 절대로 그 영혼이 자유할 수 없습니다. 그런고로 하나님의 뜻을 준행할 수 있는 용기, 그러한 지혜, 그러한 방법을 하나님 가르쳐주시기를 기도해야 되겠다고 말합니다.

　여러분, 예수님께서는 33년, 서른세 살에 세상을 떠납니다. 참 우스운 얘깁니다만 종종 그런 생각을 합니다. 어쨌든, 서른세 살 넘은 사람은 다 덤으로 사는 것입니다. 더 살겠다는 욕심 부리지 마세요. 잘 생각해보세요. 저는 곱배기도 더 살았습니다. 그래서 어쩌란 얘깁니까. 그 긴 생애가 의미가 있는 것입니까? 예수님의 공생애는 불과 3년입니다. 3년. 오로지 3년. 3년 동안 역사하셨습니다. 마가복음을 전공해서 열심히 연구해본 전문가의 말에 따르면, 마가복음에는 예수님의 생애가 좀더 리얼하게 기록되는데 자세히 그걸 연구해보면 예수님께서는 95일밖에 일하신 게 없다 합니다. 95일. 그러니까 사람은 꼭 길게 살아야 잘사는 게 아닙니다. 예수님께서는 짧게 사시면서도 단 3년, 아니 95일밖에 안되는 시간에 일을 했는데 엄청난 역사를 이루셨단말입니다. 그리고 오늘 성경에 말씀하십니다. "다 이루었다(30절)." 다 이루었다—누가 이 말을 할 수 있습니까. 다 이루었다는 감격, 다 이루었다는 만족, 다 이루었다는 영광, "다 이루었다!" 그리고 돌아가셨습니다. 이 마지막말씀이 참 중요합니다.

　이름을 말씀드리지 않겠지만, 어떤 분은 세상떠나면서 깊은 심연으로 끌려가는 것같다, 내 인생 잘못살았다, 그동안 거짓말 많이 했다, 그렇게 말하고는 죽었지 않습니까. 여러분은 무엇이라 말하고 세상을 끝낼 수 있을 것같습니까? "다 이루었다." 아무리 생각해봐도 이보다 더 위대한 선언은 없습니다. 예수님께서 지금 십자가에 돌아가십니다. 생각해보십시오. 얼마나 비참하고 얼마나 억울하게 돌아가십니까. 그러나 "다 이루었다" 하십니다. 아무리 생각해도 이것은 이 세상적인 판단은 아닙니다. 돈을 많이 벌었다는 것도 아니고 무슨 기념비를 세웠다는 것도 아닙니다. 뭐 굉장한 업적을 얘기하신 것도 아닙니다. 그러나 예수님의 마음 깊은 곳에서 마지막으로 우러나오는 말씀은 "다 이루었다"입니다. 원문대로 보면 모든것이 성취되었다는 말씀입니다. 성취되었다, 계획된 바가, 모든 예정, 모든 예언, 모든 예표, 모든 상징, 모든 말씀들이 다 이 사건 속에 이 십자가사건 속에서, 나의 죽음에서 성취되었다, 다 성취되었다—그러시고 세상을 마치십니다. 이것은 엄청난 신학적 성서적 의미가 있는 말씀입니다. 아시는대로 예수님께서 하실 일이 얼마나 많습니까. 병자도 많고, 굶는 사람도 많고, 나라도 엉망이고…… 특별히 나는 생각해봅니다. 사랑하는 제자 베드로는 지금 예수를 세 번이나 부인하고서 한쪽구석에서 울고 있고…… 도대체가 그 당시 상황을 보면 정말 성경을 읽으면서도 화가 납니다. 어쩌다가 이런 것들을 위해서 예수님께서는 수고를 하셨나? 나는 다른 사람보다도 죽었다가 살아난 나사로에 대해서는 불만이 많습니다. 아, 무덤에까지 가서 살려냈는데 어째, 이 사람이 예수님 재판하시는 시간에 나와서 한마디 연설이 없다는 말입니까. 예수님 하신 일들이 다 이렇습니다. 생각하자면 배반당하는 것이고 은혜를 모르는 사람들을 위해서 그렇게, 그렇게 수고하신 것입니다. 그리고 말씀하십니다. "다 이루었다." 그러시고 가십니다.

　누가복음 9장 51절에 보면 예루살렘을 향하여 올라가시기로 굳게 결심하시고 오르십니다. 기약이 이르렀으매 성경적 예언, 기약을 생각하며 예루살렘을 향하여 올라가십니다. 계획적으로 올라가시는 것입니다. 그래서 젊은 신학자들 가운데는 이런 말까지 합니다. (자, 좀 실례되는 말씀이요 불경건한 말씀이기도 합니다만) 예수님 십자가의 죽음이 자살입니까 타살입니까? 뻔히 죽으실 줄 알면서 나귀를 타고 올라가시면 어떡하겠다는 것입니까. '나 죽여라' 하는 거나 마찬가지지. 얼마든지 피할 길이 있는데, 빌라도법정에서도 빌라도가 놓아주려고 얼마나 애를 썼습니까. 딱 한마디만 하면 살려줄 건데도 안하십니다. 그리고 십자가를 지십니다. 다 이루신 것입니다. 끌려간 게 아닙니다. 선택하신 것입니다. 선택한 것. 예수님의 십자가는 절대로 패배가 아닙니다. 최고의 성공입니다. "다 이루었다." 여러분, 예수를 믿는다는 게 뭡니까? 십자가를 어떻게 보느냐입니다. 십자가가 실패냐 성공이냐? 십자가가 부끄러움이냐 영광이냐? 십자가가 고통이냐 자랑스러운 것이냐? 바로 거기에 초점이 맞추어져 있습니다. 그러니까 우리는 예수님의 십자가를 봅니다. 예수님 스스로 말씀하십니다. "다 이루었다." 할일 많으시고 해야 될 일도 많으십니다.

어느 시원치 않은 신학자는 말합니다. "예수님이 정말로 세상을 구원하러 오셨다면 최소한 60세까지는 살았어야 할 것이다. 그렇게 일찍 돌아가셔서야 되나? 할일이 많은데……" 그렇습니까? 예수님께서는 3년으로 족하십니다. 그리고 다 이루었다고 말씀하십니다. 겟세마네동산에서 기도하십니다. "내 뜻대로 마옵시고 아버지의 뜻대로 하옵소서." 그렇게 기도하는 순간 아버지의 뜻을 이루시는 것입니다. 아버지의 뜻을 다 이루셨다는 뜻입니다. 내 뜻이 아니고 아버지의 뜻을 이루었다……

젊은 신학자인 유명한 순교자 본훼퍼(Dietrich Bonhoeffer)의 '에케 호모(Ecce Homo)'라고 하는 명언이 있습니다. '이 사람을 보라.' 그는 말합니다. 예수님께서는 첫째로, 하나님께 생명을 깨끗이 바쳐버렸습니다. 언제 어떤 모습으로 죽든지 상관하지 않습니다. 생명은 하나님의 것입니다. 하나님께서 부르시는 날 하나님께서 부르시는 곳에 가면 되는 것입니다. 둘째로, 업적을 완전히 하나님께 위탁해버리셨습니다. 죽은 다음에 어떻게 되느냐고요? 내가 한 일들이 어떻게 되느냐고요? 장차 어떻게 되는가는 상관하지 않습니다. 오직 하나님께 모든 업적을 그대로 상납해버리십니다. 셋째, 예수님께서는 특별히 명예를 바쳐버리셨습니다. 남들이 뭐라고 하든지, 죄인이라고, 저주받았다고, 무슨 말로 비방을 해도 상관하지 않습니다. 다 하나님께 맡겨버리셨습니다. 그리고 다 이루었다고 말씀하십니다. 목적에 맞춘, 목적에 도달하는 승리를 말하는 것입니다. 이것을 위해 왔으니까. 특별히 요한복음은 구절구절이 말씀합니다. '성경을 응하게 하려고……' 심지어는 목마르다 하시는 것도 성경을 응하게 하려고, 저들이 제비뽑아 옷을 가진 것도 모두 성경을 응하게 하려고, 오래전부터 예언해온 성경말씀 한 구절 한 구절을 자신의 생애 속에서 성취시켜나가시는 것입니다. 그런 의미에서 다 이루었다 하십니다.

예수님 겟세마네동산에서 내려오실 때 두 가지 말씀을 하십니다. 첫째가 '내가 만일에 이렇게 십자가를 지지 아니하면 이일을 이루리라고 예언한 하나님의 말씀이 어떻게 이루어지겠느냐? 그런고로 나는 조용히 십자가를 져야 된다.' 또 있습니다. 요한복음 18장에서 말씀하십니다. "아버지께서 내게 주신 잔을 내가 마시지 않겠느냐?" 사랑하는 아버지가 사랑하는 아들에게 주는 십자가입니다. 그런고로 하나님을 생각하며 하나님의 뜻과 하나님의 기뻐하시는 바를 생각하며 십자가를 지십니다. 이 두 가지 꼭 잊지 말아야 합니다. 하나님의 말씀이, 예언과 예표와 상징과 모든 말씀들이 예수십자가사건 속에서 완성이 됩니다. 그걸 늘 생각하시며 살았습니다. 하나님의 예언한 말씀을 오늘 내 생애 속에서 성취하며, 그렇게 살았고 이제서 여기서 끝을 냅니다. '다 이루었다. 내게 향하신 뜻 다 이루었다.'

여러분, 여러분을 향한 하나님의 뜻이 무엇이라고 생각하십니까? 내게 향하신 뜻 그것을 오늘도 이루어가야 합니다. 그것을 이루는 것만 살아 있는 생이요, 그것에서 역행한다면 그건 다 헛된 생이라고밖엔 말할 수 없습니다. 내게 향한 하나님의 뜻에 조용히 순종하면서 그 길을 가는 것입니다. 그리고 다 이루는 것입니다. 성공이다 실패다 하는 것은 인간적 판단입니다. 문제는 하나님의 뜻에 얼마나 온전히 순종했느냐, 하나님의 뜻을 다 이루었느냐입니다. 십자가를 보는 시각이 문제입니다. 십자가는 성공이요, 완성이요, 최고의 영광입니다. 그래서 예수님 말씀하십니다. "다 이루었다."

예수님 사랑하시는 제자 사도 바울을 봅시다. 디모데후서에서 말씀합니다. '나의 달려갈 길을 다 가고 믿음을 지켰다.' 그는 지금 로마감옥에 있습니다. 이제 곧 순교하게 될 것을 예감한 것같습니다. '나의 달려갈 길을 다 갔다. 그리고 믿음을 지켰다. 내 앞에 면류관이 있다.' 여러분, 이렇게 살고 이렇게 죽는 것이 그리스도인입니다. 죽음을 앞에 놓고 영생을 바라보며 달려갈 길을 다 갔다, 믿음을 지켰다—예수님 말씀하십니다. "다 이루었다."

여러분은 어떤 모습으로 살아가고 있습니까? 어떤 모습으로 끝내야 되겠습니까? 언제 끝내면 옳겠습니까? 그건 중요하지 않습니다. 언제든지 예수님 "다 이루었다" 말씀하신 것같이 하나님의 뜻을 생각하며 내게 향하신 것을 다 이루는 것입니다. 다 이루어가며 남은 생을 사는 것입니다. 그리고 언젠가 주께서 부르실 때 조금도 유감없이 감사하며 스데반처럼 천사의 얼굴을 하고 주님 앞에 가야 할 것입니다.

예수님 십자가상에서 하신 이 위대한 선언을 가슴깊이 새겨봅시다. 그 많은 사람들의 비난과 저주와 아우성을 보면서 하나님을 사랑하고 하나님을 향하면서 다 이루었다 하시고 고개를 숙이고 세상을 떠나가십니다. 바로 그 뒤에 부활의 아침이 다가오고 있는 것입니다. △

부활의 첫열매

그러나 이제 그리스도께서 죽은 자 가운데서 다시 살아 잠자는 자들의 첫 열매가 되셨도다 사망이 사람으로 말미암았으니 죽은 자의 부활도 사람으로 말미암는도다 아담 안에서 모든 사람이 죽은 것같이 그리스도 안에서 모든 사람이 삶을 얻으리라 그러나 각각 자기 차례대로 되리니 먼저는 첫 열매인 그리스도요 다음에는 그리스도 강림하실 때에 그에게 붙은 자요 그 후에는 나중이니 저가 모든 정사와 모든 권세와 능력을 멸하시고 나라를 아버지 하나님께 바칠 때라
(고린도전서 15 : 20 - 24)

부활의 첫열매

　장자옥 교수님이 쓰신 「마지막 남은 생명」이라고 하는 책이 있습니다. 그 책 속에 나오는 실화입니다. 그 책에 나오는 사건 하나하나가 대단히 중요한 상징적 의미가 있습니다. 오래전에 군형무소에 두 사람의 사형수가 있었습니다. 한 사람은 전방에서 총기를 난사하다가 민간인을 몇사람 죽였습니다. 그 죄로 사형에 처하게 됐고, 또 한 사람은 월남전 참전 때 일시적으로 흥분을 참지 못해서 동료를 죽였기 때문에 역시 사형선고를 받고 집행을 기다리고 있습니다. 그 중에서 한 사람은 형집행날짜가 다가올 때 마지막 소원이 있다고 말합니다. 그 소원은 한번 고기를 실컷 먹고 싶다는 것입니다. 죽기 전에 먹고 싶던 것 한번 실컷 먹고 싶다…… 그러나 누구도 그의 사정을 들어줄 사람은 없었고, 마지막으로 먹고 싶던 것을 먹여주는 사람이 없었다는 것입니다. 물론 사식을 넣어주는 사람도 없습니다. 마침내 그는 자기몸을 대학병원에 해부용으로 팔았습니다. 그리고 선금으로 10만 원을 받아서 먹고 싶던 고기를 먹었습니다. 실컷 먹어보려고 했는데 3만 원어치밖에는 못먹었습니다. 그를 마주보던 사람이 얘기했습니다. "야, 그 참 맛있겠구나." 그는 대답했습니다. "맛은 무슨 맛? 내 몸뚱이를 팔아서 먹는 건데……" 그리고 눈물을 흘리며 고개를 떨어뜨렸고, 그 후에 그는 형장으로 걸어나갔습니다.
　여러분, 어찌생각하면 우리가 하루하루 욕심을 채우겠다며 사는 것이 이 사형수가 고기먹고 싶다고 하는 것과 마찬가지입니다. 영생을 모르고는 사실 입맛도 없는 것입니다. 아직도 입맛이 있는 것처럼 뭐 소위 엔조이가 있는 것처럼 생각하는 것이 사실 철없는 생각입니다. 인생무상입니다. 생이 이생뿐이라면 우리가 산다는 게 이 사형수가 먹고 싶은 고기 먹는 거나 마찬가지입니다. 여기에 상징적인 중요한 의미가 있습니다. 영생 없이 우리가 하는 모든 일들이 얼마나 하찮은 일입니까. 얼마나 바보같은 일입니까. 얼마나 맹랑한 애깁니까.

그런데 다른 한 사형수는 자기친구가 이렇게 하는 걸 보면서 '아이구, 그거 먹어서 뭘 하나? 한 끼 먹으면 뭘 하고 안먹으면 어떻고……' 그렇게 생각합니다. 그는 자기주머니를 다 뒤져봅니다. 15,000원이 있었습니다. 어느날 교회성가대원들이 와서 위로한다고 복도에서 찬송부르는 걸 보았습니다. 이 사형수가 나가서 15,000원을 내놓으면서 "나는 이제 죽습니다. 이게 내가 가진 전부인데 당신들 좋은 일에 써주면 좋겠습니다" 합니다. 마침 형무소의 교회를 건축하고 헌당식을 앞두고 있었는데 교회에서 그 15,000원을 가지고 강대상을 만들었습니다. 그리고 헌당식날 설교하는 목사님이 "이 강대상은 지금 여러분 가운데 앉아 있는 한 사형수가 죽기 전에 마지막 가졌던 것을 다 내놓아서 그것으로 만든 것입니다" 하고 발표합니다. 듣는 사람들이 다 눈물을 흘렸습니다. 큰 감동을 받은 것입니다. 이것이 법무부에 전해져서 그의 사형이 무기징역으로 바꾸어졌다고 합니다.

요한 크리스토프 아놀드(Johann Christoph Anold)라고 하는 분은「두려움 너머로」라는 책에서 말합니다. 죽음은 '결정적 과제' 라고, '결정적 필연성' 이라고 말합니다. 요새 웰빙이니 뭐니해서 보약도 먹어보고 운동도 하고 오래 살아보겠다고 기를 쓰고 몸부림치지만 웬만하면 이제 그만합시다. 다 소용없습니다. 그 조금 더 살면 어떻다는 얘깁니까. 그냥 살다 그냥 갑시다. 그리고 할일이 있습니다. 이제 생각해야 합니다. 사후생명에 관심을 가져야 합니다. 죽지 않으려고 몸부림치지 말고 죽은 다음의 생명에 관심을 가져야 됩니다. 성경은 이것을 말씀하고 있는 것입니다. 성경은 사람이 안죽는다고 말씀한 적 없습니다. 단, 죽은 다음에 어떻게 되느냐를 예수님께서 보여주고 계십니다.

아시는대로 예수님께서는 서른세 살에 가십니다. 생이 이생뿐이라면 예수님이야말로 정말 완전히 실패한 것입니다. 잘못 사신 것입니다. 그러나 성경이 말씀해주는 핵심은, 예수님께서 말씀하시는 핵심은 죽음다음입니다. 예수님의 말씀을 보십시오. 성경을 똑바로 봐야 됩니다. 성경을 보면서 잘살고 성공하고 소원성취하고 하는 지엽적인 얘기에 너무 관심가지지 마십시오. 그저 성경은 똑똑히 말씀합니다. 예수님께서 분명히 말씀하십니다. "심령이 가난한 자는 복이 있나니 천국이 저희 것임이요…… 핍박을 받은 자는 복이 있나니 천국이 저희 것임이라……" 나와 같이 고난당하는 자는 복이 있나니 나와 같이 영광을 누릴 것이다, 하십니다. 언제나 사후의 세계, 영생의 세계를 말씀하십니다. 거기에 초점을 맞추셨지 이땅에서 어떠하고 어떻고에는 관심없으십니다. 성경 똑바로 봅시다. 아직도 기복사상에 매이고 세상에 매이는 것, 그거야말로 도토리키재기이지 조금 나으면 어떻고 덜하면 어떻습니까. 그게 무슨 문제입니까. 수명이 길면 어떻고 짧으면 어때요. 아주 냉정하게 생각을 다시 해야겠습니다.

독립운동가 이상재 장로님께서 독립운동 하다가 감옥에 갇혔는데 옥중생활 할 때 거기서도 많은 사람에게 존경을 받았습니다. 그런데 어느 일본인 기자가 물어보았습니다. 자신이 알기는 인도의 간디는 평소에 100세를 산다고 늘 말했고 누구도 얼마, 누구도 얼마, 누구도 얼마, 그 유명한 사람들이 오래 살기도 했고 오래 산다고들 얘기했는데 "선생님은 몇 년이나 사실 생각입니까?" 이상재 선생님이 감옥에서 내일을 알 수 없는 가운데 하시는 말씀 들어보실까요. "사람이 한번 났으면 영원히 사는 거지 죽기는 왜 죽어?" 이것이 우리의 믿음의 조상들의 외침입니다. "사람이 한번 났으면 영원히 사는 것이지 죽기는 왜 죽어?" 이상재 장로님의 호쾌한 장담입니다. 무슨 뜻으로 이 말씀을 했겠습니까. 여러분, 성경은 사람이 안죽는다고 말씀하지 않습니다. 성경은 이적을 많이 말씀하고 있습니다. 나사로도 나흘만에 살아났습니다. 나는 그래 생각합니다. 그 사람 괜히 장례식만 두 번 했지 별거 아니라고요. 뭐 누가 살고 누가 죽고 누가 병낫고…… 예수님 많이 이적을 행하셨고, 많은 사람들이 여기에 매력을 느낍니다마는, 예수님께서는 자신도 서른세 살에 죽으십니다. 성경에는 뭐 구백 세 살았다는 사람도 나옵니다만 그게 중요한 게 아닙니다. 성경은 부활을 말씀하고 있습니다. 부활은 곧 생명의 변화입니다.

성경을 자세히 연구해보면 부활이라는 말과 변화라는 말을 동의어로 사용하고 있습니다. '그리스도와 같이 변화하리라.' 변화! 생명의 변화를 생각해야 됩니다. 이게 영생의 뜻입니다. 죽음이 말하는 뜻을 알고 부활이 말하는 뜻을 알면 그 사람은 바른 신앙의 사람입니다. 죽음은 무궁무진한 의미를 가지고 있습니다. 그렇다면 부활이 말하는 뜻은 무엇입니까. 이걸 알아야 사실은 오늘도 바로 살게 되고, 오늘을 살며 영생을 살게 되고, 영생으로 이어가는 오늘을 사는 것이 됩니다. 그래서 "나를 믿는 자는 죽어도 살겠고, 무릇 살아서 나를 믿는 자는 영원히 죽지 아니하리라(요 11 : 25 - 26)" 하신 예수님말씀의 뜻을 알게 될 것입니다.

오늘성경말씀은 우리에게 너무도 귀한 복음을 줍니다. '부활의 첫열매!' 십자가의 죽음이 계시입니다. 한 사람의 죽음을 말씀하고 있는 게 아닙니다. 만백성의 죽음, 예수믿는 모든 사람의 죽음을 말씀하는 것입니다. 십자가가 우리생명의 계시인 것같이 부활이 또한 계시적 사건입니다. 한 사람이 죽었다가 사흘만에 살아났다는 그런 기적을 말씀하는 게 아닙니다. 그런 하나님의 능력에 놀라지 마십시오. 그런 사건이 아닙니다. 이건 한 사람에게 있었던 죽음과 한 사람에게 있었던 부활사건을 말씀하는 것이 아닙니다. 성경이 말씀하고 있는 중요한 내용은 예수님께서 십자가에서 모든 사람을 대신하여 대표로 죽으셨고 예수님의 부활이 모든 사람을 대신해서, 대표로서 첫열매의 테이프를 끊으셨다는 것입니다. 그런 귀중한 사건입니다. 그의 죽음이 나의 죽음이요, 그의 부활이 곧 나의 부활입니다. 이것을 계시적으로 우리에게 보여준 사건이라는 것을 받아들여야 됩니다. 부활을 무슨 낭만적인 얘기로 알지 마십시오.

생명이라 하면 네 단계로 보아야 합니다. 첫째는 식물입니다. 요새 여기저기 벚꽃이 많이 피었습니다. 벚꽃은 참 신기합니다. 왜냐하면 꽃잎이 어디서 나왔는지, 피어나는데 아직도 나뭇잎도 없지 않습니까. 이게 특징입니다. 파란 나뭇잎은 전혀 없는데 꽃만 활짝 피니 참 화사합니다. 정말로 아름다워요. 일부러 벚꽃 있는 길을 차를 몰고 가다가 내려서 한번 쳐다보면 너무너무 신비롭습니다. 고목나무처럼 다 말라빠져서 '에라, 이제는 아무데도 못쓰겠다' 싶은 그런

나무에 어디서 준비됐다가 그렇게 꽃잎이 나옵니까. 참 신기합니다. 식물의 생명은 정말 신비롭습니다. 그러나 이것은 식물적 생명입니다. 그 다음에 한 단계 높은 생명이 있지요. 동물적 생명입니다. 이 또 얼마나 신비롭습니까. 동물이 태어나는 것, 암수가 그 멀리서 만나서 생명을 잉태하고 또 그 생명을 키우는 것 보십시오. 여러분 다 보셨겠지만 나도 들여다보고야 감탄을 한 일이 있습니다. 개가 강아지를 낳았거든요. 이게 아직 눈도 못떴습니다. 눈도 뜨지 못한 이 몸뚱이가 뺄뺄 기어들어가서 그 어미 젖꼭지를 물고 뺍니다. 가만히 보자하니 사람보다 낫대요. 사람은 갖다물려도 못빠는데, 이건 어떻게 눈도 못뜬 게 찾아들어가서 척 빠는 것입니까. 그것도 자기번호가 있습니다. 고놈은 고것만 뺍니다. 세상에 참, 신기해요. 이걸 무슨 말로 설명하겠습니까. 어떻게 이걸 물리적으로 생리학적으로 설명하겠습니까. 신비한 것입니다. 신비한 생명력이 여기 있습니다. 동물세계의 생명의 위대함입니다. 그러나 그 위로 한 차원 높은 게 바로 인간입니다. 인간은 동물적이면서도 또 동시에 영적입니다. 이성이 있고 영이 있고 영의 지배를 받는 이성, 이성의 지배를 받는 육체, 그 본능이 종합적으로 이루어져 하나님의 형상으로 만들어진 인간, 고귀한 생명입니다. 고귀한 존재, 인간입니다. 그러나 지금 제가 식물의 생명 동물적 생명 인간의 생명을 말했습니다마는 여기서 끝나면 안됩니다. 우리가 모르고 있는 또 한 단계 높은 생명이 있습니다. 바로 그게 그리스도적 생명입니다. 예수님께서 부활하셨습니다. 부활하신 예수의 생명, 그 무얼 말하는 거냐? '너희도 나와 같이 될 것이다. 너희도 나와 같이 변화될 것이다. 내가 십자가에 죽는 줄 알았지? 봐라. 이렇게 부활했느니라.' 그리스도적 생명을 보여주십니다. 그리고 말씀하십니다. '부활의 첫 열매'라고—'너희도 나와 같이 될 것을 내가 보여주노라.' 여기에 부활의 의미가 있습니다. 첫열매 그 다음은 우리입니다. 이걸 잊지 말아야 합니다.

보면 더러 이 부활절에 가서 큰 실수를 많이 합니다. 뭐냐하면 소위 '영혼불멸설' 같은 것입니다. 이걸 부활로 착각하는 사람도 있습니다. 아닙니다. 어떤 사람은 '도덕적 부활'을 말합니다. 허튼소리 하지 마십시오. 그거 아닙니다. 낭만적으로 윤회적으로 생각하는 것, 곤충이 다시 회생하는 것처럼 생각하는 것, 다 아닙니다. 식물이 죽은 줄 알았는데 다시 살아나는 것처럼도 아닙니다. 조그마한 표적이 될 수는 있으나 아닙니다. 다시 말합니다. 예수 그리스도의 부활 사건만 부활입니다.

톨스토이의 「부활」이란 소설이 있지요? 아, 이게 기독교적인 뭔 줄 알고 열심히 읽어보고 아무리 읽어봐도 거기 부활은 없습니다. 그건 사랑의 부활을 말할 뿐이지 기독교적 생명의 부활을 말하는 게 아닙니다. 부활이란 단어의 개념을 우리기독교만이 가지는 것을 분명히 확실하게 정리해야 합니다. 예수의 부활만 부활입니다. 이것은 이론도 추상도 철학도 감상도 아닙니다. 사건입니다. 이걸 보여준 것이 예수부활사건입니다. 예수부활, 이건 사건입니다. 역사적 사건입니다. 그리고 말씀하십니다. '내가 부활했다. 너도 부활할 것이다.' 그래서 오늘성경에 첫열매라고 말씀합니다. 이것이 샘플입니다. 이것이 모본이요 이것이 표본입니다. 이것이 예언이요 계시인 것입니다. 확증이란말입니다. 이것을 믿고 이 은혜에 사는 사람 스데반은 돌에 맞아 죽으면서도 그 얼굴이 천사의 얼굴과 같았습니다. 이 단계에서 저 단계로 넘어가니까요. 그 순간에 그의 얼굴은 천사와 같습니다.

　사도 바울은 로마 감옥에서 말씀합니다. '나의 달려갈 길을 마치고 믿음을 지켰으니 이제 후로는 나를 위하여 의의 면류관이 예비되었다. 내게만 아니라 사모하는 모든 자에게니라(딤후 4 : 7 - 8).' 앞서가면서 우리에게 이렇게 말씀해주고 있습니다. '내게만 아니라 모든 자에게니라.' 첫열매!

　아담 이후로 모든 사람이 죽음의 지배를 받았습니다. 그러나 이제는 그리스도로 말미암아 영생의 문이 열렸습니다. 아담의 후예가 되는 것은 자연적이고 유전적인 것입니다. 그리스도의 생명에 연합하는 것은 인격적이고 신앙적인 것입니다. 예수님께서 비유로 말씀하십니다. 오늘성경에도 암시되고 있습니다. '마치 포도나무가지가 포도나무에 붙어 있는 것같이 그리스도께 생명적으로 접하여, 연결되어서 생명을 받고 있는 바로 그 사람, 그리스도께 붙어 있는 그 사람, 이제 마지막 나팔과 함께 다 함께 부활하여 그리스도의 영화로운 몸과 같이 변화될 것이다.'

　여러분, 부활의 첫열매 그 뒤에 우리가 있습니다. 곧 따를 것입니다. 그 첫열매되신 그리스도의 부활을 바라볼 때 옛날에 있었던 사건을 기념하고 있는 게 아닙니다. 이건 우주적인 것이고 바로 나의 부활을 예고하고 있는 것입니다. 이 엄청난 사건 앞에서 이 은총 안에 오늘을 내가 살아야 합니다. 부활생명으로 살아갑니다. 영생을 소유하고 오늘을 삽니다. 어떤 모습으로 살아가야 할 것입니까? △

마음이 뜨겁지 아니하더냐

가라사대 미련하고 선지자들의 말한 모든 것을 마음에 더디 믿는 자들이여 그리스도가 이런 고난을 받고 자기의 영광에 들어가야 할 것이 아니냐 하시고 이에 모세와 및 모든 선지자의 글로 시작하여 모든 성경에 쓴 바 자기에 관한 것을 자세히 설명하시니라 저희의 가는 촌에 가까이 가매 예수는 더 가려하는 것같이 하시니 저희가 강권하여 가로되 우리와 함께 유하사이다 때가 저물어 가고 날이 이미 기울었나이다 하니 이에 저희와 함께 유하러 들어가시니라 저희와 함께 음식 잡수실 때에 떡을 가지사 축사하시고 떼어 저희에게 주시매 저희 눈이 밝아져 그인 줄 알아보더니 예수는 저희에게 보이지 아니하시는지라 저희가 서로 말하되 길에서 우리에게 말씀하시고 우리에게 성경을 풀어 주실 때에 우리 속에서 마음이 뜨겁지 아니하더냐 하고 곧 그 시로 일어나 예루살렘에 돌아가 보니 열 한 사도와 및 그와 함께한 자들이 모여 있어 말하기를 주께서 과연 살아나시고 시몬에게 나타나셨다 하는지라 두 사람도 길에서 된 일과 예수께서 떡을 떼심으로 자기들에게 알려지신 것을 말하더라

(누가복음 24 : 25 - 35)

마음이 뜨겁지 아니하더냐

앤서니 라빈스(Anthony Robbins)라고 하는 교수님이 쓴 세계적으로 알려진 유명한 책이 있습니다. 「네 안에 잠든 거인을 깨우라」라는 책입니다. 우리말로도 번역되어 있습니다. 이 책에서 저자는 현대인들의 삶의 모습을 아주 재미있는 비사를 통해 설명합니다. '나이아가라 증후군'이라는 말이 있는데 한번쯤 생각해볼만한 것입니다. 나이아가라 증후군 — 이제는 일반적 개념이 됐습니다. 나이아가라 폭포의 상류로 올라가보면 강물이 죽 흘러내립니다. 그 강 위에서 뱃놀이를 합니다. 저도 한번 가보았고, 뱃놀이도 해보았습니다. 가만히 있어도 배가 술술 밑으로 흐릅니다. 이렇게 어느 정도까지 내려온 다음에는 다시 노를 저어서 올라가야 됩니다. 그러니까 자기 자신의 가치관이나 결단으로 살아가는 것이 아니라 무의식적으로 물 흘러 가는대로 사회를 따라 유행을 따라 옆사람의 평판을 따라 자신의 터닝 포인트를 갖지 못하고 살아가는 사람들이 있다는 것입니다. 뱃놀이를 하면서 물흘러가는대로 죽 흘러갑니다. 그러다가 돌이켜야 할지점을 놓치고 마는 경우가 생깁니다. 여기가 잘못됐구나 하고 생각합니다. 하지만 벌써 늦었습니다. 천야만야한 폭포로 배는 빠져들어갑니다. 그래서 1년이면 삼사 명이 늘 빠져죽는다고 합니다. 왜요? 그냥 흘러갔으니까요. 이때다 생각할 때는 늦었기 때문입니다.

그런고로 이 분은 충고합니다. '항상 깨어 있어야 한다.' 삶의 변화에 민감해야 합니다. 또한 목표에 대해서 몇번이고 물어봐야 됩니다. '나는 왜 사느냐? 무엇이 나의 삶의 목표냐?' 마치 운전하는 사람이 자동차를 운전하면서 내가 지금 어디로 가느냐 하고 저 앞을

직시하며 운전해야 되는 것과도 같습니다. 그리고 계속적으로 결단이 필요합니다. 남들이 뭐라고 하느냐? 그것 너무 신경쓸 거 없습니다. 칭찬하면 어떻고 헐뜯으면 어떻습니까. 그것 중요하지 않습니다. 내 생은 내가 결정하고 내가 책임지는 것입니다. 그런고로 자발적 결단을 할 수 있어야 하겠다는 것입니다. 마지막으로, 정진하는 것입니다. 미루는 것이 아니고 오늘 이 시간에 정진해야 한다고 말합니다.

류시화 시인을 여러분이 잘 아십니다. 「사랑하라 한 번도 상처받지 않은 것처럼」을 썼습니다. 사랑하라 한 번도 상처받지 않은 것처럼—참 뜻이 있지요? 그 속에서 작가 미상의 이야기를 인용하고 있습니다. '신과의 인터뷰' 라고 하는 제목입니다. 신과의 인터뷰—재미있지요? '내가 물었다. 인간에게 가장 놀라운 점이 무엇인가?' 라고 신께 물어보았더니 신께서 대답해주었다. 어린 시절이 지루하다고 서둘러서 어른이 되는 것, 그리고 다시 어린 시절로 돌아가기를 갈망하는 것, 이게 놀라운 일이다. 또는 돈벌기 위해 건강 다 잃어버리고 건강 찾기 위해 돈 다 쓰는 것, 미래를 위해 현재를 잃어버리고 결국 현재도 미래도 다 잃어버리는 것, 결코 죽지 아니할 것처럼 살다가 살아본 일도 없는 것처럼 죽어가는 것, 이게 바로 인간의 놀라운 점이라고 신이 대답했다' 고 말합니다.

오늘본문에 보면 엠마오로 가는 두 제자가 있습니다. 이 24장을 읽고, 또 읽고 읽으면서 난센스를 느낍니다. 보십시오. 예수께서는 부활하셨는데 죽었다고 저 사람들이 지금 저렇게 고향으로 돌아가고 있습니다. 아니, 절망하고 있고 실망하고 있습니다. 저가 메시야이기를 바랬고, 기대를 가졌다가 그들은 실망합니다. 실망할 필요가 없는데, 오히려 이루어졌는데, 메시야는 메시야로 영광을 받았는데 왜 저들은 낙심을 해야 하는 것입니까. 또하나, 여자들이 무덤에 갔다가 시체를 보지 못하고 부활했다는 소식을 자신들에게 전해주어서 많은 사람을 놀라게 했다고 말하는 그 대목이 아주 재미있습니다. 아, 그렇다면 자기네도 무덤에 가보면 되지 않습니까. 나는 그 점이 맘에 안들어요. 아주 소극적인 사람들입니다. 아, 무덤에 가보면 될 거 아닙니까. 가보지 않고 '부활했다더라' 라니, 시체를 못보고 왔다더라라니, 이걸로 끝나는 것입니다. 멍청한 사람들입니다. 영 맘에 안드는 대목입니다. 또하나, 지금 엠마오로 가고 있는데 예수님께서 엄연히 함께 가고 계십니다. 어떤 화가는 그 그림을 그리면서 그때에 안개가 뽀얗게 끼어 있는 것처럼 그립니다. 안개속이라 못 알아본 것처럼 말입니다. 글쎄요. 안개가 있었는지 없었는지 모르겠지만 좌우간 예수님과 함께 가면서 예수님을 못알아본 것입니다. 3년이나 같이한 예수님을 못알아봤습니다. 함께 가면서도 함께 계신 예수를 모르더라는 것, 이게 얼마나 난센스입니까. 그런데, 극적으로 비로소 예수님을 알아보았을 때 저들은 다시 예루살렘으로 돌아갔다는 것이 오늘본문의 이야기입니다.

문제는 예수님께서 평가하신대로라는 것입니다. "더디 믿는 자여(O, Slow Believer)." 믿음이 너무 소극적입니다. 더디 믿는 자여—성경을 바로 믿지 못합니다. 믿음의 자세 그 자체를 분석하고 계십니다. 말씀과 사건과의 관계를 바로 이어서 생각하지 못합니다. 성경은 읽으면서 예수는 모릅니다. 예수는 만나면서 성경을 모릅니다. 성경에 예언된 내용과 증거하신 바와 오늘 눈앞에 있는 예수님과 연계해서 예언된 말씀이 예수사건 속에서 성취됐다는 것을 믿어야 하는데 바로 여기서 문제가 됩니다. 그래서 현대인들의 신학해석에는 이런 말이 있습니다. '신앙의 문제는 application의 문제다.' 이 성경을 어떻게 적용하느냐? 이 말씀을 내가 어떻게 적용하느냐가 문제입니다. 내 현실 속에서 어떻게 적용해나가느냐가 문제입니다. 믿기는 믿으면서 현실 속에서 믿지를 못했고 예수를 믿는다고 하지만 영광의 예수만 기다리고 있고 십자가의 예수를 믿지 못했습니다. 바로 거기에 문제가 있는 것입니다.

오늘본문 31절에 "눈이 밝아져"라고 말씀합니다. 눈이 밝아지기 전에는 어두웠습니다. 왜 어두웠을까요? 정욕 때문에 편견 때문에 인간적 경험 때문에 눈이 어두웠습니다. 눈이 어두워 있는 동안은 온몸이 어둡고 온세상이 어두운 것입니다. 눈이 밝아질 때 비로소 예수를 알아볼 수 있었다 하는 것입니다. 아주 중요한 말씀입니다. 그래서 에베소서 1장 18절에 보면 사도 바울은 기도합니다. '우리마음의 눈을 열어주옵소서. 눈을 밝혀주옵소서.' 마음의 눈이 열려야만 자신도 알고 하나님도 알고 세상도 바로 알 수 있겠기 때문입니다.

그리고 오늘본문에서 중요한 것은 '마음이 뜨거워졌다' 하는 말씀입니다. 마음이 뜨거워졌다—그래서 말입니다. 오늘본문을 별명으로 설명을 하자면 '오순절 전 오순절'입니다. 오순절 전 오순절 사건입니다. 오순절 성령 충만함 그 전초로 오순절 전 성령강림의 역사를 오늘본문에서 봅니다. 이 점을 잊지 말아야 합니다. 제가 신학대학에서 성령론을 한 10년 가르쳤습니다. 특별히 집중해서 사도행전적 성령론을 가르쳐본 일이 있습니다. 사도행전에 나타난 성령론은 딱 한마디로 요약하면 성령은 말씀과 함께 역사한다는 것입니다.

가장 극적인 장면이 사도행전 10장 44절에 나옵니다. 베드로가 이방 사람 로마군인 고넬료의 집에 초청을 받아 가서 그들을 앞에 놓고 어쩌면 통역도 없이 설교를 합니다. 이 장면을 이렇게 말씀합니다. "이 말 할 때에 성령이 말씀 듣는 모든 사람에게 내려오시니……" 이 말을 할 때―예수께 대해서 말씀할 때, 예수의 십자가 사건을 말씀하고 있을 때 성령이 저들의 마음을 뜨겁게 했습니다. 뜨겁게 해서 마음을 열게 했습니다. 그래서 예수님을 알게 되더라는 말씀입니다.

오늘도 성경은 말씀합니다. "우리에게 성경을 풀어주실 때에 우리 속에서 마음이 뜨겁지 아니하더냐(32절)." 예수님에 관한 구약의 말씀을 풀어주실 때입니다. 구약성경이 아무리 크지만 그거 중요한 거 아닙니다. 그 역사가 중요한 게 아닙니다. 중심은 예수 그리스도십니다. 예수 그리스도에 관한 말씀을 들어 끄집어내어 예수님께서 저들에게 설명을 하십니다. 특별히 예수님에 관한 것 또 핵심적으로는 예수께서 십자가에 돌아가신 것, 메시야는 마땅히 고난을 당해야 하고 부활해야 한다, 죽으시고 부활해야 한다는 바로 그 말씀 말입니다. 구약에 나타난 예수, 그 기독론 속에 부활이 있음을 설명하고 있을 때 마음이 뜨거워졌습니다. 그래서 말입니다. 말씀과 성령은 항상 동시적으로 역사합니다. 이것을 꼭 잊지 말아야 합니다. 말씀이 없는 성령이라면 성령론이 아닙니다. 꼭 말씀과 함께 그리스도와 함께―그래 기독론적으로 성령을 설명해야 하고 성령 안에서 기독론을 풀어야 한다는 것이 신학의 결론입니다.

마음이 뜨거워지더라, 예수께서 성경을 풀어주실 때 마음이 뜨거워지더라―이게 무슨 말씀입니까? 뜨겁다는 것은 사랑을 말하는 것입니다. 차다는 것은 냉정함과 증오를 말하는 것입니다. 시기와 질투, 이건 다 찬 마음입니다. 자기중심적인 마음도 돌과 같이 찬 것입니다. 이제 예수님께서 말씀하고 계실 때 마음이 미움에서 사랑으로, 자기중심적인 것에서 성경적 신앙으로 바꾸어지더라, 마음이 열리면서 뜨거워지더라는 것입니다. 그래서 그리스도를 만나게 되고 또 만난 그리스도를 알아보게 되고 특별히 십자가중심적 신앙으로 신앙이 정비됩니다. 그동안은 영광의 메시야만 생각했는데 이제는 고난의 메시야, 고난을 통해서 역사하는 십자가와 그 십자가 너머 부활하신 주님의 역사와 그 그리스도를 발견하게 됩니다. 다시말해서 육체를 입으시고 우리와 함께하시는 역사적인 그리스도를 넘어서 이제는 어디나 계시는 그리스도, 살아계시는 그리스도를 발견하게 됩니다. 십자가에 죽으신 예수가 아니라 부활하셔서 오늘 나와 계속 함께하시는 그 그리스도를 알아보게 되고, 그 그리스도를 체험하게 되더란말입니다. 마음이 뜨거워질 때─얼마나 중요합니까. '마음이 뜨겁지 않더냐?' 마음이 뜨거워져야 그리스도를 알고 그리스도를 알아야 나를 알고 나를 아는 순간 이 사람들이 다시 예루살렘으로 돌아갑니다. 예루살렘을 피해서 엠마오로 왔던 사람들이 다시 돌아가서 서로 만나 반가워하고 그리스도를 증거하는 증인이 되는 것입니다. 이렇게 신앙적 용기의 사람이 되었다는 이것이 오늘본문의 주제입니다. 대단히 중요한 말씀입니다.

작가 스티브 도나휴(Steve Donahue)라고 하는 분이 「사막을 건너는 여섯 가지 방법」이라는 재미있는 책을 썼습니다. 이 분은 실제로 사하라사막을 경험하고 사막여행이 얼마나 무서운지, 얼마나 고통스러운지를 경험하고나서 이 책을 씁니다. 사막을 건너는 여섯 가지 방법, 제가 낱낱이 다 말할 필요는 없습니다. 몇가지만 말합니다. 첫째, 지도를 따르지 말고 나침반을 보라 합니다. 지도를 보지 말고 나침반을 보라는 것입니다. 지도만 손에 들고 있으면 뭘 합니까? 전후좌우가 다 사막인데 아무것도 보이는 게 없는데 내 손에 든 지도가 무슨 의미가 있습니까. 그러니 고개를 들어서 하늘의 별을 보고 나침반을 보라. 지도를 보지 말고 나침반을 보라는 말이 얼마나 중요한 교훈입니까. 또한 혼자서 여행하기를 두려워하지 말라 합니다. 사람에게 의존하지 말라는 것입니다. 남들이 옆에 있다고 살길이 있는 것도 아니고 남들이 살 수 있다고 사는 게 아닙니다. 혼자서 여행하기를 두려워하지 말라는 것이 사막을 뚫고나가는 한 비결입니다. 또하나는 오늘의 현실을 즐겨라 하는 것입니다. 사막여행 자체를 즐기는 마음을 가져야 사막여행에 성공할 수 있다고 말합니다.

여러분, 실망할 이유 없는데 실망하고 있는 이 엠마오로 가는 두 제자를 생각해보십시오. 주님께서 저들과 함께 가고 계신데 알아보지 못한 그 답답한 인간들을 생각해보십시오. 눈이 어두워서 마음에 실망과 걱정이 가득찼기 때문에 주님을 알아볼 수 없었습니다. 이제 모든 욕심을 버리고 근심과 걱정을 버리고 보십시오. 눈이 열려야 됩니다. 마음이 뜨거워져서 가야바 원망하지 말고, 빌라도 욕하지 말고, 가롯 유다 미워하지 말고, 다 용서하고…… 마음을 열고 마음이 뜨거워질 때 그리스도의 사랑으로 감격하며, 뜨거워질 때 그리스도를 알게 됩니다. 성경을 알게 됩니다. 나 자신을 알게 됩니다. 내가 왜 존재하는가를 알게 됩니다. 아니, 오늘 내가 해야 될 일이 무엇인가를 알게 되고 부활의 증인으로 사명의 사람으로 다시 태어나게 되는 것입니다.

여러분, Living Christ—살아계신 그리스도를 만나는 아침이 되기를 바랍니다. 그와 내가 함께하고 있고 내가 그 안에 있음을 아는 소중한 시간이 되기를 바랍니다. 그리고 기뻐하며 예루살렘으로 다시 돌아가는 터닝 포인트로 삼아 새로운 생으로 다시 출발하게 되기를 바랍니다. △

여호와께 맡기라

　행악자를 인하여 불평하지 말며 불의를 행하는 자를 투기하지 말지어다 저희는 풀과 같이 속히 베임을 볼 것이며 푸른 채소같이 쇠잔할 것임이로다 여호와를 의뢰하여 선을 행하라 땅에 거하여 그의 성실로 식물을 삼을지어다 또 여호와를 기뻐하라 저가 네 마음의 소원을 이루어 주시리로다 너의 길을 여호와께 맡기라 저를 의지하면 저가 이루시고 네 의를 빛같이 나타내시며 네 공의를 정오의 빛같이 하시리로다 여호와 앞에 잠잠하고 참아 기다리라 자기 길이 형통하며 악한 꾀를 이루는 자를 인하여 불평하여 말지어다 분을 그치고 노를 버리라 불평하여 말라 행악에 치우칠 뿐이라 대저 행악하는 자는 끊어질 것이나 여호와를 기대하는 자는 땅을 차지하리로다 잠시 후에 악인이 없어지리니 네가 그곳을 자세히 살필지라도 없으리로다 오직 온유한 자는 땅을 차지하며 풍부한 화평으로 즐기리로다

　　　　　(시편 37 : 1 - 11)

여호와께 맡기라

유명한 한 폭의 그림이 있습니다. 여러분도 알게모르게 우연한 기회에 본 적이 있을 것입니다. 프랑스의 화가 에밀 리노프(Emile Renouf)라는 사람이 1881년에 발표한「The Helping Hand(돕는 손)」라는 제목의 그림입니다. 파도가 심한 망망대해에 한 척의 배가 그려져 있습니다. 작은 배 한 척, 두 사람밖에 탈 수 없는 조그마한 배 한 척, 거기 늙은 어부와 나이어린 소녀가 앉아 있는 그림입니다. 커다란 노가 있고 할아버지와 소녀가 나란히 앉아서 노를 함께 잡고 저어갑니다. 소녀는 사랑스러운 눈빛으로, 평안한 눈빛으로(바다도 무섭지 않고 세상도 무섭지 않은) 할아버지를 쳐다보면서 열심히 노를 젓습니다. 그러나 소녀는 열심히 그저 젓는 척하는 것이고 사실은 할아버지가 노를 젓는 것입니다. 할아버지가 힘찬 그 손으로 능숙하게 노를 젓고 있고 이 소녀는 제 손을 할아버지손 위에 올려놓았습니다. 어린아이가 할아버지손 위에 제 손을 얹어놓고 같이 노를 젓는 셈인데 그게 할아버지에게는 큰 도움이 됩니다. 힘이 됩니다. 그래서 돕는 손, The Helping Hand라고 제목이 달린 것입니다. 실상 노는 할아버지가 젓는 것이지 그 아이가 무슨 힘이 있겠습니까. 그러나 할아버지얼굴을 쳐다봄으로 할아버지마음을 기쁘게 합니다. 손을 같이 얹어놓고 같이 움직이고 있는 것입니다. 많은 것을 생각하게 합니다. 역사는 하나님께서 주관하십니다. 우리가 뭘 한다거나, 뭘 해본다고 해보았자 다 별것 아닙니다. 그러나 이렇게 하나님의 큰 손과 우리의 작은 손이 합하여 하나님의 위대한 역사를 이루어가는 것입니다. 그런 중요한 상징적 의미가 이 그림 한 폭에 담겨 있습니다.

　옛날에 선교사들이 시골을 방문하면서 전도할 때 지프차를 타고 다닌 것을 저도 많이 보았습니다. 선교사가 지프차를 타고 가다가 웬 할머니가 무거운 보따리를 이고 가는 것을 보고 좀 안쓰럽게 생각되어 차를 세우고는 "할머니, 가시는 곳까지 모셔다드릴 테니 이 차에 올라타시죠" 합니다. 할머니는 아주 고맙다고 인사를 하면서 차에 올라탔습니다. 선교사가 차를 운전하다말고 돌아보았더니 할머니는 여전히 보따리를 이고 있습니다. "할머니, 보따리 내려놓으세요. 힘들게 왜 그 보따리를 이고 있습니까?" 할머니의 대답은 이랬습니다. "아니, 무슨 말씀입니까? 나만 차를 타고 가는 것도 죄송스러운데 어찌 보따리까지 내려놓겠습니까."

　그리스철학자 플라톤은 「Politeia」라고 하는 유명한 책에서 삶의 네 가지 형식을 말합니다. 하나는 욕망지향적인 삶입니다. 쾌락을 추구하는 삶입니다. 둘째는 이익지향적인 삶입니다. 소유를 최고의 가치로 생각하고 그저 부자가 되려고 몸부림치는 삶입니다. 세 번째는 정치적 삶입니다. 명예와 권력을 가치기준으로 삼는 삶입니다. 네 번째는 관조적으로 사는 삶입니다. 의미와 가치를 추구하고 지혜를 추구하고 생각하는 삶입니다. 이 네 번째 삶이 사람다운 삶이라고 플라톤은 말하고 있습니다.

　오늘본문에 "여호와께 맡기라(5절)" 합니다. commitment를 말하는 것입니다. '전적으로 위탁하라. 여호와께 맡기라.' 하나님의 말씀입니다. 뜻이 무엇입니까? 첫째, 맡기고 평안하라는 것입니다. 맡기고 자유하라는 것입니다. '그 문제를 네가 붙들고 씨름하지 말고 하나님께 맡기고 너는 평안하라. 너는 자유하라.' 둘째, 어차피 하나님의 손에 있다는 것을 믿으라는 것입니다. 내가 몸부림쳐보아도 그대로 되는 게 아닙니다. 어차피 하나님의 능력, 하나님의 섭리, 그의 뜻 안에 있다는 것을 믿으라는 것입니다. 그런고로 그에게 맡겨라 합니다. 셋째, 하나님께서 맡으시겠다는 약속입니다. '내가 맡을 테니 너는 자유하라. 내가 책임을 질 테니 너는 나를 따르라. 그리고 나를 기뻐하라.' 하나님의 복음입니다. '네 짐을 내게 맡겨라. 내가 책임진다. 내가 맡아 할 것이다. 그런고로 다 내게 맡기고 너는 평안하고 자유롭고 그 다음에 나를 기뻐하라.' 이렇게 복음을 주고 계십니다.

그런데 맡긴다는 것이 무엇입니까. 구체적으로 무슨 의미가 있습니까. 먼저는 운명을 맡겨야 됩니다. 결국 종말은 그에게 있습니다. 생명은 주인의 것입니다. 생명의 주인이 되신 그에게로 돌아갈 것입니다. 그런고로 살고죽는 것 걱정하지 마십시오. 어디서 어떻게 죽든지 묻지 마십시오. 생명의 문제에 관한 한 하나님께 깨끗이 맡기고, 종말 그 궁극을, 그 오메가 포인트(Omega Point)를 하나님께 맡겨버립니다. 완전히 맡기고 사는 것입니다. 그것이 중요합니다. 어차피 하나님의 뜻대로 됩니다. 내 뜻대로 되는 일 없습니다. 유명한 역사학자 베아드(Beaad)는 한평생을 역사만 연구한 사람입니다. 그는 말합니다. '그저 하나님 마음대로 되더라.' 다 연구하고 보면 결국 하나님마음대로 될 것이니 그에게 맡길 수밖에요. 그리고 그를 따를 수밖에요.

두 번째로 지혜와 방법을 하나님께 맡겨야 됩니다. 우리는 때때로 내 방법대로 내 생각대로 되기를 바랍니다. 그렇지 않습니다. 그의 방법이 따로 있습니다. 내가 생각하는대로가 아닙니다. 그가 생각하는대로 — 그것이 바로 맡긴다는 뜻입니다. 한 정신과의사가 다년간 임상경험을 통해서 많은 연구를 하고 1000페이지에 달하는 소중한 연구논문책을 썼습니다. 그리고 이 책을 발표하는 출판기념회에 나가서 강연을 하게 되는데 강연하러 나와서 책을 손에 들었지만 책은 펴지 않고 유명한 말을 했습니다. "3천여 종의 치료방법을 연구했고 수만 명을 내가 이렇게 리서치해서 이 연구논문을 썼지만 요약하면 딱 두 마디입니다. '만약'과 '앞으로'입니다. 이 두 말 속에 책의 모든 내용이 있습니다." 왜 정신병에 걸립니까? 왜 정신병자가 됩니까? 만약에 이랬다면 좋았을 걸, 만약에 저 사람하고 결혼했더라면, 만약에 그때 내가 공부를 열심히 했더라면…… 만약에, 만약에, 만약에. 고 만약 때문에 운명이 망가지더랍니다. 모든 정신병이 "만약에"에 있다는 것입니다. 그러면 치료방법은 뭐냐? 사실을 인정하는 것입니다. 현재로부터 출발합니다. '여기서 앞으로' '여기서 앞으로' — 이것이 길이라는 것입니다. 그걸 수십 년 동안 연구했다고 했습니다. 여러분, 쓸데없는 데 머리쓰지 마세요. 그래봐야 아무 소용 없습니다.

    심리학자 어니 젤린스키에 관한 이야기는 여러분도 더러 들었을 것입니다. 인간이 하는 모든 걱정의 40%는 절대로 있지 않을 일이라고 그는 말합니다. 있지 않을 일을 있을까 하고 걱정하는 것입니다. 30%는 이미 일어난 일입니다. 다 지나간 것입니다. 돌이킬 수가 없습니다. 그러니 70%는 쓸데없는 짓입니다. 22%는 사소한 일입니다. 4%는 알아도 몰라도 우리가 바꿀 수 없는 엄연한 사실입니다. 오직 우리가 하는 걱정의 4%만이 내 손에 있다는 것입니다. 그것만 움직일 수가 있는 것입니다. 4%…… 결론은 뭡니까. 걱정은 필요없다는 것입니다. 그런데 머리가 복잡합니다. 만일에 이랬더라면, 만일에 저랬더라면, 앞으로 그렇게 된다면, 어떻게 된다면…… 당신이 어떻게 할 것입니까. 그러니 걱정 멈추세요. 스위치 꺼버려요. 그거 아무 소용 없는 것입니다. 그래야 정신적으로 헤어날 길이 있고 건강할 수 있다는 그런 얘기입니다. 여러분, 하나님의 방법에 하나님의 지혜에, 그에게 맡기는 것입니다. 내 방법 내 계획, 그거 아닙니다. 그에게 맡겨야 됩니다.

세 번째는, 타이밍을 맡겨야 됩니다. 시차관계입니다. 우리는 오늘 되길 바랍니다. 그러나 하나님께서는 10년 후일 수 있습니다. 뭐든지 우리는 급하게 당장 되기를 바라지만 하나님께서는 그렇지 않습니다. 유명하고도 재미있는 얘기가 있습니다. 이스라엘 랍비라고 하면 이스라엘사람들 중에서도 특별히 경건한 사람들입니다. 그런데 골프에 미친 랍비가 있었습니다. 너무 골프를 좋아해서 안식일날도 휘두릅니다. 이거 말이나 됩니까. 안식일 오후에 몰래, 그것도 또 신교 목사님하고 친구가 돼서 골프를 칩니다. 목사님은 토요일날이라도 상관이 없지 않습니까. 그래 목사님하고 친구가 되어서 둘이 골프치러 나갔습니다. 그런데 그날따라 이게 웬일입니까? 이 랍비가 골프를 잘 쳐가지고 홀인원이 되었습니다. 일생에 한 번 할지말지하는 홀인원—아, 한 번 딱 쳤는데 쏙 들어갔습니다. 그 신교목사님친구가 보니 아, 이거 기가막히거든요. 하나님께 원망하는 기도를 했대요. '하나님 아버지, 아 저놈이 이스라엘 랍비가 돼가지고 안식일도 안지키고 몰래 나와서 골프를 치는데 어쩌자고 저 사람에게 홀인원을 허락하십니까? 이건 있을 수가 없지 않습니까?' 그랬더니 하나님께서 대답하십니다. "걱정마라. 저놈이 홀인원 쳐서 넣었지만 일평생 홀인원 했다는 자랑 한번 못한다." 어디 가서 자랑하면 안되지요. 얼마나 고통스럽겠습니까. 글쎄, 우리는 우리방법으로 벼락이라도 쳤으면 좋겠는데 하나님방법은 아닙니다. 우리방법대로만 생각하지 마세요. 하나님의 방법은 따로 있습니다. 아주 차원높은 방법, 기가막힌 방법이 있으니 그쪽에 맡기세요.

네 번째는 판단과 비판을 맡겨야 됩니다. 판단을 반납하세요. 옳으니그르니 그러지 마세요. 의니 불의니 하는 것도 내맘대로 못합니다. 정말로 의로운지 아닌지 그만이 아십니다. 오늘도 성경에 보면 악인의 형통을 부러워하지 말라 합니다. 악한 사람이 돈벌거든 질투하지 말라 합니다. '악한 사람 돈벌다니 그것 말도 안된다. 왜 믿음으로 사는 나는 이렇게 가난하고 저, 저 못된 놈은 저렇게 출세하고 부자가 되나? 이거 말이나 되느냐?' 그러지 마세요. 저 사람 돈벌었기 때문에 망한다고요. 저도 망하고 가정도 망하고 다 망가집니다. 그것이 심판입니다. 부자되는 것이 심판입니다. 그런고로 판단중지! 이러니저러니 '왜 이렇게 하십니까? 하나님, 왜 저렇게 하십니까?' 건방지게 그런 소리 하지 마십시오. 그거 잘못된 마음입니다.

하나님께서는 중심을 보십니다. 하나님만이 가지고 계신 계획표가 있습니다. 하나님께서 알아 심판하실 겁니다. 그런고로 우리는 생각해야 합니다. "행악자를 인하여 불평하지 말며 불의를 행하는 자를 투기하지 말지어다(1절)." 오늘본문에서 강조합니다. 여러 번 같은 말씀을 반복합니다. 행악자를 질투하지 말라고, 그로 인해서 네 자신이 낙심하지 말라고…… 하나님께 맡기라 합니다. 그리고 강조합니다. "여호와 앞에 잠잠하고 참아 기다리라(7절)." 잠잠하고 기다리라—그것이 하나님께 맡기는 자세입니다. 모든 판단도 하나님께 맡기고, 모든 능력도 하나님께 맡기고, 모든 운명도 하나님께 맡기고 잠잠하여 참아 기다려야 합니다. 말조심합시다. 동시에 마음도 조심합시다. 질투하지도 말고 불평하지도 말고 원망하지도 맙시다.

불평도 초조도 원망도 없는 이런 상태를 두고 오늘성경은 이렇게 말씀합니다. "오직 온유한 자는 땅을 차지하며(11절)……" 잠잠하고 조용한 사람의 고요한 마음, 그것이 온유함입니다. 참으로 온유한 자가 땅을 차지합니다. 결국에는 온유한 자가 이깁니다. 온유한 자에게 권세가 주어집니다. 땅을 차지한다는 말은 권세를 말합니다. 강퍅한 자는 부러집니다. 악한 자는 망하고 맙니다. 오직 온유한 자가 땅을 차지합니다. 불평도 말고, 조급해하지도 말고, 원망도 말고, 그의 지혜, 그가 정한 시간, 그가 결정하는 방법, 그가 정해주는 운명 그것에 다 맡기고 오늘말씀대로 우리는 여호와를 기뻐해야 됩니다. 벌써 기뻐하고 있어야 합니다. 그것이 여호와께 맡기는 삶입니다.

그리하면 "네 의를 빛같이 나타내시며 네 공의를 정오의 빛같이 하시리로다(6절)." 내 의가 묻힌다고, 내 의가 무시당한다고, 내 의가 완전히 무너진다고 걱정을 하지 마십시오. 그 언젠가 하나님께서 하나님의 능력, 하나님의 지혜, 하나님의 시간표에 의해서 내 의를 정오의 빛같이 환하게 나타내주실 것이라고 약속해주십니다.

이냐시오 로욜라(Ignatius Loyola)라는 성자의 유명한 충고가 있습니다. '모든것이 당신에게 달린 것처럼 행동하십시오. 내 책임인 것처럼 행동하십시오. 모든것이 하나님의 책임인 것처럼 그를 믿으십시오. 그리고 다 맡기고 자유로운 가운데서 기뻐하고 성실로 식물

을 삼을 것입니다.' 항상 마음에 두고두고 또 외우고 또 묵상하십시오. 온유한 자가 땅을 차지합니다. △

그리스도의 형상이 이루기까지

저희가 너희를 대하여 열심 내는 것이 좋은 뜻이 아니요 오직 너희를 이간 붙여 너희로 저희를 대하여 열심 내게 하려 함이라 좋은 일에 대하여 열심으로 사모함을 받음은 내가 너희를 대하였을 때 뿐 아니라 언제든지 좋으니라 나의 자녀들아 너희 속에 그리스도의 형상이 이루기까지 다시 너희를 위하여 해산하는 수고를 하노니 내가 이제라도 너희와 함께 있어 내 음성을 변하려 함은 너희를 대하여 의심이 있음이라

(갈라디아서 4 : 17 - 20)

그리스도의 형상이 이루기까지

'무엇이든지 다 파는 가게'라고 하는 이름의 가게가 있었습니다. 거기에 가면 무엇이든지 원하는 것을 다 살 수 있다고 소문난 그런 가게였습니다. 한 사람이 찾아와서 이 가게 주인에게 말했습니다. "권력과 명예를 사러 왔습니다. 권력과 명예를 파세요. 돈은 얼마든지 내겠습니다." 주인은 빙그레 웃으면서 말했습니다. "드리지요. 얼마든지요. 그런데 우리 가게에서는 구하는 것을 그대로 드리지는 않고 다만 씨앗으로만 드립니다. 이 씨앗을 가져다가 정성껏 잘 가꾸세요. 그러면 당신이 원하는 바로 그 권력과 명예를 얻게 될 것입니다." 대단히 중요하고도 깊은 뜻을 담은 이야기라고 생각합니다. 우리는 무엇을 당장에 얻기를 바랍니다. 하나님께서는 우리에게 주십니다. 아, 주시고말고요. 구하는 것을 다 주십니다. 그러나 씨앗으로 주십니다. 이제 이 씨앗을 받아서 가지고 가서 정성껏 잘 가꾸어야 당신이 원하는 그 소원을 이루게 될 것입니다.

케네스 블랜차드(Kenneth H. Blanchard)의 유명한 책이 있습니다. 여러분도 이미 많이 보셨으리라 생각합니다.「칭찬은 고래도 춤추게 한다」입니다. 제목이 재미있지 않습니까? 아직도 안 읽었습니까? 유명한 베스트셀러입니다. 좋은 교양서적입니다. 한 번쯤은 꼭 읽어야 될 그런 책입니다. 이 블랜차드가 어느날 씨 월드라고 하는 어떤 해양공원으로 구경을 갔는데 3톤이 넘는 범고래가 조련사가 말하는대로 그냥 춤을 추는 것입니다. 높이 올라갔다가 떨어지고, 얼마나 화려하게 춤을 추는지…… 그뿐입니까. 조련사가 그 3톤이 넘는 고래의 등을 타고 고래는 헤엄을 쳐갑니다. 세상에 이런 좋은 친구가 없고 이런 희한한 일이 없는 것입니다. 한참 보고나니 하도 감동이 되어서 그는 시간을 얻어 조련사와 만나 이야기를 나눕니다. "도대체 당신은 저 무서운 범고래를 어떻게 훈련을 시켜서 마치 좋은 장난감 다루듯 가지고 노는 것입니까. 너무너무 희한한데 그 비결이 뭡니까?" 조련사는 설명합니다. "긍정적 관심과 칭찬과 격려를 통해서 다스리는 것입니다. 단 부정적 반응, 뒤통수치기는 절대금물입니다." 뒤통수치기—아주 중요한 말입니다. 뒤통수치기는 절대금물입니다. 뒤통수치기가 딱 한 번만 있어도 그동안의 모든 수고가 다 무효로 돌아갑니다. 절대로 뒤통수를 치지 말아야 합니다. 여러분, 뒤통수친다는 말 잘 아시지요? 남의 아픈 점, 약점, 아주 괴로운 것, 딱 고걸 찍는 것입니다. 그러면 그동안의 노력, 오랫동안 수고했던 것이 다 망가지고 맙니다. 그는 정리해서 이 책에서 세 가지를 말합니다. 첫째는 긍정적인 것을 강조하는 것입니다. 긍정적인 것을 강조하라—언제나 저 고래에게 너는 할 수 있다, 너는 능히 할 수 있다는 자신감을 주고 동시에 나는 네가 할 수 있다는 것을 믿는다, 나는 낙심하지 않는다는 믿음이 전달되면 할 수 있게 된다는 것입니다. 둘째는, 잘못한 것에 초점을 맞추지 말고 잘한 것에 초점을 맞추라는 것입니다. 언제나 잘한 것과 못한 것이 있는데 잘한 것에만 초점을 맞추고보면 잘한 것을 극대화하면서 이같은 높은 훈련결과를 얻을 수가 있다는 것입니다. 마지막으로, 절대로, 아주 절대로 벌을 주지 말고 시간을 주라는 것입니다. 자, 교육은 시간입니다. 농사는 시간입니다. 아무리 급해도 씨를 심었으면 가을까지 기다려야 합니다. 다시말하노니 교육은 시간입니다.

저는 직접 들었습니다. 집사님이신 어떤 부인이 남편은 밖으로 나돌고 속을 썩이지만, 그래도 이혼하지 않고 남편과 참아가면서 삽니다. 그 집사님은 초등학교 다니는 아들에게 온기대를 걸고 그 아들을 위해서 살아갑니다. 그런데 어느날은 화가 잔뜩 나서 하는 말이 "그저, 피는 못속입니다. 저 초등학교 다니는 저놈이 지 애비를 닮아가지고 벌써부터 여자밝힘증까지 있어가지고 속을 썩입니다." 그래서 내가 "도대체 아이가 몇살이오?" 하고 물었더니 초등학교 4학년이랍니다. 여러분, 서두르지 마십시오. 모든 교육이 빗나가는 것은 서두르기 때문입니다. 조급함이 문제입니다.

오늘본문을 보면, 사도 바울은 우리 그리스도인들을 "자녀"라고 불렀습니다(19절). 고린도서에 있는 말씀과 같습니다. '복음으로써 내가 너희를 낳았다. 복음을 전하므로, 복음을 가르치므로 복음으로써 내가 너희를 낳았다. 그런고로 나는 어머니요 아버지다. 나는 부모다.' 그래서 거침없이 교인들을 자녀라고 부릅니다. 자신의 자녀로 너희를 대한다고, 아주 귀중하고도 신비로운 말씀을 합니다. 그리스도의 형상이 이루기까지 — '모르페 크리스토스(Form of Christ)' 곧 그리스도의 형상이라는 말씀을 합니다.

여러분, 무릇 교육의 방법이 잘못된 게 아닙니다. 교육시설이 모자라는 게 아닙니다. 교육의 목표가 잘못된 것입니다. 여러분은 자녀교육을 어찌 생각하십니까? 학원비를 잘 못주었습니까? 유학을 못보냈습니까? 용돈을 못주었습니까? 아니면 뭘 잘못했다고 생각하십니까? 우리네 부모들이 회개할 것이 있습니다. 아주 결정적인 것, 이상(理想)이 잘못됐습니다. 텔레비전에 요전에는 잘 나오더니 요새는 안나오던데, 권투시합을 하는 사각 링에 아들이 들어가서 공부를 하고 있고 뒤에서 아빠와 엄마가 "힘내라, 너는 할 수 있다, 너의 친구를 생각해봐라, 이놈아 누굴 위한 거냐? 널 위한 거지" 하고 열심히 소리를 치니까 애가 공부하다가 마지막에 벌렁 넘어지면서 '내가 누구를 위해 해야 되나?' 하는 그런 내용의 방송이 있었습니다. 그 좋은 내용인데 요새는 안하더라고요. 생각해보십시오. 문제는 누구를 위한 것이냐, 누구를 위해 종이 울리는가입니다. 저 아이들의 마음속에 내가 이 공부를 누굴 위해서 하는 거냐 싶고 어느 한계를 딱 넘어서면 이건 나를 위한 게 아니다 싶고 저 사람들 위한 거다 싶고 심지어 어디까지 가는지 아십니까? 왜 낳아가지고 나까지 괴롭히나 싶은 것입니다. 당신들 괴로운 게 아니라 내가 죽겠소 합니다. 이런 심정이거든요. 누구를 위한 거냐, 도대체가? 목표가 어디냐입니다. 깊이 생각해야 합니다.

하버드대학의 교수 로널드 A. 하이패츠와 마틴 린스키의 공저로 내놓은 최근의 베스트셀러가 있습니다. 「실행의 리더십」이라는 책입니다. 그 책에서 말합니다. 부모든 선생이든 누구든 리더는 즉 남을 주관하는 사람의 위치에 있으면 빠질 수 있는 유혹이 세 가지 있다는 것입니다. 이 유혹에 빠지면 리더십이 망가진다고 말합니다. 첫째, 군림하고자 하는 유혹입니다. 봉사하는 마음은 말뿐이고 사실은 군림하고자 하는 것입니다. 자기가 왕인 듯이 말입니다. 나를 닮으라, 내가 표본이다, 내 뜻을 따르라 하면서 아주 묘하게 군림하고자 합니다. 나는 왕이다, 주인이다 하는 생각을 하고 있다는 것입니다. 거기에서 리더십이 망가집니다. 또나는 존경받고 싶어하는 것입니다. 명예욕에 빠집니다. 역시 자기자신이 문제입니다. 그래서 그저 명령을 할 뿐만 아니라 자신을 존경하도록 강요한다는 것이지요. 나를 존경하라, 존경까지 내게 줘라, 그냥 굴종하는 게 아니라 존경하는 마음으로 순종하라는 그런 욕구를 지도자들이 가지고 거기에 빠져들어간다는 것입니다. 그리고 셋째는, 쾌락을 추구합니다. 남을 지도하고 이래라저래라 할 때 남이 따라오는 것을 보고 쾌감을 느끼는 것입니다. 그걸 즐깁니다. 여기에 문제가 있습니다. 우리가 자녀교육을 할 때도 내 말이 잘 통할 때는 좋은데 이놈이 말을 안듣기 시작하면 내 자존심이 상하고 내가 '어떻게 키웠는데' 어쩌고 합니다. 무슨 대가를 요구합니까? 어떻게 해주기를 바랍니까? 리더십에 병이 든 것입니다.

지난 2000년대에 서울대학교를 수석으로 졸업한 김동환이라는 분이 있습니다. 그는 「다니엘 학습법」이라는 책을 썼습니다. 많은 사람들이 어떻게 그렇게 공부를 잘했느냐고, 학원도 안다녔다며 어떻게 공부를 그리 잘했느냐고, 어떻게? 어떻게? 어떻게? 자꾸 물어보는 바람에 귀찮아서 책을 썼습니다. 조그마한 책이지만 아주 많은 사람들이 읽었습니다. 그 책의 요지는 간단합니다. 친구들이 물어봅니다. "너는 어떻게 공부 그리 잘하느냐?" 그는 대답합니다. "우리집 가풍과 훈계를 따를 뿐이다." "아, 그게 뭔데?" 간단합니다. 두 가지입니다. '기도하지 않고는 밥먹지 마라. 성경을 읽지 않고는 공부하지 마라.' 제가 이 자리에서 말씀드려 죄송합니다마는 이젠 나이드니까 가끔 주책없는 얘기도 좀 합니다. 제가 어렸을 때 그렇게 자랐습니다. '절대 기도하지 않고 밥먹지 마라. 또 성경 다섯 장을 보지 않고는 공부하지 마라.' 그래서 성경을 읽는데 아, 어떤 때는 공부를 빨리 해야겠는데 왜 그렇게 성경 한 장이 길어요? 그날따라 성경이 얼마나 긴지…… 어쨌든 성경 다섯 장은 꼭 읽어야 합니다. 그런 후에 공부합니다. 여러분, 간단한 얘기같지만 교육은 이것으로 충분합니다. 뭘 더 가르치겠다는 것입니까? 여러분, 잊지 말아야 합니다. 그리스도의 형상이 교육목표입니다. 사도 바울은 그리스도를 목표를 하고 있습니다. 그리스도를 닮아라—그리스도의 형상을 조각 인각 해나가는 것입니다. 그러자면 그 방법은 오직 사랑뿐입니다. 그리스도의 사랑을 그에게 베풀어야 되니까요.

현재 독일 윈첼 대학의 교수인 요하네스 로쯔는 유명한 분입니다. 그의 신학적 이론 중에 참 중요한 말이 있습니다. '사람에게는 누구에게나 사랑이라고 하는 에로스가 있다. 그 에로스가 필리아를 통해 정화되고 필리아는 아가페를 통해 고양되어져야 한다.' 이게 무슨 말입니까. 우리마음속에서 일반적으로 사랑한다는 말은 전부 에로스입니다. 자기중심적인 것입니다. 필리아라는 것, friendship입니다. 에로스가 필리아라는 사랑으로 바꾸어질 때는 사랑의 중점이 옮겨갑니다. 내 사랑이 아니고 저를 사랑합니다. 그리고 모두를 사랑합니다. 인간을 사랑합니다. 구심이 원심으로 바뀝니다. 나를 사랑하는 것이 저를 사랑하는 마음으로 바뀝니다. 이게 바로 필리아입니다. 그런데 이것만 가지고는 안됩니다. 아가페는 하나님사랑입니다. 그 하나님사랑으로 고양됩니다. 그러면 이걸 알아야 합니다. 아가페 없는 필리아, 병듭니다. 필리아와 아가페가 없는 에로스, 그건 집착입니다. 우리가 자식을 사랑한다고 하지만 전부 에로스입니다. 혹 필리아까지는 갑니다. 그러나 아가페에 도달하지 못했습니다. 아가페적 사랑이 있고 그로부터 필리아가 나오고 그로부터 에로스가 되어야 합니다. 깊이 생각할 문제 아닙니까?

오늘성경말씀에 사도 바울은 이 아가페를 이렇게 표현합니다. 아가페의 상징이요 아가페의 가장 중요한 증거가 되는 하나의 사건이 바로 "해산의 수고(19절)"입니다. 어머니의 수고, 어머니의 사랑, 하나님께서 우리에게 사랑을 보여주시기 위하여 어머니의 사랑으로 계시하신 것입니다. 진정한 어머니의 사랑이 우리마음에 있어서 우리가 인간이 되는 게 아니겠습니까. 그런데 유감스럽지만 어느 책에 이런 말이 있습니다. 어머니도 자식을 옛날처럼 사랑하지 않는다는 것입니다. 해산의 수고가 없어서랍니다. 무통분만이니뭐니…… 그 해산의 수고가 필요한데요. 뭐, 하늘이 돈짝만해진다나요. 그렇지요. 하늘이 돈짝만해지는 그 해산의 수고를 치르고나야 이 자식이 자식되는 건데 몽롱한 가운데 낳았으니 몽롱하게 키우는 거랍니다. 생명은 생명의 문제요. 생명을 위해서 생명을 거는 것입니다. 생명을 걸고 생명을 얻는 것입니다. 이것이 해산의 수고입니다. 옛날의 우리 부모님들 얼마나 고생했습니까. 얼마나 어렵게 자식을 낳았습니까.

우리집 아이가 셋이지만 셋 다 집에서 낳았습니다. 산부인과에 안갔습니다. 그 고생하는 걸 내가 봤습니다. 참 힘들더구만요. 내가 도망가려고 했더니 우리장인이 못가게 했습니다. "이걸 봐야 아내를 사랑하느니라." 그렇게 말씀하십니다. 그래서 다 봤습니다. 참 힘들더구만요. 죽느냐사느냐 하는 것입니다. 사선을 넘는 것입니다. 그래서 생명을 얻는 것입니다. 또 해산의 수고에는 특징이 하나 있습니다. 생명을 얻는 큰 기쁨을 얻는 거예요. 생명을 얻는다고 하는 큰 기쁨 때문에 어떤 고생도 마다하지 않습니다. 그, 문제가 되지 않습니다. 그것을 다 알고 임신하고 그것을 다 알고 그날을 기다리는 것입니다. 얼마나 중요한 것입니까.

생명, 생명을 얻는 큰 기쁨에 그 기쁨으로 인해서 모든 고난을 다 잊어버리고 고난을 고난으로 생각지도 않습니다. 특별히 요한복음 16장 21절에 보면 예수님께서 이 이치를 잘 아셔서 말씀하십니다. "여자가 해산하게 되면 그 때가 이르렀으므로 근심하나 아이를 낳으면 세상에 사람 난 기쁨을 인하여 그 고통을 다시 기억지 아니하느니라." 생명이 태어나고나면 고통을 다시 기억지 않는다는 것. 정말 미안한 말이지만 제가 그랬습니다. 우리 큰아들 태어날 때, 곽요셉 목사 태어날 때 다 구경했거든요. 제 무릎을 베고 낳았습니다. 그러니 내가 얼마나 힘들었겠습니까. 허리를 잡아당기는데 부러지는 줄 알았습니다. 그렇게 곽요셉 목사가 세상에 태어났는데 우스운 얘기지만 다 낳고나서요, 제 아내가 벌떡 일어나더니 치마를 입어봅니다. "아이고 살았다." 그동안에 배가 컸잖아요. 치마를 입어보더니 하는 말입니다. 다시는 안낳을 거라고…… 그래서 내가 아무 말도 안했습니다. 그, 말싸움 할 것 없지 않습니까. 그러시라고 그랬지요. 그런데 또 낳더라고요. 왜요? 생명이 너무도 소중하거늘 그까짓 고통이 문제냐—이게 얼마나 중요합니까. 그 희생을 조금도 사양하지 않습니다. 오히려 영광으로 생각하지요. 다시는 기억지 않습니다. 그리고 요한복음 16장 22절에 예수님께서는 이렇게 결론을 지으십니다. "기쁨을 빼앗을 자가 없느니라." 빼앗을 자가 없느니라—희생한 사람, 그 고통을 치른 사람만이 이 기쁨을 가지고 이 기쁨을 알고 이 기쁨을 빼앗기지 않을 것입니다. 사도 바울은 이같이 귀중한 신비로운 진리를 생각하면서 지금 말씀하고 있습니다. '내가 너희를 위하여 해산의 수고를 할 것이다.'

여러분, 사랑은 있는데 이해가 없습니까? 왜요? 믿음이 없습니까? 왜요? 모든것은 아가페가 문제입니다. 그 사랑이 정말 사랑이냐입니다. 생명사랑이냐입니다. 해산의 수고, 아무도 마다하지 않습니다. 아니, 이 수고가 있었기에 그 기쁨은 더더욱 소중한 것입니다.

스위스의 신학자 칼 바르트가 세상떠나기 전에 세계전역을 다니면서 마지막 강연회를 가졌습니다. 미국 시카고에 갔을 때 대학에서 강연을 하고 나오는데 어떤 젊은이가 따라나오면서 묻습니다. "선생님, 책을 참 많이 쓰셨는데, 그거 다 읽어보기가 어렵습니다. 오늘 제가 중요한 질문을 하려고 합니다. 바르트 박사님, 지금까지 당신의 마음속에 스쳐간 가장 위대한 생각은 무엇입니까? 그 모든것의 중심은 무엇입니까?" 그는 이 청년에게 대답했습니다. "Jesus loves me still, Bible said so." 예수사랑하심은 성경에 있네…… 그것뿐입니다. 예수사랑하심, 성경이 말씀하고 있다, 그것이 그가 말하는 모든 신학의 전부라고 말합니다.

여러분, 무엇으로 삽니까? 사랑으로 삽니다. 무엇으로 사람이 됩니까? 사랑으로 됩니다. 여러분 무엇으로 자녀를 키우겠습니까? '예수사랑하심은 성경에 있네.' 그리스도의 형상에 이르기까지 그리스도 닮아라, 그리스도의 형상에 이르기까지 나는 해산의 수고를 계속하겠노라—사도 바울의 고백입니다. △

한 아버지의 소원

아들들아 아비의 훈계를 들으며 명철을 얻기에 주의하라 내가 선한 도리를 너희에게 전하노니 내 법을 떠나지 말라 나도 내 아버지에게 아들이었었으며 내 어머니 보기에 유약한 외아들이었었노라 아버지가 내게 가르쳐 이르기를 내 말을 네 마음에 두라 내 명령을 지키라 그리하면 살리라 지혜를 얻으며 명철을 얻으라 내 입의 말을 잊지 말며 어기지 말라 지혜를 버리지 말라 그가 너를 보호하리라 그를 사랑하라 그가 너를 지키리라 지혜가 제일이니 지혜를 얻으라 무릇 너의 얻은 것을 가져 명철을 얻을지니라 그를 높이라 그리하면 그가 너를 높이 들리라 만일 그를 품으면 그가 너를 영화롭게 하리라 그가 아름다운 관을 네 머리에 두겠고 영화로운 면류관을 네게 주리라 하였느니라

(잠언 4 : 1 - 9)

한 아버지의 소원

　동화작가 정채봉씨는 아주 어렸을 때 어머니를 여의었다고 합니다. 그래서 한평생 어머니에 대한 그리움으로 살았습니다. 그의 시 중에 '엄마가 휴가를 온다면' 이라는 제목의 시가 있습니다. 정채봉 시인의 어머니에 대한 그리움입니다.
　하늘나라에 계시는 엄마가 / 하루 휴가를 얻어서 오신다면 / 아니 아니 아니 아니 / 반나절 반시간도 안된다면 / 단 5분 / 그래, 5분만 온대도 / 나는 원이 없겠다 / 얼른 엄마 품속으로 들어가 / 엄마와 눈 맞춤을 하고 / 젖가슴을 만지고 / 그리고 한번만이라도 / 엄마! / 하고 소리내어 불러보고 / 숨겨놓은 세상사 중 / 딱 한가지 억울했던 그 일을 일러 바치고 / 엉엉 울겠다
　독일의 사회학자 울리히 백(Ulrich Beck)은 「사랑의 지독한, 그러나 너무 정상적인 혼란」이라고 하는 저서에서 근대와 현대를 구분하는 특징을 말합니다. 그것은 바로 전통적 결속의 단절입니다. 또한 현대의 극단적 이기주의에 대하여 비판하고 있습니다. 그 결과로 현대를 이렇게 진단합니다. 첫째가 안정감이 없습니다. No-security, 안정감이 없습니다. 전통과 단절될 때 안정감이 없습니다. 미래를 예측할 수 없습니다. 과거를 끊어버림과 동시에 미래도 함께 끊어진다는 것입니다. 또하나는 인간 삶의 의미를 제공하는 이정표를 상실했다는 것입니다. 그래서 방황합니다. 이정표가 없습니다. 세 번째는 내면적 고향의 상실입니다. 그래, 그런 말이 있지 않습니까? '고향에 한평생 사는 사람은 불행하다.' 고향을 떠나고 마음의 고향이 남아있는 사람, 항상 마음의 고향이 있는 사람이 시도 쓸 수

있고 음악도 할 수 있고 예술도 할 수 있고 인생의 의미도 찾아갈 수 있다는 것입니다.

오늘본문에 봅니다. 한 아버지가 자녀에게 훈계합니다. 훈계하는 내용을 자세히 살펴보면 너무나 절절하고도 간절합니다. 연역적이지 않고 귀납적 논리를 제공합니다. 그래서 이렇게 말합니다. '나도 한 아버지의 아들이었으며 나도 어머니가 보시기에 유약한 아들이었노라. 자, 너희도 아들이지만 너희도 자녀이지만 나도 한때는 유약한 자녀였다. 너희에게는 나라는 부모가 있지만 나도 어렸을 때는 내게 나를 사랑해준 부모가 있었노라.(3절)' 이렇게 귀납적으로 설명합니다. 그런고로 '내 말을 네 마음에 두라. 나도 내 아버지 어머니에게 유약한 아들이었는데 그의 말씀을 내가 들었다. 그래서 오늘의 내가 있다. 그런고로 너도 내 말을 네 마음에 두라.(4절)'

여러분, 효도가 무엇입니까? 부모의 말씀을 마음에 두는 것입니다. 사랑의 가장 강한 특색은 듣는 마음입니다. 들어야 됩니다. 사실이 어떻고 이치가 어떻고 따지지 말고 그저 듣는 것입니다. 자세히 들으세요. 귀담아 들으세요. 존경하는 마음으로 들으세요. 그것이 바로 사랑이라는 것입니다. 그 누구의 말이든 귀담아 듣고 싶고, 마음을 다해서 듣고 싶어지면 사랑하는 것이고, 어느 순간에도 그의 말이 듣기 싫어진다면 사랑은 물건너간 것입니다. 듣는 마음, 듣고 싶은 마음, 그의 말을 내 마음에 두는 마음, 그것이 사랑이라는 것입니다.

그러면 부모의 훈계가 왜 중요한가? 한번 깊이 철학적으로 생각해봅시다. 첫째는 그것이 한평생 경험하고 많은 시련을 겪고나서 말씀하는 것이기 때문입니다. 부모가 나보다 30년의 나이가 앞섰다고 합시다. 그러면 30년을 더 살았어요. 40년을 앞섰다면 40년을 더 살았습니다. 제 어머니는 저를 41살에 낳으셨다 합니다. 그러니 40년 선배입니다. 인생선배. 그래, 그동안 많은 것을 겪었습니다. 성공, 실패, 건강, 질병…… 많은 일을 겪고, 시련을 겪고, 고통을 당하면서 거기서 깨달은 것입니다. 그런고로 부모의 그 한마디 한마디는 소중한 것입니다. 또한 자녀를 사랑하고 있지 않습니까. 이 사랑은 참으로 끈질긴 것입니다. 부모의 자식사랑은 엄청난 것입니다. 가장 사랑하는 자에게 가장 귀한 것을 주고 싶은 것입니다. 바로 거기서 하는 말씀입니다. 그러니 그 한마디 한마디가 얼마나 소중한 것이겠습니까. 그리고 잊지 마세요. 나를 위한 것입니다. 때로 좀 납득이 가지 않더라도, 좀 시대에 뒤떨어진 말같아도, 이치에 맞지 않는 것 같기도 하고 무모한 것같기도 하지만, 그래도 들어야 됩니다. 왜? 나를 위한 것이니까. 철저하게 나를 위한 것이니까. 얼마나 중요한 것입니까. 나를 위해서 하는 말씀입니다.

그저 별애기도 아니지만, 우리할아버지가 저를 새벽마다 깨우셨습니다. 참 귀찮았습니다. 좀더 자고 싶은데 깨우실 때마다 하시는 말씀이 있었습니다. "그저 사람은 일찍 일어나야 하느니라." 아, 그 졸리는 걸 깨워가지고 시냇가로 가서 찬물로 얼굴을 닦아주고 그리고 산책을 데리고 가 하셨는데…… 그렇게 새벽마다 저를 깨웠는데, 그것으로 오늘와서 제가 새벽체질의 인간이 됐습니다. 내 운명을 바꿔놨습니다. 그 아무것도 아닌 것같고 간단한 것같은데 '너를 위해서다. 내가 지내보니 그렇더라. 너도 일어나라' 하는 그 말씀이 나를 위해서 하는 말이기 때문에 조금 이해가 안되어도 일단 소중히 여기고 따르고 순종해두면 반드시 그 결말을 깨닫게 될 것입니다.

또한 부모님의 훈계는 정리된 인격에서 나오는 말이기 때문입니다. 이제는 알 것같습니다. 이제는 알아요. 이제는 그것이 무엇인지를 알 것같습니다. 이만큼 살고보니 알겠습니다. 이제는 알아요. 정리된 가운데서 하시는 말씀이니 그 한마디가 금쪽같이 귀한 말씀일 수밖에요. 또하나 있습니다. 종말론적인 훈계이기 때문입니다. 무슨 말씀인가하면 '내가 이렇게 해봤다. 그래서 이만큼의 귀한 성공이 있었다. 그 비결은 여기 있었다. 그런고로 너도 이렇게 하라.' 이렇게 앞서 가면서 따라오라고 하는 그런 긍정적인 면의 교훈입니다. 또 그렇지 못할 경우도 많습니다. '내가 해서 실패했다. 내가 해서 이렇게 망가졌다.' 그 말은 차마 못하고 부끄러워서 그래도 하고 싶은 말은 '내가 못했으니 네가 해라. 내가 공부 열심히 안했다가 한평생 대단히 어렵더라. 너는 열심히 해라' 입니다. 그거 아닙니까? 그것입니다.

제가 미국의 어느 한국가정에 가봤더니 텔레비전을 켜놨는데 서부활극이라 총도 쏘고 마차도 굴러 떨어지고…… 그런데 볼륨을 딱 죽이고 그림만 보더라고요. 내, 짐작은 하면서도 물어보았습니다. "아니, 저 좋은 영화를 소리를 들으면서 보아야지 왜 소리는 죽이고 그림만 봅니까?" 그랬더니 대답이 "어차피 영화는 보지마는 영어는 모르는데요." 그래서 소리를 죽이고 본다는 것입니다. 그래 내가 한마디 했지요. "아, 그 총소린 들어야 될 거 아니오?" "목사님, 저기서 영어소리가 나올 때마다 내가 복통이 터집니다. 아이고, 중고등학교 다닐 때 영어공부 조금만 더 했으면 사람이 여기 와서 이렇게 업신여김을 받지 않을 수 있었는데, 왜 내가 그때 열심히 공부 안했던가? 가슴이 터져요." 그래서 소리 죽이고 본다는 것입니다. 자, 이 사람들이 자녀보고 뭐라 하겠습니까. 어머니 아버지로서 뭐라고 말하겠습니까. 공부 열심히 하라고 그러지 않겠습니까. 그 속에 한이 들어 있습니다. '내가 못했으니 너라도 해라. 내가 한을 가지고 일생을 산다, 이놈아. 제발 공부 좀 해라' 그것입니다. 이게 보통말입니까. 그런데 자녀는 이 한마디가 듣기 싫다 하니…… 그것을 알아야 합니다. '나는 이대로 살다가 끝낼 거다. 그러나 너는 제발 나처럼 살지 말아다오.' 이러한 종말론적 의미가 거기에 있다는 말씀입니다.

메리 파이퍼(Merry Pipher)라는 교수의 「The Shelter of Each Other—서로의 은신처」라고 하는 책이 있습니다. 거기에 한마디 귀담아들을 말이 있습니다. '노인에 대한 사랑은 곧 자기미래에 대한 사랑이다.' 노인에 대한 사랑은 곧 자기미래에 대한 사랑이라는 이 말을 여러분, 두고두고 생각해보십시오. 그래서 오늘 성경은 말씀합니다. "내 말을 네 마음에 두라(4절)." 그것이 지혜가 된다고 말씀합니다(5, 6, 7절).

저는 서울서 목회하고는 그렇게 심방을 별로 하지 못했고 임종을 그렇게 많이 보지 못했습니다. 그러나 인천에서 한 14년 목회하면서 심방을 많이 했습니다. 하루에 평균 27가정까지 했으니까 그렇게 심방을 많이 하고 임종을 많이 보았습니다. 세상 떠나면서 하는 말씀들을 옆에서 들었습니다. 어찌생각하면 별말도 아닙니다. 그러나 그 한마디는 정말 한평생 경험하고 깨닫고서 하는 말입니다. 딱 한마디, 그게 그렇습니다. 죽으면서 "아들들아 술먹지 마라. 술먹지 마라." 사실로, 그 아버지는 술 때문에 망했거든요. 술먹지 말라는 그 한마디 하고 죽었습니다. 그런데 이상한 것은 그 아들 중의 하나가 술을 먹더라고요. 중독자가 되더라고요. 그리고 한다는 소리가 이랬습니다. "부전자전입니다." 아, 이런! 그 마지막 한마디 유언을 지켜나가지 못하더라고요. 어떤 할머니는 참 특별한 얘기를 합니다. 공부한 것은 없는 할머니입니다. 온집안식구가 모여앉은 자리에서 숨찬 가운데 딱 한마디 합니다. "잘 들어라. 세상에는 나쁜 사람보다 좋은 사람이 더 많다." 그렇게 말하고는 죽었습니다. 여러분, 나쁜 사람만 있다고 생각하지 마세요. 좋은 사람이 훨씬 더 많습니다. 이것도 그 할머니가 한평생 경험하고 정리한 마지막말입니다. 또 어떤 사람은 죽으면서 참 우스운 얘기도 합니다. "화내지 마라." 이 사람은 급하게 화내는 것 때문에 망가졌거든요. 또 한 사람은 "미워하지 마라"고 합니다. "미워하다가 내가 죽는다." 그러더라고요. 또 한 사람은 "욕심내지 마라." 어떤 분은 얼마나 답답했으면 이런 말을 했겠습니까. 아들이 예수를 안믿어요. 끝내 안믿어요. 그렇게 믿으라고 해도 안믿으니까 "너 돈 있지?" "있습니다." "그러면 내가 부탁한다. 내가 예수믿으란 말은 안할께. 이 교회 전기세는 네가 내라." 아니, 어머니의 유언인데 어떡하겠습니까. 약속을 했습니다. 그 교회 전기고지서는 이 아들 쪽으로 나갑니다. 교회는 안나가면서 교회 전기세는 냅니다. 교회문 앞에 들어가면 그 앞에 씌어 있습니다. 아무개가 전기세 낸다고. 그렇게 전기세를 몇해 내다보니 '어머니가 얼마나 답답했으면 이렇게 했을까?' 결국은 교회나오는 것을 보았습니다. 여러분, 유언이라고 뭐 굉장한 말이어야 하겠습니까. 그러나 한평생 생각하고, 경험하고, 정리해 딱 한마디로 요약합니다. 그런고로 귀한 것이지요. "교회 열심히 나가라. 신앙생활 잘해라." 귀한 말씀들이 많습니다.

아버지는 말합니다. 이제는 말합니다. 이제는 말할 수 있어서 말합니다. 그것이 바로 잠언입니다. 오늘본문의 주제는 지혜를 얻으라는 것입니다. '오직 지혜, 지혜를 얻으라. 부도 아니고 명예도 아니고 건강도 아니고 장수도 아니고 원수의 성도 아니다. 지혜를 얻으라. 지혜뿐이니라. 지혜를 얻으라.' 솔로몬왕은 우리가 지혜의 왕이라고 합니다. 왜요? 아버지의 교훈을 따랐습니다. 이걸 잊지 마세요. 21살에 그가 일천 번제를 드리고 하나님을 만났을 때 하나님께서 말씀하십니다. '너는 내게 구하라. 내가 네게 무엇을 줄까?' 솔로몬이 구합니다. '부도 영화도 권세도 아니고 하나님이여, 지혜로운 마음을 주세요.' 지혜를 구합니다. 하나님께서 썩 기뻐하시면서 '어떻게 그걸 구하느냐' 하십니다. 하나님마음에 꼭 맞는 것입니다. 구하는 것이 부도 장수도 원수의 성도 아닙니다. 그래서 전무후무하게 지혜를 주셨다(왕하 3 : 2 - 14) 합니다. 내, 그 말에 좀 기분이 좋지를 않아요. 아니, 전무는 좋지만 후무는 마음에 안들잖아요. 어쨌든 전무후무하게 솔로몬에게 지혜를 주셔서 솔로몬이 지혜의 왕이 되었습니다. 그가 지혜를 구한 그것 어디서 온 것입니까. 오늘본문에서 볼 수 있습니다. 그것은 아버지가 가르쳐줬습니다. '지혜를 얻으라. 지혜밖에 없느니라.' 아버지로부터 듣고 마음에 새겼다가 구한 것입니다. 하나님께서 물으십니다. '너는 내게 구하라.' 그러니까 '지혜를 주세요' 합니다. 지혜를 구하는 지혜, 그건 효에서 온 것입니다. 아버지로부터 배운 것입니다. 이걸 잊지 말아야 합니다. '지혜를 얻으라. 지혜를 버리지 말라. 그리고 지혜를 사랑하라. 또 지혜를 품으라. 그리하면 그 지혜가 너를 영화롭게 하리라. 지혜가 너를 형통케 하리라. 지혜가 너를 장수케 하리라.' 성경에서 계속 약속하십니다.

유명한 영국의 정치가 처칠(Winston Churchill)이 한참 인기가 높아졌을 때 온국민과, 온세계와 인류의 존경을 받고 있을 때, 신문에서 특기사가 나갔습니다. 처칠을 처칠되게 한 사람—그래서 유치원선생부터 시작해서 초등학교선생, 중학교선생, 대학교수들, 그에게 영향을 준 사람들의 이름이 쫙 나왔습니다. 이런 분들의 영향을 받고 처칠이 됐다고. 이 신문을 보고 처칠은 신문사에 전화를 걸었습니다. "당신들은 가장 중요한 사람을 하나 빼놨소." "그 누굽니까?" "내 어머니요. 내 어머니가 있어서 내가 있는 것이오. 나에게 영향을 준 많은 사람이 있지만 가장 귀한 것은 내 어머니요"라고 말합니다.

밀라노의 성당에 어떤 여인이 들어가서 목을 놓아 기도합니다. 암브로시우스(Ambrosius) 감독이 들어가봤더니 텅빈 교회에서 한 여성이 그렇게 슬피 울면서 간절히, 간절히 기도합니다. 15분을 기다려도 끝나지 않습니다. 30분을 기다려도 끝나지 않습니다. 기다렸다가 묻습니다. "무슨 고통과 괴로움이 있어서 이렇게 통곡하며 기도하는 겁니까?" 그 여인은 말했습니다. "내 아들이 이단에 빠졌습니다." 그때 암부로시우스 감독이 유명한 말을 했습니다. "아무 걱정하지 마십시오. 기도하는 어머니가 있는 자식은 절대로 망하지 않습니다." 기도하는 어머니가 있어서 오늘의 내가 있다고 말한 사람이 바로 성 아우구스티누스입니다. 여러분, 깊이 생각해야 합니다.

지혜는 효에서 얻어지는 것입니다. 효를 통해서 지혜를 얻고 지혜를 얻을 때 모든것을 얻게 됩니다. 가장 귀한 것입니다. 부모가 자식에게 줄 수 있는 마지막 교훈은 지혜를 얻으라는 것입니다. 그래서 성경은 말씀합니다. "주 안에서 부모에게 순종하라. 이것이 옳으니라. 이것이 약속 있는 첫 계명이니 이는 네가 잘되고 땅에서 장수하리라(엡 6 : 1 - 3)." 여러분, 효도하는 자에게 지혜가 있습니다. 부모를 거역하는 자는 지혜가 없습니다. 멍청해집니다. 망가집니다. 지혜의 근본이 효에 있다는 것을 다시한번 생각합시다. 이것은 하나님의 약속이요 하나님의 축복이요 우리가정에 주시는 가장 귀한 복입니다. '지혜를 얻으라.' △

그 은혜의 말씀

    그러므로 너희가 일깨어 내가 삼년이나 밤낮 쉬지 않고 눈물로 각 사람을 훈계하던 것을 기억하라 지금 내가 너희를 주와 및 그 은혜의 말씀께 부탁하노니 그 말씀이 너희를 능히 든든히 세우사 거룩케 하심을 입은 모든 자 가운데 기업이 있게 하시리라 내가 아무의 은이나 금이나 의복을 탐하지 아니하였고 너희 아는 바에 이 손으로 나와 내 동행들의 쓰는 것을 당하여 범사에 너희에게 모본을 보였노니 곧 이같이 수고하여 약한 사람들을 돕고 또 주 예수의 친히 말씀하신 바 주는 것이 받는 것보다 복이 있다 하심을 기억하여야 할지니라
                (사도행전 20 : 31 - 35)

그 은혜의 말씀

「Mentors, Masters and Mrs.MacGregor」라고 하는 한 권의 책이 있습니다. 제인 블루스타인(Jane Bluestein) 교수가 쓴 책입니다. 교육현장에서 경험한 일들을 케이스 스터디로 보고하는 생생한 경험담이요 산 증거가 되는 귀한 책이라고 생각합니다. 여기에 나오는 이야기는 전부 그 자신이 경험한 것이고 실화이기에 더욱더 높은 가치가 있습니다. 저자인 본인 자신도 학생때는 시원치 않았답니다. 생각하는 만큼 공부가 안되고 또 생각하는 만큼 선하지도 못하여 또래와 같이 어울려서 못된 짓도 좀 하고 망가지기도 해서 '이렇게 살다가 내가 앞으로 어떻게 될까? 나는 아무래도 구제 불능한 존재가 아닌가?' 어렸을 때이지만 그런 생각을 하곤 했답니다. 다른 사람하고 비교할 때 아무래도 머리도 못따라 가는 것같고 체력도 못따라가는 것같고 재주도 영 비교가 안되어서 늘 스스로 낙심했답니다. 그런데 베티라고 하는 그의 담임선생님은 꼭 이렇게 말하였답니다. "나에겐 네가 필요하다. 너는 정말 멋이 있어. 멋진 놈이야." 잠깐 지나가면서 한마디 하시는데 가만히 생각해보면 그런 말은 그 어디서도 들어본 일이 없는 말입니다. 오직 그 선생님으로부터 들었습니다. "나는 너를 믿어" 하는 말을 듣고 그 자신도 자신을 스스로 믿게 되었답니다. 그래서 이제와서 이만큼 교수도 되고 박사도 되어 귀한 일을 하게 됐다고 말합니다. 그 선생님의 그 한마디, 그 선생님이 아니었다면 나는 지금 어떻게 됐을까, 생각하면 깜짝놀랄 정도랍니다. 그 한마디가 얼마나 귀한 것인가— 그렇게 늘 생각한다고 합니다.

그 책에 이런 이야기도 있습니다. 그 제목이 'A학점 받을 자격'

입니다. 이 사람이 고등학교 3학년에 다닐 때 학급우등생이 있었는데 공부도 잘하는 학생이고 품행도 좋았으나 급성기관지염에 걸려서 두 주간 동안 학교에도 못나가고 병원신세를 지고 있었습니다. 이렇게 결석한 아이가 학교에 등교해보니 바로 시험이 시작됩니다. 그날부터 시작해서 일주일 동안 학기말시험을 보는데 모두 9과목을 보아야 하는 것입니다. 별로 준비가 잘 안됐지만 시험을 안볼 수는 없지요. 그래서 시험을 나름대로 치르느라고 애를 썼는데, 마지막시간인 역사시험 시간, 그만 지쳐서인지 시험문제를 보니 답이 하나도 생각이 나지 않더랍니다. 생전 이런 이야기는 들어본 것같지도 않고 책에서도 본 것같지도 않은 그런 문제가 나왔습니다. 어찌 이럴 수가 있나 싶고, 한 문제도 답을 쓸 수가 없어서 너무나 답답해서 백지를 놓고 가만히 앉아 있습니다. 선생님이 멀리서 보고 와서 가까이 지나갑니다. 그때 선생님에게 말합니다. "선생님, F학점 주세요. 낙제점을 주세요. 저는 지금 아무것도 생각이 나질 않습니다." 선생님이 빨간 펜을 들고 그 시험지에다가 점수를 쓰려 합니다. F라고 쓸 줄 알았는데 웬걸, A라고 쓰더랍니다. A학점이라고. 그래서 학생이 묻습니다. "선생님, 지금 뭐하시는 겁니까?" 선생님은 대답했습니다. "너는 A학점을 받을 자격이 있어. 지금 이 시간 이 답안지에는 네가 몸이 아파서 답을 쓰지 못하지만 나는 너를 알아. 너는 A학점 받을 자격이 있어." 그런데 그 후 이 학생은 건강을 회복하여 그 학교에서 최우수학생으로 졸업을 했다고 합니다. "너는 A학점 받을 자격이 있어." 이 얼마나 귀한 얘기입니까.

우리할머니한테 들은 이야기가 생각이 납니다. 할머니는 이야기 밑천이 모자라서 이야기해달라고 하면 밤낮 한 것 또 하고 또 하고

해서 너무 많이 들어서 잊을 수가 없는 이야기입니다. 옛날에는 옷장이 없었지요. 뒤주가 있고, 그 뒤주 위에 이불을 개어서 얹어놓지 않습니까. 옛날어른들은 생각날 것입니다. 그게 바로 옷장이고 이불장입니다. 그런데 저녁에 잠자리 들 때쯤 되면 이불을 내려놓아야 하고, 이불을 내려서 방에다 펴고나면 그 뒤주 위 이불이 놓였던 자리가 그만큼 비지 않습니까. 그때 아이들은 가만있을 수가 없습니다. 어떤 아이는 냉큼 올라가서 다리를 떡 틀고 앉아서 "에헴" 했더랍니다. 그러니까 그 집의 부모가 뭐라고 했느냐하니 "정승같다" 그랬답니다. 그놈은 정승이 됐고. 어떤 애가 역시 또 그 자리에 냉큼 올라가서 까부니까 부모가 "도둑고양이같다" 그랬답니다. 그 놈은 도둑놈이 돼가지고 감옥에 갔답니다. 여러분, 말 한마디가 참으로 귀한 것입니다. 운명을 결정하는 것입니다. 운명을! 깊이 생각해야 합니다. 멘토의 말 한마디에 용기를 얻을 수도 있고 절망할 수도 있고 살 수도 있고 죽을 수도 있는 것입니다. 말 한마디에 사람이 죽고 삽니다.

마태복음 4장에 보면 예수님께서 40일 금식하시는 이야기가 나옵니다. 여러분은 며칠이나 금식해봤는지 모르지만 40일 금식하면 정신없지 않겠습니까. 그래서 그 본문을 심리학적으로 풀이하는 분이 있습니다. 40일을 금식하고나서 너무 배가 고파 광야에 놓여 있는 돌덩이가 예수님의 눈에 떡덩이같아보였다는 것입니다. '저놈이 떡이었으면 얼마나 좋을까?' 돌덩이가 떡덩이로 보이는 바로 그 지경이 되어서도 예수님 말씀하십니다. "사람이 떡으로만 사는 것이 아니요 하나님의 입으로 나오는 모든 말씀으로 살 것이라(마 4 : 4)" 40일 금식한 그 절박한 시간에도 말씀이 먼저였습니다. 말씀이 먼저입니다. 여기서 빵이 먼저라고 했다가 칼 마르크스(Karl Heinrich Marx)가 되고 공산당이 된 것입니다. 말씀이 먼저라고 할 때 그리스도인이 되는 것입니다. 아직도 말씀이 먼저입니다. 지금도 말씀이 먼저입니다. 말씀이 우선입니다. 이것을 잊지 말아야 합니다. 오직 말씀으로!

오늘본문에 보면 사도 바울이 "은혜의 말씀"이라고 말씀합니다. 이것은 신학적으로 중요하며, 깊은 바울신학적 의미를 가졌습니다. 사도 바울은 말씀을 지식으로만 생각하지 않습니다. 물론 말씀에는 말하는 자가 있고 듣는 자가 있습니다. 들어서 기억하고 이해하고 풀이하고 소화하고 수용하는 그런 지식적인 요소가 없는 게 아닙니다. 그러니까 들어야 하고 전해야 합니다. 가르쳐야 합니다. 그러나 이 말씀은 지식만이 아닙니다. 말씀은 곧 지혜입니다. 지식은 순간적으로 강의실에서도 배울 수가 있습니다. 그러나 지혜를 얻으려면 많은 사건에 부딪치는 경험을 해야 됩니다. 여기서 지식과 지혜가 다른 것입니다. 지식은 머리로 지혜는 몸으로 온인격으로 배우게 됩니다. 사도 바울에게는 말씀이 지식이요, 말씀이 지혜요, 말씀은 능력입니다. 그래서 이 말씀이 전파될 때 창조적 역사가 나타납니다. 천지도 말씀으로 창조됐고 동시에 한 사람의 생명도 재창조될 때 말씀의 능력에 의해서 이루어지는 것입니다. 말씀은 능력입니다. 로마서 10장에 보면 "믿지 아니하는 이를 어찌 부르리요 듣지도 못한 이를 어찌 믿으리요 전파하는 자가 없이 어찌 들으리요(롬 10 : 14)" 하고 말씀합니다. 듣지 못한 말씀을 믿을 수가 없고, 말씀을 믿지 못하고는 구원을 받을 수가 없습니다. 오로지 말씀. 그래서 말씀을 전해야 하고 말씀이 너무너무 소중한 것입니다. 말씀은 곧 생명인 것입니다.

　그런데 바울신학적으로 비교해보면, 말씀에는 은혜의 말씀과 율법의 말씀이 있습니다. 은혜의 말씀, 율법의 말씀 다 같은 말씀이지만 율법은 죽이는 법입니다. 사도 바울에 의하면 율법을 생각하고 율법을 기억하고 율법의 심판을 받는 순간 나는 죽는 것입니다. 율법이 기억나는 동안 나는 죽는 것입니다. 그때그때마다 죽습니다. 그러나 여러분, 성령의 역사 안에서 은혜의 말씀이 떠오르고 은혜의 말씀이 들려지고 은혜의 말씀에 감동이 될 때 죽었던 자도 살아납니다. 병도 낫고 어리석은 자가 지혜로운 자가 됩니다. 새로운 소망과 용기의 사람이 되는 것입니다. 이 얼마나 중요한 말씀입니까.

　특별히 오늘본문을 보면 사도 바울이 마지막 여행길을 떠납니다. 이제 예루살렘을 갔다가 로마로 가게 됩니다. 살는지 죽을는지 모릅니다. 에베소교회 장로들을 밀레도에 불러서 밤늦게까지 시간을 아껴가면서 교훈을 합니다. 마치 유언과 같은 교훈입니다. 그것이 바로 사도행전 20장에 있는 말씀입니다. "내가 밤낮 쉬지 않고 눈물로 각 사람에게 훈계하던 것을 기억하라(31절)" 합니다. 눈물로 가르치던 것, 하나님의 말씀을 기억할 것을 당부하면서 결론으로 "은혜의 말씀께 부탁하노니(32절)"라고 말씀합니다. 여기서 생각합시다. "은혜의 말씀께 부탁하노니"―말씀은 지식만이 아닙니다. 말씀께 위탁하면 말씀이 지켜준다, 말씀이 능력이 되어 너희를 보호해줄 것이다, 그런고로 너는 이렇게 할까 저렇게 할까, 이런 일이 있을까 저런 일이 있을까 걱정하지 마라, 다만 말씀에만 순종하고 말씀만 전하라, 말씀에 충실하라, 그러면 살 것이다―이렇게 말씀하는 것입니다. 은혜의 말씀께 부탁한다―헬라말로 '파라티세마이 토 로고

테스 카리토스'입니다. 은혜의 말씀께 부탁하는 것은 말씀이 인격이요, 말씀이 능력이요, 말씀이 지혜요, 말씀이 권능이기 때문입니다. 그래서 오늘말씀에 보면, 은혜의 말씀을 잘 지켜나가고 또 가르치면 말씀이 능력이 되어 '말씀이 너의 인격을 주도할 것'이라는 것입니다. 아주 귀한 말씀입니다. 말씀이 주도하는 것입니다. 내가 말씀을 배우고 내가 말씀을 연구하는 게 아니고 말씀이 나를 주도하는 것입니다. 유명한 신학자 칼 바르트(Karl Barth)는 말합니다. 'The Word of God waits for us in the Bible.' 유명한 말입니다. '하나님의 말씀이 성경 안에서 우리를 기다린다.' 내가 성경을 보는 게 아니라 성경을 읽어가는 가운데 성경이 말씀하는 것입니다. 이걸 체험해야 됩니다. 성경을 묵상하는 가운데 하나님의 음성이 들려옵니다. 이것이 들리지 않으면 신앙생활은 완전히 빗나갑니다. 잘못되고 있는 것입니다. 성경을 읽을 때 성경 속에서 하나님의 말씀이 살아서 나를 주도합니다. 내 생각, 내 마음, 내 뜻을 완전히 그가 사로잡아서 나를 당신의 뜻으로 인도하시는 것입니다. 그리고 든든히 세워주시는 것입니다. '오이코도메싸이'라고 하는 말은 오이코스(집)란 말에서 나오는데, 집을 세우듯이 세울 것이라는 말씀입니다. 집을 세우듯이 든든히 세워주시리라─집이 완성되는 것처럼, 하나님의 말씀이 나와 함께할 때 내가 조금씩 세워지는 것입니다. 터를 다지고, 기둥도 세우고, 서까래도 올리고, 벽도 쌓고…… 그리스도인의 온전한 인격을 집을 짓듯이 세워갈 것입니다. 말씀이 그와 같이 역사할 것입니다. 또 거룩하게 할 것입니다. 모든 시험을 이길 것입니다. 여러분, 내 의지로 내 마음으로 시험을 이기지 못합니다.

저는 너무나 재미난 경험을 했습니다. 지금 소망교회 장로님이

신데 실례될까봐 이름은 대지 않겠습니다. 그분이 어느 큰 회사의 사장으로 있을 때 제가 한번 방문했었습니다. 저녁에 회사직원들을 많이 모아놓고 나더러 전도강연을 해달라고 부탁했습니다. 기회가 있는대로 말씀을 전해야지, 했는데 나를 소개할 때 뭐라고 소개한 줄 아십니까? 아주 엉뚱한 말씀을 하시더라고요. 그때 그분 집사님 일 때인데 "여기 계신 이분은 위대한 분입니다. 왜 위대하냐? 나로 하여금 담배를 끊게 한 분입니다. 내가 담배를 끊으려고 담배끊는 학교에 세 번이나 갔다왔는데도 못끊었습니다. 그런데 8월 15일 해방절 예배 때 목사님이 그리스도인의 자유에 대해서 말씀하시는데, 아! 그 설교를 듣는 동안에 마음에 칵 다가오더니 싹 가시는 거예요. 담배생각이 없어졌어요." 전혀 담배 생각이 안난다고 합니다. 말씀이 담배를 끊게 한 것입니다. 이걸 알아야 합니다. 내 힘, 내 노력, 내 의지…… 혈서를 써보세요. 되나. 안됩니다. 오직 말씀이 내 안에 역사할 때 거기서 거룩하게 되고 또 기업이 있게 됩니다. 궁극적으로는 하늘나라에 가도록, 하나님 앞에 갈 수 있는 사람이 되도록 거기까지 기업이 있게 하십니다. 오메가 포인트, 마지막 결과까지 끝까지 책임지고 말씀이 그렇게 인도하실 거라고 말씀합니다.

　　에드워드 할로웰(Edward M. Hallowell)이라고 하는 교수가 쓴 책 가운데 「행복의 발견」이라는 책이 있습니다. 이 사람은 하버드대학을 졸업하고 의과대학을 졸업한 정신과의사입니다. 그는 특별한 불행의 생을 살았습니다. 두 번의 결혼에 실패한 어머니는 알콜중독자가 되었고 그는 계부의 학대 속에 유년기를 보냅니다. 그러나 그는 성경을 손에서 놓지 않았습니다. 하나님의 말씀을 붙들고 있는 동안에 그는 행복의 길을 발견했습니다. 행복이란 뭐냐? 어디서 행복을 찾을 수 있느냐? 오직 말씀이 가르쳐줬습니다. 첫째, '매순간 사랑으로 대하라. 어머니가 욕을 해도 저 속에 사랑이 있다, 그 누가 나를 괴롭혀도 이것은 사랑이다, 라고 매순간 사랑으로 대하라.' 그리고 둘째는 '도피하지 마라. 도망가지 마라. 지금 만나는 그 사람이 내게 가장 소중한 사람이다. 지금 만나고 있는 그 사람이 내게 가장 필요한 소중한 분이다, 그것을 생각하라.' 그리고 '과거에 매이지 마라. 원한에 매이지 마라. 그리고 오직 먼 미래만을 바라보라' ─ 행복의 발견이 이 세 마디를 가르쳐주는 것입니다.

제가 1951년 1월 13일 새벽안개 속에서 고향의 집을 떠나는데, 어머니는 저에게 "나는 네게 아무것도 줄 것이 없구나." 그렇게 말씀하시고는 성경책을 한권 주었습니다. 내가 읽던 성경책도 있지만 왜 그랬는지 제 아버지가 읽던 성경책을 제게 들려주었습니다. "이것만 가지고 가라. 열심히 읽어라. 지금처럼 하루에 다섯 장씩 계속 읽어라. 그러면 길이 있을 것이다. 내가 약속할 것은 내가 너를 위하여 새벽마다 기도할 것이다." 그리고는 고향을 떠났습니다. 어머니의 유산은 낡은 성경 하나밖에는 없습니다. 그러나 그 말씀이 나를 보호하고 그 말씀이 나를 지혜롭게 하고 그 말씀이 나를 지켜서 오늘 여기에 있는 것입니다. 여러분, 잊지 마십시오.

칼뱅(John Calvin)은 이렇게 말합니다. '신학적 혼란에 대한 질문을 할 때 성경이 가는 곳에 가고 성경이 멈추는 곳에 멈추었노라. 오직 성경대로!' 여러분, 성경이 있다 하면 있는 것이고 성경이 할 수 있다 하면 할 수 있는 것이고 성경이 네가 가졌다 하면 가진 것이고 성경이 없다 하면 없는 것입니다. 성경이 말씀하는대로만 그것이 나의 존재요 나의 소유요 나의 운명입니다. 성경이 네 죄를 사했노라 하면 나는 사함받은 것이요, 내가 너를 사랑하노라 하면 사랑받는 것입니다. 여러분, 오직 성경, 은혜의 말씀, 그 은혜의 말씀에 의지하고 살고 그 은혜의 말씀에 위탁하여 살고 은혜의 말씀을 따라 살 것입니다.

　사도 바울은 떠납니다. 육체적으로는 이별을 합니다. 그러나 말씀합니다. "은혜의 말씀께 위탁하노라." △

보냄받은 자의 정체

보라 내가 너희를 보냄이 양을 이리 가운데 보냄과 같도다 그러므로 너희는 뱀같이 지혜롭고 비둘기같이 순결하라 사람들을 삼가라 저희가 너희를 공회에 넘겨 주겠고 저희 회당에서 채찍질 하리라 또 너희가 나를 인하여 총독들과 임금들 앞에 끌려가리니 이는 저희와 이방인들에게 증거가 되게 하려 하심이라 너희를 넘겨 줄 때에 어떻게 또는 무엇을 말할까 염려치 말라 그 때에 무슨 말할 것을 주시리니 말하는 이는 너희가 아니라 너희 속에서 말씀하시는 자 곧 너희 아버지의 성령이시니라
(마태복음 10 : 16 - 20)

보냄받은 자의 정체

철학자 파스칼(Blaise Pascal)은 그의 유명한 저서 「팡세 - Pensees」에서 이렇게 말하고 있습니다. '하나님을 알지 않고는 내가 누구인지 알 수 없다. 또 내가 누구인지를 알지 못하면 인간은 필연적으로 불안할 수밖에 없고 허무할 수밖에 없다.' 유명한 말입니다. 자기정체를 바로 안다는 것은 매우 중요합니다. 자기존재의 이유와 목적, 그리고 존재의 최후에 대해서 알기 위해서는 하나님을 알아야 합니다. 나를 알기 위해서 하나님을 알아야 하는 것입니다. 하나님과 나와 면대면(面對面), 마주보는 그 시간에야 나라는 존재의 정체를 알 수 있다는 말입니다.

미국 프린스턴신학교의 성서신학자 오토 파이퍼 교수는 강의시간에 이런 말을 했습니다. "자네들도 그렇지만 많은 사람들이 루터가 종교개혁을 했다고 믿고 있네만 그러나 그것은 잘못된 생각일세." 학생들은 모두가 의아했습니다. '루터가 종교개혁을 하지 않았다면 누가 했단말인가?' 노교수는 매우 중요한 말을 했습니다. "종교개혁은 루터가 갈라디아서를 읽으며 하나님의 말씀에 귀를 기울일 때 그 말씀이 진리로 루터 안에서 폭발함으로 일어났다네. 그는 아무것도 할 수 없었고 그 진리에 순종하고 그 진리를 전할 수밖에 없었네. 그래서 종교개혁은 이루어진 것일세." 루터는 갈라디아서 주석을 두 번 썼습니다. 둘을 대조해서 읽어보면 루터가 갈라디아서에서 얼마나 큰 은혜를 받았는지 확실하게 알 수 있습니다. "말씀 자신이 루터를 통해 역사했고 말씀 자신이 루터를 고용해서 종교개혁을 이룬 것이다. 그런고로 종교개혁의 주체는 갈라디아서 안에 있는 하나님의 말씀이다. 루터는 그저 심부름꾼이 되었을 뿐이다." 이 사실을 우리는 깊이 생각해야 합니다.

오늘본문은 예수님께서 제자들을 파송하면서 하신 말씀입니다. 그래서 마태복음 10장을 '파송 장'이라고도 일컫습니다. 마태복음 10장 1절을 자세히 읽어보면 세 가지의 중요한 단어를 발견하게 됩니다. "부르시고" "주시고" "보내시고"의 세 마디입니다. 영어로 얘기한다면 Calling, Giving, Sending입니다. 그렇다면 제자들의 입장에서는 부름받은 자요, 능력을 받은 자요, 그리고 보냄받은 자가 됩니다. 이것이 제자의 정체입니다. 깊이 생각해야 합니다. 이것은 사역자가 자기를 스스로 깨닫기 위해 두고두고 생각해야 할, 정체성을 발견하기 위한 유일한 길입니다.

부르신 자가 있다면 부르신 자 그가 책임을 집니다. 보내신 자가 있다면 보내신 자가 고난받는 자의 운명을 책임집니다. 대단히 중요한 말씀입니다. 여러분, 혹 자녀들에게라도 이래라 저래라 하십니까? 그것 책임져야 합니다. 가라 했습니까? 그 다음일을 책임져야 합니다. 이 얼마나 중요한 것입니까. 말씀하게 되면, 들은 자가 순종할 때 말씀한 자는 책임을 지는 것입니다. 주께서는 말씀하십니다. '사람을 삼가라. 두려워하지 마라. 염려하지 마라. 왜? 내가 함께하느니라. 내가 말하였느니라. 내 능력이 함께하느니라. 내 말이 너와 함께하느니라.' 아주 신비로운 말씀을 하셨습니다. '내 말이 너와 함께함이니라. 관원들에게 끌려갈 때, 공회에 가서 매를 맞을 때, 심문을 받을 때, 아주 어려운 극한상황에서도 전혀 두려워하지 마라. 더욱더 중요한 것은 가서 무슨 말 할까 미리 걱정하지 말라는 것이다. 또 무슨 말 할까 미리 원고쓰지 마라. 그냥 가라. 가서 현장에 서라.

그러면 말이 나올 것이다. 네 입에서 말이 나올 것이다. 그 말은 네가 하는 게 아니다. 네 속에서 내가 하는 말이다.' 얼마나 신비로운 일입니까. 얼마나 놀라운 얘기입니까.

　여러분은 혹 심문이라는 것을 받은 적이 있습니까? 어디 끌려가서 고문받은 일이 있습니까? 아, 그 오라고 하고 또 붙들려가면 걱정이 많습니다. 가서 무슨 말을 할까? 어떻게 대답을 할까? 또 뭐라고 물으려나? 오늘의 성경은 주의 사람들에게 말씀하십니다. '아무것도 걱정하지 마라. 현장에 서라. 현장에 딱 서면 입이 열릴 것이다. 그것은 너희 말이 아니다. 내 말이다. 내가 말할 것이다.' 참 놀라운 것은요, 묵상할 때 가르쳐주거나, 공부할 때 가르쳐주거나 미리미리 준비하도록 그렇게 가르쳐줬으면 좋겠는데 그렇지가 않은 것입니다. 심지어는 골방에서 가르쳐주마고 말씀하지도 않았습니다. '그냥 끌려가라. 도망가지도 말고, 기피하지도 말고, 변명하지도 말고 그냥 현장에 서라. 내가 말할 것이다. 네 입을 통하여 내가 말할 것이다. 그런고로 아무 걱정도 하지 마라. 네 운명도, 네 말도, 네 마음의 자세도, 내가 주관할 것이다. 그러므로 두려워하지 마라. 안심하라.' 그렇게 말씀하십니다. 오직 용기를 가지고, 아니 믿음을 가지고, 평화로운 마음으로 정면대결 하고 직면하라는 것입니다.

　정신분석학자 프리츠 펄즈(Fritz Pearls)는 정신적으로 건강한 사람의 특징을 몇가지로 듭니다. 자세히 들어둘 필요가 있습니다. 정신적으로 건강한 사람―첫째, 자기자신을 잘 아는 사람입니다. 자기의 장점과 단점도 알고, 할 수 있는 일이 무엇이고, 할 수 없는 일이 무엇이고, 해야 할 일이 무엇이고, 해서는 안될 일이 무엇인지를 잘 아는 사람입니다. 이 사람이 건강한 사람입니다. 요새 선거철이 되어서 저마다 출마해서 자기가 나라를 건질 능력이 있다고 하는데, 글쎄요, 여러분도 다 느끼겠지만 나는 그 출마 안했으면 좋을 사람들이 많다고 생각합니다. 어지간히도 자기를 모릅니다. 이렇게 모를 수가 없습니다. 아주 전적으로 모르더군요. 어쩌다가 무엇에 저렇게 홀렸나 생각을 해봅니다. 제정신이 아닙니다. 그래서 누가 당신이 당선될 수 있다고 생각하는지 물어보았더니 "아, 그렇고, 말고요. 꼭 됩니다" 하더랍니다. 자기를 모르는 것입니다. 뭔가에 미치기 시작하면 이것 모릅니다. 좌우간 정치하는 것, 나서는 것은 아편보다 무섭답니다. 한번 이 병에 들면, 다 말아먹고 다 망해야 끝나지 그 전엔 끝나지 않습니다. 그것 무서운 것입니다. 그 병에 안걸리고 여기 이 자리에 오신 것 잘하신 겁니다. 자기를 이렇게 모를 수가 있어요? 어떻게 그렇게 모릅니까? 이게 바로 정신적으로 건강하지 못한 사람입니다. 건강한 사람은 자신이 할 일이 무엇인지, 자신이 할 수 있는 일이 무엇인지, 또 장점과 단점을 다 알고 있습니다. 그가 건강한 사람입니다.

두 번째는, 자기삶에 책임을 지는 사람입니다. 자기행동에 책임을 지고 특별히 말에 책임을 집니다. 딱 한 번 말했으면 지켜야 됩니다. 제 아버지께서 제게 가르쳐주신 교훈이 한번 말한 것은 뒤에 해롭더라도 뒤집지 말고 그대로 하라는 것입니다. "한번 말한 것은 뒤에 해롭다고 느끼더라도 그대로 하라. 말에 책임을 져라." 아주 중요한 것입니다. 그런데 우리가 한번 약속하고 말했다가도 조금 다른 일이 좋아보이면 뒤집어버리고, 변심을 하고, 변절을 하는데, 그것은 아주 좋지 않습니다. 그의 말로를 보니까 엉망입니다. 그저 한번 맹세한 것은 해로울지라도 지키고 말에 책임을 져야 합니다. 조그마한 일에도 한번 말했으면 책임을 지는 것입니다.

세 번째는, 현실과 맞닥뜨리는 것입니다. 직면하는 것입니다. 비껴가지도 말고 피하지도 말고 비겁해지지 말고 정면으로 대결하는 것입니다. 적극적으로 대하는 것입니다. '핍박이 있을 때 도망가지 말고 잡으러 온다고 피하지 말고 그대로 끌려가라.' 이것이 주님의 말씀입니다. 마지막으로 마음의 분노를 솔직히 말할 수 있어야 된다는 것입니다. 마음에 격한 것이 있을 때, 마음에 뭔가 상한 감정이 있을 때 솔직하지 못한 사람이 많습니다. 그때에 진실을 잃어버리면 안됩니다. 분노 속에서 진실을 잃어버리면 안됩니다. 끝까지 냉정하고 정직해야 합니다. 어떤 손해를 각오하고도 정직해야 합니다. 이것이 정신적으로 건강한 사람이라고 말합니다.

주님께서 제자들을 부르십니다. 이 부르심에 응하는 사람은 용기를 얻고 믿음을 갖게 되며 담대할 것입니다. 그리고 비유를 들어서 말씀하십니다. 너무도 유명한 비유지요. 양과 뱀과 비둘기, 이 세 짐승을 들어서 그 특징을 통해 말씀하십니다. "양과 같이"—이 무슨 말씀입니까. 양은 순진합니다. 어떤 때는 양이 미련하기도 합니다. 목자가 인도하는대로 따라갈 뿐입니다. 양은 참으로 착합니다. "양과 같이"라는 말은 곧 변절하거나 변심하지 말라는 것입니다. 이리를 만났다고 이리가 되고, 호랑이를 만났다고 호랑이 되지 말라는 것입니다. 양은 양입니다. 끝까지 양이어라—끝까지 양으로 살고 양으로 죽는 것입니다. 여러분, 요새는 그런 여자들이 있다면서요? 처음에는 비둘기같이, 그 다음엔 고양이같이, 그 다음에는 늑대같이, 그리고 나이많으면 사자같이 된답니다. 변신하면 안됩니다. 그저 비둘기는 끝까지 비둘기, 양은 끝까지 양입니다. 환경이 어찌됐다고 그 본질이 변해서는 안됩니다.

또한 "뱀같이"라는 말, 이건 오해가 많은 말입니다. 뱀같이 독이 있으라는 그런 얘기가 아닙니다. 여러분, 모든 짐승 중에 뱀처럼 불행한 짐승이 어디 있습니까. 손이 있습니까 발이 있습니까 날개가 있습니까. 막대기같이 기다란 몸 하나밖에 없지요. 어쩌다가 이런 저주받은 동물이 되었는가 싶습니다. 좌우간 참으로 불행한 동물입니다. 저는 시골서 자라서 저녁에 풀 베러 다니며 하루도 뱀을 안본 날이 없었습니다. 들에 나가면 시글시글한 게 뱀입니다. 그렇게 많이 보았는데 이 뱀이 보통 재주가 좋은 게 아닙니다. 나무도 잘 타지요, 물에서 헤엄도 잘 치지요, 그것만이 아닙니다. 막대기같이 그 아무것도 없어도 사랑도 잘하더라고요. 어떻게 이것이 가능한가? 그런데 그 어려운 여건을 가지고 그야말로 갈 곳을 다 갑니다. 할일을 다 할 수 있습니다. 뱀입니다. 뱀같이 지혜로우라고 하십니다.

어떤 왕이 자기아들 세자를 위해서 세자빈을 간택하게 됐습니다. 그래서 나라 안의 예쁜 규수들을 다 모아서 심사하였고, 마지막에 세 사람이 남게 됩니다. 마지막 관문의 시험을 치르는데 그 왕이 나와서 그들을 각각 빈 방으로 데리고 들어가 친히 금화 하나씩을 주고 이 금화로 이 방을 가득하게 채우라고 말하고는 나가버렸습니다. 이것이 마지막 관문입니다. 다시말하면 지혜를 묻는 것입니다. 한 사람은 물초롱으로 그 방을 가득 채웠더랍니다. 그 돈 가지고 그것을 다 사서 꽉 채웠습니다. 두 번째 사람은 방에 장작을 가득 채웠더랍니다. 그 돈 가지고 장작을 사서 빈틈없이 방을 가득 채웠습니다. 세 번째 사람은 들어가보니 아무것도 없고 방 한가운데 촛불을 켜놨어요. 촛불의 빛으로 방을 가득 채워놨습니다. 돈도 다 남았습니다. 그래서 그가 간택됐다고 합니다. 그렇지 않습니까? 지혜가 있어야 됩니다. 뱀과 같이 지혜로우라 하십니다.

또 비둘기같이 순결하라—비둘기는 평화의 상징입니다. 비둘기의 순결을 여러 가지로 특징지어 설명합니다. 비둘기 하면 생각나는 게 있지 않습니까. 노아홍수 때 홍수가 끝난 다음에 까마귀도 날려보내고 비둘기도 날려보냈지요? 까마귀는 안돌아왔습니다. 시체 뜯어먹느라고요. 그런데 비둘기는 발붙일 곳을 얻지 못하고 돌아왔습니다, 깨끗하게. 여러분, 무엇이나 먹고, 아무데나 가고, 그러는 것이 아닙니다. 비둘기같이 순결하라 하십니다. 그리고 예수님 결론지어 말씀하십니다. "나중까지 견디는 자는 구원을 얻으리라(22절)." 여러분, 미움을 받을 것이나 끝까지 사랑할 것이고, 많은 핍박을 받을 것이나 두려워하지 말 것입니다. 마지막에는 순교할 것입니다. 그러나 그 얼굴은 천사의 얼굴과 같습니다. 나중까지 견디는 자는 구원을 얻으리라 하십니다.

이런 이야기가 있습니다. 어느 더운 날 예수님께서 제자들과 함께 산을 올라가십니다. 오르기 전에 제자들에게, 들 수 있는 만큼 큰 돌을 하나씩 들고 산으로 올라가자고 말씀하십니다. 모두가 하나씩 들었습니다. 큰 돌 하나씩 들고 올라가는데도 올라가다보면 무겁지 않습니까. 가롯 유다는 올라가다말고 가벼운 돌로 바꿨습니다. 좀더 작은 것으로 또 바꾸고 또 바꾸고 했습니다. 마지막에는 조그마한 것 하나 주머니에 넣고 올라갔습니다. 베드로는 처음에 들었던 그 돌을 그대로 들고 끙끙대며 올라갔습니다. 다 모인 자리에서 예수님께서 기도하자고 하시면서 하늘을 우러러 기도하시니 들고 온 돌들이 전부 떡이 되더랍니다. 베드로는 큰 떡을 먹고 다른 사람에게 나누어도 줬는데 가룟 유다는 굶었답니다. 여러분, 말씀은 그대로 순종해야 됩니다. 보내심을 받았습니다. 보냄받은 자 전적으로 순종하면 보내신 분이 책임을 지고 항상 그와 함께하십니다.

성도 여러분, 우리는 나 자신을 위해서, 자신 때문에, 자신에 의해서 사는 것이 아닙니다. 우리는 오직 하나님의 영광을 위하여 오직 그리스도의 사람으로 삽니다. 그가 부르셨고 그가 능력을 주셨고 그가 우리를 보내셨습니다. 어디론가 보냄을 받았습니다. 보냄받은 자의 정체의식을 분명히하며 오늘도 꾸준히 순종하고 주께 위탁하면 주께서 영광을 받으시고 주의 능력이 우리의 말, 우리의 생각, 우리의 행동을 통해서 그대로 나타나게 될 것입니다. △

성령에 포로된 사람

바울이 밀레도에서 사람을 에베소로 보내어 교회 장로들을 청하니 오매 저희에게 말하되 아시아에 들어온 첫날부터 지금까지 내가 항상 너희 가운데서 어떻게 행한 것을 너희도 아는바니 곧 모든 겸손과 눈물이며 유대인의 간계를 인하여 당한 시험을 참고 주를 섬긴 것과 유익한 것은 무엇이든지 공중 앞에서나 각 집에서나 꺼림이 없이 너희에게 전하여 가르치고 유대인과 헬라인들에게 하나님께 대한 회개와 우리 주 예수 그리스도께 대한 믿음을 증거한 것이라 보라 이제 나는 심령에 매임을 받아 예루살렘으로 가는데 저기서 무슨 일을 만날는지 알지 못하노라 오직 성령이 각 성에서 내게 증거하여 결박과 환난이 나를 기다린다 하시나 나의 달려갈 길과 주 예수께 받은 사명 곧 하나님의 은혜의 복음 증거하는 일을 마치려 함에는 나의 생명을 조금도 귀한 것으로 여기지 아니하노라 보라 내가 너희 중에 왕래하며 하나님 나라를 전파하였으나 지금은 너희가 다 내 얼굴을 다시 보지 못할 줄 아노라
　　　　　　　　(사도행전 20 : 17 - 25)

성령에 포로된 사람

한 의사가 환자들을 돌보면서 체험하고 느끼며 깨달은 바를 기록했습니다. 그 기록 중에 웃지 못할 일이 있습니다. 위장병에 걸려 고쳐달라고 찾아오는 환자를 볼 때 그는 진찰을 하면서도 때로는 화가 난다고 합니다. 가끔은 속으로 욕도 한답니다. 환자에게 말은 못하지만 속으로 중얼중얼하면서 치료한다고 합니다. 뭐라 욕을 하는가하면, '돼지만도 못한 놈!' 그렇게 욕을 한다는 것입니다. 왜 그런 욕을 합니까. 이유는 이렇습니다. 돼지고 사자고 호랑이고 개고…… 이 짐승들은 아무리 맛있는 음식이 있어도 해부해보면 절대로 위장을 80% 이상은 채우지 않는다고 합니다. 먹어야 할 만큼만 먹고 끝낸답니다. 다음에는 어떻게 먹을 것인지, 그런 것 생각하지 않습니다. 오늘은 요기까지만 먹고 끝입니다. 그런데 사람을 해부해보면 120%나 먹는다고 합니다. 120%, 150% 먹어서 위가 확장되어 병이 된 것입니다. 그러니 이 의사의 입장에서 볼 때는 이 환자는 제가 병 만들어가지고와서 의사보고 고쳐내라고 하는 것입니다. 그 병의 원인조차도 모르니 개만도 못하고 돼지만도 못하지 않느냐입니다. 이것 심각하게 생각해야 합니다.

인간의 인간됨의 수준은 먼저 동물적 욕망을 얼마나 인간적으로 컨트롤할 수 있느냐에 있습니다. 동물적 욕망과 인간적 이성이 대립할 때 내가 얼마나 인간적으로 처세하느냐입니다. 그게 인간입니다. 그저 동물적 욕망에 끌려서 먹고, 입고, 자고, 행동하는 것은 사람다움을 포기하는 것이요, 그때 우리는 그를 금수만도 못한 인간이라고 합니다. 요새 우리가 잘 아는 바와 같이 많은 성범죄들이 있습니다.

그것 뭘 말하는 것입니까. 그건 동물만도 못한 것입니다. 인간이기를 포기한 것입니다. 그렇지 않습니까? 사람은 이 동물적인 욕구와 욕망을 얼마나 잘 제어할 수 있는가에 따라서 그 가치가 평가되는 것입니다.

둘째, 얼마나 맑은 이성을 가지고 사느냐에 있습니다. 이성이 병들면 생각하는 것과 느끼는 것 모두가 잘못됩니다. 마치 나침반이 고장난 것과 같습니다. 맑은 이성을 가지고 바르게 판단해야 합니다. 요새 판단능력과 판단기준이 아주 망가진 사람 많습니다. 어떻게 그렇게 생각할까? 그런데 그 사람은 그렇게 생각할 수밖에 없습니다. 이성이 병들었습니다. 마치 깨진 거울에 자신의 얼굴을 비춰보는 것과 같습니다.

세 번째는 과거지향적인가 미래지향적인가에 달려 있습니다. 우리는 과거에 의해서 오늘이 있습니다. 그러나 과거와의 관계를 끊으면서 살아가야 합니다. 거기에 붙들려 있는 동안에는 미래가 다 망가집니다. 그래서 지난 일은 잊어야 합니다. 때로는 끊어야 합니다. 물론 과거자체를 잊어서는 안됩니다. 그러나 과거에 매여서는 안된다는 것입니다. 과거에 붙들려 사는 사람처럼 불쌍한 사람이 없습니다. 어떤 사람은 어쩌다 억울한 일을 당했다고해서 한 평생을 한을 품고 원수갚는다고 하다가 그 원수갚고 난 다음에는 자기가 죽더랍니다. 그처럼 맹랑하고 바보같은 짓이 없는 것입니다. 잘못된 인생입니다. 그래서 미래지향적으로 긍정적으로 살아가야 한다는 것입니다.

네 번째는 끌려가며 억지로 살아가는가 아니면 자유롭게 선택하며 살아가는가에 달렸습니다. 할수없이 끌려가면서 노예적으로 사는 것, 죽지못해 사는 것, 그것은 사는 것이 아닙니다. 얼마나 스스로가 자발적으로 선택하며 사는가, 자신이 선택한 일에 대해 얼마나 스스로 책임을 지면서 살아가는가에 인간다움의 수준이 있습니다.

옛날, 아주 먼 옛날, 그리스에 티만테스라고 하는 유명한 화가가 있었습니다. 그는 그림을 그리던 초창기에 훌륭한 화가선생님의 문하생으로 여러 해 동안 그림그리는 공부를 했답니다. 몇년 공부하는 중에 상당한 수준에 오르게 되었고, 자신의 잘 그린 그림에 자기 스스로 감탄했습니다. 물론 선생님도 크게 칭찬했습니다. 과연 세계적인 명작이 될 것이라고, 이제는 그만한 훌륭한 수준에 도달했다고 칭찬을 했습니다. 티만테스는 그 그림을 갖다놓고서는 하루종일 들여다봅니다. 자기가 그려놓은 그림을 하루종일…… 스스로 감복하고 만족하면서 그렇게 며칠을 보냈습니다. 어느날 아침에 화방에 들어갔더니 그 그림이 없어졌습니다. 선생님이 말씀합니다. "내가 치워버렸네." "아니, 그 그림이 어떤 그림인데요?" "자네는 작은 과거의 성공에 매여서 이대로 가면 자네에게 미래는 없네. 다시 그려. 그 소중한 그림을 치워버리고 다시 그리게." 그리해서 비로소 그는 훌륭한 화가가 되었습니다. 이 작은 과거의 성공이 엄청난 미래를 망칠 수 있습니다. 거기에 붙들려서 과거에 내가 어쩌고저쩌고 하는 것이 얼마나 바보스러운 것입니까. 인간답지 못한 것입니다.

마지막으로, 우리는 순간을 사는 인간입니다만 하나님의 형상을 가졌기에 영원지향적입니다. 땅에 살면서도 하늘나라를 생각하고 순간에 살면서도 영원을 지향할 때 그만큼 높은 인간다운 인간으로 살아갈 수 있는 것입니다.

오늘성경에 보면 사도 바울은 말씀합니다. "보라 이제 나는 심령에 매임을 받아 예루살렘으로 가는데……(22절)" 저는 이 말씀을 읽을 때마다 참 중요한 의미를 생각하게 되고, 무한한 신비가 담겨진 말씀이라고 생각합니다. 무한한 신비의 마음이 이 말씀에 들어 있습니다. "심령에 매임을 받아 예루살렘으로 가는데 저기서 무슨 일을 만날는지 알지 못하노라." 저는 예전에 신학대학에서 성령론을 한 10여 년 강의했는데, 그때 이 대목에서 시간을 많이 할애했습니다. "심령에 매임을 받아……" 이 "심령에"란 말은 헬라말로 '토 프뉴마티' 입니다. 심령이란 '그 영'을 말합니다. 단적으로 말하면 성령을 말합니다. 성령에 매임을 받아, 성령에 포로가 되어서 예루살렘으로 간다고 말씀하는 것입니다. 사도 바울은 성령에 포로된 사람이었습니다. 성령이 가라는대로 가고 성령이 만나라는 사람을 만났습니다. 성령이 전하라 할 때 전했습니다. 성령이 능력을 주어서 그 담력으로 살았습니다. 때로는 두려워하며 심히 떨었고, 인간적인 고뇌에 빠질 때도 있었습니다마는 성령이 다시 일으켜주었습니다. 새로운 용기와 새로운 생명력을 가지고 십자가중심의 신앙을 고백하면서 한평생을 살았습니다. 그는 자유인입니다. 그러나 성령에 포로된 사람입니다. 육체의 정욕, 세상의 명예, 세상의 그 무엇에 아무 상관없이 오직 성령에 붙들려서, 포로되어서 살아갑니다. 그렇게 느끼고, 그렇게 깨닫고, 그렇게 행동하며 살았습니다. 철저하게 성령에 이끌려 산 사람입니다.

 오늘본문에 보는대로 그는 성령 안에서 하나님의 음성을 계속 들으며 살았습니다. 여러분, 그리스도인에게, 적어도 신령한 생활을 하는 사람들에게 가장 괴로운 것이 있다면 그것이 무엇일까요? 그것은 기도가 막히는 것입니다. 마음속에 지나친 근심이 있든지 혹은 큰 시험에 빠지면 기도가 막히게 됩니다. 누구를 미워하든지, 시기하든지, 질투하게 되면 기도가 막힙니다. 기도가 꽉 막히면 한두 시간 앉아서 중얼거려봐도 소용이 없습니다. 마음이 열리지 않습니다. 영의 문이 열리지 않습니다. 적어도 그리스도인으로서 가장 큰 고통은 기도가 막히는 것입니다. 하나님의 음성이 들리지 않고, 성령의 감동이 없으며, 내 마음을 감동하는 그리스도의 영의 불길이 꺼질 때 이것처럼 괴롭고 힘든 일이 없습니다. 그런데 사도 바울은 그렇지 않았습니다. 에베소에 있을 때 성령에 이끌리어 살았습니다. 이것이 중요합니다.

파크 팔머라고 하는 유명한 신학자가 있습니다. 그의 저서 가운데 「Let Your Life Speak : Listening for the Voice of Vocation」이라는 책이 있습니다. 그 책에서 그는 '인생에 있어서 내가 할 일이 무엇이냐고 묻는 문제는 나는 누구인가라는 질문에서 출발하며, 나는 누구인가 하는 질문은 나는 누구의 것인가 라는 문제에 귀결된다' 고 말합니다. 사도 바울은 자신이 자신의 것이 아니라는 걸 알고 있었습니다. 그는 그리스도의 사람이요, 그리스도께서 피로 값주고 산 사람이요, 그러하기에 자기자신은 자기의 것이 아니고 그리스도의 것이라고 말씀합니다. '그런고로 나의 나됨은 오직 은혜로 되었다' 고 고백했고, 은혜이기에 오늘 자신이 할 일이 무엇인가를 분명히 안 것입니다. 그래서 그는 사명을 다했습니다. 성령이 이끄는대로 겸손과 눈물과 인내와 섬김과 용기로 복음을 전하고 가르치고 증거하며 그렇게 3년 동안을 에베소에서 수고했습니다. 전생을 기울여 희생적 수고를 했습니다.

그는 다시 주의 음성을 듣게 됩니다. 이제 성령에 이끌리어 예루살렘으로 갑니다. 에베소교회에서의, 에베소지방 선교사업을 접고 이제 그는 어찌생각하면 막연한 길, 예루살렘으로 향해 갑니다. 그가 인간적으로 소원하는 것은 로마로 가는 것이었습니다. 당시 세계의 수도인 로마에 가서 마음껏 복음을 전하고 싶었습니다. 예루살렘이 초대교회의 중심이라고 한다면 선교적 사명 안에서 로마를 복음의 중심으로 삼기 위해 로마로 가기를 간절히 소망했습니다. 로마서에 여러 번 간절하게 그렇게 기록하고 있습니다. 그러나 그는 로마로 바로 갈 수 있는데도 가지 않고 예루살렘으로 갑니다. 성령의 매임을 받아 예루살렘으로 갑니다. 로마로 가고 싶으나 지금은 예루살렘으로 갑니다. 그리고 여기에 귀중하고 신비로운 말씀을 합니다. "무슨 일을 만날는지 알지 못하노라(20절)." 그리고 각처에서 성령이 말씀하기를 환난이 기다린다고 가르쳐주었다(23절) 합니다.

　성도들도 사도 바울이 이번에 예루살렘에 가면 많은 고생을 하게 될 것이라는 예언적인 말씀을 듣고 사도 바울을 붙들고 간청하며 위로합니다. 사도 바울은 알고 있습니다. 그러나 동시에 알지 못했습니다. '예루살렘으로 가야 하고 가서 무슨 일을 만날는지 알지 못하노라.' 묘한 긴장관계가 여기 있지 않습니까. 환난이 기다리면 안 가면 되는데, 그러나 가야 됩니다. 그래도 가야만 한다면 성령께서 가서 어떤 일이 생길는지 무슨 일을 만날는지 자세하게 알려주고 지혜도 주고 하면 좋을 텐데…… 성령은 그것을 가르쳐주지 않았습니다. 환난이 기다린다는 것뿐입니다. 그리고 예루살렘으로 가라는 것입니다. 여러분, 이것은 아주 귀한 말씀입니다. 하나님께서 아브라함에게 말씀하십니다. 창세기 12장을 보면 고향을 떠나라고 말씀하십니다. "고향을 떠나라." 그러나 어디로란 말씀도 없고, 가면 어떻게 된다는 말씀도 없습니다. "지시할 땅으로 가라." 지금 지시해놓고 가는 게 아닙니다. 지시할 땅으로 가라는 것은 떠나면 가르쳐주신다는 것입니다. 가라 하시고 한참 가다보면 여기인지 아닌지 말씀하시는 것입니다. 만일에 가라 하실 때에 떠나지 않았다면 그는 지시할 땅에 대하여 듣지 못합니다. 일정표를 가르쳐줘야 떠나겠다고 말하는 것은 믿음이 아닙니다. 그것은 하나님의 방법이 아닙니다. 바로 여기에 믿음이 필요한 것입니다. 무슨 일을 만날는지 모른다는 것은 아주 신비스러운 이야기입니다. 성령은 말씀하기도 하고 알게도 합니다마는 어느 부분은 모르게도 합니다. 어느 부분은 가능케 합니다. 어느 부분은 가능치 않게 합니다.

　아시는대로 바울은 빌립보에서 빌립보감옥이 활짝 열리는 기적을 체험하기도 했습니다. 희한하게 그런 때가 있었습니다. 그러나 늘 그런 것은 아니었습니다. 그는 예루살렘감옥에서 만 2년 동안을 그냥 지하실에 갇혀 옥살이를 합니다. 로마감옥에 갔습니다. 감옥이 열리지 않았습니다. 어느 때는 열어주고, 어느 때는 닫고, 어느 때는 알게 하고, 어느 때는 모르게 하십니다. 여러분, 어떻게 하면 좋겠습니까? 성령에 이끌린 사람—때때로 보면 이것을 무슨 점치는 영으로 생각하며 뭐든지 앞으로 일어날 일을 환하게 다 알게 되는 것으로 생각합니다마는 그것이 아닙니다. 예를 들어볼까요? 여러분이 지금 사는 그 남편과 그 아내와 살지만 하나님께서 너 누구하고 살아라 하시는 응답을 받고 삽니까? 그런 분 있으면 손들어보십시오. 없지요? 저런 답답한 일이 있나? 그렇게 성경을 읽고 그렇게 기도하면서도 그 응답 하나를 못받고 살아요? 왜? 그것은 모르는 게 좋으니까, 아니, 몰라야 되니까 그렇습니다. 그래서 오늘성경은 말씀합니다. '예루살렘으로 가노라. 환난이 있다는 것도 아노라. 그러나 무슨 일을 만날는지 모른다. 환난이 있는 줄만은 안다.' 그리고 그 주신 말씀에 대하여 운명을 겁니다. Total Commitment! 완전히 인도하는 대로, 감옥에 갇히든지 나오든지, 1년이건 10년이건, 예루살렘감옥이든 로마감옥이든 상관하지 않습니다. 바로 그런 헌신과 위탁의 신앙을 하나님께서는 요구하고 계십니다.

자, 바울은 결심합니다. 이제 24절에 유명한 말씀이 있지 않습니까. "나의 달려갈 길과 주 예수께 받은 사명 곧 하나님의 은혜의 복음 증거하는 일을 마치려 함에는 나의 생명을 조금도 귀한 것으로 여기지 아니하노라" 하나님께서, 아니, 성령이 무슨 일을 만날는지 가르쳐주지 않음에도 불구하고 그 말씀에 대하여 생명을 걸어버립니다. 생명을 조금도 귀한 것으로 여기지 아니하노라 — 전적으로 생명을 바치고 출발합니다.

예수님, 겟세마네동산에서 기도하십니다. "나의 뜻대로 마옵시고 아버지의 뜻대로 하옵소서." 기도하는 순간 그때부터 시작해서 가룟 유다가 와서 자신 앞에서 아양을 떨든말든, 베드로가 당신을 부인하든말든 상관하시지 않습니다. 빌라도가 무슨 질문을 하든지 가야바가 어떤 소리를 지르든지, 아니, 이 모든것 위에 하나님의 뜻이 있고 하나님의 능력이 있기에 아버지의 뜻대로 완전히 생명을 하나님께 위탁하고 현실을 살아가는 것입니다. 이 순간이 얼마나 중요합니까. 생명을 조금도 귀한 것으로 여기지 아니하노라 — 그렇습니다. 여러분, 왜 살아야 하는지를 알게되면 무엇을 해야 할 것인지를 압니다. 아니, 무엇을 해야 할지 몰라도 좋습니다. 어떻게 해야 할 것인지는 더욱 모를 수도 있습니다. 그러나 온전하게 하나님의 능력과 지혜, 그의 경륜 속에 자기생명을 바치고 살아가야 합니다. 궁금한 것도 많고 불확실한 것도 많습니다. 그러나 하나님의 뜻과 지혜를 믿어야 합니다. 믿고 순종하고 감사하면 순간순간 하나님의 능력을 내 생활 속에서 확증하면서 살아가는 것입니다.

성도 여러분은 무엇에 끌려 살아가고 있습니까? 아직도 육체와 세상이 그렇게 매력 있습니까? 이제는 그 관계를 끊고 성령이 지시하는대로, 성령이 깨닫게 하는대로, 성령이 주는 기쁨을 기뻐하며, 성령이 인도하는 길을 스스로 선택하면서 살아가야 할 것입니다. 이제는 그리스도와 성령의 포로가 된 사람으로 살 것입니다. 내 판단의식도, 궁금한 생각도, 알고 싶은 생각도, 다 그대로 주께 바치고 어디로 가는지 몰라도(아니, 모르는 것이 좋습니다) '내 주여 뜻대로 하소서' 하고 성령에 이끌리어 예루살렘으로 가는 바울의 모습처럼 여생을 그렇게 살아가야 할 것입니다. 거기에 진정한 승리, 진정한 인간다움, 하나님의 사람의 모습이 있는 것입니다. △

내 의를 굳게 잡으리라

욥이 또 비사를 들어 가로되 나의 의를 빼앗으신 하나님, 나의 영혼을 괴롭게 하신 전능자의 사심을 가리켜 맹세하노니 (나의 생명이 아직 내 속에 완전히 있고 하나님의 기운이 오히려 내 코에 있느니라) 결코 내 입술이 불의를 말하지 아니하며 내 혀가 궤휼을 발하지 아니하리라 나는 단정코 너희를 옳다하지 아니하겠고 죽기 전에는 나의 순전함을 버리지 않을 것이라 내가 내 의를 굳게 잡고 놓지 아니하리니 일평생 내 마음이 나를 책망치 아니하리라 나의 대적은 악인같이 되고 일어나 나를 치는 자는 불의한 자 같이 되기를 원하노라
(욥기 27 : 1 - 7)

내 의를 굳게 잡으리라

　미국의 제30대 대통령 존 캘빈 쿨리지(John Calvin Coolidge)가 어느날 옛날고향생각, 친구생각을 하다가 고향친구들을 백악관으로 초대했더랍니다. 이 시골친구들은 시골서 태어나 워싱턴DC라고 하는 그곳에 난생처음으로 와본 것입니다. 더구나 그 화려한 백악관에 들어서니 휘황찬란함에 정신이 하나도 없었습니다. 식사시간이 됐는데 문제는 백악관식탁매너를 알 수가 없는 것입니다. 이런 일 때문에 종종 많은 사람이 실수하지 않습니까. 그래서 저들은 쑥덕공론을 하고 결론을 내렸습니다. '무조건 쿨리지가 하는대로 하자. 대통령이 하는대로 그저 고대로 따라하면 되지 않겠느냐?' 그렇게 하기로 했습니다. 그래서 대통령이 빵을 집으면 빵을 집고 물을 마시면 물을 마시고…… 순조롭게 거기까지는 잘됐는데 마지막에 커피를 마시다가 대통령이 커피잔을 들어서 커피잔을 받치고 있는 받침대에다 커피를 조금 붓는 것입니다. 알 수 없는 일이었습니다. 왜 이렇게 하는지…… 그렇지만 어떻게 하겠습니까. 하는대로 해야지. 그래서 모두가 커피를 그 잔 받침대에다가 부었습니다. 그런데 대통령이 거기에 또 우유를 조금 붓고 설탕도 조금 붓고 수저로 젓는 것입니다. 모두가 따라서 했지요. 그랬더니 그 다음에 대통령이 허리를 굽혀서 자기 발밑에 있는 고양이에게 그걸 주는 것입니다. 그래서 친구들이 큰 망신을 했다는 것입니다.
　여러분, 생각 없이 남 하는대로 하는 게 다 이렇습니다. 생각이 있어야 하고, 철학이 있어야 합니다. 우리로 말하면 신앙도 있고 신학도 있어야 하는 것입니다. 남 하는대로 그냥 따라서 하면 곧잘 나가거나 제대로 되는 것처럼 보일 때도 있지만 어느 순간에 가서 망가집니다. 이것을 잊지 말아야 합니다. 남 하는대로 그저 따라가다 가는 자기라고 하는 존재가 상실됩니다. 더욱 중요한 것은 남이 평가하는대로 자기자신에 대해서 생각하는 것처럼 바보짓이 없다는 것입니다. 자, 남이 예쁘다고 한다고 그렇지 않은데 예뻐집니까? 남들이 다 나를 옳다고 한다고 해서 잘못된 게 옳은 것이 되는 것입니까? 내 양심 가는 길이 따로 있습니다. 남들의 평판에 따라서 움직이는 그것은 참으로 위험한 것입니다. 이걸 아주 무시하고 살 수는 없지만 그러나 남들이 뭐라고 하는가에 눈치보면서 사는 것 어지간히 피곤한 일입니다. 그걸 허영이라고 합니다.

토머스 에디슨(Thomas Alva Edison)은 어렸을 때 바보취급을 받았던 사람입니다. 역사가 말해주는 발명왕입니다마는 그는 어떤 일에 집착하고 깊이 생각하는 특별한 특성 때문에 다른 사람들은 바보라고 했습니다. 아무리 생각해도 저건 사람 구실할 것같지 않다고 했습니다. 그러나 그는 발명왕이 되었습니다. 그의 유명한 말을 들어보십시오. "나는 단 한순간 단 하루도 남들이 소위 말하는 노동이라는 것을 한 적이 없다. 그것은 무슨 일을 하든지 하고 싶은 일만 했기 때문이다. 그리고 재미가 나서 참을 수가 없어서 한 것이니까 흔히 말하는대로의 노동은 한 번도 한 일이 없다." 자기 나름대로 남이야 뭐라고 하든 자기의 일을 한 것입니다. 아시는대로 더구나 발명하는 일이야 이해하지 못하는 사람이 볼 때는 미친 짓이지요. 시간낭비지요. 그러나 그는 나름의 자기만의 길을 즐기면서 그렇게 한 평생 살았다고 고백하는 것입니다.

얼마전에 서울시장인 이명박 장로님이 청계천복원사업을 마치고「청계천은 미래로 흐른다」라는 하는 책을 썼습니다. 그 책 속에 귀담아들을 말이 있습니다. '무슨 일을 하든지 100% 찬성으로 추진되는 일은 없다. 그것은 오히려 위험한 일이다. 90%가 반대하고 10%가 찬성할 경우 그들을 보완자로 생각하며 일을 해야 할 것이다.' 여러분, 우리가 온국민, 온국민, 하지만 그 온국민의 지지 받아서 일이 됩니까. 그것 되지 않는 일입니다. 저는 고속도로에 차를 몰고 갈 때마다 가끔가끔 생각합니다. 경부선이나 호남선에 가다보면 비행기 활주로로 쓴다고 길게 만들어놓은 곳이 있습니다. 직선으로 만든 거 그게 비행장입니다. 전시에 비행장으로 사용하겠다고 만든 것입니다. 저는 그걸 볼 때마다 우리국회를 생각합니다. 이 고속도로를 만들겠다고 했을 때 국회가 반대했습니다. 그냥 반대하는 정도가 아니라 아주 금식하며 반대했습니다. 철야하며 반대하고 농성을 했습니다. 그래서 대통령께서는 할수없이 비상조치를 취했습니다. 전시에 비행장으로 써야 하겠으니 만들라는 것입니다. 전시에 비행장으로 쓴다고 말해서 그 불필요한 활주로같은 걸 몇개 만들어놓고 이것 때문에 하는 거니까 입 다물라고 해서 그 고속도로를 만들었습니다. 사람의 지지를 끌어낸다는 게 이렇게 어렵습니다. 그때 반대했던 분들이 차 몰고 그 길로 다니는지 모르겠어요. 이게 소위 정치가들이라니 정치가 되겠습니까. 미래를 내다보지 못하고 말입니다. 가끔가다 농성한다, 금식한다 하면 '또 놀고 있구먼' 하는 생각이 듭니다. 무엇을 하자는 이야기입니까. 여러분, 어떻게 온국민의 지지를 받아서 100% 찬성으로 일을 할 수 있습니까. 그건 없는 것입니다. 그건 바라지도 말아야 됩니다. 다만 얼마나 의로우냐가 문제입니다. 예수님께서 가신 십자가의 길은 고독한 길입니다. 그러나 의로운 길입니다. 누구도 찬성할 수 없는 길입니다. 그러나 그 길은 가장 의로운 길이요, 위대한 길이요, 그리고 영광된 길이있다는 말씀입니다.

　잘 아시는대로 욥은 대표적으로 많은 고난을 치른 사람입니다. 욥이 고난받았던 순서를 주목할 필요가 있습니다. 처음에 잃어버린 것은 재산입니다. 역시 사람들이 고난 중에 제일 먼저 생각하는 게 재산이거든요. 재산이 하루아침에 다 없어지고 말았습니다. 큰 고난이었습니다. 가난, 경제적 고난은 확실히 큰 손실인 것이 사실입니다. 그 다음에는 자녀를 잃었습니다. 10남매가 되는데 몽땅 죽었습니다. 자녀가 다 죽어버렸습니다. 이런 기막힌 일이 어디 있겠습니까. 그리고 가정을 잃었습니다. 한 사람밖에 없는 그 아내까지 남편을 이해하지 못하고 저주하고 있습니다. 가정을 잃었습니다. 떠나버렸습니다. 그러나 이보다 더 어려운 게 무엇입니까. 욥은 건강을 잃었습니다. 온몸에 악창이 나서 기왓장으로 몸을 긁고 잿더미에 뒹구는 비참한 신세가 됐습니다. 재산과 자녀와 가정과 건강을 다 잃어버렸습니다. 그런데 욥에게 있어서 가장 어렵고 괴로웠던 것은 그의 친구들이 찾아와서 그의 의를 인정하지 않은 것입니다. 다시말하면 의를 잃어버린 것입니다. 친구인 엘리바스, 소발, 빌닷이 찾아와서 결과론적으로 평가를 합니다. '네가 이렇게 천벌을 받는 거 보니까 너는 죄인이다.' 그들의 말 속에 참으로 가슴아픔이 있습니다. '잘 생각해봐라. 숨겨진 죄가 있나보다. 하나님이 죄없는 자에게 고통을 주는 일이 있더냐?' 이 말이 얼마나 견디기 힘든 말입니까. '잘 생각해봐라. 고통당한 거 보니까 네 속에 악이 있다.' 욥이 가장 괴로웠던 것이 바로 그것입니다. 자신의 의가 무너지는 것입니다. 의를 인정하지 않는 것입니다. 가령 친구들이라도 '네가 고난을 당하는 건 사실이다마는 그러나 네 진실함과 의를 우리가 알고 있다. 걱정마라. 하나님이 어떤 길이든지 더 큰 축복의 길로 인도해주실 것이다'라고 한마디만 해주었더라면 욥이 얼마나 좋았을까. 고난당하는 자를 보면서 짓밟아버리는 것입니다. 의를 인정하지 않았습니다. 이게 제일 괴로웠던 것입니다.

욥은 괴로워합니다. 그래서 오늘본문에 말씀합니다. '내 의를 굳게 잡을 것이다.' 나는 내 의로움을 절대 굽히지 않을 것이라고 말씀합니다. 여러분, 사람은 고난당할 때 자신이 실수한 것이나 잘못한 것 등의 죄를 생각하게 됩니다. 그게 자연스러운 것입니다. 고난당하면서 자신의 죄를 생각하지 않는 사람이라면 대단한 사람이겠지요. 또 어쩌면 버림받은 사람이기도 합니다. 고난당할 때 우리는 고난당하지 않을 때 생각할 수 없었던 것을 생각하게 됩니다. 그전에는 죄라고 생각하지 않았던 것도 이제 생각하니 그건 내 잘못이라는 것을 생각하게 됩니다. 이것이 고난이 주는 기회요 축복이기도 합니다.

오늘 욥기에서는 가장 중요한 문제를 말씀하고 있습니다. 욥은 고난당합니다. 죄도 압니다. 자신이 죄인이라는 것도 알고 있습니다. 그러나 그는 끝까지 자신의 죄 때문에 고난당한다는 것은 인정하지 않습니다. 그 이유가 어디 있겠습니까. 깊은 신학적인 문제입니다. 내가 지금 죄 때문에 고난당한다고 한다면 그동안 잘산 것은 의 때문입니까. 내가 의로웠기 때문이냐고요. 이건 논리적인 것입니다. 내가 오늘 어떤 고난을 당할 때 "이건 내 죕니다. 내 죕니다." 물론 회개해야지요. 하지만 그렇다면 그동안에 평안하게 살고 잘살고 부하게 살고 건강하게 산 것은 내 의 때문이었습니까? 여기에 율법과 은혜의 중요한 신학적 긴장관계가 있습니다. 우리는 고난 속에서 깊이 뉘우칩니다. 그래도 내가 당하는 이 고난이 죄 때문이라고 생각해서는 안됩니다. 형벌이 아닙니다. 시련일 수는 있습니다. 이것을 깊이 생각해야 합니다. 그동안에 내가 평안했던 것이 내 의라고 착각해서는 안됩니다. 다른 사람이 고난당하는 것을 보면서도 죄 때문이라고 평가해서는 안됩니다. 동시에 내가 고난을 당할 때도 깊이 생각해야 합니다. 그래서 야고보서는 말씀합니다. "너희가 여러 가지 시험을 만나거든 온전히 기쁘게 여기라(약 1 : 2)." 온전히 기쁘게 여기라―엄청난 신앙적 고백이라고 생각합니다.

그리고 또 한 가지는, 어떤 고난에도 하나님의 사랑을 부인해서는 안됩니다. 욥은 그래서 위대한 것입니다. 그 많은 고난 속에서도 하나님을 원망하지 않았습니다. 유명한 본문이 있지 않습니까. 욥이 재산과 자녀들을 다 잃어버리고나서 재를 무릅쓰고 통곡하면서 하는 말입니다. "가로되 내가 모태에서 적신이 나왔사온즉 또한 적신이 그리로 돌아가올지라 주신 자도 여호와시요 취하신 자도 여호와시오니 여호와의 이름이 찬송을 받으실지니이다 하고 이 모든 일에 욥이 죄를 범하지 아니하고 하나님을 향하여 어리석게 원망하지 아니하니라(욥 1 : 21 ― 22)." 하나님을 원망하지 않았고 그는 하나님을 찬송했습니다. 이래서 욥은 승리한 것입니다. 이걸 꼭 잊지 말아야 합니다. 어떤 고난에도 하나님을 원망하지 않고 하나님 찬양하는 일을 절대 중지해서는 안되는 것입니다. 더구나 말로 죄를 범해도 안되는 것입니다. 우리가 고난을 당하게되면 이걸 피하려고 불의와 타협할 수 있습니다. 욥은 그것을 하지 않았습니다. 어떤 고난 속에서도 의를 굽히지 않았고 불의와 타협하지 않았다는 것입니다.

「성경이 만든 사람」이라고 하는 유명한 책이 있습니다. 백화점 왕 워너메이커(John Wanamaker)에 대한 얘기입니다. 그 책 속에서 74세가 된 워너메이커는 손자들에게 편지를 씁니다. 그 편지 속에서 성공비결 덕목 6가지를 말합니다. '첫째, 근면하라. 사람은 부지런해야 한다. 두 번째, 고귀해라. 진실하고 정직하라. 세 번째는, 유능해야 한다. 돈을 낭비하지 말 것이고 돈을 지배하는 자가 되라. 네 번째는, 영예로움을 찾으라. 불의와 타협하지 말고 불의를 거절하는 용기의 사람이 되라. 다섯째는, 재물에 대하여, 덕목을 지키고 의롭게 살 때 자연스럽게 주어지는 것이 재물이기에 그것을 얻으려고 별도의 몸부림을 치지 말라. 여섯 번째는, 행복을 알아야 한다. 행복은 더불어 얻는 것이요 행복은 베푸는 자의 것이다.' 그는 손자들에게 이렇게 편지를 써서 남기고 있습니다.

여러분, 불의와 타협하지 않는 것, 극한 고난 속에서도 의를 굽히지 않는 것, 그것이 욥의 위대한 점입니다. 욥은 고난 중에 하나님께 대한 믿음과 하나님께 대한 소망을 절대로 버리지 않았습니다. 유명한 욥기 5장 17절에서는 "하나님께 징계받는 자에게는 복이 있나니……"라고 했습니다. 하나님께 징계받는 자는 복이 있다는 확실한 믿음을 가지고 하나님을 찬양합니다. 그는 순전한 가운데 있고 의인으로 살다가 의인으로 죽으려고 합니다. 각오가 돼 있습니다, 끝까지. 내 의는 하나님께서 주시는 것이라고 생각했습니다. 의롭다 하신 이는 하나님뿐이시다. 세상사람이 다 나를 죄인이라고 해도 아닙니다. 하나님만 나를 알아주시면 그저 그만입니다. 더 바랄 것이 없습니다. 욥은 고난당하는 자의 대표자입니다. 그러나 죄인이 아니고 의인으로 고난당한 사람이요, 의를 지키고 끝까지 의로 고난을 당하려고 합니다. 바로 그 점에서 욥은 위대하며, 하나님께서 그를 다시 높여서 그 의를 높이고 그를 영화롭게 하신 것입니다. 자기 의를 지켜야 합니다. 하나님의 권능과 지혜를 지켜야 합니다. 하나님의 의롭다 하심을 믿고 살 것입니다. 욥은 믿음을 지켰습니다. 자기 의를 끝까지 지키고 진실하고 겸손하여 오직 하나님께만 소망을 두었고 그렇게 살아서 약속된 축복을 받아낸 사람입니다. △

그리스도 예수의 마음

그러므로 그리스도 안에 무슨 권면이나 사랑에 무슨 위로나 성령의 무슨 교제나 긍휼이나 자비가 있거든 마음을 같이 하여 같은 사랑을 가지고 뜻을 합하며 한 마음을 품어 아무 일에든지 다툼이나 허영으로 하지 말고 오직 겸손한 마음으로 각각 자기보다 남을 낮게 여기고 각각 자기 일을 돌아볼 뿐더러 또한 각각 다른 사람들의 일을 돌아보아 나의 기쁨을 충만케 하라 너희 안에 이 마음을 품으라 곧 그리스도 예수의 마음이니 그는 근본 하나님의 본체시나 하나님과 동등됨을 취할 것으로 여기지 아니하시고 오히려 자기를 비어 종의 형체를 가져 사람들과 같이 되었고 사람의 모양으로 나타나셨으매 자기를 낮추시고 죽기까지 복종하셨으니 곧 십자가에 죽으심이라 이러므로 하나님이 그를 지극히 높여 모든 이름 위에 뛰어난 이름을 주사 하늘에 있는 자들과 땅에 있는 자들과 땅 아래 있는 자들로 모든 무릎을 예수의 이름에 꿇게 하시고 모든 입으로 예수 그리스도를 주라 시인하여 하나님 아버지께 영광을 돌리게 하셨느니라

(빌립보서 2 : 1 - 11)

그리스도 예수의 마음

　이런 전해지는 이야기가 있습니다. 어느날 빛의 사자로 둔갑한 사탄이 사막에서 기도하고 있는 교부에게 다가가서 그를 시험합니다. 사탄은 빛나는 천사의 모습을 하고 다가가서 그를 유혹합니다. "나는 가브리엘 천사다. 하나님이 내게 주신 중요한 메시지를 가지고 네게 왔느니라" 하고 말합니다. 그때에 교부는 이렇게 대답했다고 합니다. "다시 잘 생각해보십시오. 누군가 다른 사람에게 보냄을 받았겠지요. 저는 천사의 방문을 받을만한 사람도 못되고 아무런 의도 없는 사람입니다." 그렇게 이 사탄의 방문을 물리쳤습니다. 사탄은 실패하고 그 자리를 떠나면서 유명한 말을 했습니다. "겸손한 자는 사탄인 나도 유혹할 수 없다." 여러분, 겸손한 자는 사탄의 유혹을 물리칩니다. 반대로 교만하면 사탄의 시험에 그대로 빠져듭니다. 이 귀중한 진리를 다시금 생각해보시기 바랍니다.

　성도 여러분, 고민이 있습니까? 근심이 있습니까? 때때로 좌절하십니까? 실망하십니까? 낙담하십니까? 이 모든것의 원인이 어디 있습니까? 복잡하게 생각할 것 없습니다. 교만하기 때문입니다. 내가 교만하기 때문에 모든 일에 빠져드는 것입니다. 그럼 이 모든 문제 해결의 마스터 키는 무엇이겠습니까. 다시 말합니다. 고민과 근심과 좌절과 실망과 낙담을 극복할 수 있는 마스터 키는 딱 하나입니다. 겸손입니다. 겸손하면 이 모든것이 하나도 문제될 것 없습니다. 그걸 꼭 기억하시기 바랍니다. 또한 행복을 원하면서도 행복하지도 못하고, 생각하면 감사할 일이 많지만 감사하지도 못하고 왜 이렇게 무능하고 왜 이렇게 능력이 없을까 하여 알고보면 그것도 교만하기 때문입니다. 겸손이 없기 때문입니다. 교만한 사람에게는 행복이 없습니다. 뭘 가졌다 하더라도 더 가지고 싶으니까, 아니 더 못 가진 데 대한 불만이 있으니까 교만한 사람은 행복할 수가 없습니다. 그런가하면 교만한 사람은 평생을 통해 감사하다는 말 한마디를 못합니다. 끝없는 교만과 교만이 주는 욕심에 사로잡혀 있기 때문에 불만과 원망뿐입니다. 겸손한 사람은 겸손한 만큼 감사할 수 있습니다. 겸손한 사람에게는 언제나 자기를 낮추는 순간 모든것이 감사로 받아들여지기 때문입니다. 사랑해야 할 것을 알면서도 사랑하지 못합니까? 왜? 교만하기 때문입니다. 용서해야 될 사람을 왜 용서하지 못합니까? 왜 그렇게 원수맺고 살아야 하는 것입니까? 교만하니까. 교만해서는 전혀 용서할 수 없습니다. 겸손하면 쉽게 아주 저절로 용서할 수 있는데 교만한 자는 용서할 힘이 없습니다. 우리는 때로 분열을 슬퍼합니다. 이견을 괴로워합니다. 하나되지 못하는 것은 왜입니까? 교만하기 때문입니다. 오로지 겸손한 사람만이 하나될 수가 있는 것입니다. 그래서 이제 우리는 하나의 결론을 내립니다. 겸손은 복입니다. 아니, 겸손은 은사입니다. 내 스스로 겸손할 수 있다면 그건 큰 축복이고요 내가 겸손할 수 없다면 하나님께서 비상조치를 취해서 겸손하게 만드십니다. 모든것을 다 잃어버렸더라도 겸손을 얻었으면 그 사람 복을 얻은 것입니다. 다 잃어버렸더라도 겸손만 바로 찾을 수 있다면 그 사람은 복받은 사람입니다. 이것을 잊지 말아야 합니다.

사람은 성공할 때 버렸던 것을 실패하고나서야 찾습니다. 건강할 때 버렸던 사랑을 병들고나서야 아쉬워합니다. 그렇다면 실패와 병드는 것 그것 자체를 불행이라고 말할 수 없지요. 모처럼 병들어서 모처럼 실패해서 제대로 제자리에 돌아가서 겸손을 찾았으면 그것은 불행이 아닙니다. 복 중의 가장 큰 복이 겸손인 것입니다.

사도 바울은 고린도후서에서 말씀합니다. 그에게는 육체의 가시, 사탄의 사자가 있었습니다. 그것 때문에 괴로워했습니다. 그러나 그는 말씀합니다. "여러 계시를 받은 것이 지극히 크므로 너무 자고하지 않게 하시려고 내 육체에 가시 곧 사단의 사자를 주셨으니 이는 나를 쳐서 너무 자고하지 않게 하려 하심이니라(고후 12 : 7)." 자고하지 않게 하시려고, 교만하지 않게 하시려고, 나를 낮추고 낮추시기 위한 비상조치였다는 것입니다. 육체의 가시, 사탄의 사자가 한평생 있었습니다. 그래서 낮추고 낮추어서 나를 겸손하게 만들었고 그래서 은혜가 은혜되고 그 은혜가 능력이 되고 사명이 되어서 자신에게 영광이 될 수 있었다는 것입니다. 그런고로 겸손은 모든 은사 중에 최고요, 복 중의 최고의 복이라고 사도 바울은 갈파하고 있습니다. 사랑할 사람을 사랑하지 못하고, 용서해야 될 사람을 용서하지 못하는 것, 피곤에 지쳐서 쓰러지는 것, 그 모든것이 교만 때문입니다. 왜 사는지 알 수가 없고 늘 피곤하고 좌절에 빠지는 그 깊은 원인이 무엇일까? 여러분, 겸손에 대해 깊이 생각하며 자신을 정비해보십시오.

자신을 겸손하다고 생각하는 사람은 교만한 사람입니다. 겸손한 사람은 그리 생각하지 않습니다. '나는 교만하다. 나는 교만하기 쉬운 사람이다. 그저 조금만, 조금만 여유가 생기면 또 고개를 쳐드는 사람이다. 나는 교만하다……' 그것이 겸손입니다. 자신이 겸손하다고 생각하는 순간 벌써 그는 겸손한 사람이 아닙니다.

오늘본문에는 암시된 내용이 있습니다. 빌립보교회에는 작은 문제가 있었습니다. 사도 바울의 사랑을 받는 교회요, 당대의 가장 높은 칭찬을 받는 교회지만 그래도 그 교회 안에는 하나가 되지 못하는 시기와 질투가 좀 있었습니다. 그래서 사도 바울은 염려하면서 그 근본적인 해법을 제시합니다. 그것이 오늘본문의 2절로부터 4절까지 잘 나타나 있습니다. "마음을 같이하여 같은 사랑을 가지고 뜻을 합하여 한 마음을 품어 아무 일에든지 다툼이나 허영으로 하지 말고 오직 겸손한 마음으로 각각 자기보다 남을 낮게 여기고 각각 자기 일을 돌아볼 뿐더러 또한 각각 다른 사람의 일을 돌아보아 나의 기쁨을 충만케 하라." 하나되지 못하는 것, 겸손하지 못하기 때문입니다. 그런고로 해법은 바로 겸손에 있다고 말씀하는 가운데, 완전한 해답을 주고 있습니다. "너희 안에 이 마음을 품으라. 곧 그리스도 예수의 마음이니(2 : 5)." 품어야 할 마음, 예수의 마음은 한마디로 말하면 겸손입니다. 겸손은 심리상태가 아닙니다. 하나의 감상이 아닙니다. 후회의 눈물도 아닙니다. 겸손은 행동입니다. 그것이 오늘의 성경이 말씀하는 진리입니다. 겸손은 행동이다―그것이 바로 Incarnation, 육신이 되어 우리 가운데 거하신 말씀, 육신이 되신 성육신을 말합니다.

　오늘의 말씀은 소위 사도 바울의 기독론의 성육신을 담은 대단히 중요한 본문입니다. 여기에 보면 겸손을 네 단계로 말씀합니다. 보십시오. 첫째는 '에케노센', 영어로는 empty 곧 텅비었다는 의미입니다. 비운다, 비워버린다, 마음을 비워버렸다, 자기자신을 비워버렸다, 능력을 비워버렸고, 지식을 비워버렸고, 지혜를 버렸다는 것입니다. 능력 있으나 없는 것처럼, 완전히 없는 것처럼 된 것입니다. 알고 있으나, 모든것을 알고 있으나 모르는 것이 되었습니다. 모르는 척하는 것이 아니라 아주 몰라버렸습니다. 그것이 비운 것입니다. 아는대로 다 할 수 없고 아는대로 다 말해서는 안됩니다. 아주 잊어버렸습니다. 벌써, 벌써 잊어버렸습니다.

서울에 있는 어느 목사님이 은퇴를 하셨습니다. 보통 우리목사님들이 70세에 은퇴하지 않습니까? 그런데 이 교회 목사님은 65세에 은퇴했습니다. 그 교회에는 아주 까다롭기로 유명한 장로님이 계셨습니다. 이제 목사님은 65세에 은퇴했고요, 그 장로님이 어찌어찌하다가 이제 돌아가시게 됐습니다. 돌아가시기 전 병원에 입원한 것을 알고 목사님이 찾아갔습니다. 찾아가니 할말은 많죠. 그러나 다 씻고 목사님이 장로님에게 말씀했습니다. "장로님, 저도 섭섭했던 일이 있지만, 혹 그저 마음에 섭섭했던 일 뭐 그런 것 이제 다 잊어버립시다." 그렇게 목사님이 얘기했어요. 그랬더니 장로님이 딱 쳐다보면서 하는 말이 "그거 아직도 기억하고 있어요?" 그만 목사님이 한대 얻어맞은 것입니다. 장로님은 벌써 다 잊어버렸습니다. 그런데 목사님은 지금 장로님의 임종시에 다 가지고 와서 잊어버리자고 했으니 아직 목사님은 기억하고 있었던 것이지요. 목사님이 너무너무 죄송해서 그걸 돌아다니면서 설교하시더라고요. 내가 이렇게 부끄러운 일을 당했노라고. 벌써 잊어버렸어야지 뭘 아직도 기억하고 있으면서 이제부터 잊어버리자고…… 그래서는 안되는 것이지요. 비워버리는 것 그것을 잊지 말아야 합니다.

여러분의 애창곡 가운데 '애모'라는 것이 있지요? '그대 앞에만 서면 왜 나는 작아지는가……' 그 말은 진리라고 생각합니다. 그대 앞에 서면 왜 작아지는가? 작아지는 게 아니지요. 없어져야지요. 아주. 그대 앞에 서면 무능해지고 바보가 돼야지요. 그게 사랑이라는 것입니다. 사랑하면 작아집니다. 사랑하면 없어집니다. 그게 사랑입니다. 말씀이 육신이 되었다는 것, 하나님께서 사람이 되시는 순간입니다. 모든것을 비워버렸습니다. 하나님과 동등됨을 취할 것으로 여기지 아니하시고 비웠습니다. 에케노센, 비웠다는 것, 대단히 중요한 것입니다.

두 번째는 '게노메노스'라는 말입니다. 이 말은 becoming, 되었다는 그 말입니다. 되었다는 것은 기다리기만 하는 것이 아닙니다. 사랑은 기다리는 게 아닙니다. 찾아가는 것입니다. 찾아가는 것만이 아닙니다. 자신을 주는 것입니다. 주는 것만이 아니라, 그 사람과 같이 되는 것입니다. 참으로 신비스러운 말입니다. 되어버리는 것입니다.

유럽의 어느 도시에서 아주 큰 음악회가 있었습니다. 이 콘서트에서 곡이 절정에 도달했을 때, 지휘자는 온 정열을 다해서 지휘를 하고 오케스트라 단원들은 아주 혼신으로 그 곡에 도취되면서 연주를 하고 청중들은 조용하게 그 연주에 흠뻑 빠져 있습니다. 바로 이런 순간인데 어쩌다가 너무 열정적으로 지휘하다보니까, 이 가난한 지휘자의 예복의 소매가 찢어지면서 펄렁펄렁하더니 떨어져 나갔습니다. 한쪽 소매가 떨어져나갔는데도 지휘를 합니다. 그러다가 중간에 잠깐 쉴 때, 이 지휘자가 민망하니까 옷을 벗어버리고 그만 셔츠바람으로 지휘를 하게 됩니다. 모든 사람들이 어수선해졌습니다. 망신스럽게 셔츠바람에 이게 뭐냐는 소리가 들립니다. 이때 맨앞에 앉아 있던 귀족 한 사람이 일어서더니 자기 웃옷을 벗고 다시 앉습니다. 그러자 사람들이 차례로 웃옷을 벗습니다. 모든 사람이 웃옷을 벗고 오케스트라를 보게 됐습니다. 곡도 곡이지만 그 일로 인하여 그 음악회는 최고의 감동을 주는 음악회가 되었습니다. 지휘자의 옷이 찢어졌다고 비판하겠습니까? 당신도 벗어! 이것이 사랑이요, 이것이 존경입니다. 여러분, 같이 되어버린다는 것 그것이 사랑입니다. 멀리 앉아서 교훈하는 것이 아닙니다. 이래라저래라 잔소리하는 것, 그건 사랑이 아닙니다. 저가 죄인이면 나도 죄인이요, 저가 아프면 나도 아픈 것입니다. 누구를 향해서 비판을 하겠습니까. 같이 되는 것입니다.

그리고 또한 성경은 말씀합니다. 복종하셨다, 죽기까지 복종하셨다―여기 '휘페코오스'라는 말은 노예적 복종을 말합니다. 모르고 순종하면 복종입니다. 이해가 안되는데도 따라갑니다. 이게 복종입니다. 다 알고 하는 게 아닙니다. 납득이 가서 하는 게 아닙니다. 그러나 사랑과 믿음으로 순종하면 이것이 복종입니다. 그런데 놀라운 것은 예수님께서 십자가를 지실 때 그것이 하나님 앞에 복종하신 거라는 사실입니다. 겉으로 볼 때는 빌라도 앞에 로마군병 앞에 끌려가서 매맞고 죽으시는 것같지만 예수님의 마음은 하나님께 복종하시는 것이었습니다. 그걸 잊지 말아야 합니다. "내 뜻대로 마옵시고 아버지의 뜻대로 하옵소서" 하시는 순간 온전하게 복종하신 것입니다. 그 다음부터 이루어지는 모든 현실을 그대로 하나님의 뜻으로 받아들입니다. 요한복음 18장에서 말씀하십니다. "아버지께서 주신 잔을 내가 마시지 아니하겠느냐(18 : 11)." 이 현실 속에서도 조용하게 하나님의 뜻에 복종하십니다. 그것이 바로 진정한 겸손입니다. 여러분, 변명하지 마세요. 구차하게 이론 늘어놓지 마세요. 하나님의 뜻에 조용하게 복종하세요. 이것이 겸손입니다.

아브라함 링컨이 대통령으로 있을 때 구두를 스스로 닦고 있었습니다. 아, 그러니까 옆에 있던 비서가 깜짝놀라면서 "아니, 대통령께서 이렇게 구두를 닦으시다니요, 이럴 수가 있습니까? 죄송합니다. 제가 미리 닦아놔야 되는 건데……" 그러니까 링컨은 껄껄 웃으면서 "이 사람아, 그러면 미국대통령이 자네 구두를 닦아야겠나? 내 구두 내가 닦는데 그게 무슨 문제야?" 이 얼마나 참 평안한 겸손입니까. 교만하다보면 시끄러워집니다. 겸손하면 이렇게 편하고 자유로울 수가 없습니다. 아주 완전한 자유인입니다. 보십시오. 남이 뭐라고 하든 상관없습니다. 자유롭습니다.

네 번째는 하나님께서 높이십니다. 겸손하게 되면 겸손한 자에게 하나님께서 은혜를 주십니다. 교만한 자를 물리치시고 겸손한 자에게 은혜를 주십니다. 여러분, 무슨 소원을 위해 기도하고 계십니까? 기도, 기도, 아무리 해보세요. 그냥 들어주시는 법은 없습니다. 하나님께서는 그를 겸손하게 만들어 응답하십니다. 돈벌게 해주세요 하고 기도하면 돈 손해볼 수도 있습니다. 어쩌면 돈을 잃어버리게 될지도 모릅니다. 그러나 그렇게 해서 겸손하게 만들어놓으신 다음 그 문제를 해결하십니다. 이런 과정이 필요합니다. 하나님께서 가르치시는 교육의 교과과정입니다. 달란다고 그냥 다 내어주시지 않습니다. 이걸 잊지 말아야 합니다. 겸손한 자에게, 겸손을 갖춘 다음에만 주십니다. 그러니까 겸손하게 만든다는 그 자체가 복을 받는 과정입니다. 그리고 겸손해진 다음에, 그 겸손한 마음에, 겸손한 그릇에 하나님께서 네 소원대로 되리라고 허락하시는 것입니다. 그걸 잊지 말아야 됩니다.

여러분, 하나님께서는 그제서 높이십니다. 예수께서는 낮아지고 낮아져서 종의 형체를 가지고 십자가에 죽기까지 복종하셨는데 하나님께서는 다시 그를 높여 만왕의 왕이 되게 하시고 만주의 주가 되게 하셨습니다. 겸손할 때 하나님께서 높이십니다. 하나님께서 높이신다는 것, 이것을 잊지 말아야 합니다. 자기 스스로가 자기를 높이는 것처럼 맹랑한 일이 없습니다. 다 쓸데없습니다. 그것으로 되지도 않고요. 문제는 나는 자신을 낮추고, 하나님께서는 높이시는 바로 여기에 축복의 길이 있다는 것입니다. 스스로 물어보세요. 모든 문제의 그 깊은 원인이 무엇인가 물어보세요. 겸손이 없기 때문입니다. 그런고로 성경은 말씀합니다. "너희 안에 이 마음을 품으라. 곧 그리스도 예수의 마음이니……" 이 마음을 품으라! 이 마음을 품으라! 그 그리스도의 겸손, 그 마음을 품으라! △

진리로 공의를 세우리라

내가 붙드는 나의 종, 내 마음에 기뻐하는 나의 택한 사람을 보라 내가 나의 신을 그에게 주었은즉 그가 이방에 공의를 베풀리라 그는 외치지 아니하며 목소리를 높이지 아니하며 그 소리로 거리에 들리게 아니하며 상한 갈대를 꺾지 아니하며 꺼져가는 등불을 끄지 아니하고 진리로 공의를 베풀 것이며 그는 쇠하지 아니하며 낙담하지 아니하고 세상에 공의를 세우기에 이르리니 섬들이 그 교훈을 앙망하리라
(이사야 42 : 1 - 4)

진리로 공의를 세우리라

　일본의 대표적인 크리스천 작가 엔도 슈샤쿠(遠藤周作)가 역사적인 사실을 토대로 하여 쓴, 많은 사람에게 깊은 감명을 준 유명한 소설이 있습니다.「침묵」이라고 하는 소설입니다. 이 소설은 일본선교 초기에 천주교에 대한 박해가 극심하였을 때 실제로 있었던 일을 그대로 생생하게 기록하였기에 더더욱 큰 감동을 주게 됩니다. 기독교인들의 신앙을 부인하게 하려고 잔인하게, 아주 잔인하게 사람들을 처형했습니다. 불이 펄펄 끓는 활화산 위에 기독교인들을 매달아서 태워 죽이기도 했고, 바닷가에서 썰물로 뭍이 드러났을 때 그곳에 십자가형틀을 만들어놓고 교인들을 비끌어매놓고 물이 들어오는 밀물 때 점점 물이 들어오면서 서서히 물에 잠겨 비참하게 죽도록 했습니다. 이런 잔인한 처형방법과 당시의 일들이 일본사람의 기억에 그렇게 오래오래 남겨져 있었고, 그것이 그렇게 기록된 것입니다. 어느날 두 교인이 체포되어 그 바닷가의 십자가형틀에 매달렸습니다. 물이 점점 차 올라옵니다. 물이 목 위로 머리 위로 올라오면 이제 죽겠는데 바로 그 순간에 이것을 지켜보던 포르투갈 신부가 그 비참한 장면을 보면서 구원의 기적을 위해 목이 터져라 하고 기도했습니다. "하나님이여 기적을 보여주시옵소서, 기적을 보여주시옵소서. 하나님의 살아계심을 보여주시옵소서." 그러나 이변은 일어나지 않았습니다. 마침내 이 신부는 큰 소리로 외칩니다. "왜 하나님은 침묵하시나이까? 이 비참한 순간 하나님은 어찌하여 침묵하시나이까?" 외칠 때 조용히 들려오는 하나님의 응답이 있었습니다. "나는 침묵을 지키는 것이 아니라 저들의 고난에 동참하고 있느니라." 침묵을 지키는 게 아니라 저들의 고난에 동참하고 있다는 음성. 여러분, 침묵을 느끼십니까?

성도 여러분, 왜 우리는 유일한 분단국가로 남아서 50년 간 이대로 지내온 것입니까? 북한을 방문하는 사람마다 하나같이 한마디로 이렇게 결론을 내립니다. "그곳은 큰 수용소와 같다." 평양은 조용합니다. 시골에 가면 시골은 더더욱 조용합니다. 다니면서 느끼는 건 도대체 사람들이 어디 있는지 사람이 보이지 않는다는 것입니다. 조용합니다. 교회는 폐허가 되었습니다. 제 고향에 찾아가서 제가 어렸을 때부터 다니던 교회, 우리할아버지가 세운 교회를 찾아갔습니다마는 교회는 없고 터마저 다 갈아엎어서 밭이 되어버렸습니다. 밭 한가운데 옛날 교회가 있던 그 자리에 서서 자리를 뜨지 못하고 조용히 묵상하고 기도하고 있을 때 그 마을의 공산당원과 이장, 그 두 사람이 (젊은 사람인데) 찾아와서 "선생님, 우리 어른들이 그러는데 이 근방에 옛날에 교회가 있었다고 그럽니다." "그래요? 동무, 용케 교회라는 말을 아누만. 내가 바로 그때문에 여기 서 있는 거요. 바로 이 자리에 옛날 교회가 있었습니다." 그렇습니다. 이제 교회는 없고 그렇게도 힘있게 들리던 새벽종소리도 없습니다. 굶주림으로 인해서 1년에 수백만 명이 굶어죽기도 하고, 어린이들은 영양실조로 인해서 키가 크지 못해 젊은이들도 애처로울 정도로 키가 작습니다. 이제 앞으로 어떻게 될지 모르겠다고 걱정을 합니다. 강제노동수용소에는 별수없이 많은 기독교인들이 갇혀 있습니다. 지하교회에서 울부짖는 절절한 소리가 들려옵니다. 고요한 침묵이 흐릅니다. 마치 아무 일도 없는 것처럼…… 이것이 북한의 현실입니다.

평양의 과학기술대학을 지금 세우고 있지 않습니까. 9월까지 완공하고 내년 4월에 개학하려고 지금 준비를 하고 있습니다. 이것 하나를 위해서 얼마나 오랫동안, 여러 해 동안 애를 썼는지 모릅니다. 또 그 외에 여러분들이 아시는대로 소를 500마리 보내준 것이라든가 또 약품을 보낸다든가 치과병원을 돕는다든가…… 이것저것 많이 도왔지요. 그저 한마디로 말해서 한국교회 전체가 돕는 것보다 우리 교회가 훨씬 더 많이 도왔습니다. 많이 하려고 애를 씁니다. 제가 어떤 때 고관들하고 얘기를 해보면 그들이 이렇게 물어옵니다. "목사님, 목사님의 아버지가 우리공산당한테 처형당했다면서요? 그걸 보았다면서요? 그런데 왜 이 조국을 위해서 이렇게 애를 쓰는 것입니까? 왜 이렇게 도우려고 그 20년 동안 그렇게 애를 씁니까? 목사님, 바라는 게 뭡니까? 목사님의 소원이 뭐길래 이렇게, 이렇게 돕는 것입니까?" "아, 알면서 뭘 물어보나." "우리가 어떻게 압니까?" "아, 내가 목사인 걸 알잖아. 목사가 무엇이 소원이라는 거 몰라?" "아니, 구체적으로 목사님 뭘 원하십니까?" "내가 말할 테니 들어주겠나? 아무것도 바라지 않아. 기독교인들 더이상 죽이지 말아다오."

여러분, 우리에게 이런 가운데 침묵이 흐르고 있습니다. 언제까지입니까? 이 고요함 이 무서운 침묵은 언제까지입니까? 하나님의 침묵, 그 속에서 하나님의 보다 더 큰 음성을 들을 줄 알아야 합니다.

오늘본문에 나타난 이 말씀은 이스라엘백성이 바벨론의 포로가 되었을 때, 예루살렘은 망했고 성전은 불타 없어져버렸고 쓸만한 사람들은 바벨론으로 포로가 되어 노예로 사는 바로 그런 때에 주어진 메시지입니다. "내가 붙드는 나의 종, 내 마음에 기뻐하는 나의 택한 사람을 보라(1절)." 역사적으로 이것은 고레스왕을 지칭하는 말이기도 합니다. 고레스왕은 메시야의 예표가 되기도 합니다. 이제 신비로운 말씀이 전해집니다. 나의 택한 사람을 보라. 하나님의 선택한 사람. 그 어딘가에 준비하고 계시는 하나님의 선택한 사람을 보라. 이걸 볼 줄 아는 영적 지각, 영적 시각이 있어야 합니다. 조용하게 아브라함을 선택하시고 부르셔서 하나님께서는 역사하셨고, 요셉이라는 사람을 선택해서 애굽으로 보내어 큰 역사를 이루시기도 하였고, 이스라엘백성이 애굽에서 종살이를 하고 있을 때 하나님의 사람 하나 광야로 보내서 80년 동안을 준비하셨습니다. 모세라는 사람을. 그래서 이스라엘을 구원합니다. 하나님께서 취하시는 방법입니다. 하나님께서 택하신 사람을 준비하십니다. 그리고 말씀하십니다. '나의 택한 사람을 보라.' 하나님의 구원이 구체적으로 나타나고 있는 것을 이렇게 말씀하십니다.

"그는 외치지 아니하며 목소리를 높이지 아니하며 그 소리로 거리에 들리게 아니하며……(2절)" 목소리가 들리지 않는다, 함성도 들리지 않는다―들리지 않는 소리, 그 속에서 들을 수 있는 영적 지각이 있어야 합니다. 이것은 신비롭게 역사합니다. 예수님도 말씀하십니다. '복음의 역사는 겨자씨와 같이 이루어진다.' 요새는 너무 떠듭니다. 교회는 성명서 내는 거 아닙니다. 교회는 데모해서 되는 것도 아니고 혁명해서 되는 게 아닙니다. 교회는 조용하게 썩어지는 밀알처럼 썩어가고 그 속에서 생명의 역사는 이루어집니다. 목소리가 들리지 않습니다. 신비롭게 역사합니다. 소금처럼 녹아 없어집니다. 소금의 흔적은 없으나 소금은 녹아서 그 세상을 바꾸어놓습니다.

찰스 베아드(Charles A. Beard) 라고 하는 유명한 역사가가 있습니다. 그는 한평생 역사를 연구하면서 이렇게 말합니다. '내가 깨달은 것은 하나님의 심판은 반드시 있다는 것이다. 아주 세밀한 하나님의 심판은 나타나고 있다. 보이지도 않고 들리지도 않으나 하나님의 심판은 있다. 그리고 가만히 보면 하나님은 심판하실 때마다 나라이든 민족이든 개인이든 교만하게 만들었다가 꽝하시더라. 교만해지기 시작하거든 하나님의 심판이 거기에 있는 줄로 알라. 또한 하나님의 심판의 맷돌은 너무나 천천히 돌아서 마치 돌지 않는 것처럼 느껴진다. 그러나 정확하게 돌면서 완전히 보드랍게 갈아버리신다. 역사의 신비는 벌과 꽃의 관계처럼 나타나는데, 벌이 꽃에 들어가서 꿀을 빨아내는 것이 강도질하는 것같아도 벌은 수술을 옮겨놓으면서 꽃을 돕고 있다. 벌과 꽃은 묘하게 서로 상조하고 있다. 그리고 아무리 어두운 가운데도 빛은 있다. 아니 역사는 빛으로 향하고 있다.' 유명한 역사관입니다. 여러분, 아무것도 보이지 않고 들리지도 않는 것같으나 하나님의 놀라운 역사는 오늘도 이루어지고 있습니다. 하나님의 큰 역사 안에는 하나님의 긍휼이 있습니다.

저는 중국을 방문할 때마다 하나님께 감사합니다. 일본선교역사 200년이 넘었습니다만 아직도 기독교인이 1%가 안됩니다. 선교가 참 힘들며 선교가 안됩니다. 중국대륙이 얼마나 큰 대륙입니까마는 벌써 기독교인이 10%가 넘어섭니다. 13억 중에 1억 2천이 기독교인이라고 말합니다. 그런데 말입니다. 중국이 교회문을 닫을 때 교회마다 아주 문을 완전히 봉쇄해버렸습니다. 출입을 전혀 못하게 했습니다. 그리고 세월이 흘러갑니다. 30년이 지났습니다. 이제 교회는 없어진 줄 알았습니다. 교회의 문을 닫을 때 정부통계로 기독교인이 300만 명입니다. 기독교인 300만 명, 얼마 안가면 다 없어진다고 생각했습니다. 30년이 흐른 다음 1982년에 교회가 없을 줄 알고, 기독교인이 없을 줄 알고 세계가 하도 몰아치니까 까짓거 뭐 교회문 열어보자고 열었는데 놀랍습니다. 6천만 명! 교회는 없는데, 건물도 없고, 종소리도 없는데 조용하게 그 핍박 속에 그 많은 순교자들 속에서 6천만 명의 교인이 있다는 것입니다. 그들이 열심히 사역하는 중에 지금 1억 2천. 여러분, 하나님의 놀라운 역사를 알아야 합니다. 목소리가 들리지 않습니다. 그러나 있습니다. 상한 갈대는 심판받은 갈대입니다. 그러나 꺾지 않으십니다. 꺼져가는 등불, 꺼지지 않습니다. 다 없어진 것같으나 있습니다. 없어지지 않습니다.

간혹 제게 이런 질문 하는 분들이 있습니다. 아주 애매하고 맹랑한 질문입니다. "목사님, 북한에 지하교인이 얼마나 됩니까?" 아니, 지하교인 숫자를 어떻게 셉니까? 지하교인이 얼마냐고요? 이건 하나님만이 아십니다. 여러분, 탈북자들을 만나보신대로 그분들 가운데에 신앙 있는 분들은 놀랍습니다. 성경을 얼마나 많이 아는지. 그도 그럴 것이, 성경만 읽었으니까 많이 알 수밖에. 얼마나 성경을 많이 외우는지요. 여러분, 그걸 잊지 말아야 됩니다. 꺼져가는 등불, 끄지 않으십니다. 상한 갈대 꺾지 아니하시는 하나님의 긍휼이 그 가운데 나타나고 있습니다. 그리고 "진리로 공의를 베풀 것이며…… (3절)" 모순 속에서 공의를 나타내시고 불합리함 속에서 진리를 나타내시고 하나님의 공의를 이루어가고 계신다―이제 우리는 신앙고백을 분명히 해야 합니다. 하나님의 공의가 반드시 이루어진다―이쪽이든 저쪽이든 역사 어느 구석에서든 하나님의 공의는 진리로 세워지고 있다는 것을 기억해야 합니다.

미국 예일대학의 역사학교수인 도널드 케이건 교수는 「전쟁과 인간」이라는 저서에서 3421년간의 역사를 연구해보니 전쟁 없는 해는 268년밖에 없었다고 말합니다. 인류역사에서 전쟁이 없는 해는 거의 없습니다. 왜 전쟁은 있느냐? 그는 잠재적 적에 대한 두려움 때문이라고 합니다. 권력을 얻은 사람들이 지금 이 권력을 잃어버릴 것같아서 잠재적 적에 대한 공포심으로 또다른 전쟁을 일으키게 되는 것입니다. 또한 정복욕으로 인해 자기 영광을 위해 전쟁이 생기고 때로는 명예와 체면 때문에 엄청난 전쟁은 일어난다고 역사가는 말합니다. 오늘도 자존심대결입니다. 이 긴장관계가 알고보면 자존심대결로 인해 나타나고 있는 것입니다. 믿고 기다리세요. 하나님께서는 반드시 이루실 것이요 지금도 이루고 계십니다.

링컨 대통령은 자신의 믿음에 대한 신앙 십계명을 만들어서 한평생 벽에 붙여놓고 그대로 실천하며 살다가 갔습니다. 첫째, 주일을 거룩히 지키며 거룩한 예배를 드리자—거룩한 예배, 이것이 기본입니다. 둘째, 날마다 성경을 읽고 힘주시는대로 실천하자—날마다 성경을 읽자. 셋째, 도움을 베푸시는 하나님께 순간순간마다 기도하자—그는 기도의 사람이고 금식기도일을 선포한 사람입니다. 넷째, 나의 뜻을 버리고 하나님의 뜻에 순종하자. 다섯째, 어떤 형편에도 은혜를 기억하고 하나님 앞에 감사하는 일을 조금도 잊지 말자. 여섯째, 하나님의 도우심을 의지할 것이다. 그리고 일곱째, 하나님만 높이고 그에게만 영광을 돌리자. 내가 영광을 받아서는 안되고 그 누구도 영광을 누려서는 안된다. 오직 하나님께만 영광. 여덟째, 하나님 안에 모든 사람은 자유하고 평등하다고 믿고 그 믿음을 실천하자. 아홉째, 형제와 이웃을 사랑하자. 열째, 하나님의 진리와 공의가 실천되도록 기도하고 내 생명을 다할 것이다.

여러분, 하나님의 공의는 이루어지고 있습니다. 지금도 이루어지고 있습니다. 보이지 않고 들리지 않으나 하나님의 공의는 진리와 함께 실현되어가고 있다는 것을 확실히 믿고 낙심하지 말아야 합니다. 때가 이르면 반드시 거두게 될 것입니다. 신비한 역사입니다. 하나님의 위대한 역사를 영의 눈을 들어 바라보면서, 영광의 아침을 바라보며 오늘도 그에게 영광을 돌리고 그에게 감사하며 그 의를 이루기 위하여 나 자신을 다시한번 하나님께 헌신하는 귀중한 6?25기념 예배하는 아침이 되기를 바랍니다. △

주께서 아시나이다

저희가 조반 먹은 후에 예수께서 시몬 베드로에게 이르시되 요한의 아들 시몬아 네가 이 사람들보다 나를 더 사랑하느냐 하시니 가로되 주여 그러하외다 내가 주를 사랑하는 줄 주께서 아시나이다 가라사대 내 어린 양을 먹이라 하시고 또 두 번째 가라사대 요한의 아들 시몬아 네가 나를 사랑하느냐 하시니 가로되 주여 그러하외다 내가 주를 사랑하는 줄 주께서 아시나이다 가라사대 내 양을 치라 하시고 세 번째 가라사대 요한의 아들 시몬아 네가 나를 사랑하느냐 하시니 주께서 세 번째 네가 나를 사랑하느냐 하시므로 베드로가 근심하여 가로되 주여 모든 것을 아시오매 내가 주를 사랑하는 줄을 주께서 아시나이다 예수께서 가라사대 내 양을 먹이라

(요한복음 21 : 15 - 17)

주께서 아시나이다

　상담 전문가를 훈련하는 과정 중에 '좋은 질문 하기' 라는 과정이 있다고 합니다. 이건 무슨 말인고 하니 좋은 질문은 좋은 생각을 하게 하고, 좋은 대답을 하게 하고, 좋은 발상을 하게 하고, 좋은 행동으로 사람을 인도하기 때문입니다. 그래서 '좋은 질문하기' 훈련을 합니다. 많은 경우에 우리는 이야기를 하면서 질문할 때가 있습니다. 그 질문 자체에 문제가 있다는 것입니다. 좋은 질문을 하도록 우리 한번 우리의 생각과 습관을 고쳐야 할 것이라고 생각합니다.
　좋은 질문은 사실 마음 깊은 곳에서부터 나오는 인격의 발로이고 어떤 때는 신앙적 관점에서 오는 대단히 중요한 인간행위라고 생각을 합니다. 학교에서 돌아오는 아이를 만났습니다. 어머니가 뭐라고 그럽니까? 장난꾸러기 아이들이니까 "야, 오늘 또 싸웠냐?" 그러면 얘는 이 말을 들으면서 무슨 생각을 하겠습니까. '가만있자 내가 오늘 싸웠나? 응, 싸울만한 일이 있었어. 그럼 내가 조금 싸웠지 싸우기는.' 이쪽으로 생각을 하게 됩니다. 그리고 대답을 뭐라고 하겠습니까. "안싸웠단말야!" 이렇게 돼버려요. 가령 아이들에게 "오늘 무슨 좋은 일이 있었냐?" 하고 물으면 또 생각하게 됩니다. '가만있자. 무슨 좋은 일이 있었나? 그럼, 내가 오늘 좋은 일 해서 선생님으로부터 칭찬을 받은 일 있지.' 좋은 쪽으로 생각을 합니다. 그리고 그 아이의 발상, 생각, 판단, 그리고 행동도 좋은 쪽으로 가게 된다는 것입니다.
　또, 직장에서 돌아오는 남편을 보고 대체로 제일 실수하기 쉬운 것이 그것입니다. "자기 어디 아파?" 물론 직장에서 돌아오면 배도

고프고 피곤하고 뭐 직장생활이 그렇게 쉬운 일이 아니니까 좀 처져 보이겠지요. 딴에는 안쓰러워서, 딴에는 사랑한다고 하는 것이 맹추같은 말을 하는 것입니다. "자기 어디 아파?" 그럼 그때가서 남편은 생각합니다. '가만있자 내가, 내가 어디 아픈가? 조금 머리가 아픈거같아······.' "밥 줘!" 그렇게 된단말입니다. 좋은 말이 나올 수가 없어요. 그 "자기 아파?"란 말처럼 맹랑한 말이 없습니다. 여러분, 빨리 회개하고 그런 식의 자기입장에서 직언해버리는 말은 오늘로 끝내세요. 내가 제일 받기 곤란한 질문이 뭐냐하면 오랜만에 만난 분들이 "목사님, 팍삭 늙었네요" 하는 것입니다. 또 주를 달아요, 주를. "목사님은 안늙을 줄 알았는데요." 그래 내가 들여다보니까 저는 아예 갔더라고요.

문안으로 하지만, 이 묻는 말 한마디가 참 중요합니다. 아, 좋은 쪽으로 생각하도록 유도해야 되겠는데 이건 늙었다, 아프다, 이러고 또 남편에게 아 "직장에 무슨 어려운 일 있어? 근심거리가 있나보지?" 이렇게 말 하면은 그때가서 생각합니다. '가만있자······' 이제 생각을 합니다. 걱정거리를 만듭니다. 이제부터. 이래서 망조가 드는 것입니다. 가령 보자마자 "오늘 무슨 좋은 일 있었어? 오늘 얼굴에 빛이 나고 썩 좋아보이는데?" 그랬다고 합시다. 그러면 그때가서 '오늘 무슨 좋은 일이 있었나?' 좋은 방향으로 생각을 합니다. 그건 엄청난, 엄청난 결과를 가져오는 것입니다. 그러므로 좋은 질문을 해야 합니다. 그것이 좋은 생각에로, 좋은 대답에로, 좋은 행동에로 사람을 인도하게 된다는 것입니다.

전 미국대통령이었던 지미 카터(Jimmy Carter)는 특별히 신앙이 좋은 분입니다. 그가 「살아있는 신앙」이라는 책을 썼습니다. 그 책 속에는 하나의 좌우명이 나옵니다. '왜 최선을 다하지 않았는가?' 라고 하는 질문입니다. 그가 사실대로 고백을 합니다. 그가 사관학교를 마치고 임관하는 바로 그 순간에 그 유명한 해군제독 릭 오버를 만나게 됩니다. 일대일로 만나는 그런 중요한 기회를 가졌는데 제독이 웃으면서 "그래 공부 잘했나? 성적이 괜찮았나? 힘들지 않았나? 사관학교 생활이 어땠어?" 이렇게 평범하게 질문을 했습니다. 그런 후에 "자네, 그 성적이 말이야, 최선을 다해서 얻은 성적인가? 최선을 다했다고 생각하나?" 하고 물었습니다. 그때 카터는 생각합니다. '최선?……' 그는 진실하게 말했습니다. "최선을 다했다고는 할 수 없지요." 제독은 무섭게 쏘아보며 말했습니다. "어째서 최선을 다하지 못했는가?" 카터는 일생동안 그 순간을 잊을 수 없답니다. 어째서 최선을 다하지 않았는가? 그래서 그는 이 책에서 말합니다. 최선이란 뭔가? 최선, 최선, 최선이란 뭔가? 최선 앞에 내가 부끄럽지 않아야 되겠는데 최선이 뭘까? 그건 결과주의에 의해서 돈벌었다는 얘기도 아니고 출세했다는 얘기도 아닙니다. 순간순간 하나님께서 내게 주신 여건 속에서 최선을 다했는가? 그는 최선을 이렇게 정의합니다. '최선은 집중하는 것이다. 무슨 일을 하든지 concentrate, 그 일을 위해 집중하는 것이다.' 공부할 땐 오로지 공부, 놀 생각 하지 말고, 놀 때는 열심히 놀고, 걱정하지 말고 뭘 하든지 하는 순간 그 일에 집중하는 것입니다. '먼 산 바라보고 쓸데없는 생각 할 것 없다. 주어진 일에 집중, 집중!' 그렇습니다.

여러분이 아시는대로 제가 운전을 많이 합니다. 좌우간 1년에 가만 보니 35,000킬로미터를 뛰니까요. 많이 생각해봤습니다. 운전할 때는 옆에 누가 없어야 됩니다. 누가 옆에 있어서 이런 얘기 저런 애기 하면 벌써 집중력이 떨어집니다. 음악을 틀면, 음악도 이상하게, 가사가 있는 음악을 들으면 안돼요. 보십시오. '바다가 육지라면……' 하면 바다 생각하고…… 그렇지요? 가사 있는 건 나빠요. 일부러 가사 없는 것, 게다가 외국사람들이 부른 건 가사 모르니까 그것이 집중력에 큰 도움이 됩니다. 어떤 때 정말로 집중해야 되고 졸릴 때는 음악도 끕니다. 왜? 집중에 방해되니까. 여러분, 듣는 것 보는 것 다 치우고 집중에 있어서 최선을 다했습니까? 그렇습니다. 우리학생들 공부하느라고 뭐 학원이다 뭐다 하지만 사실 공부 잘하는 아이들은 대체로 뭐라고 그럽디까? 학원 안다녔대요. 가정교사도 없대요. 어떻게 그렇게 할 수 있었느냐? 간단해요. 공부시간에 집중만 하면 더할 것 없습니다. 그러면 여러분이 "목사님이 어떻게 압니까" 하고 묻겠지만 이거 다 해봤다니까요. 강의시간에만 정신차리고 있으면 미안하지만 시험준비 안 해도 됩니다. 안해도 1등 할 수 있더라고요. 집중해야 됩니다. 그런데 공부 못하는 놈은 공부할 때는 놀 생각을 하고, 놀 때는 공부할 생각 하고 둘 다 못하는 것입니다. 공부할 때는 공부에만 집중할 것입니다.

두 번째는 얼마나 즐기느냐 하는 거랍니다. 억지로 하는 게 아닙니다. 하고 싶어해야 됩니다. 아니, 하고 싶다고 생각해야 됩니다. 그걸 즐기는 것입니다. 뭘 해도 즐기는 것입니다. 여러분이 부엌에서 음식을 만들어도 음식 만드는 걸 즐기고, 일을 해도 일을 즐기고 공부를 해도 공부를 즐겨야 그게 바로 최선입니다.

세 번째는 감사하는 것입니다. 얼마나 감사합니까? 좀 죄송합니다만 나이드니까 이런 소리도 합니다. 제가 신학대학 다닐 때 1학년서부터 졸업할 때까지 1등 했거든요. 그, 유명한 얘기입니다. 좌우간 전교에 하나밖에는 상을 안줬습니다. 학교가 돈이 없으니까요. 학급에 하나가 아닙니다. 전교에 하나입니다. 그런데 내가 그걸 3년 동안 계속 받았다니까요. 그래, 천재란 말 들었습니다. 그렇잖아요? 그 왜 그랬을까? 물론 집중했지만 아닙니다. 내게는 특별한 게 있습니다. 그 기숙사가 내 고향입니다. 지금도 회현동 100번지가, 그게 제 고향입니다. 제 호적입니다. 저는 호적도 없는 사람입니다. '그런데 내가 여기 와서 공부할 수 있다니…… 아, 이런 고마운 일이 어디 있나?' 내가 군대생활 3년을 해도 휴가 한번 못간 사람입니다. 방학을 한다 해도 방학 때 갈 데가 없는 사람입니다. 그 넓은 기숙사에 나 혼자 남아서 겨울을 살았습니다. 난로 하나도 없는 데서 겨울을 지냈어요, 혼자서. 그래도 나는 감사했습니다. 왜요? 북한에 어머니가 계시잖습니까. 나 혼자 나온 처지에 여기서 목사되기 위해 공부할 수 있다니 이런 고마운 일이 어디 있나? 순간순간이 그렇게 감사할 수가 없는 것입니다. 군대 있을 때 입었던 바지 하나, 그걸 염색을 해가지고 5년 동안 입었습니다. 춘하추동 없이…… 염색만 세 번 다시 했습니다. 그래 옷장은 필요 없었습니다. 입고 다니면 되니까. 그러나 나는 감사했습니다. 왜? 이게 얼마나 고마운 일이냐, 이것입니다. 얼마나 감사한 일이냐? 내가 어떻게 여기 와서 공부를 할 수 있단말인가? 여러분, 그게 바로 최선이라는 것입니다. 결국은 사랑하는 마음으로 사랑을 느끼며 한다는 얘기입니다.

오늘분문에 보면 아시는대로 베드로는 주의 수제자로서 큰 실수를 했습니다. 아주 부끄러웠습니다. 너무 부끄러워서 갈릴리로 가버리고 맙니다. 다시 어부로 돌아갔습니다. 세 가지 실수가 있었습니다. 겟세마네동산에서 기도하라 하시는데 그는 기도하지 않고 잤습니다. 이게 첫째 실수입니다. 그 다음에는 멀찌감치 예수님을 따라간 다고 하더니 세 번이나 예수님을 부인했습니다. 모른다고만 했나요? 맹세하고 저주까지 했습니다. 이런, 이런 참 창피한 사람이라니⋯⋯ 이럴 수가 있어요? 이런 실수를 했습니다. 너무 부끄러워서 제자의 거룩한 직분 다 사양하고 갈릴리로 다시 돌아가 물고기 잡으려고 했습니다. 그것이 세 번째 실수입니다. 밤새껏 수고했지만 잡지 못했습니다. 바로 그런 지경에 있습니다. 예수님 찾아오셨습니다. 반가이 맞아주십니다. 할말 많습니다. 예수님 하실 말씀 많습니다. 여러분도 충분히 알지 않습니까? '이 녀석아 왜 여기 와 있느냐? 부활한 거룩한 몸을 너희에게 보여주었는데 너 어째서 여기 와 있느냐? 어째서 여기 있어, 이 녀석아!' 그렇잖아요? 또 '그저 목숨이 달렸으니 무서워서 나를 모른다고 했다고 하자. 그저 한번 했으면 됐지 세 번씩이나 하다니, 또 맹세는 왜 했느냐?' 하실 말씀 많습니다. '어째서 여기 있느냐? 어째서 나를 모른다고 했느냐?' 그러나 아무 말씀도 없으십니다. 이런 질문은 없습니다. 오직 한마디 하십니다. "나를 사랑하느냐? 아가파스 메?" "네가 나를 사랑하느냐?" 그것뿐입니다.

그 속에서 왜 베드로가 예수님을 모른다고 했는지 그 패인에 대해서도 말씀하십니다. '네가 왜 나를 부인하게 됐는지 아느냐? 사랑이 없기 때문이야. 현재 네가 왜 이렇게 실의에 빠져 있느냐? 사랑을 잃어버렸기 때문이야. 미래에 대해서 암담하게 느끼고 두려움에 떨고 있는데 그것도 사랑이 없기 때문이다.' 그렇게 베드로 자신의 깊은 곳을 파고드십니다. 베드로가 그 앞에 지금 온전히 포로가 되는 시간입니다. "아가파스 메?" 네가 나를 아가페의 사랑을 하느냐고 묻습니다. 그렇다면 대답은 "아가파스 쎄"라고 해야 합니다. 그러나 베드로는 그렇게 대답할 수 없었습니다. 그래서 "수 오이다스 오티 필로 쎄"라고 말합니다. 아가페의 사랑을 하느냐 할 때 아니 친구의 사랑을 합니다, "필로 쎄"라 합니다. 예수님 다시 물으십니다. '친구의 사랑은 하느냐?' 그럴 때 베드로는 할말이 없었습니다. 그래서 베드로는 말합니다. '주께서는 모르시는 것이 없습니다. 내가 주를 사랑하는 줄 주께서 아십니다. 주님이 아십니다"라고 말합니다. 겸손해졌습니다. 이제 자기자신은 다 없습니다. 낮추고 낮췄습니다. 정말 중요한 말입니다. 주께서 아시나이다, 주께서 아시나이다……

결혼상담을 해보면 종종 그런 일이 있습니다. 결혼생활 20년도 하고 30년도 한 사람들을 보면 별사람들이 다 있습니다. 언젠가 한 번 보니 70세 넘은 사람들이 이혼하겠다고 해요. 그래서 제가 "아, 이제 얼마 안남았는데 살다말지……" 그랬지요. 그랬더니 거기도 이론이 있습디다. "얼마 안 남았기 때문에 남은 시간 제대로 살아야겠습니다." 그래서 이혼하겠대요. 그, 말은 되데요. 그런데 여러분, 그럼 내가 무얼 묻겠습니까? 제가 하는 언제나 똑같은 질문이 있습니다. "사랑해본 일이 있습니까?" 그런데 이상하게도 대답은 똑같아요. "그게 뭔지 모르겠어요." 결혼은 하고 애를 낳고 수십 년을 살았는데도 사랑이라는 게 뭔지 모르겠대요. 내가 사랑했는지, 저 사람이 나를 사랑했는지, 사랑에 대한 확증이 없다는 것입니다. 85세난 할아버지하고 80세난 할머니가 텔레비전에 나와서 인터뷰를 합니다. 그런데 그 재미있대요. 할머니보고 물어봤습니다. "사랑한다는 말 해봤습니까?" "아, 쑥스럽게 그건 왜?" 한 번도 해본 일이 없대요. 그래서 또 물어봅니다. "만일에, 만일에 그렇진 않겠지만 죽었다가 다시 세상에 태어난다면 어떡하겠습니까?" 하고 물어봤습니다. 할아버지한테 물어보니까 할아버지 하는 말이 "좀더 생각해보고요"하더라고요. 그런데 할머니한테 물어보니까 "아, 사랑이 뭔지 모르겠습니다만 저 사람은 내가 도와줘야 되요." 그러더라고요. 그저 엉성하지만 그게 사랑이지요. 저 사람에겐 내가 필요합니다……

여러분, 다시 묻습니다. 사랑합니까? 사랑이 있었습니까? 아니 사랑하고 결혼했습니까? 젊은사람들은 뭐 사랑한다고 난리를 치지만 어른들이 볼 때는 '야, 난 아직도 사랑이 뭔지 모르겠더라. 네가 뭘 아냐? 한평생, 한평생 공부해야 된다.' 사랑이 도대체 뭡니까? 진실한 사랑은 이것뿐입니다. 내가 사랑을 받고 있다는 것. '내가 사랑을 하고 있다'가 아닙니다. 사랑을 받고 있다는, 나 자신에 대한 정체의식입니다.

그래서 베드로는 말합니다. '내가 주를 사랑하는 줄 주께서 아십니다.' 주께서 아십니다, 내가 모릅니다—마태복음 16장에 보면 베드로가 큰소리로 장담한 때가 있었지요. '주는 그리스도시요 살아계신 하나님의 아들이시니이다' 하고 고백할 때 예수님께서 '그건 네가 한 것이 아니라 하나님께서 네가 알게 하신 것이니라.' 오히려 이렇게 해석을 해주십니다. 그런데 오늘 이 시간에 와서 '내가 사랑하는 줄 주께서 아십니다' 할 때 주님께서 말씀하십니다. "내 양을 먹이라." 굉장히 중요한 말씀입니다.

톨스토이의「사랑은 희망에 속느니보다 절망에 속는다」라는 책이 있습니다. 그 속에서 말합니다. '스스로 절망이라는 것을 만들어 놓고 자기지식과 경험의 감옥 속에서 스스로 비관하고 있다.' 여러분 왜 그럴까요? 사랑을 의심하지 마세요. 이미 사랑을 받았고 사랑 안에 내가 있는 것입니다. 이 사랑을 아는 순간 새로운 세계가 열립니다. '주께서 아십니다.' 이게 무슨 말입니까? '내 마음 내가 모르겠습니다, 내 의지도 모릅니다, 다 주의 것입니다.' 전에는 베드로가 말했습니다. '나는 주를 사랑하고 나는 주를 버리지 않겠습니다. 죽을지언정 주님을 따라가겠습니다' 큰소리쳤습니다. '나만은 이렇다고 말했으나 오늘은 아닙니다. 내가 사랑하는 줄 주께서 아십니다. 주께서 주신 만큼 사랑할 수 있고요, 주께서 인정하시는대로 나는 바로 그 사람이 될 것이고요, 주께서 힘과 은사를 주시는 만큼 주의 사랑에 보답하는 자가 될 것입니다.' 그런 고백입니다. 내 몸과 내 판단과 내 의지와 내 마음 전체를 그대로 바칩니다. 그대로 '내 주여 뜻대로 하옵소서. 나는 주의 것입니다' 하는 것입니다. 내가 사랑한다 뭘 한다…… 이제 그것도 없습니다. '그대로 받아주세요.' 진정으로 이것이 사랑에 대한 응답입니다. 내가 사랑한다는 말 한마디도 제대로 할 수 없습니다. 그의 큰 사랑 속에 내가 있으니까요. 주께서 아시나이다, 주께서 아시나이다—그 순간에 주님의 귀한 음성이 들립니다. "내 양을 먹이라." △

내게 주신 은혜를 따라

내게 주신 하나님의 은혜를 따라 내가 지혜로운 건축자와 같이 터를 닦아 두매 다른 이가 그 위에 세우나 그러나 각각 어떻게 그 위에 세우기를 조심할지니라 이 닦아 둔 것 외에 능히 다른 터를 닦아 둘 자가 없으니 이 터는 곧 예수 그리스도라 만일 누구든지 금이나 은이나 보석이나 나무나 풀이나 짚으로 이 터 위에 세우면 각각 공력이 나타날 터인데 그 날이 공력을 밝히리니 이는 불로 나타내고 그 불이 각 사람의 공력이 어떠한 것을 시험할 것임이니라 만일 누구든지 그 위에 세운 공력이 그대로 있으면 상을 받고 누구든지 공력이 불타면 해를 받으리니 그러나 자기는 구원을 얻되 불 가운데서 얻은 것 같으리라
(고린도전서 3 : 10 - 15)

내게 주신 은혜를 따라

데일 카네기(Dale Carnegie)의 저서인 「생각이 사람을 바꾼다」라는 세계적으로 많이 알려진 유명한 책이 있습니다. 그 책 속에서 그는 한 사람을 이렇게 소개하고 있습니다. 하와이의 왕족이었던 사람이지만 신분을 낮추어서 세일즈맨으로 성공한 아주 큰 인물 젤리 아사프에 대하여 소개하고 있습니다. 그는 아침마다 자기가 자기에게 한 번씩 크게 자기고백을 했답니다. '나는 건강하다. 나는 행복하다. 세상은 쾌적하다.' 이렇게 세 마디를 되뇌이고 마음속에서부터 때로는 소리를 내서 외쳤다고 합니다. "나는 건강하다. 나는 행복하다. 세상은 쾌적하다." 이 자기신조를 외치면서 하루를 시작합니다. 그리고 모든 환경 속에서 자기가 꿈꾸던 것을 조용하게 이루어갔다고 합니다.

그의 철학은 이렇습니다. 첫째는 자신의 일을 충분히 연구한다는 것입니다. 자기자신에 대한 연구가 언제나 앞섭니다. 우리는 자기욕심에 매여서 자기자신을 모릅니다. 너무 큰 꿈을 가지고 있기 때문에 내가 누군지도 모릅니다. 흔한 말로 주제파악을 못합니다. 가장 중요한 것은 자기자신을 안다는 것입니다. 그래서 행동이 먼저가 아니고 생각이 먼저라는 것입니다. 그래서 먼저 생각하고 행동을 합니다. 자기자신을 파악합니다. 자기를 이해합니다. 자기지식의 한계를 이해합니다. 경험의 한계를 이해합니다. 그리고 '나는 무엇이냐?' 합니다. '내가 할 일이 무엇인가?' 여러분, 때때로 주제넘을 때가 너무 많습니다. 이건 내가 할 일이 아닌데, 아니, 내가 생각해서 될 일도 아닌데 그걸 왜 생각하는 것입니까. 그런고로 나 자신에 대한 연구가 먼저 있어야 한다고 말합니다.

두 번째는 목표를 분명히 하라는 겁니다. 아무리 열심을 내도 목표가 없는 것이라면 그처럼 잘못된 것이 어디 있겠습니까. 목적이 분명하고 목표가 분명해야 합니다. 목적은 추상적입니다. 목표는 구체적입니다. 목적은 Purpose입니다. 목표는 Goal입니다. 추상적인 높은 목적을 놓고 그것을 위해 오늘 내가 지향해야 할 목표는 무엇이냐? 이렇게 생각하고 출발한다는 것입니다.

세 번째는 언제나 적극적 자세로 임하라는 것입니다. 소극적인 것은 좋지 않습니다. 여러분, 축구시합 보시지요? 오늘 새벽에 독일이 3대 1로 이겼습니다. 내가 보니 3, 4위전 게임은 잘 안보더라고요. 축구를 보는 게 아니라 이기는 것만 보려고 했거든요. 축구 자체를 즐겨야지. 안그렇습니까? 아, 3등이면 어떻고 5등이면 어때요. 축구가 중요한데. 미안하지만 우리나라 사람이 뛰면 보고 아니면 안보는 그거 문제지요. 그것 때문에 문제입니다. 여러분, 언제나 적극적으로 축구에서 보여주는 게 뭡니까? '가장 훌륭한 방어는 공격이다' 이것입니다. 공격 없이 방어만 하려고 하다간 절대로 이기지 못합니다. 그러니까 확실한 공격은 확실한 방어입니다. 적극적으로 임할 때 해결의 길이 있습니다. 소극적으로 물러서면 갈 곳이 없습니다. 오늘 아침에도 보니까 자살골 먹더라고요. 방어하려고 저희들끼리 문 앞에 모였다가 공이 저희들 몸에 부딪쳐가지고 들어가버렸습니다. 저런, 저런 미련한 것들…… 그렇잖습니까? 확실합니다. 적극적 자세를 갖는 것이 중요합니다.

마지막으로 네 번째, 성과에 대해서 늘 만족하라는 것입니다. 자기가 한 일에 대해서 잘했다고 생각하는 것입니다. 여러분, 자기자신을 칭찬할 줄 알아야 됩니다. 그게 바로 겸손입니다. 왜 자기자신에 대해서 칭찬을 못하느냐? 욕심이 많았어요. 꿈이 너무 컸어요. 그러니까 불만이지요. '비록 많이 번 것은 없어도 정직하게 살았어.' '큰 출세는 못했어도 그래도 이만하면 넉넉하다.' 스스로 자기를 칭찬할 줄 알아야 됩니다. 자기가 자신을 칭찬하지 않는데 누가 나를 칭찬하겠습니까. 내가 내 성공을 인정하지 않는데 누가 내 성공을 인정해주겠습니까. 여러분, 스스로 자기를 칭찬할 줄 알아야 합니다. 내 양심이 나를 칭찬할 때 나는 더 큰 성공을 지향하게 되는 것입니다.

보면 가끔 드라마에 그런 말 나옵디다. 서로 대화하는 중에 "나도 이러는 내 자신이 미워." 그거 맹랑한 사람입니다. "나는 내가 미워. 내가 마음에 안들어." 그러면 집어치워. 네가 너를 마음에 안든다는데 내가 너를 인정하겠느냐. 그러고도 사랑받길 바라나요? 이런 여자는 사랑을 못받지요. 아, 내가 스스로 행복하지 않는데 그 사람에게 들어갔다가 또 불행해지려고요? 이거, 아니거든요. 자기가 자기를 칭찬할 줄 알고 스스로 만족할 줄 알아야 됩니다. 스스로 행복한 자라야 남을 행복하게 할 수 있습니다. 이걸 잊지 말아야 합니다.

자기자신을 안다는 것은 매우 중요합니다. 그런데 성경은 그 중에 가장 귀중한 원리를 말하고 있습니다. 그것은 바로 '주어진 것'이라는 것입니다. 하이데거(Martin Heidegger)는 인생을 'Thrown Life'라고 했습니다. '던져진 것'이라는 겁니다. '던져진 인간이다.' 주어진 운명이란말입니다. 그것처럼 오늘 성경은 주어진 것으로, 하나님께서 내게 주신 바에 따라 사는 것으로 말씀하고 있습니다. 겸손하게 이 정체를 분명히 의식해야 하겠습니다. 그래서 바울은 말씀합니다. "내게 주신 하나님의 은혜를 따라(10절)"—내게 주신바 은혜가 있다는 것입니다. 내게 주신 은혜. 바울의 입장으로 돌아가보면 그는 길리기아 다소에서 태어납니다. 그 자체가 '내게 주신 은혜'입니다. 이방 땅에 Bi-cultural, Bi-lingual로 태어납니다. 그래서 이방인의 사도가 됩니다. 이거 주어진 것이지요. 자기가 고향을 선택했습니까? 자기가 아버지 어머니를 선택했습니까? 누구도 이 복은 타고나야 하는 것이고, 아니, 주어진 것입니다. 여기까지는 주어진 것입니다. 내게 주신 은혜—그래서 사도 바울은 이방인의 사도가 됩니다. "어머니의 태로부터 택정함을 받아……(갈 1 : 15)" 이방인의 사도가 되었노라—근본적이요 본질적입니다. 그리고 내게만 주신 은혜가 따로 있다는 걸 알고 있습니다.

이 개별화된 기능, 개성화된 은사, 이걸 잊지 마세요. 은혜는 같으나 은사는 다릅니다. 그리고 '내게 주신 은혜'가 따로 있다는 걸 잊지 말아야 합니다. 그리고 그것을 소중히 여겨야 합니다. 내게 주신 바를 소중히 여기는 마음이 아주 중요합니다. 그래서 지혜로운 사람은 할 수 있는 것은 다 하고 할 수 없는 건 기다립니다. '이건 나 외의 다른 사람이 할 일이니까.' 그런데 미련한 사람은 할 수 있는 일은 시시해서 안하고 할 수 없는 일은 못해서 못하고 다 못합니다. 이게 어리석은 것입니다. '내게 주신 은혜'가 있습니다. 소중히 여겨야 합니다. 어쩌면 나만이 할 수 있는 일입니다. 이건 나 외에는 안 됩니다. 그런 것을 찾아가야 됩니다. 동시에 다른 사람에게 주신 은혜를 인정할 줄 알아야 합니다. 내게 주신 은혜가 이것이요, 저 사람에게 주신 은혜는 저것이요…… 이걸 분별해서 알아야 됩니다. 그런고로 내게 주신 바를 소중히 여기고 내 자랑으로 삼고 다른 사람에게 주신 은혜에 질투할 것 없습니다. 그리고 오히려 협력해야 되고 나 또한 소중히 여겨야 됩니다.

　청나라 건륭(乾隆)황제 시절에 유명한 두 서예가가 있었습니다. 한 사람은 열심히 옛사람들의 훌륭한 글씨를 모방하는 데 주력을 했습니다. 이 획은 소동파의 것이요 저 획은 이태백의 것이요…… 뭐 이래가면서 이 사람 저 사람 유명한 사람의 서예를 본받는 데 주력을 했고 그것으로 유명해졌습니다. 또 한 사람은 선인들과 다르게 하기를 노력했습니다. 이것은 그분들의 것이기에 소중히 여기고 나는 내 길을 갑니다. 자연스러움에 중점을 두고 글씨를 열심히 연습을 했더랍니다. 어떤 날 전자가 후자에게 이렇게 묻습니다. "당신의 글씨에서 어떤 획이 선인의 필체요?" 후자가 되묻습니다. "당신의 글씨에서 어떤 것이 당신의 필체요?" 그는 아무 말도 못했습니다. 남을 모방하고 남을 따라가는 것 좋은 일입니다. 그러나 내것을 찾지 못한다면 내 존재는 없는 것입니다. 남의 것을 배타적으로 대할 것도 아니지만 그러나 결국에 가서는 내것을 찾아야만 합니다. 내것을 찾아갈 때만이, 아니, 오늘본문대로 말하면 내게 주신 은혜를 따라 살아야 그것이 성공입니다. 내게 주신 은혜를 따라 살기까지는 절대로 행복하지 못할 것입니다. 이걸 잊지 말아야 합니다.

　사도 바울은 그래서 오늘본문에 두 가지 비유를 들고 있습니다. 하나는 '집짓는 비유' 입니다. 내게 주신 은혜의 목적은 다같이 하나님의 집을 짓는 것입니다. 하나님의 성전을 지어가는 거룩한 사역입니다. 그런데 분담된 일이 있습니다. '내게 주신 것은 기초를 놓는 것이다. 터를 닦는 것이다. 터를 닦는 건 내가 할 일이다. 집짓는 것은 다른 사람이 하는 일이다.' 여러분, 이걸 잊지 맙시다. 터를 닦는 사람은 터만 닦고 돌아서면 됩니다. 사도 바울도 여기에 보니 누구든지 조심스럽게 하라고 권면을 하긴(10절) 합니다마는 그러나 그건 그 다음 사람에게 맡겨야 합니다. 그건 내가 할 일이 아닙니다. 나는 터를 닦고 다른 사람은 집을 짓고…… 이 얼마나 참 중요한 얘깁니까. 오늘날에도 보면 집을 지을 때, 땅파는 사람은 땅만 파고 가더라고요. 기둥을 세우는 사람은 기둥만 세우고, 문을 다는 사람은 문만 세우지 이것저것 다하는 게 아니더라고요. 여러분, 인생을 한번 생각해보세요. 내게 주어진 은혜가 무엇이며 내게 주어진 역할이 무엇인가? 그거만 하고 끝냅시다. 그리고 모든것은 하나님께 맡기고 조용히 기다려봅시다.

동시에 6절에 보면 또다른 비유를 하나 듭니다. '씨뿌리는 비유' 입니다. 나는 심고 아볼로는 물을 주고 그 누구는 거두고…… 그렇습니다. 농사하는 이치를 보아도 밭가는 사람은 밭갈기만 하고 씨를 뿌리는 사람은 씨뿌리기만 합니다. 저는 참 아름다운 장면을 가끔 봅니다. 우리 아버지와 어머니가 앉아서 뭐 요새사람 하는대로 뭐, 사랑합니다. 어쩐다고 말하는 것을 들어본 적이 없습니다. 옛날사람들 다 그래요. 소 닭 보듯 하고 삽니다. 그러나 가장 아름다웠던 장면에 대한 기억이 뭐냐하면 아버지가 땅을 파고 어머니가 씨를 뿌리는 것입니다, 하루종일. 아버지가 구덩이를 요렇게 파고나면 어머니가 뒤따라가면서 탁 씨를 뿌리고 발로 툭 차고 아버지가 또 탁하고 파면 어머니가 씨를 뿌리고 발로 차고, 그걸 하루종일 하는 걸 멀리서 보면서 이거는 밀레의 '만종' 같은 거다, 참 아름다운 장면이다, 했습니다. 오늘 와서는 그런 공동작업이 없다는 데 문제가 있습니다. 한 사람이 땅을 파고 한 사람이 씨를 뿌리고 이렇게 합작을 할 때 거기에 무슨 긴 얘기가 필요합니까. 그대로가 사랑의 진수입니다. 이게 조화를 이루는 것입니다.

　오늘 사도 바울은 말씀합니다. '나는 씨를 뿌리고 아볼로는 물을 주었다. 내게 주신 은사를 따라 나는 내 할 일을 했노라. 아볼로 너는 네게 주신 은사를 따라 너 할 일을 하라.' 이 얼마나 아름다운 얘깁니까. 요새 제가 조금 마음 좋지 않게 생각하는 게 뭐냐하면 남녀의 일이 바뀌었다는 것입니다. 남자같은 여자도 맘에 안들고 여자같은 남자는 더 맘에 안들어요. 어쩌다가 이게 바뀌어 돌아가는지 그럴 바엔 아이까지 바꿔낳았으면 좋으련만 그건 안되나 보지요? 좋아보이지 않아요. 역시 뭐라고 할 수는 없지만 '여성은 여성의 일, 남자는 남자의 일을 해야 되는 게 아니겠나?' 그런 생각을 합니다. 어쩌면 여자에게 사랑받는 남자도 제구실 하는 남자지 집에 와서 여자일이나 거드는 남자, 그 별볼일 없는 사람이지요. 아니그렇습니까? 각각 맡은 바가 있고 할일이 따로 있다는 그런 말씀입니다.

　내게 주신 은혜를 먼저 알아야 되겠고 또 경험을 통해서 깨달아야 되겠고, 혹은 시련을 통해서 내게 주신 은사를 내가 알도록 하나님께서 역사하십니다. 많은 시련을 통하여 자기자신을 알고 내게 주신 은혜를 아는 데까지가 얼마나 시간이 걸리는지 모릅니다. 어쩌면 어떤 사람들은 나이 60이 될 때까지도 이걸 모릅니다. 이게 내가 할 일인가? 저게 내가 할 일인가? 우왕좌왕하다가 세월 다 보내는 것입니다. 그리고 죽기 전에야 '아! 이 일을 해야 했었는데……' 끝. 그렇게 됩니다. 불행한 사람입니다. 잘못된 것입니다. 우왕좌왕하면 안됩니다. 처음부터 이걸 알아야 되는데…… 보십시오. 모세가 자신이 하나님의 사람이라는 것을 아는데 80년 걸렸습니다. 요셉이 아,

그야말로 애굽으로 팔려가고 감옥에 처박히고 할 때, 기가막혔지만 30에 가서야 '아, 내게 주신 은혜가 여기 있었구나' 하고 깨달았습니다. 아브라함을 보십시오. 한평생을 나그네로 살면서 결국엔 '내가 하나님의 선택받은 사람'이라는 것을 깨달아가고 있는 것입니다. 그리고 그 주신 부름에 대하여 충성을 다하며 살아갑니다. 갈 바를 알지 못하고 갔고 발붙일 만큼도 땅을 얻지 못했습니다. 그러나 그것의 의미가 무엇인가를, 그곳에서 하나님께서 나를 부르고 계시다는 것을 깨달아가고 있더란입니다.

고린도전서 15장에 보면 사도 바울은 말씀합니다. '오직 은혜로 내가 있다'고요. 나의 나됨은 오직 은혜라고 말씀합니다(15 : 10). 여러분, 내가 나 자신이 하나님께로부터 은혜받은 자임을 알아야겠고 또 인정을 받아야겠습니다. 그대로 살아서 다른 사람으로부터 인정도 받아야겠습니다. 갈라디아서 2장 9절에 보면 사도 바울이 예루살렘에 갔을 때 예루살렘에 있는 당시 교회지도자들이 사도 바울을 알아봅니다. 어떻게? 저에게 주신 은혜를 앎으로써 그렇다고 말씀합니다. 우리에게 주신 은혜가 있듯이 저 사도 바울, 교회를 핍박하던 저 사람에게 주신 하나님의 은혜가 있다는 걸 압니다. 그래서 인정을 합니다. 교제의 악수를 합니다. 아주 중요한 장면이라고 생각합니다.

라저 베니스터(Roger Bannister)라고 하는 유명한 운동선수가 있습니다. 육상선수인데 세계 최초로 1마일 달리기 4분의 벽을 깬 사람입니다. 전설적인 사람입니다. 사람들은 1마일을 뛰는 데 4분의 벽을 넘지 못한다고, 그것은 인간의 한계라고 했습니다. 그러나 이 청년은 열심히 해서 4분벽을 넘어섭니다. 놀라운 것은 이 1마일 4분의 벽을 베니스터가 넘자마자 한 달만에 무려 10명이 넘었습니다. 2년이 지난 후에는 300명이 넘었습니다. 한 사람이 1마일 4분 한계를 넘어서는 걸 보고 너도나도 300명이 넘더라고요. 이 놀라운 얘기가 아닙니까. 한 사람이 하나님께서 자신에게 주신 은혜를 알고 그 은혜에 따라 살게 될 때 너도나도저도 모든 사람이 은혜에 따라 살게 되는 결과를 보게 되고 통합하여 하나님의 큰 의를 이루고 하나님의 집을 세워가게 된다는 말씀입니다.

여러분은 내게 주신 은혜를 아십니까? 내게 주신 은혜에 만족하십니까? 은혜에 따라 살고 있습니까? 다른 사람의 일을 부러워하지 말고 내게 주신 은혜를 잘 분석을 해서 그에 따라 살 때, 오늘 성경 8절에서 말씀합니다. '각각 자기 상을 받으리라. 각각 자기 상을 받으리라.' △

십 리를 동행하라

또 눈은 눈으로, 이는 이로 갚으라 하였다는 것을
너희가 들었으나 나는 너희에게 이르노니 악한 자를
대적지 말라 누구든지 네 오른편 뺨을 치거든 왼편도
돌려 대며 또 너를 송사하여 속옷을 가지고자 하는
자에게 겉옷까지도 가지게 하며 또 누구든지 너로 억
지로 오리를 가게 하거든 그 사람과 십리를 동행하고
네게 구하는 자에게 주며 네게 꾸고자 하는 자에게
거절하지 말라

(마태복음 5 : 38 - 42)

십 리를 동행하라

중매로 결혼을 한 신랑 신부가 있었습니다. 둘 사이에는 사랑의 감정도 별로 없는데, 그저 부모님들이 시켜서 억지로 결혼을 하여 신혼여행을 갔습니다. 신부는 아무리 보아도 신랑이 마음에 안들어 '이 사람하고 일생을 살아가야 하나' 하고 걱정이 되었답니다. 그래 첫날밤에 잠을 자려는데 남자가 영 옷을 안벗는 것입니다. 부끄럽다고. 신부입장에서 뭐라고 할 수도 없고, 어떡하겠습니까. 그래 그냥 잤습니다. 새벽에 신부가 문득 눈을 떠보니 남자가 이불도 덥지 않고 아주 홀랑 벗고 자는 것입니다. 신부가 하도 기가 막혀 간밤에는 부끄럽다며 옷도 안벗겠다던 사람이 지금은 왜 옷을 다 벗고 누웠느냐고 물으니 신랑이 답하기를 모기 몇 마리가 자꾸만 신부한테로 가는 것같아 자기가 옷을 홀랑 벗고 그 모기들을 전부 자기한테로 끌어들였다고 말하는 것 아닙니까. 그때 신부가 생각했답니다. '이 사람 생긴 것과는 달리 괜찮은 데가 있네.' 그 길로 신부는 신랑이 참 좋은 사람이라고 생각하며 한평생 잘살았다는 이야기입니다.

유명한 러시아의 문호 톨스토이(Lev Nikolayevich, Graf Tolstoy)가 어느날 길에서 문둥병자를 만납니다. 남루한 옷차림의 그 문둥병자는 길을 떡 막고 서서 톨스토이한테 좀 도와달라고 손을 내밉니다. 그래 톨스토이가 자기 호주머니를 뒤져보니 한 푼도 없는 것입니다. 아무리 뒤져도 나오는 것이 없자 톨스토이가 말합니다. "대단히 미안하지만 제가 지금 가진 것이 없습니다. 꼭 드리고 싶은데 드릴 돈이 지금은 없군요. 형제여, 미안합니다." 그러면서 손을 내밀어 그 문둥병자에게 악수를 청했습니다. 그때 문둥병자가 말합니다.

"돈은 못받았지만 지금 내 마음은 그 어느 때보다도 행복합니다. 당신은 나를 보고 형제라고 불렀습니다. 이보다 더한 행복은 없습니다. 감사합니다." 그러고는 가더랍니다. 이 사건이 톨스토이의 일생을 바꿔놓았습니다. '참으로 사람답게 산다는 것이 무엇인가? 함께 하는 것이다. 사랑이란 함께하는 것이다.' 그는 가난한 사람들이 사는 농촌에 가서 그들과 어울려 평생을 삽니다. 그 깊은 경험에서 그는 말년에 불후의 명작「부활」을 쓰게 됩니다.

여러분, 성공이라는 것이 무엇입니까? 성공이란 소유도 지식도 권력도 명예도 아닙니다. 성공은 곧 행복입니다. 행복이란 무엇을 가졌느냐, 무엇을 했느냐에 있지 않고 어떻게 하느냐 하는 그 자세에 있다는 것을 깊이 생각해야 합니다. 그렇다면 행복은 과연 어떤 자세에서 구체적으로 경험되는 것입니까? 첫째는 얼마나 그 일에 집중하고 있으며 후회 없이 최선을 다하고 있는가 하는 것입니다. 둘째는 얼마나 그것을 즐기고 있는가 하는 것입니다. 토마스 에디슨(Thomas Alva Edison)은 말합니다. '나는 한평생 많은 일을 한 것같지만 한번도 노동이라는 것을 해본 일은 없다. 왜냐하면 하고 싶어서 한 일이니까. 즐거워서 했을 뿐이지 누가 시켜서 한 것도 아니고 부득이해서 한 일은 없다. 나의 생애에 노동이란 없다.' 유명한 말입니다. 문제는 얼마나 즐겼느냐 하는 것입니다. 그 다음에는 얼마나 감사했느냐입니다. 일하게 된 것을 감사하고 건강한 것을 감사하고 또 산다는 자체를, 할 수 있다는 것 자체를 감사하는 것입니다.

제 간증입니다마는, 제가 여기저기 설교와 강연을 하러 다니는데, 좌우간 어떻게 알고 제가 가는 데마다 따라와서 도움을 청하는 분이 있었습니다. 정신이 조금 온전치 못한 분입니다. 제가 강연을 마치고 나오면 어떻게 알고 찾아왔는지 제 앞에 떡 버티고 서서 좀 도와달라고 청하는 것입니다. 30년 동안을 계속 그러는 것입니다. 영락교회에는 '고넬료회'라는 예비역 기독교 장교들의 모임이 있습니다. 한번에 240명 정도가 모입니다. 제가 그 모임이 열리는 매 금요일마다 가서 성경공부 인도하기를 22년째입니다. 그래 인도를 마치고 나오면 또 그 분이 문 앞에 서 있다가 떡 하고 나타나 제 손을 덥석 잡는 것입니다. 그래 매주일마다 얼마씩을 주었습니다. 그것을 보고 모임에 주로 관계하는 분들이 그 분을 저한테로 가까이 못오게 막는 것입니다. 저만치에 그 분의 모습이 보이면 달려가 저한테로 못오게 막고 이렇게 저한테 당부도 합니다. "목사님, 그 사람 자꾸 주니까 오는데 이제 주지 마세요. 버릇되어서 안됩니다." 제가 "아, 그저 그분은 받을만한 사람이야" 하고 말하는데도 막무가내로 말립니다. 그렇게 되니 이제 그 분은 제가 지하 주차장에서 차를 몰고 지상으로 올라오면 그 출구에 딱 서 있다가 저한테 손을 막 흔듭니다. 그러면 저는 또 얼마씩을 그 분한테 줍니다. 그 사람이 어떤 사람인지, 그 사실 여부는 알 것 없었습니다. 그저 어디가 아프고, 어디 병원에 가야겠다고 말하면 그때마다 저는 군말없이 얼마씩을 집어주었습니다. 주머니 사정이 좋을 때는 좀 넉넉하게 한 10만원도 주고 그랬습니다. 그렇게 늘 하다가 언젠가부터 그 분의 모습이 안보입니다. 저는 지금도 그 지하주차장에서 지상으로 오를 때마다 출구의 그 자리를 봅니다. '여기 서 있던 사람 어디 갔지? 좀더 즐거운 마음으로 줄 걸……' 가끔은 저도 이런 생각을 했었습니다. '그 사람, 참 어지간히도 나를 괴롭히네.' 억지로 줄 때가 많았기 때문입니다. 그런데 이제 그 분 모습이 안보이니까 얼마나 섭섭한지…… '좀 넉넉한 마음으로 줄 걸……' 어쩌면 그 분 세상을 떠났을지도 모르겠습니다. 여러분, 우리가 한평생을 사는 동안 행복이란 것이 무엇입니까? 자유의식과 주도성에 준한 것입니다. 운명적으로 주어진 것에서의 선택 말입니다.

오늘본문은 예수 그리스도의 휴머니즘이 가장 확실하고 간결하게 나타난 말씀입니다. 우리는 어차피 주어진 생을 삽니다. 내가 선택한 것이 아닙니다. 그렇게 태어났고, 그렇게 살았고, 그렇게 살아왔습니다. 그러나 그 운명적인 생애 속에서 중요한 것은 나의 선택입니다. 얼마만큼을 내가 선택하며 살아가느냐, 하는 것입니다. 우리는 주어진 환경을 선택적으로 소화합니다. 그것이 오늘 주어진 말씀입니다. 우리는 한계 속에서 살지만 그 한계를 넘어서는 자유를 누리며 살아가야 한다는 것을 오늘본문은 우리에게 아주 확실하게 말씀합니다. "악한 자를 대적지 말라……(39절)" 악한 자를 대적지 말라—여러분, 악한 자라도 그와 대적 관계로 살아서는 안되는 것입니다. 이웃관계로 살아야 합니다. 왜요? 내게 도움을 주기 때문입니다. 여러분, 지금 태풍이 옵니다. 많은 비가 내립니다. 굉장합니다. 어젯밤에도 비가 많이 내렸습니다. 그렇지만 가끔은 이렇게도 생각해보십시오. '이 태풍이 없다면 어떻게 될까?' 못삽니다. 이 비바람이 없어도 못삽니다. 때로는 우리를 어렵게 하는 것같지만, 이 모든 일들은 있어야 하는 것입니다. 있어야 한다고 생각하는 바로 거기에 내 자유가 있고 내 선택이 있는 것입니다. 악한 자를 대적지 말라—대적 관계로 생각하지 말고 이웃 관계로 생각하라는 것입니다. 저가 있어서 내가 있는 것이기 때문입니다. 아주 귀중한 말씀입니다. 성경은 구체적으로 말씀합니다. "억지로 오리를 가게 하거든 그 사람과 십리를 동행하고(41절)." 오 리까지는 억지로 갔습니다. 가고 싶은 것이 아닙니다. 가자고 하니까 끌려가는 것입니다. 억지로, 피동적으로, 소극적으로, 아니, 부득이해서 오 리까지 갔습니다. 이제 생각합니다. 이 사람은 더 가야 할 사람입니다. 내가 오 리까지만 가고 만다면 이 사람은 나머지 오 리를 혼자 가야 될 것입니다. 이제 나는 생각합니다. 자발적으로 남은 오 리를 함께하여 십 리까지 가는 것입니다. 처음의 오 리는 억지로 간 것이지만, 다음의 오 리는 자발적이고 능동적으로 자유함에서 선택하여 가는 것입니다. 발단과 시작과 출발은 다 억지로 되는 것입니다. 아니, 모르고도 되는 것입니다. 알고 하는 것이 아닙니다. 모르고 합니다. 뭐 어찌어찌 그렇게 됐습니다. 간혹은 우리가 많은 생각을 하고 연구를 하여 선택하는 길도 있지만, 근본적인 일들은 다 주어진 일들뿐입니다. 시작은 억지로 합니다. 무엇인지도 모르고 출발을 합니다. 그러나 이 주어진 바를 살아가면서 이제는 동기를 전환시켜야 됩니다. 이제까지는 모르고 살았지만 이제부터는 알고 살아야 됩니다. 모르고 출발했지만 이제부터는 알고서 남은 길을 가야 한다는 말씀입니다. 그래서 성경은 말씀합니다. "십리를 함께하고." 또 처음 오 리까지 함께 갈 때는 이것이 남의 일입니다. 내 의지가 아닙니다. 남의 의지에 끌려서 간 것입니다. 남의 생애에 내가 동참하는 것뿐입니다. 이것은 내가 선택한 것이 아니었습니다. 남의 일을 해준 것입니다. 그러나 오 리를 지난 다음에 가는 십 리까지의 길은 내가 선택하는 것입니다. 내가 내 일을 하는 것입니다. 가자고 해서 가는 것이 아닙니다. 내가 가고 싶어서 가는 것입니다. 이 얼마나 큰 변화입니까. 또하나는 할수없이 부득이하게 하는 일입니다. 그러나 이제부터는 하고 싶어서 하는 일입니다.

어찌 생각하면 성경에서 가장 불행한 사람은 요셉입니다. 형제들이 그를 팔았습니다. 그래 애굽에 가서 노예생활을 합니다. 그렇게 살다가 죽을 것입니다. 하지만 그는 그렇게 비참한 노예가 되었으면서도 성실하게 살았습니다. 주인 보디발이 그를 너무나 신임하여 모든것을 그에게 다 맡길 만큼 그는 성실했습니다. 어떤 일도 눈가림으로 하지 않았습니다. 억지로 주어진 노예생활이지만, 그는 아주 자유롭게 살았습니다. 성실할 수 있었단말입니다. 그는 십 리까지 함께 가는 사람입니다. 예전에는 나 중심으로 살았지만, 이제는 다른 사람 중심으로 삽니다. 무슨 뜻입니까? 처음에는 함께 가자니까 오 리를 갔습니다. 하지만 가는 동안 그는 마음을 돌렸습니다. 이제 남은 오 리는 이 사람한테 내가 필요하다는 것을 알고 가는 것입니다. 나만이 중요하지 않고, 이 사람에게 내가 필요하다는 것이 중요합니다. 그런고로 그의 필요에 응하여 남은 오 리를 더 가주는 것입니다. 이것은 나 중심, 자기구심점에서 사는 것이 아닙니다. 원심적으로 이 사람에게 내가 필요하다, 남은 길을 내가 돕지 않으면 이 사람 잘못되기 쉽다, 그런고로 내가 이 사람을 도움에 함께한다는 것입니다.

유명한 인도의 간디(Mahatma Gandhi)에 얽힌 아주 재미있는 에피소드가 있습니다. 어느날 기차를 타려는데 너무나 많은 사람들이 한꺼번에 기차에 매달리는 통에 간디는 그만 신발 한 짝을 떨어뜨렸습니다. 그런 채로 기차는 떠나는 것입니다. 그러자 간디는 남은 신 한 짝을 벗어서 저 쪽을 향해 던지더랍니다. 왜 그는 남은 신 한 짝을 던졌을까요? 자기야 신 한 짝을 잃어버린 것이지만, 그 신을 새로

얻은 사람한테는 나머지 한 짝이 더 필요하지 않겠느냐는 것입니다. 나 중심으로 신발을 잃어버렸다고 생각하지 않고 그 신발 한 짝을 주워든 사람에게 나머지 한 짝이 필요하다고 생각했던 것입니다. 놀라운 휴머니즘입니다. 인생, 너무 복잡하게 생각하지 마십시오. 바로 이런 것이 인생입니다. 저 사람에게 내가 필요합니다. 내 도움이 필요합니다. 내가 도와줘야 합니다. 이것이 바로 휴머니즘입니다. 그런고로 생각은 바뀝니다. 봉사할 수 있다는 것이 특권입니다. 도와줄 수 있다는 것이 기회입니다. 그런고로 이렇게 다소라도 도와줄 수 있다는 것, 오 리 십 리를 같이 갈 수 있다는 것이 나의 행복입니다. 나의 영광입니다.

악한 자를 대적지 말라―악한 자가 변하여 이웃이 되고 내 형제가 되는 순간, 그런 저와 함께한다는 것은 내게 최고의 영광이 될 수 있는 것입니다. 이제 여러분에게 묻습니다. 어찌어찌해서 오늘까지 살았습니까? 그 남자하고 그 여자하고 말입니다. 여러분, 가정생활과 직장생활이 마음에 듭니까? 글쎄요, 제가 보니 그저 그렇더구만요. 그러나 잊지 마십시오. 여기까지 왔습니다. 이제 남은 오 리는 그렇게 끌려가듯 살지 맙시다. 저 사람에게 나의 삶이 의미가 있다고 생각하고, 저의 필요에 따라주는 것이 바로 내 삶의 보람이라고 생각하며 살 수 있다면 이보다 더 굉장하고 성공적인 생은 없을 것입니다. 여러분, 강요되는 사랑에서 선택된 사랑으로 의미가 바뀝니다. 노예적인 삶에서 자유인으로, 생의 의미를 바꾸어 살아가야 합니다. 그럴 수밖에 없어서 억지로 사는 것이 아니라 창조적으로 삽니다. 내가 이만큼 섬김으로 하여 저들에게 생명이 주어지고 구원이 주어지고 영생이 주어지기 때문입니다. 그런고로 억지로 오 리를 가

자는 사람과는 아주 십 리까지 함께 가라는 것입니다. 여기에 제가 주를 단다면, 죽을 때까지 같이 가라는 것입니다. 이것이 주님의 말씀입니다. 그러나 의미는 다른 것입니다. 억지로 출발했지만 이제는 선택적으로, 불행하게 출발했지만 이제는 행복으로 살아가는 것이 그리스도인이라는 말씀입니다.

고든 리빙스턴(Gordon Livingston) 교수의 유명한 저서가 있습니다. 「너무 일찍 나이를 들어버린 나, 너무 늦게 깨달아버린 나」라고 하는 긴 제목의 책입니다. 이 책에서 그는 인생을 이렇게 정리합니다. '첫째, 인생의 진실을 피해갈 수 있는 사람은 아무도 없다.' 진실을 따라 살라는 것입니다. 거짓은 무너집니다. 오로지 진실만이 있습니다. 진실을 향하여 진실로 가까이 가며 살 것입니다. '둘째, 방황하는 영혼이라 하더라도 길을 잃은 것은 아니다. 다만 시험기에 있을 뿐이다.' 이 방황함을 따라 언젠가는 바른 길을 찾아야 한다는 말입니다. 그런고로 잃어버린 과거는 없습니다. '셋째, 가장 견고한 감옥은 인간 스스로 만드는 것이다. 감옥이 따로 없다.' 내 마음이 감옥입니다. 내가 두려워하고 내가 주저하고 내가 만든 고집이라고 하는 감옥에 내가 묶인 것입니다. 그런고로 마음을 열면 달라집니다. 억지로 갈 것이 아닙니다. 이제는 자원하여 갈 것입니다. '넷째, 인생의 고통에 대한 가장 강력한 처방은 사랑뿐이다. 사랑해버리라.' 기왕 가는 길 사랑해버리라는 것입니다. 그러면 얘기가 달라집니다. 미워하니 문제고, 싫어하니 문제입니다. 내가 선택하고 사랑해버리는 순간 나도 살고 저도 삽니다. 함께 사는 놀라운 인생이 거기서 전개되는 것입니다.

성도 여러분, 인생길 어떤 의미로 여기까지 왔습니까? 이제 오리는 왔습니다. 남은 오 리, 십 리까지 이제는 사랑으로 할 것이고 함께하는 마음으로 갈 것입니다. 그리고 다행하게 여기고 특권으로 여기고 영광으로 여기며 살아갈 것입니다. 다시금 깊이 생각해봅시다. 억지로 오 리를 가자고 하거든 십 리까지 함께 가라—얼마나 귀중한 인생 지침입니까. 바로 여기에 자유함이 있고, 자신을 구원하는 생의 신비로운 능력이 있는 것입니다. △

하나님이 요구하시는 것

이스라엘아 네 하나님 여호와께서 네게 요구하시는 것이 무엇이냐 곧 네 하나님 여호와를 경외하여 그 모든 도를 행하고 그를 사랑하며 마음을 다하고 성품을 다하여 네 하나님 여호와를 섬기고 내가 오늘날 네 행복을 위하여 네게 명하는 여호와의 명령과 규례를 지킬 것이 아니냐 하늘과 모든 하늘의 하늘과 땅과 그 위의 만물은 본래 네 하나님 여호와께 속한 것이로되 여호와께서 오직 네 열조를 기뻐하시고 그들을 사랑하사 그 후손 너희를 만민 중에서 택하셨음이 오늘날과 같으니라 그러므로 너희는 마음에 할례를 행하고 다시는 목을 곧게 하지 말라 너희의 하나님 여호와는 신의 신이시며 주의 주시요 크고 능하시며 두려우신 하나님이시라 사람을 외모로 보지 아니하시며 뇌물을 받지 아니하시고 고아와 과부를 위하여 신원하시며 나그네를 사랑하사 그에게 식물과 의복을 주시나니 너희는 나그네를 사랑하라 전에 너희도 애굽 땅에서 나그네 되었었음이니라

(신명기 10 : 12 - 19)

하나님이 요구하시는 것

　　정신병원에서는 환자를 장기간 치료한 끝에 마침내 효과가 있어 환자를 퇴원시켜 집으로 돌려보내려고 할 때가 되면 마지막으로 이 환자의 병이 정말로 다 나은 것인지 아니면 아직도 더 치료를 받아야 하는지를 가려야 합니다. 다른 병과는 달리 정신병은 눈으로 확인할 수 있는 것이 아니기 때문입니다. 그 테스트의 방법을 어느 지혜로운 의사가 개발하였습니다. 그래 이 방법으로 아주 중요한 효과를 얻었다는 것입니다. 무엇을 기준으로 판별을 하는가가 핵심입니다. 우선 환자가 기거하는 방의 수도꼭지를 물이 졸졸졸 흐를 만큼 틀어놓습니다. 시간이 지나면 물이 방 안에 가득 고일 것 아닙니까. 그러면 이 환자에게 걸레를 주고 바닥을 닦으라고 시킵니다. 이때 두 가지 반응이 나타난다고 합니다. 정신병 치료가 다 되지 않은 사람은 시키는대로 열심히 바닥을 닦는다는 것입니다. 그저 바닥에 고인 물만 계속 닦는 것입니다. 하지만 치료가 다 되어 건강해진 사람은 제일 먼저 수도꼭지부터 잠근다는 것입니다. 수도꼭지를 딱 잠그고 나서야 바닥에 고인 물을 훔쳐낸다는 것입니다. 중요한 얘기입니다. 내가 지금 당한 현실, 이것의 원인이 무엇인지를 먼저 생각할 줄 모른다면 그는 진정으로 건강한 사람이 아닙니다. 인간다운 사람도 아닙니다.

　　중국의 어느 유명한 정치 지도자가 다음과 같은 명언을 남겼습니다. '우리 중국 사람은 이 물 한 잔을 마실 때마다 우물을 판 사람을 생각합니다.' 물이 거저 주어진 것입니까? 누군가가 파놓은 우물이 먼저 있는 것입니다. 우연히 주어진 것이 아닙니다. 많은 수고와

땀이 있는 것입니다. 저 위에, 오래 전에, 우물 판 사람을 생각하며 물 한 잔을 마신다—이 얼마나 근사한 얘기입니까. 사람다운 얘기거든요. 이것을 모르면 안됩니다. 그런고로 근원을 생각하고, 뿌리를 생각하고, 원인을 생각할 줄 알아야 한다는 것입니다.

사람이란 그가 무엇을 가졌느냐에 따라 평가되는 존재가 아닙니다. 무엇을 생각하느냐에 따라 평가되어야 됩니다. 한 순간 한 순간 그 사람은 무엇을 생각하느냐는 것입니다. 여러분도 요사이 신문을 보면서 깜짝놀랐을 것입니다. 아니, 지금 큰 홍수가 나서 수많은 사람들이 고생을 하고 애가 타는데 어떤 국회의원은 그 날 그 자리에 가서 골프를 쳤다는 것 아닙니까. 정신나간 사람 아닙니까. 남들은 천재지변을 당하여 고생을 하고 있는데 국회의원이라는 사람이 어떻게 바로 그 옆에 가서 골프를 칠 수 있단말입니까. 이런 사람이야말로 정신병원으로 보내야 하는 것 아닙니까. 무슨 대단한 구제는 못해도, 자원봉사는 못해도 최소한 좀 미안한 생각은 할 줄 알아야 하는 것 아닙니까. 텔레비전을 보니 일본에는 우리보다 더 많은 비가 내렸습니다. 한 곳에 무려 천 밀리미터의 비가 왔습니다. 수만 명의 이재민이 생겼습니다. 우리보다 훨씬 더 큰 어려움을 당한 것입니다. 많은 재산이 떠내려가고 많은 사람들이 고생을 하고 있습니다. 제대로 보도가 되지를 않고 있지만, 북한의 상황도 대단할 것같아 저는 참 마음이 아픕니다. 그곳에는 나무도 별로 없고 필요한 시설도 잘 안돼 있습니다. 무방비로 그냥 다 쓸려가버렸을 것입니다. 그러니 얼마나 많은 사람들이 그야말로 엎친 데 덮친 격으로 고생을 하겠습니까. 그렇다고 여러분도 덩달아 잠 못자고 몸부림치며 괴로워하라는 것은 아닙니다. 최소한 이리저리 놀러다니는 일 정도는 좀

자제할 줄 알아야 하지 않겠습니까. 이런 상황에 어찌 내가 놀러나 다닐 수 있겠는가 하는 마음가짐 정도 말입니다. 이마저도 없다면 인간이라고 할 수 있겠습니까. 그런고로 사람은 무엇을 가졌냐느냐로 평가되는 존재가 아닙니다. 무엇을 생각하느냐, 무엇을 알고 있느냐에 따라 평가되어야 합니다.

또한, 사람은 무엇을 아느냐, 그 지식에 의하여 평가되는 것이 아니라, 무엇을 행하였느냐에 따라 평가되어야 합니다. 아는 것은 많은데 행동은 없습니다. 이러면 안되는 것입니다. 우리교회 집사님 한 분이 제게 직접 들려준 이야기입니다. 모 의과대학 교수인 자기 친구가 담배는 몸에 해롭다는 주장을 담은 책을 썼답니다. 폐암환자들을 비롯하여 무슨무슨 환자들이 전부 다 담배로 인하여 건강을 해쳤답니다. 그래 담배는 해로운 것이라는 주제의 책을 한 권 쓴 것입니다. 한데 이 친구, 그 책 쓰느라 담배를 엄청나게 피웠습니다. 결국 그 책 다 쓰고나서 폐암으로 죽었다는 것입니다. 믿거나말거나가 아니고 사실입니다. 그러니 사람의 지식이 무슨 소용 있습니까. 담배는 해롭다는 주장을 담은 책을 쓰면서 담배를 피우고 있습니다. 우습습니까? 남의 이야기가 아닙니다. 많은 사람들이 뭘 안다고 떠들어대면서도 정작 행동은 아니더라고요. 조그마한 것 하나도 실천을 못합니다. 안그렇습니까.

제가 언젠가 한번 여러분에게 설교로 말씀드린 적이 있습니다. 돼지보다 못한 사람—사람의 위는 그 70%이상을 음식으로 채우면 안된다고 합니다. 그런데도 120%에서 180%까지 채우는 사람들이 있다는 것입니다. 미련한 인간, 돼지만도 못한 인간입니다. 또 그렇게 지나치게 많이 먹어놓고는 잠을 못잡니다. 이게 도대체 사람입니까. 스스로에게 물어보십시오. 그런고로 무엇을 아느냐가 아니라 무엇을 행하느냐가 중요한 것입니다.

나아가 무엇을 행했느냐보다는 무엇을 사랑했느냐가 더 중요합니다. 아무리 수고를 많이 했더라도 사랑이 없으면 소용없습니다. 여러분, 한평생 수고했더라도 사랑이 없으면 아무것도 아닙니다. 자기몸을 불살라 내어줄지라도 사랑이 없으면 아무것도 아니라고 사도 바울은 고린도전서 13장에서 말씀합니다. 모든 행동에 사랑이 없으면, 모든 수고에 사랑이 없다면, 이것은 비참한 것입니다. 정말 견디기 어려운 고역입니다. 그런고로 사람은 무엇을 사랑했느냐, 얼마나 사랑했느냐에 따라 평가될 수밖에 없습니다. 그래서 성 아우구스티누스(Aurelius Augustinus)는 말합니다. '인간은 그가 알고 있는 것에 따라서가 아니라 그가 사랑하는 것에 따라서 평가되어야 한다. 오직 사랑만이 그 사람을 인간되게 할 수 있기 때문이다.' 참 귀중한 말씀입니다.

오늘본문말씀은 한마디로 사랑입니다. 하나님을 사랑하라, 마음과 정성과 성품을 다하여 하나님을 사랑하라는 말씀입니다. 오늘본문에는 눈여겨보아야 할 부분이 있습니다. 15절 말씀입니다. "여호와께서 오직 네 열조를 기뻐하시고 그들을 사랑하사……" 사랑입니다. 하나님께서 먼저 사랑하신 것입니다. 이것을 잊지 말아야 합니다. 우리가 먼저 하나님을 사랑하여 그 대가로 우리가 하나님의 사랑을 받는 것이 아닙니다. 하나님께서 먼저 우리를 사랑해주셨습니다. 자식이 부모를 사랑한다고 하지만 그것은 아주 먼 얘기입니다. 먼저 부모가 자식을 사랑한 것입니다. 먼저 부모가 주도적으로 자녀를 사랑했고, 그 자녀가 부모의 사랑을 알게 될 때 그 사랑에 대한 응답으로 부모를 사랑하는 것입니다. Initiative! 주도성이 어디에 있는지를 잊지 말아야 합니다. 내가 원초적인 것이 아닙니다. 나는 사랑을 받는 존재입니다. 아니, 이미 받은 존재입니다. 갚을 수 없을 만큼 받은 존재입니다. 그 많은 사랑을 받고 내가 오늘 여기에 있는 것입니다. 잊지 말아야 합니다. '하나님이 우리를 사랑하셨다, 하나님이 먼저 우리를 사랑하셨다. 그런고로 우리가 서로 사랑하는 것이 마땅하니라.' 당연한 얘기입니다. 아, 사랑받은 자가 사랑하는 것, 사랑에 응답하는 것, 당연한 얘기 아니겠습니까.

에디 와이너(Edie Weiner) 교수와 아놀드 브라운(Arnold Brown) 교수가 함께 쓴 「퓨처 싱크」라고 하는 책이 있습니다. 이것은 현대판 사회과학비평서입니다. 현대의 풍요로운 사회 트렌드의 일환으로서 현대인들의 병에 '럭셔리 열병'이 있다는 것입니다. '사치병'입니다. 이것은 실제적인 것도 아니고 절대적인 것도 아닙니다. 허영입니다. 꼭 그래야 될 이유가 없는데도 그래지는 것입니다. 이것이 아주 무서운 열병이라는 것입니다. 현대의학과 과학의 발달로 건강이 좋아지고 생활이 넉넉해졌습니다. 그것까지는 좋습니다. 문제는 기대치가 증가하고 있다는 것입니다. 밥먹기조차 어려울 때는 고민이 없었습니다. 단순하게 밥 한 그릇, 라면 한 그릇을 놓고도 행복할 수 있었습니다. 하지만 이제 어느 정도 여유있게 살기 시작하니까 기대치가 높아집니다. 여러분, 이런 경험 해보았습니까? 자동차가 없을 때는 '아, 그 고물 자동차라도, 티코라도 하나 있었으면 좋겠다, 나도 한번 자동차 가져봤으면 좋겠다' 하는 자동차에 대한 소박한 열망이 있었습니다. 그래 어쩌다 자동차가 하나 생기면 그저 좋아서 닦고 또 닦고, 밤에도 나가보고 낮에도 나가보고, 그저 틈만나면 쓸어보고 만져보고 합니다. 그렇게 좋았던 때가 있었습니다. 행복했습니다. 그런데 막상 차를 몰고 나가보니 왜 이렇게 좋은 차들이 많습니까. 생각이 바뀝니다. '이게 어디 자동차야, 쓰레기지.' 영 행복하지 못합니다. 차라리 자동차 없을 때가 더 행복했습니다. 고물 자동차 타고 다니려면 힘듭니다. 이것이 바로 '럭셔리 열병'이라는 것입니다. 다른 사람과 비교를 하다가 스스로 자꾸 불행해지는 것입니다. 왜? 기대치가 높아지기 때문입니다.

사글세로 살 때는 전세방만 있었으면 좋겠다 싶다가도, 막상 전세를 얻고나면 이제는 내 집 한 채 생겨 이사 안다닐 수 있으면 행복하겠다고 생각합니다. 저도 생각해봤습니다. 그런 때가 있었습니다. '이사 좀 안다녔으면 좋겠다.' 그런데 웬걸요. 그래, 내 집에 산다고 행복합디까. '웬 놈의 집이 이렇게 구질구질해?' 그 다음에 오는 불행이 더 크더란 말입니다. 이것을 잊어서는 안됩니다. 그런고로 '기대치 제한'이 문제입니다. 기대치를 어디에서 딱 끊어버리느냐가 현대를 사는 사람의 지혜입니다. 그래서 허세에 신경을 씁니다. 다른 사람에게 보이려 하고, 다른 사람과 같아지려고 합니다. 아니, 다른 사람보다 더 나아지려고 합니다. 이런 데에 신경을 쓰느라 상대적 빈곤감, 상대적 허탈감을 느낍니다. 요새 와서는 상대적 약탈감까지 있습니다. 이런 고민을 하고 있는 것입니다. 그래서 책임감도 없어지고 도덕성도 없어집니다. 과도한 욕망으로 말미암아 스트레스를 받아 죽어버립니다. 이것이 현대인입니다. 잊지 말아야 합니다. 사치병, 사치열병, 문제입니다. 이러는 동안에 사랑을 잃어버립니다. 받은 사랑도 잃어버리고 내가 해야 할 사랑도 잃어버립니다.

또한 오늘본문을 자세히 보면 '하나님을 사랑하라'고 명령합니다. 하나님을 사랑하라—어떻게? 계명을 주신 하나님을 사랑하라—여러분, 자동차를 운전하고 다니다보면 신호에 걸리는 때가 있습니다. 오늘아침에도 보니 그런 경우가 많습디다. 그저 차타고 가다가 붉은 신호가 들어오면 다른 차들이야 있건 없건 무조건 딱 섰다가 푸른 신호로 바뀌고난 다음에들 가면 좋으련만, 다른 차들 없다고 그냥 살살 가버리고 말더라고요. 못됐습니다. 그가 누구인지는 모르겠지만 그 인격은 별로입니다. 이것을 잊지 마십시오. 신호등은 고마운 것입니다. 신호등이 있어서 내가 자유로울 수 있고 무사할 수 있는 것입니다. 그런데도 신호등을 아주 불편하게 여기는 사람들, 신호등을 아주 괴로운 것으로 생각하는 사람들이 있습니다. 은혜에서 떠난 사람입니다.

　하나님께서는 우리에게 계명을 주셨습니다. 계명 중에도 제일 재미있는 계명은 안식일에 쉬라는 계명입니다. 일주일에 하루는 쉬어라—놀라고 하는 계명입니다. 이 쉬라는 계명을 안지키다가 일찍 죽지 않습니까. 쉬라면 쉬어야 합니다. 다 이유가 있어서 쉬라는 것입니다. 안 그렇습니까. 여러분, 휴가라고 하는 것도 꼭 필요한 것입니다. 그래서 안식일을 지켜라, 쉬어라, 우상을 섬기지 마라, 부모에게 효도하라…… 이 계명이 어떤 것입니까? 오늘 우리의 행복을 위하여 주신 것입니다. "내가 오늘날 네 행복을 위하여 네게 명하는 여호와의 명령과 규례를 지킬 것이 아니냐(13절)." 나의 행복을 위하여 주신 계명을 '감사합니다' 하는 마음으로 지켜야지, 이것을 불편하게 여기면 되겠습니까. 이것을 아주 속박으로 생각하는 사람은 하나님을 사랑하는 사람이 아닙니다. 하나님을 사랑한다는 것은 그의 계명을 사랑한다는 것이요 그의 말씀을 사랑하는 것입니다. 예수님께서는 말씀하십니다. "사람이 안식일을 위해 있느냐 안식일이 사람을 위해 있느냐?" 대단한 질문입니다. 바리새인과 유대사람들은 율법을 지키면서 하나님을 원망했습니다. '왜 이거 하지 말라, 저거 하지 말라, 하고 하지 말라는 게 이렇게 많은가?' 하고 괴로워했습니다. 그러나 예수님께서는 율법은 당신들을 위하여 있는 것이라고 말씀하십니다. 그런고로 감사한 마음으로 사랑하는 마음으로 지킬 것입니다. 벌을 받을까봐 지킬 것도 아니고 복을 받으려고 지킬 것도 아닙니다. 그저 늘 감사한 마음으로 지킬 것입니다. 왜? 율법 안에 자유함이 있기 때문입니다. 행복을 찾아가는 마음으로, 율법을 사랑하는 마음으로 지켜야 합니다. 그래서 오늘성경은 말씀합니다. "네 하나님 여호와께서 네게 요구하시는 것이 무엇이냐……(12절)" 여기에 관심을 두라는 것입니다. 오늘본문에는 또 너무나 재미있는 말씀이 있습니다. "뇌물을 받지 아니하시고(17절)." 하나님께서 뭐가 부족하시어 뇌물을 받으시겠습니까. 여러분, 하나님께 뇌물을 드린다고 생각하지 마십시오. 하나님께서는 뇌물을 좋아하지 않으십니다. 하나님께서는 우리를 위하여, 우리의 행복을 위하여 말씀하시기에 그의 요구하시는 바에 깊은 관심을 가지라는 것입니다.

유명한 음악가 베르디(Giuseppe Verdi, 1813~1901)와 로시니(Gioacchino Antonio Rossini) 사이에는 재미있는 에피소드가 있었습니다. 베르디가 자신의 첫 오페라를 작곡하여 플로렌스에서 초연을 했을 때입니다. 많은 관중이 그 연주회가 끝나자 기립하여 베르디에게 박수갈채를 보냅니다. 온통 아우성을 치고 환호성을 올리며 베르디를 칭찬합니다. 하지만 그 순간 정작 당사자인 베르디는 그 많은 사람들의 환호와 박수에는 관심이 없고 오직 저 쪽에 앉아 있는 로시니만 바라보고 있었습니다. 왜요? 그 유명한 작곡가가 자기작품을 어떻게 평가하는지가 궁금했기 때문입니다. 그 로시니가 박수를 쳐야 비로소 성공이라고 할 수 있는 것입니다. 그가 그대로 앉아 있으면 아무 소용이 없는 것입니다. 다른 사람들이 아무리 박수를 쳐도 소용이 없습니다. 이것을 잊지 말아야 합니다. 베르디는 오직 로시니의 얼굴에만 관심이 있었습니다. 그의 평가에만 관심을 두었던 것입니다.

여러분, 사람들이 뭐라고 하든 신경쓰지 마십시오. 하나님께서 나를 어떻게 보시는지, 하나님 앞에 나는 어떤 존재인지, 하나님께서 요구하시는 바가 무엇인지, 개인적으로 내게 요구하시는 바가 무엇인지에만 관심을 집중해야 합니다. 이것이 사랑이라는 것입니다. 사랑은 사랑하는 자의 관심에 관심을 둡니다. 그래서 오늘본문 마지막은 사랑을 구체화합니다. "너희는 나그네를 사랑하라 전에 너희도 애굽 땅에서 나그네 되었었음이니라(19절)." 나그네를 영접하라, 너희가 애굽에서 나그네 되었었느니라—그렇습니다. 의지할 곳 없는 방랑하는 나그네를 영접하라—하나님께 관심을 두고, 그 하나님께서 사랑하시는 자를 내가 사랑하는 것이 바로 하나님께 대한 사랑의 구체적 표현이 된다는 것입니다.

시편 37편 4절은 말씀합니다. "여호와를 기뻐하라 저가 네 마음의 소원을 이루어 주시리로다." 우리는 하나님을 기쁘시게 해드리고자 하나님의 요구에 대하여 관심을 집중하고 오늘을 살 것입니다. 하나님께서 요구하시는 것은 곧 사랑입니다. 사랑을 알기를 원하시고, 사랑을 믿기를 원하시고, 사랑의 응답을 원하시고, 사랑에 응답으로 살아가기를 원하십니다. 그 하나님의 요구하시는 바에 바로 응답하는 귀중한 생이 되어야 할 것입니다. △

마음을 시원케 하시는 사람

깨어 믿음에 굳게 서서 남자답게 강건하여라 너희 모든 일을 사랑으로 행하라 형제들아 스데바나의 집은 곧 아가야의 첫 열매요 또 성도 섬기기로 작정한 줄을 너희가 아는지라 내가 너희를 권하노니 이같은 자들과 또 함께 일하며 수고하는 모든 자에게 복종하라 내가 스데바나와 브드나도와 아가이고의 온 것을 기뻐하노니 저희가 너희의 부족한 것을 보충하였음이니라 저희가 나와 너희 마음을 시원케 하였으니 그러므로 너희는 이런 자들을 알아 주라
(고린도전서 16 : 13 - 18)

마음을 시원케 하시는 사람

　타임 지가 선정한 20세기 100대 사상가 중의 한 사람인 엘리자베스 퀴블러로스(Elisabeth K?bler-Ross)라고 하는 분이 있습니다. 개인적으로 이 분은 제게 큰 감동을 주었습니다. 죽기 직전의 사람들 무려 600명을 개인적으로 하나하나 만나서 죽음을 앞에 둔 사람들의 마음상태, 그들의 생각, 그들의 신앙고백을 정리해서 「Death and Dying」이라고 하는 유명한 책을 썼습니다. 60년대 초반에 제가 이 책을 읽었습니다. 크게 감동을 받아서 여러 가지 생각을 하던 결과로 저의 학위논문을 'Eschatology(종말론)' 으로 쓰게 된 데도 이 분의 영향이 컸습니다. 「Death and Dying」—세계를 놀라게 했던 대단히 중요한 책입니다. 그런데 퀴블러로스 박사가 2004년에 눈을 감기 직전에 남긴 마지막 책 하나가 또 있습니다. 「Life Lessons」라고 하는 책입니다. 「인생수업」이라고 번역된 책인데요, 이것이 바로 지난 6월달에 출간되어서 바로 세계적으로 베스트셀러가 됐습니다. 그는 죽음에 대한 전문가이고 죽음심리학에 대한 책을 수없이 많이 썼습니다. 호스피스 운동의 선구자이기도 합니다. 그가 우리에게 제시하는 인생수업, 인생공부는 무엇일까? 생각해볼만합니다.
　인생의 목표가 성공이라고 많은 사람들이 이야기하고 많은 책들이 집중적으로 성공을 지향하며 성공을 중심으로 씌어 있지만 그는 생각합니다. 아무래도 그것은 잘못된 거같다고. 저자가 말하는 인생의 숙제라는 것은 바로 행복입니다. 성공과 행복을 절대로 하나로 보지 않습니다. 성공했다고 행복한 사람이 아니고 또 성공하지 못했다고 불행한 사람도 아닙니다. 성공과 행복을 별개로 생각할 수 있는 지혜야말로 대단히 중요한 것이라고 그는 강조하고 있습니다. 우리가 상식적으로 아는 바이지만, 사람은 죽을 때가 되면 후회를 하게 됩니다. 그 후회는 간단합니다. 하나는 '좀더 베풀 걸!' ―좀더 좋은 일 하고 좀 주면서 살 걸…… 그런 생각을 합니다. 못준 것을 후회합니다. 베풀지 못한 것을 가슴아프게 뉘우칩니다. 또하나는 '좀 더 참을 걸!' ―조금만 더 참았으면 내 운명이 달라질 수 있었는데 참지 못한 그 조급함이 여러 가지의 후회로 우리가슴에 밀려온다는 것입니다. 또하나는 '좀 더 즐길 걸!' ―순간순간 얼마든지 행복할 수 있었는데 왜 즐기지 못하고 그렇게도 스스로 괴롭히며 살아왔던가! 그렇게 뉘우친다고 합니다. 삶의 큰 상실이라고 하는 것은 내면의 생명력이 죽어간다고 하는 데 있는 것입니다. '내면적 생명력' 그 의미를 우리는 깊이 생각해야 하겠습니다. 그는 몇 가지로 말합니다.

첫째, 자기자신으로 존재하라는 것입니다. 나는 어디까지나 나입니다. 그 누구의 부속물이 아닙니다. 누구 때문에 내가 손해봐선 안됩니다. 누구 때문에 내가 망가져도 안됩니다. 그럴 필요가 없습니다. 나는 나로서 존재합니다. 자신이 원하는 것을 자신이 하고 자신이 원하는 것을 자신이 사랑할 수 있어야 됩니다. 내가 나를 사랑하지 않는데 누가 나를 사랑할 것입니까. 그러므로 온전한 자유, 온전한 자유인으로서의 자기모습을 찾아가야 합니다.

둘째는 아직 죽지 않은 인생을 살지 말고 상실과 이별의 수업을 하라는 것입니다. 여러분, 중간중간 우리는 죽음을 경험합니다. 그게 밤에 자는 것입니다. 여러분은 잘 때 뭐라고 기도합니까? '잠 잘 자게 해주시고 그리고 나쁜 꿈 꾸지 않게 해주시고 내일도 건강해서 일하게 해주세요.' 이렇게 주로 기도합니다만 이스라엘사람들의 기도문을 보면 그렇지 않습니다. 기도가 아주 간단합니다. '내 영혼을 아버지 손에 부탁하나이다.' 주님께서 십자가 상에서 한 기도가 바로 임종기도이면서 동시에 잠자리기도입니다. 여러분, 잠자고 다시 깨어날 수 있다는 보장이 있습니까? 잠잔다고 하는 것은 어떤 의미에서 죽는 연습입니다. 하루하루를 그날로 마감을 해야 합니다. '이 영혼을 아버지 손에 부탁하나이다.' 그러고 자야 됩니다. 이걸 잊지 말아야 됩니다. 여러분, 자동차를 타고 벨트를 매십니까? 벨트를 맬 때 기도하지요. 뭐라고 기도해야겠습니까? '무사히 가게 해주세요.' 당신 맘대로? 그러지 말고 그때도 이렇게 기도해야 합니다. '내 영혼을 아버지 손에 부탁하나이다. 꽝하면 바로가게 해주세요.' 안그렇습니까? 아, 사고란 언제든 있는 거고요 우리는 순간순간 마감하는 것입니다. 우리는 때때로 그런 경험이 필요합니다. 저는 가끔 여행을 합니다. 저는 여행을 떠날 때 비행기 오르는 그때부터 깨끗이 잊어버립니다. 그래서 될수있는대로 전화도 하지 않습니다. 물론 받지도 않습니다. '나는 가노라.' 그런 시간이 필요합니다. 좀 끊어버리는 것입니다. 미련을 너무 두지 마세요. 그럴 것 없습니다. 내 사랑하는 친구 한 사람은 핸드폰을 안가지고 다닙니다. 절대 안가지고 다닙니다. 왜요? 아, 집을 떠났으면 생각도 떠나야지 그 뭘 그렇게 무슨 대단한 사람이라고 연락받고 연락하고…… 그럴 필요가 없는 것입니다. 훌훌 떠나는 마음…… 이렇게 상실과 이별을, 그리고 마지막을 항상 현실적으로 경험하며 살아야 됩니다. 오늘이 나의 마지막날이 될 수 있다는 바로 그 마음 말입니다.

    그리고 세 번째는 가슴뛰는 삶을 살아야 한다는 것입니다. 마지막이라고 할 때 이 한 시간 한 시간이 얼마나 소중한 것입니까. 얼마나 벅찬 것입니까. 다시 또 못볼 것입니다. 이 시간이 다시 오는 게 아닙니다. 그런고로 항상 감동적인 감격적인 격동적인 그런 순간을 살아가야 됩니다.

마지막으로, 관계를 소중히 여기라는 것입니다. 우리가 관계를 복잡하게 하고 있어서는 안됩니다. 그래서 퀴블러로스는 말합니다. '용서를 통해서 자신을 구원하라.' 여러분, 누구와 맺힌 것이 있습니까? 용서하세요. 어떤 억울한 일이라도 다 용서해버려서 내 영혼을 자유하게 해야 됩니다. 누구를 미워해도 안되고 미움을 받아도 안됩니다. 원한을 품어도 안되고 원한의 대상이 되어서도 안됩니다. 항상 자유한 마음, 용서를 통하여 영혼을 자유하게 하는 마음으로 살아갈 것입니다.

한상복 선생의 「배려」라고 하는 책은 우리들에게 깊은 감동을 주고 있습니다. 배려가 인생을 바꾼다고 말합니다. 남보다 뛰어나야만 한다는 생각을 버리라는 것입니다. 이 한 가지만으로도 행복할 수 있다는 것입니다. 남보다 뛰어나야 한다는 것은 경쟁심입니다. 여기에 매여 사는 동안 힘듭니다. 그냥 나는 나대로 사세요. 그것이 바로 사는 길이요 행복할 수 있는 길입니다.

오늘성경말씀에 보면 "저가 나와 너희 마음을 시원케 하였으니(18절)"라는 말씀이 있습니다. 시원케 한다, 다른 사람의 마음을 시원하게 한다—한때 유행했던 말이 있지요. '산소같은 여자'라는 말입니다. 그거 좋은 말입니다. 산소같은 여자. 얼굴을 봐도 산소같고 음성을 들어도 산소같고 만나도 산소같고 생각만 해도 산소같습니다. 바꿔 말해볼까요? 탄소같은 여자도 있습니다. 보기만 해도 답답하고 전화 한통만 와도 가슴이 꽝합니다. 생각해보십시오. 전화가 와도 산소같은 사람이면 전화를 받으면서 벌써 기분이 좋은데 어떤 사람은 "아무개입니다……" 하는 순간 '아이쿠, 또 무슨 소릴 할라나?' 싶은 것입니다. 그런 교인이 있습니다. 유독히 좌우간 만나면 "나는 어떻게 살죠?" 합니다. "밥 먹고 살지 뭘 어떻게 살아?" 이런 탄소같은 사람이 있습니다.

"저희가 나와 너희 마음을 시원케 하였으니(18절)" 하고 말씀합니다. 어떤 사람이 사람의 마음을 시원하게 합니까? 어떠했기에 사도 바울은 이렇게 말씀하고 있을까요? 몇가지를 오늘본문에서 볼 수 있습니다. 자세히 읽어보면, 15절에 스데바나의 집을 말하고 있는데 온집이 더불어 다 예수를 믿습니다. '온집으로 더불어' 라는 의미가 시원하게 합니다. 제가 옛날에 심방을 많이 해봤습니다마는 온집으로 더불어, 온집안이 다 모여서 심방오신 목사님을 영접하면 정말 가슴이 시원합니다. 그러나 어떤 집에 가면 10년 동안을 가도 여전히 혼자입니다. "그래, 남편이 예수믿을 때가 가까워옵니까?" 그러면 한다는 소리가 "목사님, 그 사람 예수 안믿어요"입니다. 아주 답답합니다. 온집안이 예수를 믿고 한 마음으로 주를 섬기면 시원하고요 그렇지 못해서 집을 나간 자식이 없나, 뭐 이렇게 되고 저렇게 되고, 집안이 화목하지를 못하고 전체집안이 구원받지 못했을 때 답답한 것입니다.

또 한 가지는 섬기기로 작정했다(15절)는 것입니다. 그 집안은 주님과 성도를 섬기기로 작정했다는 귀한 말씀입니다. 여러분, 여러분의 가정의 목표가 무엇입니까? 가정의 지향하는 바가 무엇입니까? 우리집안은 교회섬기기로 주님을 섬기기로 작정을 했습니다. 구약성경에 보면 여호수아와 갈렙이 그랬습니다. "오직 나와 내 집은 여호와를 섬기겠노라(수 24 : 15)." 우리 온집은 하나님을 섬기기로 작정했다는 것입니다. 하나님 섬기는 것을 그 가정의 목적으로 생각했다는 것입니다.

　미국 켄자스 주 상원의원 프랭크 칼슨은 유명한 분이며 저술가로서도 많이 알려져 있는데 그가 하는 말입니다. '하나님과 세상은 이런 사람을 필요로 하고 있다'고 하며 많은 애기를 하고 있습니다마는 제가 읽으면서 감동을 주는 몇마디가 있습니다. 하나님과 사람들이 필요로 하는 사람은 누구일까? 첫째, 결함을 메울 줄 아는 사람. 둘째, 이익만을 좇지 않는 사람. 셋째, 정직한 사람. 넷째, 진실한 마음의 사람. 다섯째가 중요합니다. 시종일관 변하지 않는 양심을 가진 사람, 변하지 않는 사람. 우리교역자의 마음을 시원하게 하는 분도 누구냐하면 변하지 않는 사람입니다. 그저 한 번 딱 나왔다 하면 몇십 년을 똑같이 나오는 사람이 있고요. 어떤 사람은 수십 년을 봐도 들락날락해서 저 사람이 교회에 나올지 안나올지 염려가 됩니다. 변하지 않는 양심! 아주 중요합니다. 결단이 있는 그런 사람이 시원하게 합니다. 마음이 놓입니다. 안심됩니다. 그분은 틀림없는 분이다―이 얼마나 중요합니까. 더구나 주를 섬기기로 결심했습니다. 봉사받으려는 마음이 아니고 봉사하려는 마음입니다. 봉사하기로 결심한 그런 사람이 사람의 마음을 편안하게 합니다.

　마태복음 20장 28절에 보면 예수님께서 말씀하십니다. "인자가 온 것은 섬김을 받으려 함이 아니라 도리어 섬기려 하고 자기목숨을 많은 사람의 대속물로 주려 함이니라." 섬기려 하는 사람, 오로지 섬기기로 작정한 사람이 모든 사람의 마음을 편안하게 합니다. 그런데 우리교역자에게도 그렇습니다. 마음을 편안하지 못하게 하는 사람이 누구냐? 섬김받으려는 사람입니다. 섬김받으려는 사람들이 자기를 알아준다 안알아준다, 말이 많습니다. 섬김을 받으려는 마음이 있다 보니 여러 사람을 괴롭힙니다. 그러나 섬기려는 마음으로 사는 사람은 모든 사람을 편안하게 할 수 있습니다.

또 한 가지는 아주 중요한 기술적인 얘기입니다. 부족한 것을 채우는 사람입니다. 오늘본문에 그랬습니다. "너희의 부족한 것을 보충하였음이니라(17절)." 왜요? 모든 사람이 사도 바울을 사랑하되 멀리 있습니다. 스데바나는 가까이 있습니다. 그래서 사도 바울을 위해서 구체적으로 봉사할 수 있었습니다. 이제 말합니다. 부족한 것이라는 게 뭡니까. 다른 사람과 경쟁하지 않는 Blue Ocean Strategy입니다. 남 하는 거 따라하지 않습니다. 너는 거기서 봉사하고 나는 이걸 하겠다, 네가 그걸 하겠다고 그러면 나는 이걸 하겠다, 다른 사람들이 하지 않는 일을 하겠다—이 얼마나 중요합니까.

전에 우리교회에 이한빈 장로님이라고 계셨습니다. 우리 온교인들에게 많은 존경을 받던 그런 어른인데요. 그분의 특징이 뭐냐? 늘 교회나와 앉을 때는 꼭 성가대 앞 그 사각지대에 앉습니다. 잘 들리지도 않고 목사님이 잘 보이지도 않는 자리, 꼭 거기에 앉습니다. 그리고 인사하러 나갈 때 보면 부지런히 나가서 또 앞에서 인사를 합니다. 내가 언젠가 물어봤습니다. "장로님은 왜 언제나 그 자리에 앉습니까?" "그거요? 다른 사람들이 앉기 싫어하는 곳이니까." 여러분, 앉는 자리도 봉사입니다. 다른 사람 앉기 싫어하는 데를 골라서 빈 자리를 골라서 떡 앉으면 됩니다. 어떤 사람은 자기가 딱 정해놓고는 누구도 못앉게 합니다. 자기가 먼저 와서 맡아놨다고 떡 핸드

백 갖다놓고…… 봉사는 다른 사람의 부족함을 보충하는 것입니다. 다른 사람 싫어하는 곳에 내가 앉고 다른 사람 안하는 것을 내가 하는 사람, 그런 사람이 우리의 마음을 시원하게 합니다.

또한 함께 일을 하고 수고한다(16절)고 했습니다. 혼자 하는 게 아니라 함께 하는 것입니다. 자기만 하겠다고 하는 것이 아닙니다. 다른 사람하고 협력하는 사람, 협력하는 이 마음이 시원하게 합니다. 독자적으로 혼자서 하는 교만한 봉사와는 목적이 다른 거란말입니다.

자, 이러한 모든 사람은 우리의 마음을 시원하게 합니다. 그렇다면 우리는 어떻게 해야 되겠습니까? 오늘성경에 "너희는 이런 사람을 알아주라(18절)" 했습니다. Understanding! 수고하는 사람의 그 수고를 우리가 알아드려야 합니다. 또하나, "복종하라(16절)"합니다. 함께 일하는 것입니다. 이런 숨은 봉사자, 이런 마음을 시원하게 하는 분들과 함께하면 나도 같은 사람이 될 수 있으니까요.

전쟁터에서 자신을 희생하면서 많은 사람을 구출하여 세계적으로 알려진 나이팅게일(Florence Nightingale)이라고 하는 간호사, 그녀가 영국 왕으로부터 하사받은 상패에는 이렇게 씌어 있다고 합니다. '사람은 물질로 남을 도울 수 있다. 물질이 없을 때는 말로도 도울 수 있다. 물질도 말도 없을 때는 눈물로 도울 수 있다.' 그렇습니다. 우리가 남을 섬긴다고 하는 것은 꼭 물질로만이 아닙니다. 정말 부드러운 말 한마디로, 마음으로, 아니 눈물로, 간절한 기도로 섬길 수 있는 것입니다.

성도 여러분, 여러분은 어떤 사람입니까? 또 어떤 사람으로 기억될 것입니까? 어떤 사람으로 남을 것입니까? 나를 아는 모든 사람의 마음을 시원하게 하는 그런 사람으로 남아야 될 것 아닙니까? 나를 생각하는 사람이 시원하고 나를 만나는 사람이 기쁘고 나와 함께 하는 사람들이 행복할 수 있는 그런 사람으로 그렇게 살고 그렇게 끝을 내야 될 것 아니겠습니까? 마음을 시원하게 하는 그런 아름다운, 그런 새로운 덕이 우리 가운데 실현될 수 있기를 바랍니다. △

종의 멍에를 메지 말라

그리스도께서 우리로 자유케 하려고 자유를 주셨으니 그러므로 굳세게 서서 다시는 종의 멍에를 메지 말라 보라 나 바울은 너희에게 말하노니 너희가 만일 할례를 받으면 그리스도께서 너희에게 아무 유익이 없으리라 내가 할례를 받는 각 사람에게 다시 증거하노니 그는 율법 전체를 행할 의무를 가진 자라 율법 안에서 의롭다 함을 얻으려 하는 너희는 그리스도에게서 끊어지고 은혜에서 떨어진 자로다 우리가 성령으로 믿음을 좇아 의의 소망을 기다리노니 그리스도 예수 안에서는 할례나 무할례가 효력이 없되 사랑으로써 역사하는 믿음뿐이니라

(갈라디아서 5 : 1 - 6)

종의 멍에를 메지 말라

　뜻깊고도 유명한 이야기가 전해지고 있습니다. 헬라의 어느 왕이 태평성대를 누리면서 번영과 자유 가운데 온국민과 함께 행복한 세월을 살아가고 있을 때 이 왕은 아주 지혜로운 분이라 이런 생각을 했더랍니다. '역사에 남을만한 훌륭한 왕이 한번 되고 싶다.' 그런 생각으로 지혜자들을 많이 불러놓고 부탁을 했답니다. "내가 역사적인 훌륭한 왕이 되고 싶은데 어떻게 정치를 해야 되겠는가? 연구를 많이 해서 책을 써오라." 많은 지혜로운 학자들에게 부탁을 했더니 얼마동안 애써 연구해서 책들을 써왔는데 12권을 써왔더랍니다. 왕은 이 책을 보더니 "12권을 내가 언제 다 보느냐? 이거 너무 많다. 줄이고 줄여서 한 권으로 만들어주면 좋겠다." 학자들이 또 얼마동안 연구해서 책을 한 권으로 만들어왔습니다. 왕은 책 한 권을 손에 들고 말합니다. "이거 내가 언제 보냐? 바쁜데. 한 장으로 만들어라. 한 장으로." 그래서 또 한 장으로 만들어왔답니다. 그러니까 왕이 빙그레 웃으면서 마지막말을 했습니다. "이것도 많다. 한마디로 해라, 한마디로. 한마디로 하면 뭐라 할 수 있겠나?" 지혜자는 대답했습니다. "할 수 있습니다. 딱 한마디입니다. 공짜는 없다는 말입니다. 이거 하나를 알고 이거 하나를 가르치고 이거 하나를 주지시키고 이 원리 속에 살면 나라는 평안해집니다." 여러분, 지금 왜 세상이 시끄러운지 아십니까? 공짜 좋아하는 사람들 때문에 그래요. 공짜가 있다고 생각하기 때문에 문제입니다. 공짜는 없습니다. 그것이 진리입니다.

　저는 작년에 워싱턴 DC에 갔을 때(사실은 삼십 여 년 전에 워싱턴을 방문하면서 이미 본 바가 있습니다마는) 워싱턴에 있는 제 후배목사님들을 데리고 한국전쟁기념관에 가보았습니다. 한국전쟁기념관. 그런데 유감스러운 것은 워싱턴에 사는 젊은 목사님들이 거길 안가보았더라는 것입니다. 말도 안된다, 가자, 해서 겨울에 갔습니다. 옛날에 갔던 곳을 찾아서 다시 가서 워싱턴 DC 전쟁박물관을 갔습니다. 거기 가장 잘 보이는 곳에 가장 큰 글자로 이렇게 씌어 있습니다. 'Freedom is not Free.' 이 한 문장을 보기 위해서 저는 거기 갔습니다. 그걸 다시 보기 위해서 갔습니다. 아니, 확인하기 위해서 갔습니다. Freedom is not Free! 자유는 공짜가 아니다! 여러분, 우리가 이 자유를 누립니다. 삼백만이 죽었습니다, 삼백만이. 요새 중동에서 전쟁한다고 뭐 폭격한다고 난리를 치는데 보니 몇명 안죽었더라고요. 그건 애들 장난입니다. 삼백만이 죽고 그리고 지금 우리가 이 자유를 누리고 있는 것입니다. 이걸 잊지 말아야 합니다. Freedom is not Free!

　자유는 공짜가 아닙니다. 우리가 흔히 불한당(不汗黨)이라는 말을 합니다. 불한당같은 놈이다. 불한당, 한번 글자를 생각해봅시다. 불, '아니 불' 자에 '땀 한' 자입니다. 땀을 흘리지 않는 사람, 땀흘리지 않고 살겠다는 사람, 땀흘림이 없이 출세하고 부자가 되겠다는 사람, 불한당입니다. 공짜를 좋아하는 사람입니다. 우리 의식에서 우리 생각에서 이 불한당의 마음을 빼버려야 나라도 되고, 사회도 되고, 가정도 되고, 나 자신도 됩니다. 불한당. 깊이 생각해야 합니다.

　성경진리는 인간은 스스로 자유하지 못한다고 말씀합니다. 자유할 수 없습니다. 왜? 이미 자유를 잃어버린 자이기 때문입니다. 사람이 자유합니까? 그래서 빌리 그레이엄(Billy Graham) 목사님의 설교 중에 유명한 에피소드가 늘 나옵니다. 같은 얘기를 늘 합니다. '홍수가 나서 물에 빠져 지금 떠내려가는 사람이 제 머리칼을 제가 위로 잡아당긴다고 하자. 그런다고 그 사람이 물 밖으로 끌어올려나가겠느냐? 자기힘으로는 이 홍수에서 구원받지 못한다. 누군가가 밖에서 역할을 해줘야 되고 밖에서 생명줄을 던져줘야 구원받을 수 있는 거 아니냐?' 이렇게 늘 비사를 들어 말합니다. 우리는 벌써 자유 할 수 있는 자유를 송두리째 잃어버렸습니다. 노예화되었습니다. 정치, 경제, 문화, 가치관, 정서…… 모든 면에서 그만 노예가 돼버려서 자유가 뭔지 모르며 자유할 수 있는 능력을 다 상실해버렸습니다.

너무나도 우스운 얘기가 있습니다. 본인에게서 직접 들은 얘깁니다만 늘 기억할 때가 있습니다. 한경직 목사님이 말씀하신 것입니다. 8?15광복 전에 얼마나 우리교회가 핍박을 받았습니까. 많은 순교자가 생겼습니다. 고생을 하다가 8?15를 맞았습니다. 해방이 됐을 때 너무 좋아서 조금 전에 우리가 부른 찬송 '예수의 이름 권세여'를 불렀습니다. 이 찬송은 왜정말년에 못불렀습니다. 예수님을 왕으로 높이는 내용이 있기 때문에 이 찬송은 금지찬송이 되었습니다. '시온의 영광'도 못부르는 찬송입니다. 그래서 제가 일부러 이 찬송을 오늘 예배찬송으로 택한 것입니다. 찬송가 중 몇찬송가는 절대 부르면 안된다고 되어 있고, 교회 들어올 때 찬송가에서 그걸 지워버렸는지 아닌지를 검사까지 했습니다. 해방이 되고나니까 우리는 그 찬송만 불렀습니다. 매주일 몇번씩 불렀습니다. '예수의 이름 권세여……' 그런데 이 해방 주일날 한경직 목사님이 설교하시면서 광고 중에 한마디 했습니다. "여러분, 이제부터는 일본말 앗싸리 하지 맙시다." 본인이 그랬다고 얼마나 부끄러워하고 얼마나 웃는지…… 앗싸리는 일본말 아닙니까. 이만큼 우리가 깊이 젖어서 노예화되어 있었다, 그 말이지요.

그래 오늘성경은 우리에게 분명히 말씀합니다. 세 가지입니다. 첫째, 자유는 주어지는 것이다. 둘째, 자유는 그리스도께만 있는 것이다. 그리고 셋째는 굳세게 서서 자유를 지켜라. 이 세 진리를 말씀하고 있습니다. 자유는 주어지는 것이다―돌이켜 생각해봅시다. 요새 자유를 쟁취하겠다는 사람들 많은데 쟁취한 자유는 자유가 아니더라고요. 혁명을 해서 자유를 얻었다 했는데 보니 폭력의 노예가 되고요 어느 사이에 더 깊은 노예가 됐습니다. 그것이 러시아혁명입니다. 어느 나라든지 혁명을 해보세요. 혁명할 때 혁명해서 뭔가를 얻었다고, 자유를 얻었다고 난리를 쳤는데 그 다음에 보니까 잃어버린 게 더 많습니다. 그만 의식구조가 확 돌아갔습니다. 그래서 지금도 그 여파로 그저 소리만 지르면 뭐가 될 줄 알고…… 이게 얼마나 큰 손상입니까. 얼마나 큰 손해입니까. 자유는 쟁취하는 게 아닙니다. 싸워서 얻을 수 있는 게 아닙니다. 이걸 잊지 말아야 합니다. 싸워서 얻는 동안 내가 또하나의 무서운 폭력에 노예가 되어버리고 말더라고요. 오직 자유는 은혜로 주어지는 것입니다. 오직 하나님께로부터 주어지는 것입니다.

죄와 사망과 사단, 율법, 진노, 이 모든것으로부터 자유할 수 있는 길은 우리 스스로는 얻기 불가능합니다. 그가 은혜로 주시는 것입니다. 그래서 성경은 말씀합니다. 주님께서는 우리를 위하여 대신 죽으셨습니다. 대속물로 오셨습니다. 그가 자유하게 하심으로만이 우리는 자유할 수 있습니다. 자유는 은혜로 주어지는 것입니다. 이걸 잊지 말아야 합니다. 자유는 우리가 쟁취할 수 있는 성격의 것이 아닙니다. 자유는 오직 은혜로 특별히 주님께서 우리를 위하여 십자가를 지심으로, 값을 지불하심으로 주어지는 것입니다. 공짜가 아닙니다. 주께서 대신 희생하고 대신 죽으시고 나를 자유케 하는 것입니다. 그러니까 언제든지 잊지 말아야 합니다. 그리스도께서 죽으시고 엄청난 값을 대신 지불하시고 우리를 자유케 하셨습니다. 자유는 주어지는 것이다, 자유는 은총이다—그렇습니다.

그런데 이제 남은 일이 있습니다. 이 자유를 지켜야 합니다. 이 자유는 방종이 아닙니다. 자유는 타락의 길이 아닙니다. 주어진 자유를 지켜야 합니다. 그러기 위해서는 먼저 그 자유의 소중함을 알아야 합니다. 얼마나 귀한 것인지, 얼마나 엄청난 값을 지불하고 얻어진 것인지, 이를 위하여 얼마나 많은 사람이 희생하였는지를 알아야 합니다. 깊이 깨달아야 합니다. 자유는 공짜가 아닙니다. 나는 은혜로 공짜로 받았지만 누군가가 대신 희생하고 대신 값을 치렀습니다. 그리고 오늘 내가 있는 것입니다.

오늘날 우리는 너무나 여유로운 생활을 하고 있습니다. 그런데 죄송하지만 여러분, 제가 다른 것은 다 봐줍니다만(뭐 귀를 뚫었든지, 뭐 성형을 했든지, 코를 높였든지, 뭐 머리를 어떻게 하든지, 다 좋습니다. 아름답게 하기 위해서 하는 데는 노 코멘트. 얼마든지 아름답게 해야겠지만) 제가 하나 영 잘 못봐주는 게 있습니다. 그러니까 내 앞에서는 그런 줄 아십시오. 그게 뭔지 아십니까? 손톱 치장하는 것입니다. 왜요? 저는 어렸을 때 어머니가 손톱 자르는 걸 봤거든요. 아, 옛날 어른들 참 고생했습니다. 새벽부터 밤까지 일하고 길쌈하고 음식하고 뭘 하고 도대체 언제 잠을 잡니까. 그렇게 춘하추동 없이 고생을 하시는데 손톱이 다 닳아서 없어요. 그래 손톱은 언제나 큰 가위로 귀퉁이만 잘라요. 귀퉁이만 딱딱 두 번 자르면 끝입니다. 그러면서 말씀하시기를 "난 손톱 가운데를 잘라 본 일이 없다. 다 닳아 없어지기 때문이다." 그걸 보고 자랐으니 내가 손톱 긴 걸 용납하겠습니까. 옛날어른들 고생 많이 했습니다. 그렇게 많이 고생을 해서 오늘 우리가 이만큼 사는 것입니다. 우리에게 주어진 자유, 이 번영 이거 공짜 아닙니다. 얼마나, 얼마나 많은 고생들을 했습니까. 그리고 오늘 우리가 있는 것 아닙니까. 그 수고와 그 지불된 값을 두고두고 잊어서는 안됩니다. 그것을 알아야 합니다.

또한 지불된 몸값은 십자가라는 걸 잊지 말아야 합니다. 값이라는 건 물질이나 어느 조그마한 희생이 아니라 죽음입니다. 우리가 구원받기 위해서 예수님께서 십자가에 죽으셨어요. 속죄의 제물로 죽으셨습니다. 생명은 생명으로 바꿉니다. 죽고야 살지요. 이걸 잊지 말아야 합니다. 주께서 우리를 위하여 죽으심으로 우리가 삽니다. 그가 고난을 당하심으로 우리가 영광을 누리는 것입니다. 그런고로 생각해야 합니다. 이제 옛날로 돌아가서는 안됩니다. 자유를 지키기 위해서는 다시 애굽으로 돌아가면 안됩니다. 옛사람으로 돌아가면 안됩니다. 옛사람의 잘못된 가치관으로 다시 전환해서는 안된다는 말입니다.

에리히 프롬(Erich Fromm)의 「자유에의 도피(Escape From Freedom)」라는 유명한 저서가 있습니다. 그 속에서 그는 두 가지 자유를 말합니다. 하나는 무엇으로부터의 자유, 또하나는 무엇에로의 자유. 영어에서는 이게 대단히 선명하게 설명이 됩니다. from과 to입니다. 무엇으로부터의 자유. 방종과 게으름과 나태함과 욕심과 이기

주의…… 모든 그릇된 것으로부터의 자유, 이건 소극적 자유입니다. 이 자유도 소중합니다. 이거 지켜야 합니다. 그러나 이보다 더 중요한 자유는 바로 무엇에로의 자유입니다. 그런고로 진리에로의 자유입니다. 예수님 말씀하십니다. "진리가 너희를 자유케 하리라." 내가 너를 자유케 하면 너는 자유하리라. "진리를 알지니 진리가 너희를 자유케 하리라(요 8 : 32)." 이걸 잊지 말아야 합니다. 진리를 따라 사는 것이 자유의 길입니다. 사랑을 따라 사는 것이 자유의 길입니다. 미워하던 사람, 사랑함으로만이 자유할 수 있습니다. 미워하지 않겠다는 것만으로는 안됩니다. 그것으로는 자유할 수가 없습니다. 그런고로 적극적 의미에서의 자유, 그 개념을 분명히 이해해야 되겠습니다.

지난 7월 6일자 뉴스에 나온 얘기입니다. 뒤늦게나마 돈을 갚아서 양심의 자유를 얻은 미국인의 이야기가 뉴스에 나왔습니다. 퍽 재미있는 얘기입니다. 강남에 있는 인터콘티넨탈호텔로 한 편지가 왔습니다. P라고 하는 분이 편지를 썼는데 최근에 50불을 동봉한 편지가 전달이 됩니다. 편지 안에는 이런 내용이 있습니다. 1997년 12월, 그 9년 전에 이 호텔에 묵었던 한 청년이 호텔 안에 있던 슬리퍼가 너무 예뻐서 슬리퍼 두개를 가방에 넣어가지고 체크아웃 했습니다. 슬쩍해가지고 갔습니다. 그리고 9년을 지냈는데 아무래도 마음이 편하지 않습니다. 그저 슬리퍼를 볼 때마다 생각이 나요. 도저히 안 되겠다 생각을 해서 그는 50불을 동봉해서 편지를 썼습니다. '지배인에게. 미안합니다. 내가 가지고간 슬리퍼 값으로 이 50불을 보냅니다.' 현재, 그 슬리퍼 한 켤레는 2,500원입니다. 그러니까 50불이면 10배입니다. 10배나 되는 돈을 슬리퍼 값으로 보냈습니다. 그리고 자유하고 싶었습니다. 월봇이라고 하는 총지배인은 이제 회답을 했습니다. '9년이 지난 오늘 이렇게 말해주어서 고맙습니다. 당신의 마음에 부담을 갖지 말아주세요.' 그리고 50불을 다시 보냈습니다. 되돌려보내면서 말하기를 '슬리퍼가 모자라면 언제든지 얘기하세요. 또 보내드리겠습니다.' 아주 유머러스한 사건입니다. 그러나 이 슬리퍼 하나 슬쩍하고 9년 동안 고민해야 했던 이 사람을 생각해보십시오. 갚지 아니하고는 전혀 자유할 수가 없었습니다. 이제 그분은 9년 만에 자유함을 얻을 수 있었습니다. 여러분, 자유는 공짜가 아닙니다.

글레르보 버나드는 「On Love of God」이라는 책에서 중요한 말을 합니다. 사람은 자기를 위해 자기를 사랑하는 사람, 자기를 위해서 하나님을 사랑하는 사람, 하나님을 위해서 하나님을 사랑하는 사람, 그리고 네 번째로 하나님을 위해서 자기를 사랑하는 사람이 있는데, 이 네 번째 사람의 사랑이 참으로 고귀한 사랑이라고 말합니다. 여러분 하나님을 사랑하십니까? 나는 소중합니다. 자기를 소중히 여길 줄 알아야 합니다. 그 사랑이 크기에 그 사랑을 받은 나, 자유한 나는 너무도 소중합니다. 그런고로 내가 나를 소중히 여기고, 나 자신을 더 소중히 여기고 내 자유를 소중히 여길 줄 알아야 합니다.

유명한 얘기가 전설로 전해집니다. 주전 6세기 고레스 왕 때 얘기입니다. 고레스 왕이 싸움터에서 적장과 그 가정 전체를 생포했습니다. 그리고 그는 적장에게 말했습니다. "내가 너를 이제 풀어주면, 자유케 하면 너는 내게 어떻게 하겠느냐?" 그는 말했습니다. "내 나라 절반을 드리겠습니다." 그 붙잡혀온 아들을 보면서 이 아들을 만약 풀어주면 너는 어떻게 하겠느냐? "남은 땅의 절반을 바치겠습니다." 거기에 사랑하는 아내가 벌벌떨고 있는 것을 보면서 "네 아내를 내가 풀어주면 너는 어떻게 하겠느냐?" 그는 눈물흘리고 있는 자기 아내를 쳐다보다가 이렇게 말합니다. "제 아내를 풀어주면 제가 대신 죽겠습니다." 왕은 빙그레 웃으면서 "참으로 너는 자유한 사람이다. 너는 지, 용, 인, 덕을 갖춘 왕이다. 사랑할 줄 아는 사람은 자유할 수 있느니라." 온식구를 다 놔줬습니다.

여러분, 다시한번 생각해야 합니다. 오늘성경은 우리에게 말씀합니다. "그리스도께서 우리를 자유케 하려고 자유를 주셨으니 그러므로 굳세게 서서 다시는 종의 멍에를 메지 말라." 자유케 하신 것은 주님의 역사입니다. 자유를 지키는 것은 우리의 몫입니다. 자유를 지켜가야 합니다. 굳세게 서서 다시는 종의 멍에를 메지 말라고 주님께서 말씀하십니다. △

과연 여기 계시는 하나님

야곱이 브엘세바에서 떠나 하란으로 향하여 가더니 한 곳에 이르러는 해가 진지라 거기서 유숙하려고 그곳의 한 돌을 취하여 베개하고 거기 누워 자더니 꿈에 본즉 사닥다리가 땅 위에 섰는데 그 꼭대기가 하늘에 닿았고 또 본즉 하나님의 사자가 그 위에서 오르락 내리락하고 또 본즉 여호와께서 그 위에 서서 가라사대 나는 여호와니 너의 조부 아브라함의 하나님이요 이삭의 하나님이라 너 누운 땅을 내가 너와 네 자손에게 주리니 네 자손이 땅의 티끌같이 되어서 동서 남북에 편만할지며 땅의 모든 족속이 너와 네 자손을 인하여 복을 얻으리라 내가 너와 함께 있어 네가 어디로 가든지 너를 지키며 너를 이끌어 이 땅으로 돌아오게 할지라 내가 네게 허락한 것을 다 이루기까지 너를 떠나지 아니하리라 하신지라 야곱이 잠이 깨어 가로되 여호와께서 과연 여기 계시거늘 내가 알지 못하였도다 이에 두려워하여 가로되 두렵도다 이곳이여 다른 것이 아니라 이는 하나님의 전이요 이는 하늘의 문이로다 하고 야곱이 아침에 일찌기 일어나 베개하였던 돌을 가져 기둥으로 세우고 그 위에 기름을 붓고 그곳 이름을 벧엘이라 하였더라 이 성의 본 이름은 루스더라

(창세기 28 : 10 - 19)

과연 여기 계시는 하나님

여러 해 전에 장 피에르 레게라고 하는 유명한 오르가니스트가 한국을 방문했고 세종문화회관에서 연주를 했습니다마는 그는 교회와 성당에서 연주하는 분이라서 교회에서 한번 연주해보고 싶다는 청을 하여 제가 허락을 하고 수요일 저녁에 우리교회에 와서 연주한 일이 있었습니다. 오르간 연주에 앞서 그 전날에 와서 연습하는 장면을 제가 올라가 봤습니다. 그 부인과 두 사람이 와서 연주를 하는데 그 분은 시각장애인입니다. 물론 그러니까 악보는 필요가 없습니다. 오르간을 열어놓고 거기 있는 많은 스탑을 이렇게이렇게 만져보고 조금씩 소리를 내본 다음에 연주를 하는데 얼마나 연주를 희한하게 잘하시는지 솔직히 말해서 그 오르간이 그렇게 좋은 소리를 내는 줄 몰랐습니다. 뭐 자유자재로 그 많은 페달과 스탑과 건반을 움직여서 좋은 소리를 내는 것을 보고 너무 감탄스러워서 제가 잠깐만 인사하려던 것이 헤어지지 못하고 연습하는 걸 다 지켜보았습니다. 저는 어떻게 이렇듯 연주를 잘하시느냐고 물었습니다. 그는 아주 밝은 얼굴로 이런 얘기를 합니다. 딱 한 마디입니다. "저는 이것밖에 못하거든요." 그 한마디가 제 귀에서 사라지지를 않습니다. '저는 이것밖에 못합니다. 이것만 하고, 이것만을 즐기고, 이 속에 나의 행복이 있어요.' 그 웃는 얼굴을 잊을 수가 없습니다.

여러분, 인간을 가장 비참하게 만드는 게 뭡니까? 첫째, 그것은 복이 무엇인지를 모른다는 것입니다. 복이 무엇인지를 모르고 복을 찾으니 복을 찾겠습니까. 행복이 무엇인지 모르면서 행복하길 바라니 행복하겠습니까. 복이 무엇인지를 모른다―복은 소유도 아니고 지식도 아니고 아니, 건강도 아닙니다. 더구나 명예도 권세도 아닙니다. 그런데 이것들이 복인 줄로 착각을 합니다. 아닙니다. 그건 복이 아닙니다. 요새와서 고가의 액세서리 때문에 문제가 됐습니다마는 여러분이 차고 있는 시계 한번 보십시오. 얼마짜리인가요? 좌우간 복잡해졌습니다. 그래 고급시계를 찬다고 내가 행복해지는 것입니까. 또 고급인간이 되는 것입니까. 뭔가 많이 잘못 생각하고 있었던 것입니다.

둘째, 인간을 비참하게 만드는 것과 그 불행은 복받을만한 그릇은 없는데 복을 원하고 있다는 것입니다. 복받을만한 성품, 복받을만한 인격, 복받을만한 마음씨의 사람이 돼야 합니다. 사람이 복받을만한 사람이 되고 그 그릇이 되고야 복을 받을 텐데 우리가 보기에도 아무리 봐도 그 사람 복 받을 수 없고, 그 마음씨 가지고는 안 되겠고 있던 복도 달아나겠는데 그저 복을 달라고 한다면 그것이 얼마나 어리석은 일입니까. 얼마나 불행한 일입니까.

셋째, 이보다 더 불행한 것은, 이미 복을 받았고, 이미 주어진 복이 있고, 아니, 넘치는 복이 있습니다마는 그 복을 복으로 깨닫지 못하고 있는 경우입니다. 뒤늦게 깨닫고 늘 이렇게 생각합니다. '그때가 좋았지. 그때가 행복했지……' 그런데 지금은 불행하고요, 미래는 암담하고…… 이렇게 생각하는 사람이 제일 불행한 것입니다. 그저 최소한 어제보다 오늘이 낫다, 오늘보다 내일은 더 나을 것이다―이런 생각을 해야 되는데 거꾸로 생각을 합니다. 그저 그때가 좋았다, 그때가 좋았다…… 다 지나간 때입니다. 그런데 그때 그 시간에는 불행했다고 생각했었습니다. 그리고는 오늘와서 그때가 좋았다고 생각하는 사람, 이건 구제불능입니다. 이걸 우리가 깊이 생각해야 합니다. 이미 복을 받았는데, 받고 살고 있는데 자기가 복되다는 것을 모르고 그렇게 사는 사람이 얼마나 불행한 것입니까.

그런고로 복과 복 받는 사람 그 존재의 문제는 항상 깊이 생각해야 될 과제인 것입니다. 한평생 우리는 복을 배웁니다. 첫째, 복이 무엇인지 그걸 배워간다고 생각합니다. 죽을 때까지 배워야겠지요. 여러분, 가끔 보면 자식이면 그만인 줄 알고 자식을 위해서 수고하는 건 최고인 줄 알고 그렇게 애쓰다가 시집장가 다 보내놓고 '말짱 헛거다' 라고 하는데 이거 뭡니까. 그럴 줄 몰랐나? 이게 얼마나 어리석고 바보같은 일입니까. 복이 무엇인지를 배워야 합니다. 또 둘째, 복된 자로 양육되는 것입니다. 이건 하나님의 커리큘럼입니다. 이런 일도 당하고 저런 일도 겪으면서 복이 무엇인지 배우고 또 복된 자로 키워집니다. 다듬어집니다. 이래서 복된 사람을 되게 만드시고 그러고나서 하나님께서 복을 주십니다. 여러분 예를 들어, 우리는 돈을 축복이라고 생각해서 돈을 달라고 부귀영화를 달라고 몸부림을 치지만 정말로 하나님께서 기뻐하시는 자에게는 그걸 안주십니다. 오히려 있던 것도 가져가십니다. 그런 후에 무엇이 복인지를 알면 그 다음에 복을 주십니다. 돈이 얼마나 귀하다는 걸 안 다음에 돈을 주십니다. 돈을 쓸 줄 안 다음에 돈을 주십니다. 여러분, 돈쓸 줄 모르는 자에게 돈을 준다면 그건 복이 아니지요. 그건 아예 저주라고 볼 수가 있습니다. 줘서는 안되는 것이니까요. 어린아이들에게 칼을 주는 것과 마찬가지입니다. 칼 쓸 줄 모르는 자에게 칼을 주면 어떻게 되겠습니까. 이것을 복이라고 할 수 없지요. 그러니 우리가 깊이 생각해야 되지 않겠습니까.

오늘본문에 보면 야곱이라는 사람이 있습니다. 이 사람은 전형적인 축복추구적 인간입니다. 좌우간 복받기 위해서라면 수단과 방법을 가리지 않았습니다. 야곱에 대해서 볼 때마다 성경을 볼 때마다 생각을 합니다. 그는 아버지로부터 복을 받으려고 했습니다. 축복기도를 받으려고 했습니다. 그걸 위해서 자기는 그저 아버지가 자기머리에 손을 얹고 장자의 복을 주면 일생은 복될 거라고 꼭 생각을 했더란말입니다.

좀 죄송하지만, 늘 새벽기도회 마치고 나갈 때 문간에 섰다가 제게 "목사님, 제 머리에 손을 얹고 복을 좀 빌어주세요"라고 애기하는 분들이 많습니다. 심지어는 어린아이를 데리고 오는 경우도 있고, 어른들 혹은 젊은 목사님들까지 와서 제가 바쁘다고 하니까 '한 번만 좀 손을 얹고라도……' 합니다. 그런데 그때 내가 한마디 합니다. "복을 구걸하지 마세요. 복받을만하면 하나님께서 복을 주시는 거지, 물론 나는 그런 능력도 없지만 내가 당신머리 위에 손 얹는다고 복이 임한다고 착각하지 마세요. 나 그런 사람 못됩니다. 가세요." 그러면 섭섭하다고 그러는데…… 자, 어쨌든 야곱은 아버지가 자기 머리에 한번 손을 얹으면 일생이 복될 거라고 생각을 한 것입니다. 이것을 위해서라면 수단과 방법을 가리지 않았습니다. 여러분, 잘 아시지요? 아버지를 속이고 형님을 속이고 교묘하게 그것도 어머니하고 합작을 해서 복을 받아냈습니다. 어쨌든 아버지의 축복을 받았습니다. 축복은 받았다고 하는데 이게 웬일입니까. 형님이 동생을 죽이겠답니다. 좋은 관계가 깨집니다. 아버지 속인 죄가 있죠, 형님을 농간했죠, 그러니까 마지막에 함께 집에 살 수가 없게 됐습니다. 잘못하다간 어느 시간에 죽을는지 모르겠어요. 그래서 어머니가 말합니다. '야, 그러지 말고 멀리 하란에 있는 외가에 가서 거기서 얼마동안 살다가 형의 노가 풀어진 다음에 돌아오도록 하자.' 그래서 홀로 먼 길을 떠나게 됩니다. 그야말로 막막한 길을 걸어서 갑니다.

여러분, 걸어서 외로운 길을 가본 적이 있습니까? 그 정말 답답합니다. 동서남북을 모르는데 대충 알고 이 방향으로 가면 되겠거니 하고 걸어갑니다. 그러다가 해가 집니다. 배가 고픕니다. 그 참 처량합니다. 야곱이 이렇게 광야를 가다가 해가 졌습니다. 돌베개 하고 누웠습니다. 이 광야는 무섭습니다. 광야란 낮에는 사람들이 다니지만 밤에는 짐승의 세계입니다. 그것도 맹수의 세계입니다. 아시는대로 맹수들은 주로 밤에 식사를 하거든요. 이제 갖가지 짐승들이 나와서 소리를 지를 판입니다.

딴 얘기입니다만 탄자니아에 갔을 때 그런 구경을 한번 해봤습니다. 광야에서 하룻밤을 자는데 조그마한 천막을 쳐놓고 그 안에 조그마한 침대를 놓고 만든 그런 방입니다. 이 방에서 하룻밤 자는 방세가 250불입니다. 여기서 잠을 잘 때, 문밖에 원주민이 창을 들고 서 있습니다. 사자, 호랑이, 하이에나가 밤중에 나와서 휘젓고 다니니까 어쩌다가 확 치면 천막 무너지는 것입니다. 그래서 사람을 세워놓고 안에서는 잠을 잡니다. 아, 밤에 그 맹수들끼리 싸우는 소리가 납니다. 이걸 들으면서 자는데 250불입니다. 그 광야에서 하룻밤 자는 경험을 하는 것입니다. 이게 소위 사파리라는 것입니다. 그런 경험을 해봤는데, 정말 광야는 무섭습니다. 밤은 맹수들의 세계입니다.

야곱이 돌베개 하고 누웠는데, '아이고 오늘밤 죽는가보다, 이제 어느 짐승의 밥이 되는가보다……' 했을 것입니다. 처량합니다. 배도 고프고 피곤하고 지치고 그리고 두렵습니다. 이렇게 잠들었을 때 하나님께서 꿈에 나타나 보여주십니다. 사다리가 보이고 저 위에서 하나님 말씀하십니다. '내가 너와 함께하리라. 네 누운 땅을 너와 네 자손에게 주겠다. 네가 복되고 너로 인하여 모든 민족이 복을 받으리라.' 아, 하나님께서 말씀하십니다. 이런 계시적인 꿈을 꾸게 됩니다.

생각해보십시오. 야곱은 복받았다고 하는데 고향을 떠납니다. 야곱이 복받은 게 뭡니까? 지금 땅도 없고 집도 없고 가정도 없습니다마는 야곱이 지금 생각하는 복은 오직 하나입니다. 하나님께서 그에게 말씀하십니다. 하나님의 음성이 들려옵니다. 그것이 복입니다. 복의 근본이신 하나님의 음성이 들려옵니다. 그래서 귀중한 발견을 합니다. 하나님께서 말씀하십니다. 내가 너와 함께한다고 계시적으로 말씀하십니다. 그와 함께하셨습니다. 그의 여정에 함께하셨습니다. 그의 가는 길에 함께하셨고 그가 손으로 하는 모든 사업에 함께하셨습니다. 마지막에 라반이 말합니다. '하나님이 네게 복을 주어서 네가 하는 일마다 복된 것을 내가 아노라.' 자기도 알고 다른 사람이 알 만큼 그는 복의 근본이 됐습니다. 이 얼마나 중요한 얘기입니까.

듀크대학 교수인 존 웨스터호프(John Westerhoff)가 쓴 「Bring up Children in the Christian Faith」라고 하는 책이 있습니다. 그 책 속에서 신앙의 과정을 이렇게 설명합니다. 신앙은 처음에는 귀속적 신앙—Affiliative Faith이라고 말합니다. 귀속적 신앙입니다. 우리가 어렸을 때는 내가 내 신앙을 가지는 게 아닙니다. 부모님에 따라서 부모님이 기도한다니 우리가 기도하고, 부모님이 기도하고 식사하니까 우리도 기도하고 식사하고, 부모님이 교회가자고 해서 교회가고,

부모님의 손목에 이끌려서 성경도 보고 기도도 하고 교회도 다니고 그러지 않습니까. 뭐 선한 사업도 하고. 이 모든 일은 귀속적입니다. 우리신앙은 맨처음에는 누군가로부터 배우는 것입니다. 귀속되는 그런 순간이 있습니다. 그런가하면 다음에는 탐구적 신앙—Searching Faith입니다. 이제는 내 스스로 판단해봅니다. 이제 고등학교 대학교 청년 때에는 스스로 판단합니다. 이것이 옳은가 그른가? 내 스스로 탐구하며 찾아가는 그런 기간이 있습니다. 그 다음에는 성숙한 신앙 —Mature Faith의 단계입니다. 이젠 독립된 신앙입니다. 어느 순간에 가서는 많은 경험 속에서 스스로 깨달아야 합니다. 또다시 누가 가르쳐주기만 바라는 그런 귀속적 신앙에, 유치한 신앙에 매여 있어서는 안됩니다.

내 스스로 병들 때 이 병 고쳐달라고 하는 유치한 신앙에 매이는 것이 아니고, 이 병을 통해서 하나님께서는 내게 뭘 말씀하시는가를 생각하는 것입니다. 여러분, 많은 시련을 당합니다만 시련이란 한마디로 말해서 전에 생각하지 못했던 것을 생각하게 하고 전에 느끼지 못했던 것을 느끼게 하고 전에 끊지 못했던 것을 끊게도 하는 것입니다. 그것이 시련입니다. 우리는 늘 일상적인 생활 속에서 거기가 거기로 반복되는 생활 속에 스스로 타성화되어갑니다. 그러나 한 번씩 우리가 어려운 일을 당할 때마다, 아니 질병에 걸릴 때마다 적어도 죽음을 생각해봐야 합니다. 내가 어디로 가나? 생이 언제 끝날 것이냐? 단순히 감기에 걸렸더라도 좀 특별한 기도를 할 줄 알아야 합니다. 왜? 이대로 죽을 수도 있으니까. 그래서 다윗은 시편에서 말씀합니다. '밤마다 내 심장이 나를 교훈하나이다.' 여러분, 심장소리를 듣습니까? 둑둑둑 둑…… 언젠가는 끝날 것입니다. 이걸 스스로 생각할 줄 알아야지 성숙한 믿음입니다.

　그런고로 어떤 사건에서든지 조용히 주의 음성을 들어야 됩니다. 오늘 야곱이 돌베개 하고 누운 이 자리에서 하나님의 음성을 듣습니다. 그리고 하나님 앞에 내가 어떤 존재인가를 깨닫게 됩니다. 그래서 여기 말씀을 보니 '깨닫다' 했습니다. 야곱이 깨달았습니다. 그 깨달음의 신앙, 지속적으로 깨닫는 그것이 바로 성숙한 신앙이란 말입니다. 시간과 공간을 초월해서 하나님이 나와 함께하신다는 것을 깨달았습니다. 그래서 하나님께서는 저기 아버지 어머니와 같이 계시는 줄 알았는데 아니, 여기구나 그랬습니다. 내가 하나님 앞에 바른 자세로 설 때만 하나님께서 함께하시는 줄 알았더니 죄를 짓고 내가 고향을 떠나는데 이 죄인과도 하나님께서는 함께하시는구나…… 축복이 뭡니까? 의로워서 복받는 건 축복이 아닙니다. 죄인이 복을 받으니까 축복이지요. 의가 없는 자가 복을 받으니까. 야곱은 그 지은 죄로 말할 것같으면 벌받아 마땅합니다. 그러나 아닙니다. 이 떠나는 외로운 야곱과 하나님은 함께하십니다. 그래서 복입니다. 죄인과 함께하십니다. 버려진 자와 함께하십니다. 소외당한 자와 함께하신단말입니다.

　토저(Aiden Wilson Tozer)라고 하는 분의 「The Pursuit of God」이라고 하는 책에서 이렇게 말합니다. '사람들은 자기가 만든 휘장 속에 쌓여서 헤어나지 못함으로 하나님의 음성을 듣지 못하고 하나님을 바로 볼 수가 없다.' 그럼 그 휘장이 뭘까? 첫째, 자기의입니다. 잘못을 인정하지 않으려는 것입니다. 자기의에 빠져 있고, 또하나는 자기연민입니다. 자기는 뭔가 특별하다고 생각하려고 합니다. 자기는 특별한 사람이라고. 또한 자기사랑입니다. 자기 우월감에 빠져 있습니다. 그런데 문제는 여기 있습니다. 어느 순간에라도 이것들이 무너져야 됩니다. 내가 만든 이 장막이 무너져야 됩니다. 그리고야 주의 음성이 들려옵니다. 그래서 하나님께서는 야곱을 광야로 내몰았습니다.

여러분, 이상하게도 성경을 가만히 보면 하나님의 사람들은 다 고향을 떠났습니다. 고향에서 맴돌면서 뭘 기대하지 마십시오. 왜요? 나그네된 길, 외로운 길, 막연한 길에서 하나님을 경험합니다. 창세기 12장에 보면 하나님께서 아브라함에게 말씀하십니다. "고향과 친척을 떠나라." 편안한 곳, 익숙한 곳에서 떠나라. 그래야 하나님께서 나와 함께하신다는 것을 좀 더 가까이 느낄 수 있으니까. 야곱이 부모님들과 같이 있을 땐 의존적입니다. 그러나 이제와서 홀로, 홀로 광야에 서고보니 주의 음성이 가까이 들려오더라고요. 홀로 언제든지 홀로. 다시 뒤에 보면 창세기에 야곱이 마지막에 고향으로 돌아올 때 그때 또한 그와 같은 일을 당합니다. 창세기 32장에 보면 자기가족 자식들 뭐 재산들까지 다 먼저 얍복강을 건너보내고 홀로 남아서 밤을 새웁니다. 이게 성숙한 신앙입니다. 홀로, 다 소용없다. 그리고 하나님과 나와 딱 만나는 시간을 갖습니다. 그것이 야곱입니다. 그래서 조상의 하나님이 이제 내 하나님이 됩니다. 내 의를 포기하고 하나님의 은총이 함께하는 걸 깨닫습니다.

또한 하나님의 약속을 확인합니다. "반드시 돌아오게 하리라(15)." 이 말씀은 참 귀한 말씀입니다. 여러분, 누구에게 이렇게 약속해준다면 얼마나 좋겠습니까. 반드시 돌아오게 하리라. 어디 가서 무슨 일을 하든지 반드시 돌아오게 하리라. 이건 굉장한 약속입니다. 해피 앤드, 마지막은 여기서 만나자. 다시 돌아오게 하리라. 오메가 포인트는 내 손에 있다. 마지막 운명은 내 손에 있다. 반드시 내가 원하는 상태로, 내가 원하는 사람으로, 내가 원하는 그런 하나님의 사람의 모습으로 내가 너를 만날 것이다. 야곱을 복된 자로 이제 20년 동안을 양육해갑니다. 거기에 프로세스가 있습니다. 하나님께서 정해주신 교과과정이 있습니다. 계속 이런 일 저런 일 당하면서 야곱이 그렇게 하나님의 사람으로 키워지는 것을 볼 수 있습니다.

여러분, 야곱의 입장에서 생각해보십시오. 하나님은 멀리 계시는 하나님이 아닙니다. 여기에 계시는 하나님입니다. 하나님은 내가 의로울 때만 함께하시는 하나님이 아닙니다. 하나님의 품을 떠나서 멀리멀리 갈 때도 잘못되게 갈 때도 그때도 함께하십니다. 그때도 나와 함께하십니다. 그리고 형통하는 날에만 하나님이 함께하시는 게 아닙니다. 실패한 날에, 모든것을 다 잃어버린 상태, 바로 그런 순간에도 지금 여기에 나와 함께하십니다.

야곱은 이것을 깨닫습니다. '과연 여기 계시다. 과연 나와 함께 계시다. 나와 함께하실 것이다.' 바로 그것을 깨닫는 그 사람이 복된 사람이요 그 깨닫는 바로 그 자리가 복된 자리입니다. 벧엘입니다. 하나님의 집입니다. 하나님의 집에 사는 사람 복된 사람입니다. △

금년에도 그대로 두소서

이에 비유로 말씀하시되 한 사람이 포도원에 무화과나 무를 심은 것이 있더니 와서 그 열매를 구하였으나 얻지 못한지라 과원지기에게 이르되 내가 삼 년을 와서 이 무화과나무에 실과를 구하되 얻지 못하니 찍어버리라 어찌 땅만 버리느냐 대답하여 가로되 주인이여 금년에도 그대로 두소서 내가 두루 파고 거름을 주리니 이후에 만일 실과가 열면 이어니와 그렇지 않으면 찍어버리소서 하였다 하시니라
(누가복음 13 : 6 - 9)

금년에도 그대로 두소서

　1986년 독일의 시투트가르트 발레단 말석에서 군무를 추는 한 국인 한 댄서가 있었습니다. 그는 이렇게 초라하게 시작합니다. 그러나 1년 후에 솔리스트가 되고 6년만인 1993년 주연 무용수가 되고 그리고 3년 후에는 프리마 발레리나로 등극하고 다시 3년 후인 1999년 4월에 최고의 무용수에 선정이 된 한국이 자랑하는 강수진이라고 하는 발레리나가 있습니다. 인내와 끈기의 사람으로 세계를 놀라게 했습니다. 연습벌레라고 하는 별명을 얻기도 했습니다. 그는 이런 말을 합니다. "아침 침대에서 눈을 뜨면 어딘가 아픕니다. 아픈 곳도 무용수의 생활의 일부라고 생각합니다. 아무데도 아프지 않은 날은 오히려 내가 무엇을 잘못했나 생각합니다." 아침에 일어나서 어딘가 아픈 것이 자연스런 것이고 그만큼 전력을 다해야 한다고 그는 스스로 자기를 깨우치고 있습니다. 하루에 10시간 연습을 하고 토슈즈라고 발레리나가 신는 신을 한 시즌에 150켤레 버렸다고 합니다. 때로는 하루에 19시간 연습했다고 합니다. 그녀가 신었던 토슈즈는 수천 개에 이른다고 합니다. 강수진은 어느날 자고나니 신데렐라가 된 것이 아니더란말입니다. 그는 확실히 천재입니다. 천재가 천재되기 위하여 피나는 노력을 했습니다. 엄청난 희생과 수고를 했습니다. 초인적인 수고를 했습니다.

　요새 세상이 왜 시끄럽습니까. 한마디로 말할 수 있습니다. 한마디…… 전부가 다 하룻밤 한 순간에 신데렐라가 되고자 하기 때문입니다. 대박이라는 게 뭡니까. 대박…… 대박을 좋아 안합니다. 왜? 내가 대박터지는 순간 얼마나 많은 사람이 울어야 합니까. 기독교인은 절대로 이래서는 안됩니다. 내 성공이 남을 짓밟아서는 안됩니다. 내가 돈버는 것으로 인해서 다른 사람에게 피해가 간다면 차라리 손해를 택해야 합니다. 그래, 대박이니 공짜니 그것이 바로 망조입니다. 때로는 신앙이라는 이름으로 기도하면서도 대박을 바라는 사람 있습니다. "주여!" 하고 했는데 안나오더랍니다. 이런 것은 신앙이 아닙니다. 다시 말합니다. 천재가 분명히 천재가 됩니다. 천재되기 위해서 엄청난 피나는 노력이 있어서 강수진이 됐습니다.

오늘성경말씀은 무화과나무와 그 열매에 대한 이야기입니다. 이 말씀은 신구약성경을 통찰하는 엄청난, 그 이상의 의미를 가진 말씀입니다. 제가 개인적으로 무척이나 이 본문을 사랑하고 제가 이 본문을 가지고 설교를 얼마나 많이 했는지 모릅니다. 그러나 오늘와서 또 하고 싶었습니다.

보면 우연은 없습니다. 기적은 없습니다. 오히려 기적 위에 있는 더 높은 의미의 기적을 성경은 말씀하고 있습니다. 무화과나무? 이것은 관상나무는 아닙니다. 여러분 아시는대로 아무리 봐도 그 이파리 하나도 그렇고 모양도 못생긴 나무입니다. 게다가 나무질이 단단하지도 않아서 재목으로 쓰지도 못하고 곧게 자라지 않아 기둥감이 되지도 못합니다. 쓸모없는 나무입니다. 무화과나무는 옆으로만 퍼지고 높이는 얼마 올라가지 않습니다. 비틀비틀합입니다. 이것은 관상나무도 아니고 재목으로 쓸 나무도 아닙니다. 오로지 열매입니다. 별로 많이 가꾸지 않아도 열매가 잘 열리는 그런 나무입니다. 서울지방에는 별로 없습니다만 여수, 순천, 제주도 쪽으로 가면 무화과나무를 많이 볼 수 있습니다. 무화과나무는 오로지 열매를 위해서만 존재합니다. 그러니 열매가 없다면 존재의 이유가 없는 것이지요.

오로지 열매를 위해서만 존재하는 것이 무화과나무입니다. 열매가 존재의 목적입니다. 그런데 오늘본문의 말씀에는 아주 특별한 의미가 있답니다. 자세히 보면 주인이 무화과나무를 보고 말합니다. "저걸 찍어라. 어찌하여 땅만 버리느냐? 저 무화과나무를 찍어버리라." 심판입니다. 왜? 열매가 없으니까. 열매를 위해서 존재하는데 열매가 없으면 찍어 마땅하지요. 열매를 바라고 심어놓고 가꾸어왔는데 열매가 없다면 찍어야지요.

하나님께서 내게 기대하시는 열매가 있습니다. 내가 자라야 할 이유가 여기에 있습니다. 그런데 열매가 없다면 찍어 마땅하지 않습니까. 무슨 다른 설명이 필요합니까. 그런데 놀라운 것은 이런 경우에 과원지기를 나무랄 수 있거든요. 과원지기가 수고를 안했습니다. 너무 게을렀습니다. 잘못했습니다. 잘못 돌아보았습니다. 잘못 가꾸었습니다. 주로 이런 식물에 대한 얘기를 할 때는 자연에게 죄를 묻지 않거든요. 오히려 과원지기에게 묻지요. 네가 할 수고를 다 못했다―그래서 과원지기를 심판할 수도 있고 과원지기를 책망할 수 있는데 오늘본문에 보니 주인은 과원지기를 책망하지 않습니다. 전혀 그에게 책임을 묻지 않습니다. 이 나무가 나쁘다는 것입니다. 그런고로 나무를 찍으라고 말합니다. 이 점이 굉장히 중요한 의미를 가지는 것입니다. 과원지기는 땀을 흘렸습니다. 수고했다고 본 것같습니다. 주인은 충분한 수고가 있었다고 보고 절대로 과원지기를 향해서는 한마디라도 꾸짖지도 않고 비판도 하지 않고 심판도 하지 않습니다. 그리고 '이 나무가 나쁘다. 그런고로 이 나무를 찍어라' 말합니다. 대단히 중요한 심판입니다.

그런데 또 중요한 것이 있습니다. 그것은 3년을 기다렸다는 것입니다. 여기에 심판의 유예기간이 있었습니다. 여기에 하나님의 인내가 있는 것입니다. 여러분, 죄를 짓는다고 당장 벌을 받나요? 오늘 내가 죄를 지었다고 그날로 벌을 받는 게 아녜요. 하나님의 인내가 있습니다. 하나님은 오래오래 참으십니다. 그걸 잊지 말아야 됩니다. 그 인내가 곧 사랑입니다. 인내가 은총이기도 합니다. 3년을 참았다는 것, 하나님의 인내입니다. 심판해야 될 대상을 심판하지 않고, 벌해야 될 사람을 벌하지 않고, 죽어 마땅한 사람을 죽이지 않고 그대로 3년을 기다렸습니다. 그 3년이라는 기간을 하나님께서 참아주셨습니다. 여러분, 하나님의 인내를 경험하십니까? 때때로 우리가 잘못할 때가 있습니다. 내 양심이 압니다. 성령이 말씀합니다. 가책도 되고 후회도 됩니다. 그러나 하나님은 좋으신 분입니다. 너그럽게 참아주십니다. 덮어주시고 용서하시고 기다려주십니다. 기다려주시는 하나님, 그 하나님의 은혜를 잊지 말아야 합니다. 뿐만아니라 하나님의 인내를 만홀히 여기면 안됩니다. 업수이여겨도 안됩니다. 참아주시니까 그런 것입니다. 이해해주시니까요.

그리고 방종할 생각을 마세요. 왜? 여기 보니 시한부더라고요. 3년만 기다렸습니다. 그리고는 아닙니다. 이제는 찍으라는 것입니다. 3년을 기다리고 이제는 찍어라—이게 뭡니까? 인내의 한계를 말하는 것입니다. 신학적으로 설명하면 단적으로 십자가는 하나님의 인내의 한계입니다. 사랑의 한계인 동시에 인내의 한계입니다. 십자가에 독생자를 못박으시면서 우리에게 바로 이 말씀을 하고 계시는 것입니다. 찍어버리라, 여기가 한계다, 여기까지다—그 이상은 아닙니다. 이걸 잊지 말아야 합니다. 여기에 종말론적인 메시지가 있습니다. 하나님이 참으신다고 늘 참는다고 생각하지 마세요. 무한히 참아주시리라 생각하지 마세요. 이걸 신학적인 말로 만인득구설(萬人得救說)이라고 합니다. '하나님이 사랑이 많으신데 어떻게 사람들을 그저 영원토록 지옥으로 보내겠나? 만일에 지옥에 가더라도 그건 대합실처럼 잠깐, 유치장가듯 갔다가 나올 거지 어떻게 하나님이 인간을 영원토록 벌하시겠는가?' 이렇게 해석합니다. 만인득구설이라는 것입니다. 하나님의 사랑을 너무너무 크게 보고 그 사랑 안에서 모든것을 소화하다보니까 하나님께는 심판이란 없고 있다면 임시적인 것이라고 풀이해봅니다. 아닙니다. 그것이 아니라고 말씀하신 것이 바로 십자가사건입니다. '봐라.' 독생자를 십자가에 못박아 버리십니다. '이것이 나의 마음이요 이것이 내 심판이다.' 여러분, 하나님의 인내와 하나님의 기다리심은 감사한 일입니다. 그러나 업수이 여기지 마세요. 정확하게 심판하십니다. 우리가 순간순간 느끼지 않습니까. 하나님께서 정확하게 심판하십니다. '찍어버리라.' 찍어버려야지요. 특별히 성경은 이렇게 말씀하지 않습니까. '어찌하여 땅만 버리느냐. 다른 곡식을 심었으면 될 텐데 어찌하여 땅만 버리느냐. 왜 땅만 허비하느냐. 찍어버리고 다른 것을 심어라.' 이렇게 주인은 과원지기에게 명령을 합니다. 당연히 그래야 합니다. 이 나무는 이제 할말이 없습니다. 찍힐 수밖에 없습니다. 그야말로 유구무언입니다. 죽어 마땅합니다. 그러나 이제 할말이 없는 무화과나무입니다마는 대신 중보자 과원지기가 할 말이 있습니다.

    오늘본문이 너무나도 은총적인 말씀입니다. '주인이여, 금년에도 그대로 두소서. 1년만 더 참아주세요. 금년에도 그대로 두소서.' 이렇게 말합니다. 그 말의 뜻이 뭡니까? 거기 암시된 것은 주인은 이 나무는 못쓰겠다, 찍어버리려고 했지만 과원지기는 생각합니다. '이

나무 열매 없는 것이 나무가 잘못된 게 아니라 내 잘못인 것같습니다. 내가 1년 더 수고해보겠습니다. 다른 방법으로 좀더 정성을 다해서 1년 더 수고하겠습니다.' 자기책임으로 돌립니다. 사랑이라는 게 뭔데요. 책임을 내가 지는 것입니다. 남의 책임을 내가 지는 것입니다. 아니, 대신 지는 것입니다. 이것을 사랑이라고 합니다. 옛날책들 보면 그런 말이 많지요. 자식이 잘못됐을 때 부모들은 자식을 나무라지 않았습니다. 오히려 '이건 내 잘못이다' 라고 생각했어요. 그것이 진정한 사랑입니다.

얼마전 어떤 수필집에 보니 그런 얘기가 있습디다. 어떤 어머니가 가만히 보니 아이가 강아지하고 노는데 그 강아지를 잘 데리고 놀다가 어떤 때는 무자비하게 때리더랍니다. "왜 내 말을 안들어?" 하면서 무자비하게 때리더래요. 깜짝놀라서 어머니가 아이를 붙들고 회개의 기도를 했답니다. 그 어머니가 아이를 그렇게 때린 일이 있거든요. "왜 내 말을 안 듣냐? 너 사람 되겠냐?" 하고 때린 때가 있거든요. 아이가 이걸 본받아가지고 강아지를 때리더래요. 깜짝놀란 것입니다. 애가 어디서 배웠습니까. "왜 내 말 안 들어?" 하고 때리는 거 어디서 보고 배운 것입니까. 어머니가 목을 놓아 울면서 사정을 하고 그렇게 뉘우쳤다는 얘기입니다. 생각해보십시오. 자식은 부모의 거울입니다. 알게모르게 저들에게 다 보여준 것입니다. 다 가르쳐준 것입니다. 그 누가 책임져야 됩니까. 저 불쌍한 젊은이들을 누가 책임져야 될 것입니까. 그런데 오늘성경말씀 보니 이 과원지기는 말 없는 중에 말을 합니다. '열매 없는 거, 제 책임입니다. 제가 책임을 지겠습니다' 라고 말입니다.

지혜를 모았다고 하는 채근담(菜根譚)이라고 하는 책이 있지요?

거기에 이런 말이 있습니다. '작은 과실은 꾸짖지 않는다. 숨겨진 일은 폭로하지 않는다. 옛상처를 잊어버린다.' 그것이 사랑이라고, 이렇게 사는 사람은 모든 사람으로부터 존경을 받을 것이라고 말합니다. 얼마나 귀중한 말입니까. 숨겨진 일은 폭로하지 않는다. 옛상처는 다시 기억지 않는다. 여러분, 사랑이라는 것이 무슨 보따리입니까. 무슨 선물보따리인 줄 아십니까. 사랑은 바로 여기에 있습니다. 그의 모든 허물을 떨치고 다 숨길 뿐만 아니라 오히려 내가 책임을 지는 것입니다. 그 책임은 내것이라고요.

그래서 오늘 중보자는 말합니다. '내가 책임을 지겠습니다. 그리고 내가 수고하겠습니다.' "금년에도 그대로 두소서 내가 다시 두루 파고 거름을 주리니……(8절)" 곧 1년 동안 자신이 수고를 하겠다는 것입니다. 이 무화과나무에게 기회를 주는 게 아니라 과원지기에게 기회를 주는 것입니다. '내게 기회를 주세요. 1년이라고 하는 다른 기회를 내게 주세요'라고 과원지기가 부탁을 한 것입니다. 이래서 성경의 그 주인은 아마도 '그래, 네가 1년 더 수고해라' 하고 말했을 것이라 생각합니다. 인내와 용서, 이것만으로는 사랑이 아닙니다. 책임을 지는 것입니다. 이것을 잊지 말아야 합니다. 아무 말 없이 책임을 지는 것입니다.

설교를 준비하면서 옛날 여러 번 말씀드린 이야기가 다시 생각이 났습니다. 알브레이트 뒤러(Albrecht Durer)의 유명한 '기도하는 손'입니다. 손목까지의 두 손만 그려진 그림이 있지 않습니까. 요새는 그게 유행처럼 나옵니다만 어쨌든 알브레히트가 맨처음 이 그림을 그렸습니다. 그걸 자세히 보아야 합니다. 알브레히트와 그의 친구는 화가입니다. 그의 친구와 함께 도시로 공부하러 왔습니다. 두 사람이 다 공부하려고 하니까 영 공부도 할 수 없고 돈도 벌 수가 없습니다. 그래서 2년씩 2년씩 교대하기로 했습니다. 서로 먼저 하라고 미루다가 알브레히트가 그림공부를 하고 친구는 식당에 가서 부지런히 그릇을 닦으면서 일을 했습니다. 2년 후에 교대하려고 보니까 그 친구는 식당에서 일하는 동안에 손마디가 굳어져서 그림을 그릴 수가 없었습니다. 그 친구는 말했습니다. "어차피 나는 이렇게 됐으니 네가 계속 공부해서 훌륭한 화가가 되어다오." 권면에 못이겨서 다시 공부를 시작했습니다. 어느날 훌륭하게 성공을 하고 집에 돌아올 때 문밖에 섰는데 기도소리가 들려와서 문틈으로 자세히 보았더니 사랑하는 그 친구가 자기를 위하여 버려진 그 손을 모으고 하나님 앞에 기도하고 있습니다. 친구 알브레히트가 하나님의 영광을 드러내는 훌륭한 화가가 되게 해달라고 기도하고 있는 것입니다. 너무나 아름다워서 그 손을 그린 것입니다. 자세히 보십시오. 손마디 하나가 꺾어져 있습니다. 그는 생각했습니다. '내가 내 지혜로 내 노력으로 된 줄 알았지만 내 사랑하는 친구의 희생이, 저 엄청난 희생이 있어서 오늘 내가 있다고 생각합니다.' 그래 감격합니다.

여러분, 심은대로 거두게 하시는 하나님, 하나님의 공의가 있습니다. 그렇다면 열매가 없으면 찍어버려야 됩니다. 열매 없이 아직도 살아 있다면 그것은 누군가가 나를 위해서 희생하고 있기 때문입니다. 그 누군가가 어디서 눈물을 흘리고 있습니다. 이걸 잊지 말아야 합니다. 그 희생이 있어서 오늘 내가 있는 것입니다. 참아주시고 대신 책임을 져주시고 대신 희생한 그 누군가가 있어서 오늘 우리가 있습니다. 그 십자가의 은혜 그 엄청난 은혜 안에 내가 있습니다. 그런데 내가 열매를 맺지 못한다면 어찌되겠습니까. 그 심판이 얼마나 무섭겠습니까.

　우리귀에 들려오는 주의 음성을 다시 들읍시다. "금년에도 그대로 두소서. 제가 한 번 더 수고해보겠습니다." 그 거룩한 수고와 인내와 희생으로해서 오늘 내가 있습니다. 이 종말론적인 마지막 기회에는 분명히 훌륭한 열매를 맺어야 할 것입니다. 그래서 주인을 기쁘시게 해드려야 할 것입니다. △

자기사랑의 확증

우리가 아직 연약할 때에 기약대로 그리스도께서 경건치 않은 자를 위하여 죽으셨도다 의인을 위하여 죽는 자가 쉽지 않고 선인을 위하여 용감히 죽는 자가 혹 있거니와 우리가 아직 죄인 되었을 때에 그리스도께서 우리를 위하여 죽으심으로 하나님께서 우리에게 대한 자기의 사랑을 확증하셨느니라 그러면 이제 우리가 그 피를 인하여 의롭다하심을 얻었은즉 더욱 그로 말미암아 진노하심에서 구원을 얻을 것이니 곧 우리가 원수 되었을 때에 그 아들의 죽으심으로 말미암아 하나님으로 더불어 화목되었은즉 화목된 자로서는 더욱 그의 살으심을 인하여 구원을 얻을 것이니라 이뿐 아니라 이제 우리로 화목을 얻게하신 우리 주 예수 그리스도로 말미암아 하나님 안에서 또한 즐거워하느니라

(로마서 5 : 6 - 11)

자기사랑의 확증

헤르만 헤세(Hermann Hesse)의 작품 중에 「Augustus」라고 하는 소설이 있습니다. 이 소설의 줄거리는 이런 것입니다. 어거스트라고 하는 사람이 세상에 태어납니다. 태어나는 그 순간 특별한 사건이 생깁니다. 한 노인이 찾아와서 그 어머니에게 이렇게 말합니다. "이 귀한 아기의 탄생을 진심으로 축하합니다. 이 귀한 생명이 세상에 태어난 것을 축하하며 이 아이를 위하여 한 가지 소원만 들어주도록 하겠습니다. 무슨 소원이든지 한 가지 소원만 말하세요. 그러면 그대로 이루어질 것입니다." 이 어머니는 많은 생각 끝에 따에는 지혜를 다해서 이렇게 대답합니다. "이 아이는 아무에게나 그 누구에게나 사랑받는 사람이 되게 해주세요." 이보다 더 좋은 얘기가 있겠습니까? 아, 그래서 이 아이는 사랑받는 사람이 됐습니다. 어려서는 부모님들에게, 크면서 선생님들에게, 친구들에게, 그저 모든 주변사람들에게 사랑받았습니다. 많은 사랑을 받고 받았습니다. 결국은 사랑받다보니까, 받기만 하다보니까 베풀 줄 모르고 교만해지고 자기는 항상 사랑받을 수 있는 사람이라고 착각을 하고 다른 사람을 멸시하기도 합니다. 이렇게 한평생을 살았습니다.

그가 나이많아서 노인이 됐을 때 그 옛날 나타났던 그 노인이 다시 찾아옵니다. 와서 그에게 말합니다. "이제 연세가 지긋해졌는데 마지막으로 한 가지 소원 또 들어주겠소." 노인은 깊이 생각하고 말합니다. "누구나 사랑하게 해주세요. 모든 사람을 사랑하는 사람 되게 해주세요." 여러분, 우리는 늘 사랑받기를 원합니다. 복음성가에 보면 '당신은 사랑받기 위해 태어난 사람'이라고 있는데 나 그거 마음에 안들어요. 그렇게 되면 못쓰게 되거든요. 사랑하기 위해서, 사랑하는 사람으로 살아야지, 사랑받는 사람이라니 그 참 좋은 것처럼 보이는데 이게 문제라는 것입니다. 여기 오히려 문제가 있는 것입니다.

사랑 없이 생명은 존재하지 않습니다. 알거나 모르거나 믿거나 말거나 사랑은 있습니다. 애시당초 원초적으로 사람은 사랑이 있어서 세상에 태어났고 성장하고 사랑 안에 살아가고 있는 것입니다. 그래서 하나님은 사랑이십니다. 그 사랑 안에 창조적 능력이 있고 생명을 유지하는 원동력이 있는 것입니다. 그런데 문제가 있습니다. 우리 그리스도인들이 처음 예수를 믿을 때 깨끗한 마음으로 십자가의 은혜를 생각합니다. 죄사함을 받고 하나님의 자녀가 될 때 하나님의 그 사랑을 느낍니다. 크게 느낍니다. 아니, 오직 사랑, 오직 사랑의 그런 마음으로 출발합니다마는 예수믿는 사람으로 살아가는 중에 선하게 살고, 진실하게 살고, 좋은 일 하면서 살아야겠다는 경건을 재촉하다보면 어느새 사랑하는 마음은 점점 식어지고 뭔가 뜻대로 안되는 것같아 하나님이 나를 버리셨나 생각도 하고 그 하나님을 향한 뜨거운 사랑이 그만 흐려지고 맙니다. 그래서 사도 바울은 갈라디아서에서 이렇게 충고합니다. '믿음으로 시작했다가 율법으로 마치겠느냐? 은혜로 시작했다가 어찌하여 이렇게 율법주의자의 길을 가느냐?' 그가 걱정했던 바는 오늘 우리에게도 있습니다. 처음 시작할 때 첫사랑의 은혜로 하나님을 사랑으로 고백하다가도, 어느 사이에 사랑의 그 밝은 마음이 점점 흐려지면서 자신을 사랑받지 못한 자인 것처럼, 아니 '하나님이 정말 나를 사랑하시나?' 이렇게 물으며 현실 속에서 그 믿음이 흔들릴 때가 있다는 것입니다.

자, 그런데 문제는 그 사랑의 깨달음입니다. 그리고 깨달음과 함께 오는 감격, 사랑에 대한 깊은 이해, 이것이 문제입니다. 사랑이 없는 건 아닙니다. 문제는 사랑을 모르고 있다는 것입니다. 물리적 사랑을 받고 육체가 삽니다. 정신적 사랑을 받고 인격이 삽니다. 역시 영적 사랑을 받고 영혼이 삽니다. 사랑 그건 분명합니다. 그런데 문제는 이것이 이해가 되지 않습니다. 믿어지지 않습니다. 아니, 믿지 않습니다. 여기에 문제가 있습니다.

여러분, 죄송합니다만 어젯밤에 드라마 '사랑과 야망' 봤습니까? 나는 달려가서 한번 쥐어박으려고 했어요. 그런데 거기까지 가는 거리가 멀어서 못갔습니다. 아, 거기에 나오는 그 아이⋯⋯ 그 계모가 그 어린아이를 얼마나 사랑합니까. 그렇게 정성껏 정성껏 사랑하는데 아, 요것이 어머니가 계모라고 대드는데⋯⋯ 못됐더라고요. 공부도 안해요. 그 어느 어머니가 정성껏 사랑하겠습니까마는 이 아이는 사랑을 믿지 않습니다. 당신이 나를 사랑할 이유가 없다는 것입니다. 그리고 바락바락 대드는데 아, 벌써 여러 차례 그렇게 나오더라고요. 아주 마음이 아파요. 분명히 사랑받고 있어요. 그러나 이놈은 사랑을 믿지 않아요. 사랑을 모르고 그리고 반항을 하고 있어요. 내 그 모습을 보면서 '우리 인간의 모습이 저 모양이다. 저런 사랑을 받으면서 저런 못된 것이 있나?' 그래서 계모가 슬프다는 것입니다.

전에 우리 친척 중에 그런 분이 계셨어요. 팔남매를 두고 세상을 떠났어요. 계모가 와서 팔남매를 키우면서 얼마나 고생했는지⋯⋯ 그런데 이 아이들이 어머니를 어머니라고 부르지 않아요. 끝내 안 부르는 것입니다. 뭐가 필요하면 가서 쿡 쥐어박고 "돈" 이럽니다. 그 어머니가 정말 슬프게 우는 것입니다. '내가 이 집에 와서 애도 낳지 않고 팔남매를 위해서 희생하는데 이거 언제까지 내가 이런 대접을 받아야 하나?' 여러분, 여기 계모의 아픔이 있습니다. 어쩌면 친어머니보다 더 사랑합니다. 어쩌면 그 사랑은 더 순수합니다. 피 한 방울 섞이지 않은 자식을 사랑하는 거니까. 그런데 이 사랑을 몰라보는 것입니다. 언제 알 것같습니까? 제가 '사랑과 야망' 드라마를 한 번 미리 생각해볼까요? 저놈이 이제 병들 겁니다. 이제 아주 어려운 일을 당하는 그때가서 어머니를 부를 겁니다. 여러분, 하나님이 자기사랑을 확증하시는 게 이렇게 힘듭니다. 그래서 요한복음 3장 16절에 '하나님이 세상을 이처럼 사랑하사 독생자를 주셨다' 합니다. 독생자를 주셨다—이건 가장 큰 사랑의 표현입니다. 독생자.

참 미안합니다마는, 제가 외국에서 공부할 때 신학자들하고 얘기할 때 독생자 얘기만 나오면 제가 꼭 한 번씩 연설을 하곤 했습니다. "당신들이 독생자를 알아? Only begotten Son, 아느냐? 그건 동양적 표현이다"라고 한바탕 설명을 하곤 했습니다. 왜요? 우리 할머니가 아침식사기도를 하는데, 돌아가면서 기도할 때 할머니 차례가 되면 저는 걱정이 됩니다. 왜요? "독생자, 하나 밖에 없는 독생자를 주신 하나님……" 하고 우시는 것입니다. 아, 밥상 마주 앉아가지고 꼭 우시는 것입니다. 할머니 차례만 가면 그렇습니다. 왜? 아버지가 삼대독자거든요. 옛날에 예수믿기 전에 아들 못낳으면 쫓겨났거든요. 아니면 첩을 맞아야 되거든요. 그런 상황에 조마조마하다가 삼대독자를 낳았거든요. 얼마나 소중한지. 생명처럼, 생명보다 더 소중하지요. 그렇게 키웠단말입니다. 그런데 성경을 보니 "독생자를 주시고……" 깜짝놀란 것입니다. "십자가에 못박혀 죽으시고……"

이보다 더한 감격은 없습니다. 그래서 할머니는 '독생자'라고만 하면 우시는 것입니다. 가슴에 찡하게 오는 것입니다. 성경은 이렇게 표현합니다. "하나님이 세상을 이처럼 사랑하사……" 하나님이 나를 이처럼 사랑하사 당신의 독생자를 주셨다―사랑의 확증을 이렇게 말씀하고 있습니다. 자기희생을 통하여 십자가를 통해서 사랑을 확증해주셨습니다.

그런데 오늘성경말씀 보니 그 상황이 이렇습니다. "우리가 아직 연약할 때에……(6절)" 다르게 말하면 내가 선택한 것이 아닙니다. 내가 모를 때 그가 나를 먼저 사랑하시고 주도적으로 의롭다 하심으로 사랑하시고 그의 의를 덮어서, 의를 주시면서 사랑하셨습니다. 이것을 잊지 말아야 합니다. 그가 나를 먼저 사랑하시고 사랑하는 자로 만들어가며 키워가시는 것이지 사랑할만해서 사랑하는 것이 아닙니다. 죄인되었을 때(8절) 그리고 내가 원수되었을 때(10절) 그는 나를 사랑하십니다. 여러분, 원수사랑을 사랑의 극치로 생각하지 마십시오. 그것이 기본입니다. 사랑받지 못할 자를 사랑하고, 원수와 같은 자를 사랑하는 것, 내가 받은 사랑이 바로 그런 것입니다. 내가 하나님과 원수되었을 때 그가 나를 사랑하셨습니다.

자, 이제 그 사랑에 대한 믿음을 생각해봅시다. 여러분은 언제 깨달았습니까? 사랑은 확실한데 사랑이 언제 확증되었습니까? 여러분 스스로 생각해보십시오. '하나님은 정말 나를 사랑하신다!' 언제 깨달았어요? 그때가 언제입니까? 그 순간을 잊지 마십시오. 어차피 나는 모르고 사랑받았습니다. 연약할 때 사랑받았습니다. 아무것도 모르는 중에 사랑받았습니다. 사실 심리학적으로나 교육학적으로 봐도, 진짜사랑은 우리가 모를 때 받은 거랍니다. 그게 언제입니까? 네 살 전입니다. 아무리 머리가 좋은 사람도 어머니 젖먹던 생각납니까? 생각난다면 그 사람 다섯 살까지 먹은 사람입니다. 어렸을 때 젖먹을 때가 생각 안나거든요. 기저귀 갈아채우고 목욕시키고…… 그것을 생각해보십시오. 그 때에 참으로 귀한 사랑을 다 받았는데 이상하게 그때기억은 없습니다. 그러나 사랑받은 거 아닙니까. 사랑받아서 내가 지금 있는 거 아닙니까. 이걸 모르면 안됩니다.

저는 아버지가 저를 가르친다고 때릴 때마다 속에서 불만이 많았습니다. '사랑한다고 하면서 왜 자꾸 때리나? 오늘은 내가 잘못한 것도 아닌데……' 중얼중얼하면 더 맞습니다. 아, 어쨌든 사랑하기 때문에 때린다는데 어떡하겠습니까. 창고에 갇혀서 제가 며칠 못나오기도 하고 그랬습니다. 그런데 내가 그 사랑을 언제 느꼈느냐? 6?25때 북한에서 광산에 끌려가 고생하다가 거기서 도망을 해서 산에 숨어서 몇달 동안 있었습니다. 잘 때도 없고 먹을 데도 없습니다. 풀밭에서 자고…… (무덤가에서 자는 게 제일 좋더만요) 뭐 굴에서 자고…… 이렇게 자꾸 옮겨가면서 살 때인데 제 아버지가 제게 식량을 보급해주십니다. 이거 가지고 오시다가 들키면 그대로 현장에서 총살입니다. 그런데 나뭇짐 안에다가 미숫가루를 넣고 어떤 때는 닭도 한 마리 잡아 넣고 식량을 해서 나뭇짐을 지고 그 깊은 산에 올라오십니다. 굴속에서 저를 만나고 할말 많지요. 그러나 이걸 내려놓고 한참 앉았다가 아무 말씀도 하지 않고 일어서면서 "몸조심해라" 하고는 산을 내려가십니다. 그 내려가는 뒷모습을 바라보면서 '내가 이제 다시 산을 내려가게되면 정말 효도하겠습니다. 효도하겠습니다.' 맹세를 했습니다. 그러나 제가 아버지를 멀리서 뵈올 때는 아버지는 총살당하셨습니다. 여러분, 여러분은 부모님의 사랑을 느꼈습니다. 어떤 경우에 어떤 상태에서 사랑의 확증을 얻었습니까? 그걸 잊어버리면 안됩니다. 언제 어떤 시간입니까? 그 시점을 분명히 알아야 됩니다.

제가 잘 아는 장로님 한 분, 한 장로님이라고 인천장로교회의 장로님이신데 그분은 자기네 안방에 커다란 배낭 하나를 저 구석에 걸어놓았습니다. 아주 낡은, 수십 년된 배낭입니다. 왜? 저 배낭을 볼 때마다 용기가 나고 하나님께 감사의 기도를 드린다는 것입니다. 북한에서 남쪽으로 도망해나올 때 뒤에서 인민군이 총을 쐈는데 배낭에 구멍이 뚫렸어요. 배낭에 구멍이 뚫리면서 그는 살았어요. 그 배낭을 없앨 수가 없었습니다. 이것만 쳐다보면 용기가 나고 이것만 쳐다보면 '하나님 감사합니다' 하는 사랑의 확증을 거기서 찾는 것입니다. 누구나 이렇게 드라마틱한 사건 없는 사람이 없습니다. 건망증이 많아서 다 잊어버렸습니다. 교만해서 그걸 인정을 하지 않기 때문이지요. 다시 원점으로 돌아가보십시오.

그리고 성경은 말씀합니다. "우리가 아직 죄인되었을 때……(8절)" 내가 의로워서 사랑받은 것이 아닙니다. 죄인으로 받은 것입니다. 어떤 아이가 하도 말썽을 부리니까 형이 때렸습니다. 동생은 대듭니다. 그러니까 형이 말하기를 "이놈아, 네가 그렇게 말썽부리면 아버지가 너 사랑하지 않는다." 그랬습니다. 했더니 이놈이 아버지가 사랑하지 않는다는 데 주춤합니다. 아버지가 나오다가 그 애길 다 들었거든요. 확 문을 열고 말합니다. "아니다, 아니다. 이놈이 말썽을 부리면 나는 아픈 마음으로 사랑하고, 이놈이 착하게 살면 좋은 마음으로 사랑을 한다. 사랑은 사랑이다. 사랑하지 않으리라고는 절대 생각하지 마라." 그렇습니다. 우리가 잘못된 길로 가면 아픈 마음으로 사랑하고 우리가 착하게 살면 하나님 기뻐하시겠지요. 이걸 잊지 마십시오. 죄인되었을 때, 애당초 죄인되었을 때부터 사랑받은 것입니다. 의인으로 받은 사랑이 아닙니다. 또 지금도 의인으로 받을 사랑이 아닙니다. 그런고로 내 의를 고집하지 마십시오. 뭐 무슨 선한 일 하고 착한 일 한다고 거만해지지 마십시오. 아무 소용 없는 것입니다. 어차피 죄인입니다. 죄인의 모습으로 사랑받는 것입니다.

심리학자 마틴 셀리그만(Martin E. Seligman)이라고 하는 분이 저널「Family Circle」에서 이렇게 말합니다. 삶을 우울하게 만들고 비판적으로 생각하는 사람들의 심리상태는 이러하다는 것입니다. '첫째는 영구성이다.' 스스로 생각할 때 자신의 실수는 영원한 것으로, 자신은 구제 불능한 사람이라고 생각하는 것입니다. 그 순간 사랑을 거절하게 됩니다. '또하나는 확산성이다.' 또 이런 일이 있고 또 그런 일이 반복되면 주변환경도 다 마찬가지라고 생각하는 것입니다. 아주 운명적으로 생각하고 절망합니다. 그 다음에 '개인성' 입니다. '모든것이 나 때문이다. 저것도 나 때문이고 이것도 나 때문이고……' 참 좋은 맘 같지요? 그러나 이 자괴감이 문제입니다. 여러분, 자식들이 혹 잘못되더라도 '나 때문이다. 내가 죽어야지' 하는 쓸데없는 생각 하지 마세요. 이 과정을 통해서 하나님은 당신의 뜻을 이루실 것입니다. 스스로 절망할 때 엄청난, 받은 사랑 받고 있는 사랑도 부정하게 됩니다. 이걸 잊지 말아야 합니다.

그런고로 성경은 말씀합니다. '하나님과 원수되었을 때!' 하나님과 원수되었을 때 하나님은 나를 사랑하셨습니다. 그렇다면 이제 무슨 말이 있습니까. 자, 연약할 때 사랑하셨지요? 모를 때 사랑하셨지요? 죄인되었을 때 사랑하셨지요? 하나님과 원수되었을 때……

사도 바울은 생각합니다. 예수믿는 사람을 죽이려고 다메섹으로 갈 때, 바락바락 악하게 행동할 때 그때 길을 딱 막고 주님께서는 하나님의 사랑을 확증해주셨습니다. '사울아 너 지금 어디 가느냐?' 사도 바울은 실감나게 경험을 한 사람입니다. '하나님과 원수되었을 때 하나님은 나를 사랑하셨다.' 이 사랑에 대한 깨달음과 이 사랑에 대한 이해와 감사 감격 그것이 바로 응답입니다.

성도 여러분, 내가 이 사랑을 확증해야 합니다. 다시 확증해야 됩니다. 모르고 사랑을 받았습니까? 이제는 알아야겠습니다. 내 의가 아니고 죄인되었을 때 사랑받았다는 걸 잊지 마십시오. 이제 내가 부족하지만 하나님의 뜻대로 살려고 애쓰고 있는데 하나님이 왜 버리시겠습니까. 하나님과 원수되었을 때 그는 나를 위해 십자가에 돌아가셨습니다. 십자가로 그 사랑을 확증해주셨습니다. 다시 십자가를 쳐다보십시오. 그 속에서 내가 얼마나 엄청난 사랑을 받고 있는 존재인지를 확증하여야 됩니다. 그리할 때 새로운 세계가 열립니다. 새로운 존재를 발견하게 될 것입니다. 그런고로 나는 소중합니다. 나의 삶은 소중한 것입니다. △

곽선희목사 설교집 · 강해집 · 기타

〈설교집〉
 8권 물가에 심기운 나무
 9권 최종승리의 비결
10권 종말론적 윤리
11권 참회의 은총
12권 궁극적 관심
13권 한 나그네의 윤리
14권 모세의 고민
15권 두 예배자의 관심
16권 이 산지를 내게
17권 자유의 종
18권 하나님의 얼굴
19권 환상에 끌려간 사람
20권 복받은 사람의 여정
21권 좁은문의 신비
22권 내게 말씀을 주소서
23권 약속의 땅을 바라보며
24권 결단이 있는 자의 행로
25권 이 세대에 부한 자
26권 행복한 사람의 정체의식
27권 미련한 자의 지혜

28권　홀로 남은 자의 고민
29권　자기결단의 허실
30권　자기십자가의 의미
31권　자기승리의 비결
32권　자유인의 행로
33권　너는 저를 사랑하라
34권　주도적 신앙의 본질
35권　행복을 잃어버린 부자
36권　지식을 버린 자의 미로
37권　신앙인의 신앙
38권　예수께 잡힌바된 사람
39권　군중 속에 버려진 자
40권　한 수난자가 부르는 찬송
41권　복낙원 인간상
42권　내가 아는 이 사람
43권　한 수난자의 기쁨
44권　스스로 종이 된 자유인

〈강해집〉
(빌립보서 강해) 희락의 복음
(갈라디아서 강해) 은혜의 복음
(고린도전서 사랑장 강해) 진정한 사랑의 의미
(예수님의 이적 강해) 이적으로 계시된 말씀
(사도신경 강해) 사도들의 신앙고백

(야고보서 강해) 참믿음 참경건
(예수님의 잠언 강해) 예수의 잠언
(사도행전 강해)(상) 교회의 권세
(사도행전 강해)(하) 교회의 권세
(로마서 강해) 믿음에서 믿음으로
(고린도전서 강해) 복음의 능력
(고린도후서 강해) 생명에로의 길
(예수님의 비유강해)(상) 하나님의 나라
               (중) 이 세대를 보라
               (하) 생명에로의 초대
(에베소서 강해) 내게 주신 은혜의 선물
(골로새서 강해) 위엣것을 찾으라
(데살로니가서 강해) 사도의 정체의식
(디모데서 강해) 네 직무를 다하라

〈기타〉
행복한 가정
참회의 기도
영성신학
종말론의 신학적 이해
생명의 길